企业采购实战智慧

经典采购案例及分析

上

李铁 主编

化学工业出版社

·北京·

图书在版编目(CIP)数据

企业采购实战智慧：经典采购案例及分析：上下册 / 李铁主编 . —北京：化学工业出版社，2020.11

ISBN 978-7-122-37604-6

Ⅰ.①企… Ⅱ.①李… Ⅲ.①企业管理-采购管理-案例 Ⅳ.①F274

中国版本图书馆CIP数据核字（2020）第159683号

责任编辑：王冬军　张　盼　　　　　　装帧设计：水玉银文化
责任校对：赵懿桐

出版发行：化学工业出版社（北京市东城区青年湖南街13号　邮政编码100011）
印　　装：三河市双峰印刷装订有限公司
710mm×1000mm　1/16　印张 36 $\frac{1}{4}$　字数 510千字　2020年11月北京第1版第1次印刷

购书咨询：010-64518888　　　　售后服务：010-64518899
网　　址：http://www.cip.com.cn
凡购买本书，如有缺损质量问题，本社销售中心负责调换。

定　价：158.00元（全两册）　　　　　　　　版权所有　违者必究

序

中国石油和化学工业联合会会长
李寿生

一场突如其来、肆虐全球的疫情加速了世界百年未有之大变局的进程,世界的政治格局、军事格局、经济格局都将发生深刻的变化。虽经沧桑巨变,但疫情之后,全球化的方向和脚步不会停止。因为在全球化深度融合,各国经济你中有我、我中有你的格局中,全球化改变的决定权,在全球跨国公司和全球企业家的手中。合作共赢将仍然是全球经济发展的主流。

最近,麦肯锡在《完善系统对标,推动管理转型,打造世界一流企业》的研究报告中指出,世界一流企业有三个基本特征:第一个是要"大",体量上要有足够规模,在行业内甚至在全球范围内具有显著影响;第二个是要"强",应在行业内通过不俗业绩来保持领先地位;第三个是要"基业长青",企业要有在市场风云变幻中屹立不倒的长期性,并在发展中积累长盛不衰的国际声望。也就是说,国际一流公司都应具有"做大""做强""做久"的共同特征。

衡量一个国家或企业是否强大,不但要看国内资产规模和销售收入,还要看其是否真正具有全球配置资源的能力。企业要实现高质量发展,不断提升核心竞争力,就必须通过全球资源配置、业务流程再造、产业链整合、资本市场运作等方式，实现全球资源配置的最优化，也就是打造跨国界的高效供应链。

因此，未来企业之间乃至国与国之间竞争的一个重要方面，就是供应链之争，也只能是供应链之争。

经过持续不懈的努力，我国工业企业特别是石化企业的供应链建设取得了一定进展，供应链管理水平不断提升。"上游下游、产供销、内外贸"一体化的新格局业已初步形成，涌现出了一批供应链管理卓越的企业。与此同时，一大批服务商和供应商成长迅速，通过持续的技术创新和管理创新，产品和服务水平、配套能力不断增强，并与采购单位建立了密切的合作关系，在工程设计、装备制造、仓储物流、信息服务等方面发挥了重要作用。

当然，我们还有许多不足。在与跨国公司进行经营效率和经营效益的比对中，可以清楚地看到差距以及巨大的发展潜力。目前，我国绝大多数石化企业的采购和供应链管理基本上还是传统的思路、传统的方法、传统的模式。技术服务、仓储物流、信息服务、租赁和商务服务等所占比重虽在不断增大，但增长速度仍然迟缓，发展仍显滞后，不能与采购企业之间形成良性互动，这成为制约行业转型升级的短板。同时，石化行业由于基础化学品所占比重较大、技术创新较慢、同质化竞争明显，限制了外包等采供新模式的推行。由于企业产品弹性不足，在成本、种类和数量上不能做出及时调整，往往在发生突发事件时不能快速应对，从而影响了企业供应链中的产品流通。由于库存管理不够系统化，不能及时针对市场做出库存调整。由于缺少可靠的供应链平台，石化企业难以找到适合自己的合作伙伴，企业间供应链难以形成系统和规模。由于企业之间的合作意识不强，合作伙伴之间不够信任，部分企业对竞争合作理念认识不足，只看到了竞争却忽略了合作。在供应链的整合与建设中，企业大都愿意采用自建和兼并的纵向一体化模式，力争达到"万事不求人"。这样，不管是建新项目还是投资控股都将增加企业投资负担，迫使企业从事不擅长的非核心业务，从而浪费精力和资源。由于受计划思维的影响，许多企业改革、兼并与重组不彻底，节点企业还习惯采用"大而全""小而全"的经营方式，企业核心业务不突出，规模化优势不够。特别是许多企业管理水平不高，没有实施基于供应链的业务流程再造，阻碍了供应链企业间的无缝链接。上下游企业盈利大都建立在链条中其他企业的损失基础上，没有形成协同共生的良好生态关系。

当我们小心翼翼地对未来进行探索的时候，未来的步伐已经大幅迈开。迅猛发展的供应链当前已经呈现出以下九大趋势。

一是全球化供应链。强调全球范围内的供应链计划、执行。不同的设计师在世界各地共同设计一款产品，全球协作制造，供应链软件全面支持全球化的计划和执行。

二是数字化供应链。物联网、大数据、云计算、区块链、人工智能等技术强力地推动着供应链发展。供应链将呈现以资源共享、互融互通的信息平台为载体，以商业银行、信托、担保等金融实体为依托，采用智慧化的物流技术手段，共同构建动态高效、共生共享、多方互赢的供应链生态。

三是绿色化供应链。绿色化供应链是在传统供应链的基础上，将绿色理念、产品全生命周期管理和生产者责任延伸理念融入组织业务流程，综合考虑企业经济效益与资源节约、环境保护、人体健康安全要求的协调统一的供应链系统。

四是智慧型供应链。在供应链运营过程中将智力活动注入分析、推理、判断、构思和决策之中，通过主体和科技的合作，去扩大、延伸和取代部分人在运营过程中的脑力劳动。

五是柔性化供应链。客户的个性化需求越来越多，对时间的要求也经常变化，供应链能够快速响应、组织架构能够全面支持、配送体系十分灵活等柔性，对于供应链的支持已显示出强大力度。

六是敏捷化供应链。制造系统对外部环境变化的应变能力快速加强。供应链最大的竞争点就是速度，所以敏捷化更显重要。特别是在大中型企业里，强调"互联网+""工业 4.0"，它们的核心就是自动化设备，因此供应链必须要适应外部的快速变化。

七是集成化供应链。集成化供应链的发展影响越来越大。现在很多客户都把自动化设备与供应链连结在一起，把传送带等自动化设备与供应链系统进行了很好的集成。从计划层面到执行层面，所有设备都能集成在一起。

八是虚拟化供应链。随着"互联网+"的发展，诞生了很多虚拟企业，甚至还有一些虚拟制造工厂，它们在互联网上可能是一个实体，但实际上可能是分散在各地的供应商。供应链系统足以支持这些虚拟企业分销中心、制造中心的发展。

九是社交化供应链。以前供应链只能提供电子邮件系统，或者一些传统的交互方式。现在因为智能手机普遍使用，整个供应链的协同变得更加迅捷有效。此外，企业可以在供应链系统里加入一套社交系统，只要跟供应链有关的信息都可以体现，包括报警体系、任务、工作流的控制，等等。

面向未来，我们必须要做好以下应对准备。

第一，要彻底改变当前采购和供应链管理的传统思维，树立起战略采购和现代供应链的全新理念。在传统的企业管理中，企业战略决策基本都是围绕着技术、生产和财务部门进行，绝大多数采购部门都在战略决策范围之外，而随着市场经济的发展和企业规模的变化，采购和供应链管理已经上升为具有战略地位的部门。采购现已成为企业可持续竞争能力的重要来源，无论是在企业短期竞争还是长期竞争中，采购都在建立和保持企业竞争优势中扮演着重要的战略角色。

第二，要建立高效稳健的战略采购和现代供应链网络，实现从采购成本到采购价值管理的重大转变。传统的采购和供应链管理主要集中在成本的管理上，而现代采购和供应链管理则主要集中在价值管理上，价值管理的核心则是供应商关系的管理。建立优质可靠的供应商管理体系，是战略采购和现代供应链管理走向成熟的一个重要标志。建立高效稳健的供应商管理体系，构建具有竞争力的供应商管理框架，完善供应商变化调整的科学方法，实施动态供应商服务评价体系，是战略采购和现代供应链管理水平的又一体现。

第三，信息技术已彻底改变了采购和供应链的运作方式，全球化对采购和供应链高效运作、风险防控的要求越来越高。高速发展的电子信息技术正迅速改变着企业采购和供应链的运作方式，特别是随着全球化进程的深入，制造业向"低成本国家"的转移，以及集装箱运输革命的推进，全球化采购已经成为不可逆转的潮流。在供应链"重心"转移的同时，高效性、灵活性和风险防控的要求也越来越高，采购和供应链对信息技术的依赖也越来越强，防范供应链管理漏洞的挑战也越来越大，企业战略采购和供应链管理团队的人员素质，必须要迅速适应并赶上这一趋势。

第四，面对高质量发展和可持续发展的未来，必须全力探索全球化趋势下战略采购和现代供应链管理的创新。为了实现未来可持续采购和供应链的管理，2000年，联合国秘书长安南邀请企业界领袖们共同发起了一项国际倡议——提出了"全球合约"10项基本原则，即要求未来可持续发展必须聚焦经济、社会、环保"三重底线"，这就意味着未来采购和供应链的管理，必须要在战略决策方式、合同标准运作、供应商关系管理、采购方式方法以及质量、效率、安全、成本等方面不断进行创新。企业只有不断探索全球化趋势下战略采购和现代供应链管理的创新，才有可能取得未来的竞争优势，实现可持续发展。

在《企业采购实战智慧》一书中，收录了数十家企业在采购与供应链管理方面的160个典型案例，其中的许多案例来自央企和大型集团企业，真实再现了我国石化企业、工程公司与各类供应商的采供合作实践，具有很强的代表性。案例中既有采购计划，又有采购总结，既有采购执行，又有物资管理，涵盖了采购工作的全部过程。本书还特别设立了"集中采购及数字化采购""国际采购"两个采购热点篇章，旨在为读者推荐最新的采购思路和采购方法。

书中所有案例都是发生在企业采购过程中的真实故事，既有成功与喜悦，也有挫折与遗憾，全都凝聚着企业及其采购人员的汗水和智慧。每个案例都由来自生产经营一线的采购专家进行总结和点评分析，具有很高的实用价值和指导意义。衷心希望这些实实在在的案例，能够为读者提供有益的借鉴。

前言

采购是现代供应链管理中非常重要的一个环节，是实现供应链整合，将外部众多产品、服务供应商与企业内部运营及下游顾客服务有效连结的重要媒介。在供应链体系中，采购供应管理已经从原来单纯的生产辅助，转变为重要的利润来源和竞争力形成的驱动力。然而长期以来，如同1982年彼得·德鲁克所说的那样，"商业中最大的潜在机会，就存在于生产企业与其供应商之间。这是所剩的赢取竞争优势最大的未开发领域——没有什么领域像该领域一样是如此被人忽视"。

近年来，随着全球竞争的加剧以及企业经营的日益复杂化和网络化，特别是现代互联网和信息化技术的高度发展，采购供应越来越强调"让企业与企业协同更通畅，让供给与需求匹配更精准"。之所以会有这样的价值诉求和变革，是因为供应链运营和市场组织方式发生了巨大变化。这种变化主要反映为以下三个方面。

一是当今采购供应的广度和深度发生了深刻的改变。随着生态化、互联网化的发展，以及全球供应链的形成和推进，以虚拟设计、虚拟生产、虚拟分销为形态的供应链运营成为新时代的趋势，也就是说设计、生产、分销已经大大突破了时空的界定，在最广泛的程度上通过现代信息技术实现了优势资源整合，进而产生强大的供应链竞争力。正是在这一形势下，以众采、云采为形式的新型采购供应成为这个时代的主题。此外，企业对采购的利益诉求也已经从简单的性价比转向了综合性的成本、服务与可持续化。换言之，采购供应关注的焦点不是单一环节的成本最优，而是能够从交易前、交易中、交易后全生命周期实现总成本最优；采购供应关注的对象也从原来单一的物资产品、原材料的采购转向了综合性服务的采购；采购供应关注的利益也不仅是经济利益的实现，而是如何使参与各方以及整个社会、环境的长期可持续发展。正是因为上述广度和深度的变化，以生态和相应解决方案为核心的战略性供应与采购成为目前各行各业探索的方向，而这一切的基础则是协同与精准匹配的问题。

二是现代采购供应涉及的内容维度大大突破了"买"和"卖"的范畴，而是集商流、物流和资金流为一体的综合管理系统。具体来讲，在商流维度，采购供应要能产生竞争力，成为组织利润的主要驱动力，就需要综合考虑各方，将设计、采购、生产、分销结合起来进行通盘考虑。比如，为了实现高效的采购供应，就需要在原材料、零部件设计阶段与供应商协同，或者帮助供应商改进质量、工程等。同样，在物流维度，为了提升供应交付的效率，企业也需要与第三方物流协同进行仓、配、运一体化的设计和管理，并且实现物流全过程的透明可视化管理。此外，在从事全球物流和进出口业务时，甚至还需要与政府管理部门高度合作，使得通关、报关、商检、结汇、退税等工作能顺利高效完成。在资金流维度，更是需要通盘考虑上下游资金状况，针对性地采用支付、清分、融资行为。诸如对于供应商支付的政策，包括结算方式或者账期，不仅对供应商绩效的实现产生影响，也会对企业自身的供应链稳定以及整体绩效产生作用。更为重要的是，商流、物流和资金流往往是交织在一起的，各维度相互影响、相互作用，因此，如何综合地从战略和策略两个方面规划、执行相应的决策，成了战略性采购供应的关键内容。

三是现代采购供应要实现和达成的目标也发生了深刻的变化。在传统的供应管理中，成本和速度是一对相互排斥的目标，要实现低成本或精益化，就可能会牺牲速度或敏捷性；反之，要追求速度和敏捷性，就可能以相对较高的成本为代价。然而，当今市场的发展和供应链的变革，往往需要同时实现这两个目标，这也就是所谓的"精敏化"。但是精敏化采购供应的实现非常困难，极具挑战性。其主要原因在于：第一，快速多变的生产经营诉求或者客户需求与固有的生产采购流程之间的矛盾。由于当今的生产经营越来越关注客户的价值和利益诉求，因此，产品设计和生产流程随时都有可能发生改变，特别是在外部环境动荡多变的状况下更是千变万化。但是，另一方面供应商的订单管理、生产计划和分销过程都有着固定的运营方式和流程，这一矛盾不能很好解决，精敏化就很难实现。第二，异质化的管理和信息与协同供应之间的矛盾。采购供应要实现精敏化，不同环节之间、不同主体之间需要形成密切合作的关系，并且在信息管理上形成互联互通。然而，在实践中，不同的上下游企业的管理能力往往千差万别，信息化的水平更是参差不齐。这种状况如果不能有效改变，精敏化就很难实现。

　　由于上述三个方面的重要变化，导致组织与组织之间的协调及供给与需求的匹配成为采购供应管理的核心。而要实现这一价值诉求，协同云采购成为当今采购供应领域变革发展的主要方向。协同云采购的内涵是企业内部各部门以及与外部利益相关者协同进行的采购作业方式，如今随着产业互联网以及信息通信技术的发展，它进一步表现为通过产业互联网平台进行协同化的采购行为。协同云采购的核心要素是：第一，高度的企业内部协同。企业进行高效的采购行为，需要企业内部各部门、各分（子）公司能够打破职能的藩篱，通过战略、行为和管理要素上的协同合作，使企业内部设计、采购、生产、分销、营销和财务能够充分整合，做到计划和执行的同步化。第二，高效的组织间协同。这是指企业和供应商在共享库存、需求等方面的信息基础上，企业根据供应链的供应情况实时在线调整自己的计划和执行、交付的过程。同时，供应商根据企业实时的库存、计划等信息实时调整自己的计划，可以在不降低服务水平的基础上降低库存。第三，开放的平台信息协同。通过开发高速通信的网络技术和模块化的服务平台,使所有的企业能够低成本甚至无代价地加入网络,与其他参与者协同预测、开发、采购、生产、配送产品和服务,满足分散动态化的客户需求。协同云采购的确立显然与传统的基于功能管理的采购供应活动不同,它更加强调组织间知识、能力和资源的分享、协同和整合,全周期信息的实时、透明、可追溯,并且基于良好的数据挖掘和先进分析优化采购供应流程,建立快速的信任关系,实现供需之间的公营和共赢。

协同云采购体系的建立需要在以下四个方面做出努力。

一是基于云的业务和信息整合。其主要是促进数据信息和交易流在分散应用中(从简单系统到复杂系统)实现各个层面的整合,这需要综合考虑商业目标、网络成分、界面、主要应用、中间平台和标准。整合平台要求明细的规则和定义,以确定数据如何流动、应该是什么样的数据以及谁能获得数据,因此,整合模块在于确立供应链网络的标准,以保障供应链网络参与者交易行为的同步化。

二是基于云的管理流程优化。这主要指的是根据确立的复杂的电子商务模式以及相应的规则,明确供应网络中各个不同的角色(参与者在网络中需要发挥什么样的作用与承担的责任义务)、核心业务流程、应当采取的行动,以及在虚拟环境中合作者关系管理的有效渠道。事实上,当今的采购供应市场存在着各种参与者,如采购供应的管理方、战略性合作伙伴、非战略性合作伙伴、市场调节者(代理与广告服务商等)、网络运营伙伴(ISP)、应用服务提供商(如软件服务商)、网络组织方或监管方等,每个不同的角色在采购供应中发挥着不同的作用,各自承担相应的义务,因此,如何明确各方的责任义务,并且各自的流程与各方相互之间的协同流程是什么,这就需要明确进行界定和管理。

三是基于云的伙伴关系管理。这主要是在虚拟商业环境中对分散的供应链参与者进行合作性管理并监督其行为的模块。它影响了所有参与者和客户的行为以及可以获得的数据和信息。这个模块不仅规范了网络成员的行为,而且通过确立规则、程序、责任、绩效测度标准和能力,防范了非协调性的行为,解决了商业例外。而要实现这一点,就需要借助于互联网技术,及时、有效地获取分散的各参与者的信息数据,并且进行清理、分类、整合,建立起数据仓库以及数据湖,对数据进行挖掘,提出相应的建议和意见并反馈给网络成员,从而有效地推动虚拟电子供应网络关系的良好维系和发展。

四是基于云的智能决策。该部分主要是面向所有供应链参与者能全面了解他们的业务,并且更好地理解供应链渠道和流程,改进决策和供应链运营状况。也就是说智能决策能帮助参与者及时追踪供应链渠道中发生的事件和流程,提取和展示与业务决策相关的信息,特别是运用良好的知识管理能力[包括分析软件、数据挖掘软件、ICT 技术(信息与通信技术)、自动化系统以及管理系统],从而将各种供应链网络合作伙伴和运营数据转化为自身的资源,提升企业在整个供应链网络中的竞争力。

正是基于以上认识,在汇集了行业内优秀企业创新实践的基础上,中国石化联合会组织编撰了本案例集。由于采购供应管理是一个发展迅速、内容不断丰富更新的领域,具有很强的应用性和实践性,故本书的特点在于:一是理论上的基础性和全面性,本书通过具体的企业实践向读者全面介绍了现代采购供应管理的所有相关领域知识,以及相应的分析框架和工具;二是前沿性,本书尽可能吸收采购供应领域内的最新理论与实践方法,及时、迅速反映此领域的最新发展趋势;三是采用案例分析与理论分析相结合的方式,尽可能地提高学习者运用所学理论知识分析和解决实际问题的能力。基于以上特点,本书是一本不可多得的采购供应方面的优秀案例集,亦是众多企业和管理者的知识与智慧的结晶。

目 录

上册

第一章 采购准备

1. 策划好,大有益 003
2. 消防报警系统升级改造的采购策划 006
3. 变革新品试用化危为机 010
4. 单一来源不能单向思维 013
5. 计划要特别注意工程节点 016
6. 做好采购方案及后评估办法 019
7. 被动变更采购需求计划的代价 022
8. EPC 项目的采购策略和谈判机制 025
9. 采购计划要注意衔接,避免偏差 028
10. 严控指定采购,规范独家采购 031
11. 核心装备应急供应保障五要点 034
12. 维保服务采购也要讲究策略 037
13. 采购需求计划的管控提升 040
14. 采购策略的两个"紧紧抓住" 043
15. 精准施策保工程 046

16. 天然气阀门采购方案　049

17. 推进代储代销采购模式　051

18. 物资采购内部风险控制　053

19. 技术文件不细影响招标质量　056

20. "五主动"确保采购计划顺利实施　059

21. 采购特殊、小众产品要慎重　062

案例总评　065

第二章　供应商管理

1. 供应商风险的精细化管理　071

2. 供应商的分级评价与管理　074

3. 供应商管控的八个秘诀　077

4. 供应商现场考察六要素　080

5. 供应商现场复核不能丢细节　083

6. 供应商寻源充分是议价的基础　086

7. 不选独家供应商　088

8. 临时变更供应商有学问　091

9. 供应商选择的"Q.C.D.S"准则　093

10. 电动机直采新模式　096

11. 可借鉴的签约供应商动态管理法　099

12. 五措施确保供应商质量　102

13. 供应商合同履约要严控　105

14. 选择工程材料供应商五要素　108

15. 多措施力促采购降本　111

16. 设备供货中供应商突然破产　114

案例总评　117

第三章　采购执行（前期）

1. 管道配件采购由繁至简　121
2. 阀门维修采购三改方案　125
3. "连环四招"实现采购降本　128
4. 换热器事故背后原因多　131
5. 甲醇采购五步法　134
6. 加强分析是高效率采购的基础　137
7. 沟通不细引发的铲斗风波　140
8. 溴化锂机组采购的选型对比　143
9. 用心采芯　146
10. 采购人员要有敏锐的市场意识　149
11. 请购文件内容偏离市场　151
12. 采购需求要精准　154
13. 成套设备评标的综合评分法　156
14. 招标采购中的五大风险　159
15. 招标频失败，企业有对策　163
16. 检维修业务招标效果好　166
17. 劳保服招标条件设置要严谨　168
18. 无缝钢管招标采购　171
19. 变定向制为招标制　174
20. 危化品招标采购　177

案例总评　180

第四章　采购执行（中期）

1. 强化过程控制，降低采购风险　185
2. "固定采购价格、基于质量竞争"的采购模式　188
3. 举足轻重的采购技术协议　191

4. 涨价期，氧化钙价格不增反降　194

5. CS/SS 复合板招标采购　197

6. 偏远地区项目物资采购精细化管理　200

7. 原料采购避免"图贱买老牛"　203

8. 非标定制设备商务谈判要细之又细　206

9. LNG 罐内高压低温潜液泵的国产化采购　208

10. 气体绝缘开关柜的单一来源采购　211

11. 双壳体油浆泵的国产化采购　214

12. 巧妙"过桥"降本增效　218

13. 国产化特材替代效果佳　221

14. 供应商中标后更改配件型号　224

15. 不要让供货质量影响工程进度　226

16. 智能化远程异地评标　229

17. 降成本与防风险并重的检修　232

18. 充分技术交流确保招标准确度　234

19. 电机保护器到了寿命期　236

20. 催化剂循环泵供应商吐故纳新　238

案例总评　240

第一章
采购准备

采购是需方依据采购需求从供方获取所需资源（产品或服务）的过程。采购策划是采购的起始阶段，策划人员依据用户的采购需求和企业的采购方针，对整个采购过程或其中的子过程进行系统的分析和规划，建立文件化的采购管理体系，以便规范采购过程和采购行为，实现采购目标。

在识别和分析采购需求和采购风险事项的基础上，策划人员着手制订采购计划，明确采购目标、采购原则、采购策略、采购流程、采购职责、采购资源、采购方法和采购措施等要素。采购计划可以是规范整个采购过程的综合采购计划，也可以是规范某个子过程的专项采购计划，如采购招标计划、采购谈判计划或工厂检验计划。

采购需求计划的质量决定采购计划的质量，采购计划的质量决定采购执行的质量，因此，在采购准备阶段，既要重视采购策划又要重视采购需求，并需制定高质量的采购策划文件，为采购执行打下坚实的基础。

本章典型案例：采购策略实施、应急物资采购计划、需求计划管控、新型采购模式、技术文件细化等。

1. 策划好，大有益

2018年2月26日，西北某能源股份有限公司以施工总承包方式发包18万吨/年PVC项目，合同金额为4.2亿元（其中物资采购金额1.2亿元）。本项目除设备外，其他所有材料，包含钢材、混凝土、管道材料、电气仪表、电缆、保温材料等，由乙方采购，最终双方共同确认货源、质量、价格。

某工程建设公司计划承接该项目。要顺利实施该项目并不容易，主要存在以下几个难点。

一是价格低。工程项目中标价格以《石油化工安装工程预算定额》(2007版)、《××省建设工程工程量清单计价规范》（DBJ34/T-206-2005）及其配套标准为计价依据，建筑工程价格下浮18%，安装工程价格下浮31%。

二是付款慢。工程进度款按结算额的70%支付（包括材料费用），项目资金难以支持日常正常运作。

三是项目属于"三边"工程，采购批次多，品种繁杂，工期紧张，采购周期较短。

工程建设公司透过现象，对内在的情况进行了详细的分析。

（1）即便以预计材料采购利润率不超过10%，正常施工的施工进度款支付不少于85%进行测算，采购材料的资金缺口约20%，施工资金缺口约15%。

（2）由于施工进度款审批滞后约2个月，且项目计划按70%的材料款支付，对供应商来说，存在着较大资金回收风险。这会导致两个问题：第一，供应商会提高价格，材料价格的优惠幅度无法达到项目预定指标；第二，供应商响应积极性不高，预计其中标之后，供货的积极性也会受到影响。

最终经精准测算，项目资金短缺约 7000 万元左右（材料短缺约 2500 万元，施工短缺约 4500 万元）。由此判定，这是一个资金严重短缺的项目。

对此，工程建设公司从以下几个方面进行了详细策划，并按照策略狠抓落实，最终解决了相关问题。

一是加强招标前的市场调查工作，扩大供应商范围，摸清供应商的关注点（资金回收风险）和相关材料的价格情况，了解供应商降价的条件及底线。积极与业主沟通，争取及时支付材料进度款。

二是在材料认质认价方面，争取合理的利润空间。

三是请求上级单位给予支持，帮助解决项目启动资金问题。

四是加强材料计划管理，提升材料计划的准确度，控制材料分批进场，减少材料非正常损耗。

策划好，大有益。根据策划方案，工程建设公司得到了上级单位的资金支持，资金情况由劣势变为优势，由于能够保证供应商及时回笼资金，供应商竞价的积极性大大提高，比正常报价下浮了 10% 以上。接着，在价格确认上，工程建设公司又争取到了合理的利润。

与此同时，通过沟通协商，在材料进度款的支付方面也得到了业主的大力支持，材料到场验收合格，即刻办理材料进度款支付，并且把材料进度款支付比例提高到了 80%。

由于策略得当，措施有力，工程建设公司最终实现了获得 80% 的材料进度款、20% 左右材料采购利润的预期设想，取得了应有的收益。

（陈乾坤　张鹏　雷雨珊）

专家点评：

在项目业主非常苛刻的发包条件下（一是价格低，二是付款慢，三是采购批次多、品种繁杂、工期紧张、采购周期较短），该工程建设公司敢于承接该项目，并且最终获得了可观的经济效益，这完全得益于系统的采购分析与策划。

经过全面的分析，工程建设公司针对所存在的主要问题进行了详细策划，并提出了相应解决方案，最终保证了项目的顺利进行。

该案例给我们的启示：在策划项目实施方案时，应透过现象看本质，系统地分析各个环节，针对每个效益点制定合理的措施，严格控制每个环节，为后续工作创造良好的条件，最终形成良性循环。

2. 消防报警系统升级改造的采购策划

西北某石油化工厂现用消防报警系统于 2009 年建设并投用,随着使用年限的增加,线路不断老化,设备故障频发,安全隐患凸显,现急需对其进行升级改造。具体内容包括:新增或更换消防报警系统设备材料(采购、安装、测试),以及全厂火灾报警控制器光纤环形网络的敷设等,计划投资费用 314 万元。

负责此项工作的集团招标中心通过需求分析发现,本次采购项目具有以下特点:一是采购涉及更换的设备和材料种类繁多且专业差异较大,如火灾报警控制器、消防设备电源、液晶拼接显示单元等,一家制造商不能独立制造项目所需设备和材料;二是此次改造是在原有的消防报警系统上进行,需同时对其老化的线路进行更换,承揽单位需要进行整体规划设计,以实现与现有消防报警系统兼容并联网;三是此次改造涉及大量的施工安装工作,承揽单位必须具备现场施工的专业承包资质;四是此次改造对更换的设备、材料及施工均有严格的质量要求,承揽单位要有完善的质量保证体系。

集团招标中心在接到招标申请后,从招标项目的技术性、经济性和项目需求目标等角度出发,从潜在投标人的类型出发,对该项目的采购方案进行了精心策划,并对方案的优缺点进行了对比分析。

方案一:设定潜在投标人为消防报警系统设备的生产商或代理商,项目按照物资招标方式进行采购。

此方案的优点:(1)产品由制造商直供,无中间采购环节,可降低采购成本;(2)制造商一般拥有健全的售后服务体系,服务响应速度快、针对性强,能及时解决用户使用过程中的问题。

缺点:(1)一家制造商无法供应所有需更换的设备、材料,需划分多个标段采购,增加了招标人的工作量;(2)制造商或代理商没有相应的现场施工资质,涉及的施工安装作业需要分包或者由招标人再次招标,增加了招标人的项目管理负担;(3)制造商、施工单位分工不同,无法进行整体规划设计,而多个单位同时进场交叉作业,招标人协调难度大;(4)有多个质量责任主体,出现质量问题时易推诿扯皮,损害招标人的利益。

方案二:设定潜在投标人为消防报警系统设备的安装施工单位,可按照"采购+施工"的招标方式进行采购。

此方案的优点:(1)具有专业承包资质的承揽单位可以采用"采购+施工"总承包方式承揽项目,项目责任目标明确;(2)承揽单位负责整个项目的实施过程,不以单独的分包商身份参与,减轻了招标人的项目管理负担;(3)可以对项目进行整体规划设计,有利于采购、施工各阶段工作的合理衔接,缩短项目整体工期;(4)采购与施工责任的单一化,能有效地实现项目的进度、成本和质量控制符合招标要求,确保获得较好的投资效益。

缺点:安装施工单位过多考虑自身利润,可能会造成物资采购质量与工程施工质量不能兼顾。

经过比选得出结论,潜在投标人为安装施工单位并以"采购+施工"的方式投标,将更利于项目的实施。因此,招标中心在编制招标方案时重点考虑了以下几方面。

一是根据建筑业企业资质标准,"设有专业承包资质的专业工程单独发包时,应由取得相应专业承包资质的企业承担"的规定,投标人资格条件设置为具备消防设施工程专业承包资质。

二是评审办法中除了对施工组织设计基本因素进行评审外,着重对所投产品硬件部分技术参数、配置、选型,原厂的授权书和原厂的质量保证承诺,相关产品认证及检验证书等内容进行了评审。

三是评标基准价的计算方法设置。根据有效投标报价的数量，去掉部分投标高价和部分投标低价取平均值，乘以评标基准价系数（0.95），以较低投标价格作为评标基准价，营造投标人良性竞争氛围，降低采购成本。

该项目于2020年5月发布招标公告后，一次招标成功。在8家投标单位中，某机电工程公司以整体技术方案科学、报价合理、性价比高、横向比较最优、综合排名第一被确定为中标单位，中标价格为296万元，较概算节支18万元，节支率为5.7%。

目前，该项目正在正常进行中。

（屈青 张雍君 王赓）

专家点评：

招标采购活动是"一次性"的市场行为，如何保证"一次性"的招标采购活动能够取得预期的采购效果，就需要一个周全的"采购方案"策划。作为专业招标代理机构，应从采购项目前期准备、项目需求的实际特点、采购技术以及经济指标、市场供需情况、潜在投标群体、采购价格构成、竞争策略、采购风险控制等方面进行全方位的分析，为招标人拟定最适合的采购方案，助其遴选合适的中标单位，达到采购质量好、服务优、成本低、性价比高的目的。

本案例分析了采购需求特点：一是采购涉及更换的设备和材料种类繁多且专业差异较大；二是改造项目是在原有基础上进行，承揽单位需要进行整体规划设计，实现与现有消防报警系统兼容并联网；三是明确了技术性、经济性、项目需求目标的具体要求；四是对潜在投标人的类型特点做了具体的对比分析，针对两种采购方案的优缺点，选取了"采购+施工"的投标人竞争条件；五是结合消防专业的特殊要求，投标人资格条件设置为具备消防设施工程专业承包资质;六是在评价因素中除了对施工组织设计基本因素进行评审外,着重对所投产品硬件部分技术参数、配置、选型,原厂的授权书和原厂的质量保证承诺,相关产品认证及检验证书等内容进行评审;七是评标基准价的设定合理,排除了最高价和低于成本价的恶性竞争,从而营造了良性竞争氛围,降低了采购成本。

之后一次招标成功,也说明了招标方案的基本可行性。

需要提醒的是:(1)采购方案对综合评标价的构成没有明确,存在实际评标中的随意性和不确定性风险;(2)对于物资采购质量、工程施工质量、现场和售后服务质量、合同执行中的不可控风险等,也需要有具体规定。

3. 变革新品试用化危为机

近年来,化工产业发展迅速,新技术、新材料、新产品等在化工领域的使用范围不断扩大,应用比率逐渐上升。企业在采购准备阶段,经常会面临选择成熟产品还是试用新产品的难题,而最终的采购亦会直接影响企业的投资成本、运营成效、安全环保、自动化及智能化管理程度。

西北某化工企业在日常采购工作中经常会遇到"试用"情况,有新技术、新材料、新产品的试用,有国产替代进口产品及通用产品互相竞争的试用等。企业往往会出现采购部门不知车间已试用,后补采购流程的现象。这种做法给采购策划、供应商选择、采购执行等环节增加了管理难度,有时也会影响到设备的稳定运行及安全生产。

创新和变革是驱动企业可持续发展的核心动力,该企业以敢为天下先的气魄,鼓励创新,积极推广新技术、新材料、新产品在本企业的应用,确立了在采购准备阶段即引入新品试用的发展思路。

围绕企业的创新发展战略,为防范过度及随意试用带来的风险,采购部门建立了产品试用管理规则及应用流程,并上升为公司的采购管理制度,从而为后续的供应商开发与选择、产品的使用效果和采购成本控制奠定了坚实的基础。

采购准备阶段新品试用操作步骤如下。

(1)项目单位提出试用产品目录,制定试用规则和检测标准,采购部门按照公开招标的思路,通过公告公示试用产品信息,为符合要求的供应商创造公平竞争的机会。

（2）组织确定试用产品的价格、试用周期、试用数量，以及试用后的结算原则。

（3）试用结束后，项目单位出具产品试用报告，并对试用的样品进行封存，最终根据试用报告、第三方检测结果等因素综合评估，确定产品性能和供应商邀请名单。

（4）依据以上情况制定出该类产品的后续采购策略，并根据采购计划开展招标工作，按照招标规定确定中标单位和后备供应商。

按照这些步骤和办法，企业在新产品、新材料、新技术试用等方面取得了较好效果。

成功案例一：在超滤膜采购中，原来是单一进口品牌垄断，通过实施试用策略，成功引入国内外同档次多个品牌，形成良好的竞争环境。目前，在满足使用性能的条件下，其采购成本较原来节省了15%。

成功案例二：原来采购的粉煤流量计使用寿命较短，通过实施试用策略，新品的寿命延长了半年，且每台流量计的成本较原来节省了10万元。

成功案例三：某高端水泵原配套的机械密封为国际知名品牌产品，但存在频繁泄漏、使用寿命短的问题，通过实施试用策略，选用国内机械密封替代进口产品，不仅解决了泄漏问题，而且还降低了采购及运营成本。

在采购策划阶段，企业通过实施试用的采购策略，打破了原有专利垄断和技术壁垒，推广新产品、新材料、新技术的应用，为后续供应商开发、选择及招投标工作打下了坚实基础，同时为创新能力较强的供应商提供了参与的机会，创造了公平的竞争环境，持续提升了企业采购水平和生产经营能力。

（文章）

专家点评：

创新是企业的永恒主题，企业要发展，必须创新。

该企业以敢为天下先的气魄，鼓励创新，积极推广新技术、新材料、新产品在本企业的应用，在采购准备阶段确立了新产品试用的采购思路。为了规范新产品试用，企业制定了产品试用规则和试用流程，明确了详细的试用步骤及办法。

该企业在采购准备阶段确立的新产品试用的采购思路开拓了采购渠道，获取了更多的供应商资源，取得了较好的试用效果，并成功地解决了以往物资采购的难题。

本案例给我们的启示：在寻选供应商时，企业不仅仅要实地考察，听取供应商的自我评价，了解同行对该供应商的评价，还应确立新产品试用策略，通过"试用"，了解产品的性能和供应商的能力，全面地评价供应商，以期选出优质供应商，更好完成相关采购工作。

4. 单一来源不能单向思维

某企业在2019年采购策略和计划管理过程中，发现下属单位大量使用以合同续签为单一来源的采购计划，尤其是部分单位刚刚通过招标或询价签订一年合同，下一年度就以合同续签方式申请再签约一年。通过对下属单位历年的采购需求进行分析，进而发现大部分采购需求属于维持企业生产运营的长期需求。既然为长期需求，为何这些下属单位不签订长期合同，而习惯于"一年一签"的合同模式呢？

针对这一问题，企业通过与各下属单位需求部门和采购业务人员交流沟通了解到，造成这种情况的原因主要有以下几个。

一是公司的年度预算原因。生产企业的预算管理一般都是按照年度预算进行管理的，因此需求部门只能按照一年预算提报采购需求。

二是采购执行风险原因。需求部门给的预算只有一年，提高采购预算，签订多年合同可能会存在未来合同执行方面的风险，即如下一年度预算调整，合同则无法正常履行。另外对已签约的供应商比较熟悉，相互之间配合默契，合同续签可避免与新供应商重新磨合，合同执行风险相对较低。

三是采购价格及成本因素。随着近年来人工成本及物价水平快速上涨，部分采购人员认为重新招标或询价可能会造成采购价格及成本的上涨，因此认为合同续签为最优的采办方式。

四是采购报批及进度风险。如果需求部门在上一年合同期满或即将到期才提出采购需求，同时要求尽快重新签订合同，而重新招标或签订合同，采购预算金额可能需要报批，采购进度无法保证。

针对上述情况，企业认为这些想法存在一定的误区，其实完全可以采取相应的措施应对所虑情况。

对策之一：年度预算并不是只能签订一年采购合同的理由，采购合同完全可以签为多年合同，按年度或月度进行相关结算即可。

对策之二：完全可以通过"1+N"的长期合同模式规避合同执行风险，可通过定期对供应商进行考核，以此来决定是否继续履行合同。

对策之三：针对可能的价格及成本上涨因素，应综合考虑多年的价格因素，而不能仅考虑续签的这一年的状况。通过招标签订多年合同，可通过以量换价方式平摊多年综合成本。另外，随着人工及物价水平上涨，一味强调沿用原合同价格优势，也可能会导致供应商通过降低服务质量或偷工减料的方式降低自身成本，反而得不偿失。同时，随着技术水平的提高及竞争性增加，价格及成本的下降也是完全有可能的。

对策之四：关于报批及进度要求，完全可以通过加强长期合同的执行跟踪管理，提早谋划启动合同采购工作。

在此，试举一个通过变更采购策略降低采购成本的典型案例。

2017年，企业某下属单位通过竞争性采购方式与相关供应商签订了为期一年的循环水处理厂药剂框架协议，并在2018年自行续签一年。2019年该单位又以合同续签形式申请与原供应商再续签一年，理由是：通过调研及市场价格分析，合同续签有价格优势，同时符合5年3次合同续签条件。

当问询为何不签订多年的框架协议时，该单位采购业务人员反映说，该单位的合同一般都是按照年度预算，采用一年一签的合同策略。

对此，企业建议其采用竞争性采购方式按照"1+N"的模式签订多年合同，重新制定采办策略。该单位按企业要求调整了采购策略，采取了"1+1+1"多年的合同模式，大大提高了供应商参与意愿，同时也增加了采购竞争性。虽然最后中标的供应商仍然为原供应商，但通过竞争性竞价，本次采购的6种药剂较2018年合同续签价格均有下浮，并未出现采购价格及成本上升的情况。

通过上述案例可以看出，对于长期类需求制定合理的采购策略，不仅可以大大提高采购效率，也能有效地降低采购成本。

（徐程达）

专家点评：

对于维持企业长期生产运营的采购需求，在制定采购策略时应合理规划采购合同期限，从企业的整体采购业务考虑设定合理的合同期，不仅可以减少采购工作量、减少合同数量，而且可以降低采购成本，提高企业的整体效益。

该企业的采购需求大多属于维持企业生产运营的长期需求，但令人遗憾的是，签订的大部分采购合同是一年期合同，合同到期后再续签。

仔细分析，产生这一问题的四种理由并不成立，而积极采取相应的对策，完全可以解决这个问题，根本无须延用签订一年期合同的老模式。

该案例给我们的启示：在策划采购合同模式时，不能仅考虑单一的采购需求，而应从企业的全局考虑，全面分析采购需求，制定正确的采购策略。

5. 计划要特别注意工程节点

　　几年前，经过两年多的竞争和谈判，在日本和韩国公司未能满足业主条件的情况下，国内某工程公司最终赢得了境外一项大型EPC工程总承包项目。由于是初次独立承担规模如此大的总承包项目，公司上下极为重视，抽调精干力量专门组成项目组，并在设计、采购、施工等方面均配备了经验丰富、能力较强的工作人员，以确保项目执行顺利。经过近5年的艰苦奋斗，在付出了无数汗水后，该项目最终完工并顺利生产出合格产品，境内外多家主流媒体对其也进行了报道。

　　但令人遗憾的是，该项目的经济效益并不理想。尽管影响经济效益的因素有很多，但有一点不可否认，就是由于各环节计划执行的误差较大，一定程度上增加了项目的执行成本，成为影响项目经济效益的主要因素之一。在此以配管专业采购为例，简要分析因为进度不匹配而造成的成本增加，以窥一斑。

　　任何工程项目，计划都是管理的核心。理想的计划执行是设计、采购、施工、资金、材料控制等各环节无缝衔接，在约定期限内提供各自的可交付物。为了实现这个目标，在项目实施过程中，各方面即使不能做到完全的无缝衔接，也要尽可能要求按计划实施，否则，实际进度与计划偏差越大，造成的成本增加就会越多。在本项目中，仅从配管专业采购与施工之间计划执行的配合程度，定性分析对成本的影响。

　　按照计划，管道材料（包括阀门、管件）到货时间与管道施工人力资源配备时间有十分清楚的约定。但2013年7月至10月，当大批量的管材尤其是厚壁管、大口径管已基本到货，配套的管件（包括阀门、法兰等）也已达到货高峰时，各类施工人力资源（包括管工、铆工、焊工等）的配置仍然处于低位，直到2014年7月才达到高峰，这就相当于管道材料在仓库里堆放了一年。一般情况下，工程项目中的配管材料占比在20%以上，对于一个投资超10亿美元的大型工程项目，估计有1亿美元的材料库存时间长达一年，可想而知造成了多大的成本浪费。

具体计算由此造成的成本增加包括：为满足项目进度的要求，本来应该不紧张的制造进度变得很紧张，为此多投入的人力、资源成本；对设计的影响（与供应商沟通不畅而造成的图纸更改）成本；部分材料本应该在制造厂完成一定程度的预制，但计划要求提前到货，造成现场处置成本的增加；部分材料如果能够在制造厂有充足的时间，就可以大大减少产生质量问题的可能，但由于盲目催促到货，造成了大量的质量隐患，货到现场后要么需要花费大量的成本进行修复，要么需要重新订货或者换货，增加的成本更难以计算；物流措施变更（如铁运转汽运、汽运转空运、正常运输转包车、特殊清关通道等）造成的成本增加；早到货造成的财务提前付款带来的财务费用和边际成本；部分材料过期造成的损失；增加的仓储管理费用；二次倒运费等。

由此可见，对工程项目来说，制订计划非常重要，制订计划一定要实事求是，只有依据已有的以及可能获得的资源制订的计划才具有可执行性。不能凭经验制订计划，更不能为了应付业主、应付领导拍脑袋制订计划。如果因此导致计划不切实际，从而后期频繁修改，就失去了计划的严肃性、严谨性，将会给项目的执行带来混乱，导致增加项目成本。

当然，计划一旦发布，各环节单位就有义务采取一切措施按计划安排本环节的工作进度，以保证计划的有效执行，否则，牵一发而动全身，一个环节的延误便有可能造成多个环节的调整，同样会导致项目成本的增加。

（孙孝世）

专家点评：

本案例谈到的境外EPC工程总承包项目在物资采购方面因采购与施工

匹配错位造成工程成本损失的问题，确实值得总结。设计施工必须要有一个总的统筹计划，各个专业事先要交流沟通，互相提出条件并确认。如采购要向设计要条件，然后再向设计返条件，并以此确定设备、材料的制造工期。各个专业要注重计划衔接点的确认，按照总体线路制订出重点、难点的统筹计划。

按照总的统筹计划，各个专业编制本专业的详细实施计划。在采购方面，主要是对重大长周期设备、特殊材料、专利专有设备制造控制点进行确认，据此制订采购需求计划，并与施工方反复核对现场的施工需求计划条件，之后正式下达采购计划。

本案例所讲的是境外项目，这种采购还应考虑运输方式、通关、倒运、现场仓储环境、保管保养条件，同时要考虑设备材料订货交货期和运输周转的时间点控制，还要了解施工现场单位时间所完成的施工量（吋径），这样才能真正做到物资到货与施工工期进度成功匹配。

6. 做好采购方案及后评估办法

公开招标采购是国企当前物资采购的主要方式，履行"依法必招，能招尽招，招必规范"的要求，必须做实招标采购基础性工作。在工程中，应树立"七分准备，三分招标"的招标采购管理理念，积极开展需求分析、供应市场分析与研究，持续推进招标文件会审机制，寻求最佳的采购匹配和平衡，进一步提升招标采购质量与效果。

充分做好招标采购方案是保证采购工作顺利实施的基础和核心。某工程公司结合多年的采购实际，总结出了一整套招标采购规范，其中，做好招标采购方案的8个要素及4个"回头看"后评估办法特色突出。

（1）做好招标采购方案的8要素。

①科学合理地设定产品技术要求，需结合请购需求与设计、项目管理及用户等部门对接确定技术要求；通过研究市场了解技术革新及其新技术、新产品的市场推广应用情况。其中在设定技术要求方面，前期可进行技术交流进一步完善技术方案，技术参数不明确、技术要求不统一的，均不能进入招标程序。

②客观制定投标资格审查条件、评标方法、定标原则，避免主观意识操控招标采购的可能。

③招标标的的功能和性能要求、使用效果要求等内容要完整、清晰，明白"要买什么东西、要到达什么要求"。

④投标商资格条件的设置应该本着精诚合作、广泛调研、深入分析、反

复提炼、集中审议、精准定位的原则进行,确保依法合规,满足招标项目的需要。

⑤涉及业绩要求项,提供相关业绩的合同证明(复印件)即可。

⑥招标文件中涉及需投标商承诺的条款,统一摘录成"承诺函"的形式,规定投标商签字并盖章进行承诺。

⑦修订招标文件模板,进一步规范招标文件编制要求,细化供应商的生产工艺、设备、人员、业绩、产品质量和出厂性能测试等要求。

⑧充分考虑合理的采购周期,保证招标法定时间。

(2)开展招标采购评价的4个"回头看"。

①招标质量不高的"回头看"。看资格审查条件是否合法合规,投标人是否形成了有效竞争,招标商务和技术文件是否完善、细致、严谨。

②招标效率不高的"回头看"。看招标前期策划是否完备,准备工作是否充分,会务组织是否得力,人员职责分工和相互协作是否到位。

③评标过程争议性大的"回头看"。看技术规格书是否科学公平合理,评标办法和标准是否具有可操作性,否决条款是否有据可依。

④废标或有异议投诉的"回头看"。看招标过程是否规范,"三公"政策和信息保密是否落实到位。

除此之外,采购人员和设计人员、项目管理人员密切合作,合理设置了招标采购工作的全流程规范并严格执行。这些规范自实施以来,公司的招标采购质量与效果显著提升,2019年,公司的一次招标成功率达65.5%,同比提高了6个百分点。

(于红)

专家点评:

招标的目的是选择一家性价比最高的服务提供商或物资供应商,而招标准备工作对招标质量至关重要。本案例在总结以往招标的经验教训的基础上，提出了招标采购方案的8要素和4个"回头看"后评价办法，按照这8要素开展招标准备工作，能够为后续的招标工作打下坚实的基础。而"回头看"的目的是找出招标过程中存在的问题，并分析产生问题的原因，以便采取相应的纠正措施，不断提高招标水平，提高一次招标成功率。

7. 被动变更采购需求计划的代价

这是一个因采购计划不完整而导致采购过程坎坷的案例。它令我一直铭记于心，久不能忘。

2019年3月15日，我所在公司开始进行8台储罐招标工作，经过激烈竞争，最终A公司胜出。按照程序，招标结束并签订采购合同后我的工作就基本完成了，本以为这次8台储罐的采购工作也能这样顺利完成，哪知这仅仅是麻烦的开始。

3月15日，在招标现场，我先安排技术部门进行了一轮技术交流，确认各厂家技术没有问题后继续洽商，最终A公司以条件最符合而中标。5天后，我公司与A公司签署了正式采购合同，A公司随即进入设计阶段。设计期间在和我公司技术部门详细沟通工艺参数时，发现储罐使用工况是恒压0.3MPa，不符合低温低应力原则（通常情况下，一般物料温度越低蒸汽压力越低，该物料从储罐排出时需要氮气压力排出），因此需要变更储罐材质。材质的变更就意味着价格的增加，这时主动权已经不在我方了，经过艰难的谈判我们于4月3日签订了变更协议。

总该结束了吧！谁知在双方签字确认图纸时，又发现储罐之间的间距不合规，于是领导决定减小储罐直径。一般情况下，储罐直径减小价格降低，但此时对方已经按图纸完成了储罐基础且我们已经付了预付款，再次谈判时的被动情景可想而知。

经双方反复磋商，终于在5月30日废除了原合同，重新了签订采购合同。

这本来是一个较为简单的储罐采购项目，却整整历经了4个月才算结束，期间浪费的人力不说，直接经济损失更是令人痛心，而造成这些损失的原因竟然是原需求采购计划的不严谨。

痛定思痛，我们从中总结出了采购计划编报中常见的几个问题，以作后鉴。

一是采购需求参数不够完整。在采购实践中，采购计划编报环节经常存在参数过于宽泛粗放，产品规格型号和性能指标不详细、不齐全的现象。比如参数指标应当有十项，但实际上只给出六七项，有的甚至还缺少关键的技术图纸；有的采购需求没有明确场地条件、功能配套等方面的内容，导致招标完成后频繁变更，不仅浪费时间和人力，还会失去主动权而导致直接经济利益损失。

二是技术参数过于限制。采购需求应符合政府法规要求，技术参数应完整、全面、详细、精准。尤其压力容器、特种设备、特种车辆等设备使用证办理环节，采购计划报编人员应全面考虑后续问题，如是否能通过验收，是否受其他环节因素影响等，否则将会造成后续工作的被动。

三是采购需求计划不包含工艺参数。工艺参数是设备厂家审核设备是否能用的基本参数，必须要标清。

四是因紧急采购而导致提报采购需求计划不及时。因某些原因紧急采购物资，往往是因为工期方面的要求，这往往会导致在价格方面得不到相应实惠。

相信企业采购计划编报人员只要把握住了这四个关键问题，计划编报就不会出现大的问题，后续工作也才能顺畅进行。

（孟超）

专家点评：

采购准备是采购过程中非常重要的环节，采购技术资料的准备和审核工作更是重中之重。本案例中提到的各类问题都是由于技术部门提交的技术资料（工艺参数和储罐间距）错误导致的。

从采购的整个过程分析，采购人员还是尽职尽责的，他认真审查了技术部门提交的物资采购需求计划（尽管该计划已经报批），发现技术要求不能满足招标要求后，先后联系多个厂家，同技术部门一起与厂家的技术人员沟通，最终完成了一份各投标人和技术部门都认可的用于招标的图纸，完善了物资采购需求计划。

设计人员在与技术部门沟通设计工作时发现技术资料提供的工艺参数是错误的，操作工况变化很大，需要改变储罐的材质（由低变高），需要变更合同，这一错误让采购人员在价格谈判中处于完全被动的境地。后续又发现储罐间距不合规的低级错误，在无奈的情况下，采取了减小储罐直径的补救措施，这一错误又让采购人员在废止合同、重签合同的过程中处于被动局面。两处技术错误不仅给公司造成了巨大的经济损失，还对项目进度产生很大的影响。

本案例给我们的启示：采购技术文件是采购需求计划的重要组成部分，必须由专业的技术人员严格把关。如果在签订采购合同后变更技术参数，会使企业处于完全被动的局面，严重阻碍后续工作的开展。

8.EPC项目的采购策略和谈判机制

某工程公司建立了涵盖采购策略、供应商、价格、质量、仓储、采购合同及过程控制等方面的采购管理制度，实行"业务流程、岗位职责、规章制度"三位一体的公司物资供应管理工作机制，以目标管理和价值采购为导向，从定性、定量两个方面寻找采购保供降本增效的途径和方向，以提升供应链增值能力，促进采购保供和降本增效的良性循环。

针对本公司承建EPC项目较多的特点，公司根据物资的类别、特性及技术要求等，制定出了相应的采购策略和谈判机制。

一是完善项目采购策略内容。项目采购策略由项目经理在项目策划阶段制定，组织项目设计、采购、施工、控制对整个项目的采购进行整体策划，完成项目物资组包、采购周期、请购裕量、采购方式、供应商名单（必要时）、采购过程控制等方面的策划，建立以组包为材料控制单位的设计、请购、招标采购、技术协议签订、物资交付、货款支付等一揽子检测基准。基于公司自身的供应链能力，充分利用公司下属的制造公司、建设安装公司的生产要素，统筹安排项目非标设备、钢结构和管道自行制造和安装工作。

二是严格采购策略的约束作用。采购部计划工程师严格按照项目采购策略物资清册中明确的采购模式、采购方式、质量控制类别、进度控制等级等要求编制单项采购方案，所有单项采购方案必须经过审核批准后方可下达到采购环节，由采购工程师执行采购业务操作。

三是做实价格，确定策划。（1）竞争性确定方式：采用招标、询比价、公开竞价采购方式确定供应商及采购价格并签订合同。（2）非充分竞争情况确定方式：对独家（单一来源）采购、两次招标后投标人不足3家及报价供应商不足3家的询价采购，全部纳入谈判采购。

四是在谈判机制设计方面，公司采购部会同设计、概预算中心、项目管理等部门人员，组建了12个专业的技术专家组、6个综合专家组，并建立"专业+专家"共计516人的采购专家库，采购部随机抽取专家库成员参与到采购评标、招标技术文件及商务文件的评审等工作中去；建立健全公司《物资采购管理细则》《谈判采购实施细则》《招标采购实施细则》《框架协议采购实施细则》等34个物资采购方面的管理制度，规范运行要求和程序。利用"设计、采购、施工（制造）"一体化的功能优势，不仅和最中意的供应商谈判，而且和比较中意的供应商谈判，以寻求最好的性价比。

其要点一：分三个层级组建谈判团队，对不同标的额采取不同的谈判形式。

（1）标的额≥200万元的合同谈判。谈判人员组成：由采购部主任牵头，组织项目经理、项目设计经理、采购经理、法务、财务人员、采购业务科长、采买工程师等组成谈判小组。

（2）50万元≤标的额＜200万元的合同谈判。谈判人员组成：由采购部主任牵头，组织项目采购经理、采购业务科长、采买工程师等（必要时可请法务、财务等人员参加）组成谈判小组。

（3）标的额＜50万元的合同谈判。谈判人员组成：由采购业务科长牵头，组织项目采购经理、采买工程师等（必要时可请采购部主任及项目部等相关部门人员参加）组成谈判小组。

其要点二：设立4个谈判条件。具备如下条件之一的，启动谈判机制。

（1）独家采购。

（2）两次招标后投标人不足3家及报价供应商不足3家的询价采购。

（3）超控制价的询比价采购。

（4）合同变更需要进行谈判的采购。

其要点三：启动谈判采购运行机制。

按照管理制度化、制度流程化、流程表单化、表单电子化的"四化"要求，在企业工作平台中做到谈判采购立项、谈判人员组成、谈判策略拟定、谈判结果审核审批的全流程管控，依据谈判情况优选供应商。

（朱振超）

专家点评：

该公司为了规范采购准备工作，对采购策略和采购谈判提出了具体要求。

针对采购策略，明确了策划内容和检测基准，并要求在采购策略的指导下，编制单项采购方案，规范每个环节的采购工作。

针对采购谈判，制定了严格的采购谈判机制，为采购工作的顺利进行打下良好基础。

本案例给我们的启示：综合采购执行计划和单项采购方案是采购策划的重要成果，是保证采购工作顺利开展的规范性文件。因此，企业应采取相应的有力措施，来保证采购策划的质量。

9. 采购计划要注意衔接，避免偏差

在项目采购执行过程中，经常会出现因资金准备不足而导致物资不能及时提货到达现场，进而导致项目工期延迟，给项目带来各项直接损失（如延迟竣工违约金、机具租赁时间延长费用、工人窝工费用、管理费用上升等）和间接损失（如公司商誉、回款延迟等）的情况，为减少此类情况，企业应要求各项目负责人牵头各相关部门制订完善的采购计划（方案）。

某公司于2018年承接了一个EPC工程项目。由于该项目前期业主准备周期较长，造成了项目执行期比预期缩短，因此在项目实施过程中存在边设计边施工的情况，这便对项目各个环节的衔接提出了很高的要求。在这种情况下项目成本控制就存在很大的难度。在项目实施过程中本装置有一台风机，该风机为本装置的核心设备，在厂家生产过程中，因当地环保政策要求，对生产厂家进行限产，致使厂家无法按时交货。为保证快速交货，公司曾多次派人与厂家沟通协商，厂家也加班进行生产，原来的整机运输修改为分批运输，最终确保了按时开车调试。但此过程增加了生产厂家的制作成本、运输成本、现场安装成本。

经分析，在本次采购过程中，因前期准备不充分，致使采购方案不完善，未考虑环保要求对厂家生产的影响。因此编制采购计划要根据项目的资金条件、项目进度要求、设备及材料供货的难易程度等编制，增加生产环节的风险辨识及应对措施，避免同一问题再次出现，之后应通过各职能部门通力配合，实施过程中及时修正，实现项目最终按计划进行。

通过此例，公司再次重申了采购计划编制工作的重要性，对其进行了进一步的优化和规范，并强调应做好采购计划的以下工作。

一是做好两个衔接工作。

（1）与财务预算相衔接。在整个项目采购执行过程中，每一个环节都必须以资金保证为前提，离开了资金的保障，任何采购行为都只能是纸上谈兵。因此在实际编制采购计划时，必须严格落实财务预算，在财务预算的范围内合理安排材料的采购资金，且需区分资金来源和用途，严格执行采购实施过程中不超项目预算的原则，确保采购计划顺利执行。

（2）与施工进度相衔接。由于在实际施工过程中，经常会发生如设计变更、资金、气候条件变化等各种不确定性因素，这些都给采购计划编制带来了极大的不确定性。因此，在编制采购计划时，应与预算期内实际的现场情况相衔接。

二是做好采购计划的执行与偏差处理。

采购计划的编制时间往往提前于现场进度情况，这就要求编制人员应综合各方面信息，对未来某一段时间内可能会出现影响进度计划的情况进行预测、分析，作为预算编制时的参考与修正参数，以提高编制水准。采购计划编制完成后，相关单位与人员就要根据预算进行准备工作。对价格预测、采购渠道、采购时间等，都需要进行前期策划。在采购实施过程中，应严格按照预算执行，并积极了解市场动态，对未来可能出现的重大影响进行分析预判，对采购价格波动做到风险可控。

由于实际需求会受到很多因素的干扰，会造成预测的困难。若干扰相对来说不严重，实际需求就会接近于预测的需求；若干扰非常严重，就会掩盖实际需求，使预测工作变得更加困难。采购计划是对预算期内所需材料的一种预测，既然是预测，就必然与实际需求值之间存在偏差。

对于偏差的出现，要认真分析原因，查看是否在编制初期便涵盖该因素，是否有重大设计变更或突发事件，以确保采购计划的严格执行和采购成本的有效控制。同时，应编制调整方案作为采购计划的组成部分。

三是做好统计分析工作。

预算期结束后，要做好统计分析工作，及时汲取经验，不断调整完善，加强预算的可操作性。例如最近的两次较大规模的钢材价格波动在 2003 年和 2013 年，波动原因与国家政策调整、钢材供需关系的变化等因素有很大关系。2020 年因为疫情，造成各行各业的正常运行受到影响，未来材料市场如何、材料价格趋向如何、国家政策如何调整，采购部门尤其是计划编制人员应对其密切关注分析，及早对价格、市场进行预判，为本企业各项目的正常运转保驾护航。

（王怀金 郭刚伟）

专家点评：

做计划时，不应仅从主观愿望出发，而应尽可能地考虑客观情况，把未来会遇到的限定性因素，如政策调整、环境因素变化和人为因素变化等考虑周全，多谋善断；应设定计划期限并到期及时调整；应留有应对外界不可控因素变化时的灵活性，量力而行并留有余地；计划往往赶不上变化，应预计未来可能会发生的变化，定期检查计划的执行情况，善于观察形势变化，保持计划总目标不变，及时调整计划执行的进程，做好各方面的衔接配合，以适应变化了的情况。

计划永远没有变化快。为应对考虑不周和瞬息万变的不可控因素，实行相对时间段的滚动采购计划，对保障采购计划总目标的实现是个不错的有效措施。

10. 严控指定采购，规范独家采购

某工程公司是一家工程技术服务企业，以承揽工程项目总承包管理为主业，其采购工作围绕项目 EPC 总承包合同进行。在项目物资采购实施过程中，公司坚持标准化采购，充分发挥"专业＋专家"的作用，严控指定采购，规范独家采购，取得了明显的效果，2019 年独家采购率仅为 0.58%。其主要措施有以下几个。

一是大力治理指定采购。公司在制度中明确规定，物资需求单位、项目设计或控制部门在编制、审核需求计划时，不得指定或变相指定供应商，对业主指定的需求计划要附业主的指定正式文件。非业主指定的，由需求或设计人员提出《指定采购技术评审表》，经公司技术委员会评审并提交办公会讨论通过后方可实施采购。

二是严格规范独家采购。公司制定了供应商不足 3 家的采购工作规范和机制，引入公司技术专家团队，对采购技术文件、独家采购的合理性进行论证、评审和纠偏，独家采购的方案和谈判结果需提报公司领导班子集中会审。通过事前公示、事后通报，持续强化对独家采购的监管。公司通过对谈判采购立项、谈判人员组成、谈判策略拟定、谈判结果审核审批的全流程管控，独家采购比例保持在较低水平。

三是对指定采购、独家采购进行标准化管控。公司定期对指定采购、独家采购形成的环节和原因进行分析，现阶段集中在专利包指定、业主要求两方面，有针对性地制定措施，规定对达不到招标采购要求的采购包及询价供应商

为两家或独家的采购包，由采购部组织需求、技术、经济及审计、监察人员进行集中评审，评审结果经公司分管领导批准后，作为采购计划下达的依据，从而对合理的指定采购、独家采购进行有效管控。

四是对专利包进行剖析，替代或缩小专利指定。公司近年承揽的多个煤制烯烃项目均采用引进的工艺，如 PE 装置采用美国 UNIVATION 公司 UNIPOL PE 气相法技术，在该技术的工艺包中，专利商对多个系统和重要设备的供应商进行了规定。相关人员在采购组包时，不是简单地按专利商推荐的供应商进行采购，而是将系统进行分解，对照专利包进行剖析，只对核心设备进行指定采购，将不属于专利范围或虽属于专利范围但专利商的描述只是推荐使用供应商的设备，不纳入专利采购，从而有效减少了专利指定。公司在中煤榆林、青海大美项目采购过程中，组织项目财务、技术、采购人员对气流输送系统等进行分解，专利采购范围由此减少了近一半。

五是对 EPC 合同进行分析，掌握业主指定意图。EPC 合同是公司实施项目采购的总依据，公司理解业主选择最好产品的心情，由于系统外项目业主掌握的供应资源有限，在总包合同中指定的产品往往不是最好的，公司本着最好能满足招标条件，实在满足不了三家两家也比独家好的原则，切实依据中石化供应资源，积极向业主推荐集团公司优秀供应商。这几年来，业主指定的独家采购已杜绝。

为确保规定和措施的落实，公司还充分利用自己 EPC 一体化和专家集中的优势，实行开门采购，在采购策划、详细设计、技术交流等方面充分发挥专家的专业作用，提高指定采购的谈判主动权。在采购策划阶段，针对性制定采购方式；在详细设计阶段，细化指定数量；在技术交流阶段，优化指定部位。

与此同时，公司还建立了后评估机制，对指定采购、独家采购进行分类考核，并利用协同办公平台和有关渠道，对所有指定采购、独家采购进行全程公开。另外，公司还将指定采购、独家采购的提出依据、供应商选择、价格确定、质量情况、交货进度、支付状态等信息进行公开，接受广泛监督。

（于红）

专家点评：

在实施采购时，所有企业都希望选取性价比最高的供应商，因为它们不仅技术优良，而且价格合理。引入多家合格的供应商，通过供应商之间的良性竞争，便可使企业的采购利益最大化。但在采购实践中，往往事与愿违，多种因素会干扰公开、公平的竞争，如项目业主指定供应商，专利商指定供应商，设计单位指定供应商，公司领导推荐供应商，等等。

该企业对指定采购和独家采购的控制策略给了我们很好的启示，值得借鉴。

11. 核心装备应急供应保障五要点

2018 年，国家推动建设天然气基础设施互联互通重点工程项目，要求保障 2018 年冬供。由于时间紧、任务重，三大油随即组织应急采购。在采购清单中，最为核心的是素有管线"心脏"之称的管线压缩机产品，由于其承担输气增压的关键功能，因此对产品质量、运行质量要求十分苛刻。也由此，形成了对设备全生命周期各种指标要求的全面性和高标准，而在世界范围内也仅有几家顶级企业可以达到此要求和标准。

正常情况下国外厂商供货周期为 12~14 个月，国内企业为 10~12 个月。本次任务由于时间紧迫，对于压缩机产品仅有 6~8 个月的供货周期，共 8 个站 16 台产品要求在近一年的时间中，按客户要求准时交付，按计划顺利运行达产。这在保障产品质量的同时，也对制造商的方案设计能力、合同执行能力、服务能力和供应链的支撑能力提出了严峻挑战。

面对以上的挑战，国内某集团公司结合自身多年形成的优势和经验，采取预先策划、项目多条线并行管理、重要风险因素识别与管控，以及供应链条多点联动等超常规手段，面向产品的全生命周期，建立了一套科学有效的专项制造和服务办法，并从以下五个具体方面入手，满足了客户项目建设所需，创造了当年订货、当年产出、当年调试、当年投产、平稳运行的奇迹。

一是特事特办，建立强有力的组织体系，为项目顺利完成打好基础。公司成立专项执行组，集中调配资源，统一专线管理，开通绿色通道，项目全体参与人员签订了项目执行责任状，将责任层层分解、层层落实，并重点提升预警和异常问题快速响应能力。

二是计划管理统筹策划，节点管控精细化。公司采取提早策划、提早投入、优化资源、科学管理、标准化设计、打造专项服务团队等超常规手段，为项目产品按期成套交付做好保障。在项目执行过程中，依托前期管线标准化设计成果和生产制造积累的经验，全面识别项目风险，制订三级项目分解计划，强化协同作业能力，强化与客户的沟通互动能力，确保关键节点按时高质量完成。采用全供应链条管理，拉动公司内部与供应商紧密配合，充分准备，真正做到了"接力式无缝连接的绿色通道"，通过生产资源调配的全面优化，确保产品制造过程按计划进行。

三是自主核心技术优化，确保方案制定合理，设计周期大幅压缩。公司采用多种技术手段和技术管理手段，将产品设计周期缩短至5~6周，将长周期的铸锻件供货周期缩短30%以上。同时，应用标准化的辅机配置方案，预先完成机组总体布局的初始设计，两周内完成机组土建施工图的规划设计工作，缩短与用户、设计方有搭接的图纸设计周期。

四是强化过程评审、过程把控，保证质量。在常规项目管控的基础上，公司进一步规范设计评审流程，确保用户技术要求得到满足。在项目前期编制专项质量保证计划和检验计划，指导产品设计、制造、采购、检验、服务全流程，并强化了对于全部供应商的质量关键见证点的管理，不合格不允许走下一程序，参数和外观不过关不允许发运进厂，从而确保产品质量媲美国际同类压缩机生产企业产品，满足交付要求。

五是组建专业化团队，确保客户装置快速调试、快速投产，为项目执行画上圆满句号。公司选取责任心强，在管线压缩机产品服务方面业务能力突出、经验丰富的工程师组建专业团队提供现场服务。强化"现场总代表"售后服务体系，协同配套商服务人员共同进场，共同识别安装调试期风险，并通过充分细化调试计划表、各工序穿插配合施工、现场总代表全程作业现场值守等举措，仅用时3~4个月完成安装调试、投产运行，创造了管线压缩机交付史上最短纪录,有效地保障了客户项目的顺利投产。

由于计划周密、措施有力,公司最终 100% 按期全面完成了交付工作,所有里程碑节点如期实现,得到了客户和监理公司的一致认可与好评。

(孟磊)

专家点评:

压缩机组是天然气长输管线项目中核心的动力设备,其设计难度大、制造周期长。正常情况下,国外厂商的供货周期为 12~14 个月,国内厂商的供货周期为 10~12 个月。面对本项目业主提出的 6~8 个月供货的苛刻要求,国内这家压缩机制造商却接受了挑战并顺利完成了产品的交付。其所采用的 5 项措施给予我们很好的启示:一是组织保障,特事特办,建立强有力的组织体系,确保在最短时间内解决问题;二是周密计划,计划管理统筹策划,节点管控精细化统筹策划,制订行之有效的项目执行计划;三是科技创新,实现了自主核心技术优化,大幅压缩设计周期;四是质量保证,在常规项目管控基础上,进一步规范了设计评审流程,确保用户技术要求得到满足;五是专业团队,确保了客户装置快速调试,快速投产,为项目执行画上了圆满句号。

以上 5 项措施的核心就是勇于创新、客户至上。这是供应商决胜市场的不二法宝,也是这家公司创造应急保供奇迹的秘诀。

12. 维保服务采购也要讲究策略

某炼化企业拥有一批下属单位，它们每年的维保量很大，存在着综合维保采购标段划分过多、考核奖惩机制相对单一、缺少优胜劣汰机制，以及综合维保与大检修的供应商、标包划分、计价模式基本相同但未能整合、联动采购等问题，造成了工作上的被动。

采购部门对此进行了深入分析，并优化策略，收到了较好效果。

针对采购包过小产生的系列问题，企业根据各所属单位装置数量及规模大小，按照业主和维保服务商双赢的原则合理划分标段，保证标段的适当规模，利于维保服务优质高效进行及维保价格的合理，将各单位的现有采购包/标段数量由原来29个优化为20个。

针对现有综合维保服务合同约定的考核机制更多的是一种形式上的考核、对供应处罚金额较少（货币化单项扣款金额一般为100~200元）、对维保服务商的鼓励或警示作用不明显等问题，企业优化了服务商履约考核奖惩办法条款，结合实际需要，从安全、质量、进度等要素全方位对现有考核条款进行归纳、总结并优化升级，加大奖惩力度。另增加服务商退出机制条款，作为服务商履行合同的底线/红线，一旦触及相应条款，按约定清理，择优补充。

针对各所属单位日常综合维保服务合同服务范围基本上都是日常维护保养、计划检修及临修工程施工、技改技措工程施工，而大检修施工一直都是另行采购的问题，尝试进行合并或联动采办。

具体做法包括如下几点。

一是确定新的合同模式。日常综合维保合同计费模式采用"固定综合人工单价+费率（定额）"模式。日常维护保养服务费＝固定综合人工单价×合同定员人数。计划检修及临修工程和技改技措工程按当地定额下浮一定比例取费。综合维保合同额中以固定综合维保费为主，约占90%，定额结算部分约占10%。大检修合同计费模式与综合维保合同计费模式基本一致，即采用"固定综合人工单价+费率（定额）"模式，大检修合同以费率（定额）结算为主。费率（定额）计价模式基本一致，即均采用定额下浮一定比例取费。

二是在合同中设置价格调整机制及风险控制条款。根据劳动力及维保服务投入要素的市场行情变化设置调价条款并调整价格。避免承包商因市场价格波动导致合同无法履行或业主方承担较大成本压力。除要考虑市场价格波动因素外，还需考虑因大检修需要的赶工及计价方式等问题。

三是合同中的约定日期要符合企业需求实际。日常综合维保队伍在一定周期内要保持稳定性和连续性，这对于炼化企业生产装置"安、稳、长、满、优"生产运行是非常必要的。结合目前各单位相关要求以及考虑大修周期为3年左右这一问题，建议综合维保合同期限至少覆盖一个大检修周期，同时考虑各单位实际大检修可能提前或推迟，建议综合维保合同期限按各单位最近一次大检修计划时间加1年或2年，并明确大检修合同内容生效条件，建议以业主方名义正式发出检修通知后生效，避免合同执行问题。

四是合同执行要考虑风险。对于有下属单位的企业，在一个年度内选择1至2个单位先行试点，在总结经验基础上，于下一个合同采购周期再扩大应用范围。

（黄志林）

专家点评：

维保服务被称为工业运行的护航者，其服务质量的优劣直接影响着装置的安全稳定运行。服务过程的管控程度直接决定着维保服务的质量、进度及成本。

本案例系统地梳理了维保服务采购过程中存在的问题，清晰地阐述了维保服务采购的关键要素，分析了问题产生的根源，并有针对性地制定了采购预案和策略。首先，运用大数据分析结果，找出维保服务中存在的共性问题，有效地对采办包/标段进行整合，并提出了维保合同期限至少覆盖一个大检修周期的观点。上述举措操作性强，通过标包整合做大"蛋糕"，提高了服务商参与的积极性，使竞争更加充分。同时，标段的整合减少了采购业务量，使采购部门有更多的时间研究、学习和提升。其次，案例提出了加大对服务商的管控力度，建立了对服务商的评价及退出机制，促使服务商主动提高服务质量，高效完成维保服务工作。第三，案例中折射出培育优质服务商的理念，以期同服务商共同进步、共同成长，与服务商形成长期战略合作伙伴，实现共赢。

服务类采购前期工作越深入、越细致，就越有利于后期采购工作的开展。一是要提高采购部门和使用单位的思想认识，提出符合实际的采购预案。二是参与采购的人员要具备一定的专业素养，了解、掌握所属行业的市场行情。三是在招标环节，应对服务商的管理人员及各工种提出明确要求。四是要寻求长期稳定的合作伙伴，同时要加强对合作伙伴的引导和对后备服务商的补充。五是合同执行期间，应建立所服务装置或区域轮换机制，提升服务商综合能力。针对临时性服务项目或技改技措项目，要对各服务商提供的实施方案进行评审，依据结果择优分配。

该案例总结到位，在服务类采购中较为典型，服务类采购的核心在于后期对服务商的管理。企业在维保服务采购中，要求服务商加强自身内功修炼，获得业主的认可，并基于业主提供的平台，提升自身员工技能及团队管理水平，为业主提供专业、优质服务；同时要求业主单位为服务商创造良好的工作环境和便利的工作条件，建立监管机制，加强对服务商的积极引导和培育，将服务商与自己由单一的合作方，转变为利益共同体，最终成为亲密伙伴。

13. 采购需求计划的管控提升

采购需求管理存在于采购管理的最前端，是供应链的重要组成部分。采购需求计划的提报质量，直接影响着采购质量和采购效率。

某石化企业采购共享中心于 2019 年 1 月成立，采购业务涵盖 16 家所属单位，管理上存在跨行业、跨地域、需求范围广、管理差异大等诸多难题。做好采购需求计划管理，形成合理的采购计划，是为各单位生产运营提供及时、经济、安全和合规采购保障的前提。该中心采购计划管理部门根据《采购需求计划管理办法》及管理权限，明确要求各所属单位每月 20 日上报中心月度采购需求计划；另完善了计划提报模板，模板要求提交技术文件、采购方式、供应商资质要求等采购支持文件。但在执行过程中，许多单位仍局限于过去按需随时提报采购计划的思维，不能适应新的管理要求，几个月下来，经常出现计划外临时和紧急情况的采购需求，严重影响了采购效率。因此，该中心计划管理部门围绕以下三个方面进行了持续整改。

一是保证计划提报的及时性。计划管理部门提醒并跟进每家单位的采购需求计划提报工作，记录报送时间。

二是跟进计划，提升准确性和完整性。计划管理部门跟踪采购需求计划，记录计划的不完整项，并以审议通过的计划数量计算合格率。按工程、服务和物资品类，分别记录各所属单位是否规范提报计划，计划内容是否满足开展采购工作的基本要求。具体包括：（1）货物类的采办数量、技术参数、技术条件及图纸齐全情况，内容包括但不限于计划提出依据，详细的货物名称、规格型号，推荐的供应商说明（如属资源库外的供应商则应提供资格预审文件），投标意向确认书，采购策略说明，定标原则等；（2）工程、服务类采办工作范围、工作内容及工程量（工作量）详细明确，达到可以计量的程度，计划内容包括但不限于计划提出依据、工作范围、界面及工程量（工作量）、进度要求、推荐的供应商说明（如属资源库外的供应商则应提供资格预审文件）、投标意向确认书、采购策略说明、定标原则等。

三是提升计划覆盖率。控制计划外采购（包含临时和紧急采购）需求计划的数量，强化预测性计划采办理念。计划管理部门根据记录数据等编制《月度采购计划质量分析》，通报各单位采购需求计划提报情况。

通过上下努力，企业的采购质量和效率显著改善。3个月后，采购需求计划的提报质量有了很大提升，一次性审议通过的计划合格率由第一个月的59%提升到95%，计划外采购需求数量逐渐得到控制。2019年，年度计划覆盖率控制达到95%以上，完全符合企业管理指标要求。

回溯过去的一年，上述关键性指标作为采购需求计划考核指标的量化可行性指标，为长期进行采购需求计划提升管理提供了有力的佐证。

（刘艳芬）

专家点评：

采购需求计划是采购的重要依据，它的质量如何将直接影响采购质量和采购效率。

该企业采购共享中心的采购业务涵盖16家所属单位，各单位的采购需求差异大，提交的采购需求计划水平不一，为此，采购共享中心发布了《采办需求计划管理办法》并逐步完善了采购需求计划编制模板，明确要求各单位报送的采购需求计划应包括技术文件、采购方式、供应商资质要求等内容，并应于每月20日报送。

办法有了，要求有了，但各单位仍我行我素，还是按需随时提报采购需求计划，计划的内容也不符合要求，经常出现临时和紧急请购，严重影响了采购效率。

采购共享中心认真分析了采购需求管理方面存在的问题，提出了三项采购需求计划考核指标（计划的及时性、计划的准确性和完整性、计划的覆盖率），以加强采购需求管理。

采购共享中心依据各单位提交采购需求计划的时间、内容以及对计划的评审结果考核各单位提交的采购需求计划，编制《月度采办计划质量分析》，通报考核结果。

这一考核措施改变了采购需求提报人员的思维和习惯，规范了采购需求管理，提升了采购质量和效率，效果显著，达到了整改的预期效果。

14. 采购策略的两个"紧紧抓住"

某炼油厂拟新上一个高盐废水处理工艺达标升级改造项目，该项目是将生化处理后的电脱盐废水、双膜浓盐水等进行催化臭氧氧化处理，以满足省级《关于×河流域污染物排放标准补充通知》COD ≤ 50 毫克/升的要求，处理污水的成本为 4.7 元/吨，有较好的社会效益和环境效益。

物资装备部门接到任务后，立即着手制定项目采购策略，用于指导按期保质执行和完成项目。

经过分析大家认为，该项目要求高、难度大、时间紧，采购策略必须全面、完整、严细、合理。为此，经过认真讨论研究，并结合过去工作的经验，制定了项目采购战略编制原则。

一是要紧紧抓住核心要素。这包括选择采购方式、确定价格和选择供应商。

采购方式包括：战略采购、框架协议采购、公开招标采购、邀请招标采购、联合谈判采购、询比价采购、动态限额竞价采购和区域协同采购等。采取哪种采购方式应当因物而宜，随机顺势。

确定价格是采购关键环节，定价机制通过市场研究、产品成本构成分析、价格比对分析、公开竞争等形成；价格控制模式通过集中会审、价格监审、ERP 系统控制价格等方式形成。价格控制的原则是：公平竞争、防止不正当竞争和恶性竞争；性能价格比最优和全生命周期总成本最低；成本分析与市场价格相结合；限额控制。价格控制措施有：框架协议采购，严格执行企业发布的框架协议价格；招标采购，执行招标确定的价格；其他采购方式，以成本分析、市场分析、价格公式、价格比对等方法确定合理价格。

对于供应商的选择，要充分考虑到物资特性、市场供需情况等因素，按照企业网络内确定供应商或寻找网络外同行业同品种最合适的供应商。关键设备材料合同、重要合同或框架协议（包括区域采购）在签订前必须进行风险评估，现场考察不合格的供应商不得发生交易；按生产、代理、流通商排序原则，坚持与生产商直签，严格控制与代理商和流通商签约；执行框架协议原则，签订框架协议的按照协议执行；通过竞争方式择优选择的原则，任何单位和个人不得指定供应商，严格控制通过中间商采购。

二是紧紧抓住全过程控制。对采购需求计划、采购决策、合同执行、物流等环节实行全过程控制策略。

采购需求计划控制：需求计划遵循"谁提出、谁负责""谁审核、谁负责"的原则。提报单位和审核部门对需求计划负责，并重点管控，减少计划变更。

采购决策控制：重点管控采购方式和供应商的选择、技术协议确定、合同的签订及重要物资的质量过程控制等。

合同执行控制：编制合同执行过程控制方案，利用信息化平台建立过程控制台账，定期向用户反馈采购物资过程控制情况。

物流控制：包括运输、入库、配送等环节。做好运输方案制定和运输过程监控工作。危化品运输，要严格审查承运商危险货物运输资质及其承运、装车、运输安全技术条件。

采购策略实施后，得到了项目有关领导和人员的赞同，在接下来的工作实施中，相关人员严格按照两个"紧紧抓住"的要求开展工作，顺利地完成了基建改造项目。而这套行之有效的采购策略，也成为本企业的采购策略规范，一直延续使用至今，发挥着越来越重要的作用。

（安力）

专家点评：

　　本案例给出了编制项目采购策略的思路，强调应紧紧抓住两大要素，即核心要素和全过程控制要素，并明确了三个核心要素（采购方式、价格控制和供应商选择）和四个全过程控制要素（需求计划控制、采购决策控制、合同执行控制、物流控制）的具体内容和规划要求。

　　借助本案例的思路，我们可以高效地实施采购策划，制订高质量的采购计划。

15. 精准施策保工程

2018年6月，某建设公司中标西北某能源集团有限公司（二期）60万吨/年煤制烯烃项目220万吨/年甲醇工程，工程暂估造价15.6亿元，其中集采物资品类为商品混凝土（简称商混），预估250000 m^3，金额约7500万元。

该工程特点和难点较多，由于建设公司在充分市场调查的基础上精准施策，工程建设得以顺利推进。

先说工程难点。

（1）商混采购合同结算价格是业主按采购当期"××工程造价信息价"结算。根据该能源公司一期项目经验，当地几家商混供应商有联合抬价的迹象。一期项目在"××工程造价信息价"基础上下浮5%，即固定建设公司毛利润仅为5%。

（2）其中一家供应商在收购建设公司商混站时，建设公司承诺优先采购其商品混凝土。

（3）工程开工无预付款，工程原需支付70%进度款，并且进度款审批滞后约2月（根据一期项目经验判断）。

（4）工期紧，采购时间短，采购管理必须符合公司流程化、表单化、信息化等管理要求。

（5）当地其他关联因素影响。

再说精准决策。

针对这些特点和难点，建设公司组织项目部进行了招标分析，形成共识：针对采购商混5%的毛利润率过低问题，必须打破供应商的联合抬价或垄断局面。一是要寻找更多的供应商资源。二是寻求上级单位的资金支持,在付款条件上调动供应商竞价积极性,同时保证采购满足施工进度需求。三是采取以当期"××工程造价信息价"为基础,进行下浮报价,签订框架协议,订单采购的模式。四是解决管理流程要求问题。针对施工过程中可能有出现的停供、断供,逼迫建设公司提价的现象,要分标段选取3家供应商中标。

三说狠抓落实。

于是,项目部在该能源公司一期项目供应商的基础上,扩大了供应商寻源。通过扩大范围,对周边距离施工现场30千米内的生产厂家进行全面调研,最终筛选出有实力、信誉好的6家供应商。

由于引入了新的供应商,打破了原有竞争格局;由于摸清了当地商混成本,做到了对供应商利润心中有数;由于了解供应商心理,建设公司主导招标,摆脱了地方关系影响。

招标工作经过三轮报价,多次谈判,最终选择按送货当期"××工程造价信息价"含税价为基准,在此基础上固定下浮14%作为第一中标单价,中标单位分别为:A公司、B公司和C公司。

四说采购效果分析。

通过与一期项目采购数据对比,达到了"控成本、增效益、防风险"的目的,采购利润率相比一期项目提高了约9%,节约采购资金约700万元,形成项目利润约1000万元(按14%计)。

由此分析,重视在招标之前进行市场调查,能精准把控招标的主动权,准确及时地把握整个招标过程的脉搏。

(陈乾坤 王鹏 聂金凯)

专家点评:

工程公司承接工程项目后,如果工程难点多、效益差,则可通过精准策划,分析物资采购过程存在的风险,提出针对性的应对措施,从而提高经济效益。

本案例中,该工程公司精准决策的做法,给予我们很好的启示。他们先是识别出工程实施的难点,接着通过系统分析,制定决策并严格落实执行,最终取得了"控成本、增效益、防风险"的良好效果。

16. 天然气阀门采购方案

阀门是天然气管道系统中极其重要的部分，对天然气产业提高生产效率起着至关重要的作用，是天然气工业调节生产速度、控制生产运作和确保生产安全的重要设备。

在天然气阀门的采购过程中，要考虑的要素非常多，所以应非常认真和严谨地确认阀门的采购需求，如针对不同的介质，要选择特殊结构和材质的阀门，以适应特殊的介质，这样才能保证生产长期、有效、安全地运行。

天然气管道阀门种类繁多，使用的常见阀门类型为分体球阀、全焊接球阀、平板闸阀、旋塞阀、节流截止放空阀、阀套式排污阀、安全阀等。天然气管道工程项目的采购计划通常会根据以下流程进行梳理、归档、统计、实施。

一是要严格遵守工程要求和工艺设计。针对工程项目，应要求技术部门提供设计单位针对本项目所提交的阀门技术规格书和数据表并据其整理阀门清单。之后按阀门口径、压力、类型、操作方式、介质、使用温度分别进行分类；选择公司入网合格供应商；进行阀门投标前价格测算；根据项目进度及阀门生产制造时间，制定合理的交货期。

二是要加强阀门采购的时间控制。授标后的管理在整个阀门采购中至关重要，也是影响产品质量、交货期的关键环节。对于阀门制造，在接到中标通知书后，买方与卖方、设计单位应马上启动技术协议的签订且需控制其签订时间，这个时间通常不能超过 1 星期，否则将成为影响交货期的一种因素。

三是要规范采购的全流程。在技术协议签订后，为保证阀门生产过程中的质量控制和产品的交货期，阀门制造厂应提交ITP(质量检验计划)和APQP(预期生产计划表)，买方根据卖方提交的ITP派遣监理公司进入阀门厂，对ITP中的质量点进行见证、审核和检验。根据APQP可判定整个阀门生产的时间，并根据APQP计划对项目进行调整，保证工程进度。同时要求卖方每周提供进度计划表，实时跟踪产品进度。进入阀门试压阶段，买方、施工方、驻厂监理、现场监理、业主应共同鉴证阀门的试压，以免产品在现场出现问题时责任划分不清。同时卖方产品到现场后应组织现场开箱验收，由买方、施工方、卖方、监理共同验收。在安装过程中，协调卖方进行现场培训(包括现场储存、安装、试压等注意事项)，安装后期协调执行厂家现场调试、培训工作。运行时通知厂家保障运行，对用户相关人员进行产品原理、操作、日常维护、保养等培训。

正确的采购计划和过程控制是非常重要的环节，会直接影响整个项目的进度及质量，需要重点关注。

（闫楠）

专家点评：

天然气管道系统中的阀门决定着管道系统能否长期、有效、安全地运行。如何保证阀门的采购质量、供货时间以及现场的安装、调试服务质量，本案例在工程要求、工艺设计、采购时间控制、采购全流程规范等方面给了我们一些重要启示，值得借鉴。

17. 推进代储代销采购模式

某公司每年需采购的生产维修物资种类型号多、数量大，每次上报计划所用时间长、频次多，往往导致物资到货延误。有的物资到货后长期不用，亦导致资金占用大，技术升级后又失去使用价值，造成很大浪费。公司每年分4个季度对生产维修物资进行公开招标采购，流程多、手续烦琐，人力成本和时间成本的消耗大。

为了解决上述问题，公司领导经过调研，决定在2020年通过代储代销采购模式来进行破局。在市场经济条件下，有购买力的需求者利用买方市场的有利地位，对市场上处于长线且需方有较大消耗量的物资均可实行代储代销模式。

代储代销模式的优势是：物资由供应厂商代储代销，需方只有在需要时才去提货或让供应厂商送货，可节约大量的人力、物力。

代储代销的具体方式有两种：一种是需方要求供应厂商按合同要求，把需方将用于生产的物资暂时存放于供应厂商的存货处，或供应厂商能即时生产的物资，在需方要求供货时及时按量直供，货到后付款。另一种是需方根据市场供求状况，考虑生产实际周期以及库存情况，将供应厂商按合同要求供应的生产物资存放于需方储存地，货到后付款。

在经过深入研究之后，公司果断开始推行这一模式，主要做法包括如下几个方面。

一是将适用于代储代销模式采购的物资进行分类汇编，通过基层分公司的填报，并经生产厂家的指导，将所需物资分成18个大类，并编制了18个招标文件，招标文件约定了每个合同的有效期为2~3年。

二是通过18次公开招标，共计近60家供应商参与，最终确定了18家代储代销物资中标供应商。

三是根据企业需求，与供应厂商签订物资代储代销合作协议。

四是根据各分公司需求计划，及时与供应厂商联系供货，极大缩减了采购周期和采购成本。

由于首次采用代储代销模式采购物资，公司尚缺少相应的经验，今后将在实践中不断探索、总结，希望能形成与供应厂商合作共赢的良好局面。

（祝龙）

专家评价：

本案例对代储代销采购模式进行了阐述，问题分析比较透彻。本案例中，公司针对以往存在的物资采购及管理方面的问题，经调研，确定了通过代储代销的新型采购模式来进行整改尝试，相信能够取得理想效果。

18. 物资采购内部风险控制

物资采购是企业经营的一个核心环节，是企业获取利润的重要来源。某集团公司物资采购规模大、品种多，为有效加强物资采购内部风险控制，研究制定了相应的主要对策。

一是建立与完善企业内控制度，加强教育，提高素质。建立与完善内部控制制度与程序，加强对职工尤其是采购业务人员的培训和教育，不断增强法律观念，重视职业道德建设，做到依法办事，培养企业团队精神，增强企业内部的风险防范能力，从根本上杜绝合同风险。

二是加强对物资采购招标与签约监督。检查物资采购招标是否按照规范的程序进行，是否存在违反规定的行为。检查采购经办部门和人员是否按规定对供应商进行了考察、复审、评定。

三是加强签约监督。检查合同条款是否有悖于政策、法律，避免合同因内容违法、当事人主体资质不合格或超越经营范围而无效；通过资信调查，切实掌握对方的履约能力；对不讲效益、舍近求远、进人情货等非正常情况严格审定；审查合同条款是否齐全、当事人权利义务是否明确、有否以单代约、手续是否具备、签章是否齐全。

四是加强对物资采购全过程、全方位的监督。全过程监督是指对计划、审批、询价、招标、签约、验收、核算、付款和领用等所有环节的监督，其重点是对计划制订、签订合同、质量验收和结账付款四个关键控制点的监督，以保证不弄虚作假。全方位的监督是指内控审计、财务审计、制度考核三管齐下。

五是加强对物资采购绩效考核的审计。这是指建立合同执行管理的各个环节的考核制度，并加强检查与考核，把合同规定的采购任务和各项相关工作转化分解指标和责任，明确规定出工作的数量和质量标准，分解、落实到各有关部门和个人，并结合经济效益进行考核，以期尽量避免合同风险的发生。

为保证物资采购内部控制实施到位，公司还找出了实施要点，要求相关部门严格把控。

一是对内部控制的了解与初步评价。通过对公司的基本情况的调查了解，内部审计人员首先需要了解企业的经营情况是否良好，是否属于合法、正当的经营企业。进一步了解其关于采购付款环节的内部控制程序，考察公司在该方面的内部控制制度，程序设计是否齐全、合理，整个循环是否由请购、订购、审核、验收与保管、编制应付凭证、会计处理、付款等环节构成。一般来说，请购单审核应符合公司采购计划，在经相关主管人员签字审批等程序后，采购部门根据合同规定的请购单编制连续编号的订购单并报审核部门审批。订购单经审核批准后，向供应商发出订货要求，(若数额较大)签订正式合同。所购货物运到公司后经过验收部门负责验收之后方可入库，记账，付款等环节都有相应的凭证和处理手续。内部审计人员如认为公司采购付款循环的内部控制较小，可以进行进一步的调查和测试。

二是重视内部控制的关键控制点。从整个循环来看，控制点有：采购计划审批、签订合同、验收货物、付款结算的审签、记账和对账、稽核等。针对关键控制点设计内部控制调查表。

三是审计结论与风险评估。通过以上的审查与测试，可以评估采购付款循环所涉及的有关交易与账户的相关内部控制是否健全、有效，如果能够达到公司对该循环业务的控制目的，财务处理符合程序且基本正确无误，能保证财务报表按正确的会计期间反映企业财务状况，企业关于该业务循环的内部控制风险水平较低，则可以对内部控制给予较高的信赖。

（任佳）

专家点评：

  内部风险存在于物资采购过程中，它可能会对物资采购目标产生负面的影响，那么如何识别、分析、应对和监控物资采购内部风险，本案例通过五个主要对策和三个实施要点为我们提供了一个很好的思路。

19. 技术文件不细影响招标质量

2020年3月13日，江苏某企业集团供应保障部接到电仪厂醋酸片区30个高低压配电房和变配电室火灾报警系统改造招标申请。依据集团本质安全诊断清单要求，火灾报警系统整改须在2020年4月30日前完成，属于公司重点安全整改项目，时间紧，任务重。供应保障部依据集团工科（工程设计公司）提供的电房消防火灾报警设计图纸，结合30个电房现状，与电仪厂共同编制了电房消防改造技术要求和招标文件，而后通过集团官网发布了招标信息。

招标信息发布后，引来了一批供应商投标。供应保障部在开标过程中发现，有一投标单位报价只是其他投标单位的60%左右，其投标资质和业绩均满足招标文件要求。经核对，该单位是依据招标文件的相关资料内容进行的投标报价。为确保整改按期按质完成，在定标过程中供应保障部邀请该单位对改造电房及厂区进行了现场勘探，该单位最终因现场环境复杂，户外登高作业危险高，施工难度大为由，出具了书面材料放弃投标。

供应保障部依据投标情况，重新组织了招标工作，在确保企业生产顺利进行的同时，如期完成了其火灾报警系统的整改工作。

事后，供应保障部门对此次招标过程进行了总结与分析。

一是整改期限紧，技术准备时间短。火灾报警系统改造从2019年12月底确定到整改结束，除去春节假期时间，实际上只有3个月。工科在接到设计任务后，按最新国家规范要求，结合醋酸片区各个电房实际状况，完成了火灾报警系统的设计图纸。但由于时间紧促，他们对电房之间或消防区域之间光缆的数量及施工未能详细说明，特别是现场走线部分存在缺失。在制定标书时，虽然也对户外施工材料进行了数量预估，但改造现场施工要求和说明存在不足，对其复杂性、难度性陈述不够。

二是设计交底和技术交流不充分。此系统的施工安装专业技术性强，有着专门消防施工资质要求。技术交流或交底能及时弥补设计图纸和改造说明等技术性文件的不足。部分投标人收到招标文件后，对图纸以及施工等进行交流，充分考虑各种影响因素，报价文件符合真实水平。但部分投标人以技术文件为主体，未能充分消化图纸和技术释疑，对模糊的部分以工程经验报价，从而形成价格偏差。此外招标公布时间短，客观上也限制了对图纸的消化和交流澄清。

三是现场勘察不及时。醋酸片区各电房分布在装置区域之内，电缆光缆敷设只能依托原有高空电缆桥架，另生产环境复杂，边生产边改造，施工难度大。工科在出图时因时间关系，对户外施工的要求以及施工难度未进行技术陈述。在制定招标文件的过程中，电仪厂也未重点强调户外施工难度，现场勘察亦未做强制性要求。部分投标人在收到招标文件后，仅凭图纸和技术要求，未及时查看现场，忽视了化工现场的复杂性和装置施工的难度以及人员施工成本变动因素，从而导致报价较低，偏离了合理价格区间。

（陈纯洁）

专家点评：

该企业的采购招标准备工作及招标过程主要存在以下几个问题。

（1）在编制招标文件前，没有认真会审设计图纸。工科提供的设计图纸没有提供电房之间或消防区域之间光缆的数量，没有提出详细的施工要求，特别是缺少现场布线的设计，而招标文件编制人员没有发现此问题，或发现了亦没有与设计人员再行沟通，便直接依据设计图纸编制招标文件。

（2）招标文件没有描述现场施工环境，没有详细说明施工要求和施工难度。

（3）没有组织招标文件澄清和现场勘察。

以上问题导致各投标人不能了解实际的招标需求，只能按照不完整的招标文件、自己的经验以及自己与招标人沟通了解到的情况准备投标文件。由于各投标人对采购需求理解不一致，报价经验也有差别，从而报出的价格差异很大，严重影响了招标质量。

本案例给我们的启示：在准备招标文件前，一定要认真审查采购需求，特别是采购技术需求。采购技术需求的完整性和符合性直接影响着招标质量。

20. "五主动"确保采购计划顺利实施

石化工程改造项目环节庞杂,物资采购工作千头万绪,而严谨的采购计划管理可成为指挥项目顺利进行的"中枢",令项目按规划推进。

某企业 72 万吨/年乙烯改造项目经总部批复总体设计后,采购部门即全面介入。采购部门共承担了 8 套生产装置和全部公用工程项目,共完成采购金额 20.2 亿元。按照国债项目抵税工作要求,采购部门加大了国产化设备的订货招标力度,完成设备招标采购 11.8 亿元,技术改造抵税 4.397 亿元,创造了可观的经济效益。

针对改造投资大、工期要求紧、改造项目涉及面广的特点,采购部门运用科学的管理手段,同时克服了原材料涨价等不利因素的影响,保证了改造项目各控制点按期完成。

在项目建设中,采购部门加强了物资采购的计划管理,做到采购有计划,计划有依据,避免了漏订和超计划订货现象的发生。采购人员积极掌握市场原材料价格行情,督促施工单位及时提报施工图预算,合理安排订货时间,避免高价位订货。项目采购在 4 个方面进行了严控:前期订货、初步设计概算和施工预算、到货进度、设备和材料安装问题协调,以保证整个工程稳步推进。他们从组织机构设置到采购计划的统筹编制、权限划分、执行与核销、超计划采购控制等,把重点放在长周期关键设备采购和现场服务管理方面。

大型长周期关键设备订货工作,是采购计划管理的重点。各单项工程初步设计文件未经批复不得进行物资计划下达,更不允许实施采购,如确需提前订货,需报请总部审核批准后方能进行。为了抢制造工期,采购部门前期组织各相关部门进行技术谈判,一旦批文下达、立即进行商务谈判。此项工作为后期的设备及时交货争取了时间上的主动。

采购项目部进驻施工工地,以"五主动"加大了现场服务的管理力度。

一主动:与业主单位沟通,处理设备安装过程中出现的各种问题,做好各种材料、函件的记录、整理、发放、归档工作,在每个工作环节中都留有可查的记录。

二主动:与设计部门沟通,提前了解设计动态及设计变更、追加的情况,协调物资采购、设备安装过程中的有关技术问题。

三主动:与工程监理部门沟通,了解工程建设的各项控制点及总体进度安排,反馈现场问题的处理结果,提出需协调解决的问题。

四主动:与施工单位沟通,了解工程安装进度,对接物资需用计划和物资到货计划,合理安排物资到货时间,减少二次倒运,协调处理设备材料安装过程中的各种问题。

五主动:与采购业务员沟通,及时反馈现场的设备材料问题,掌握采购业务员和供应商的订货、到货准确信息,合理建议现场施工安装进度。

"五主动"在采购计划管理中发挥了重要作用,实施后有力保障了物资采购全流程的顺畅、高效、有序。

事后总结,项目采购"五主动"的落地的要点是"四抓",即抓前期订货控制,抓初步设计概算和施工预算控制,抓到货进度控制,抓设备、材料安装问题协调控制。

(刘威荣)

专家点评:

对于任何一个项目来说,最重要的工作第一是计划,第二是计划,第三还是计划。作为项目管理中的一部分,采购计划同样重要。但是,常言道，计划永远赶不上变化，因此，在项目管理中计划既要有严肃性，又要有灵活性，两者要辩证统一。而影响计划执行的因素往往多种多样，这就要求在制订计划时要实事求是，同时要尽可能多地考虑计划的影响因素。

本案例中，采购部门从项目开始之初就重视计划管理工作，应该说抓住了项目采购管理的核心，并为了保证计划的可执行性，早期介入设计；提前进行市场调研，时刻不忘降低采购成本；督促施工及时提交预算；掌握设备材料的供货进度，尤其是长周期设备材料的采购进度等，实现了项目采购的按计划实施。同时，采取"五主动"措施，随时保持与可能影响采购计划执行的各方的沟通联系，确保采购满足项目对设备材料的需要，最终保证了项目的按计划完成。

21. 采购特殊、小众产品要慎重

在某化工公司"两化"搬迁改造项目中，T工程公司承接了PP装置、POSM装置和全厂公用工程的EPC总包工作。该项目位于天津市南港工业区，紧邻海边，现场为盐度高、腐蚀性强的环境。业主对全厂桥架的材质和污水通过管廊外输部分管道的材质提出了特殊要求，即桥架要使用复合型环氧树脂桥架，污水输送管道要使用PE钢骨架管道。

根据业主要求，工程公司项目设计人员提出了采购复合型环氧树脂桥架及PE钢骨架管道的具体要求，采购部门据此进行了充分的市场调研。根据采购调研和询价，发现了两大问题：一是非金属材料存在价格高、供货商较少、市场垄断以及性价比较差等问题；二是除价格因素外，非金属材料在现场安装过程中还存在安装困难以及后期使用存在风险等问题。

于是，采购部门对这些问题进行了深度分析。

一是PE钢骨架管道问题。PE钢骨架管道属于小众产品，生产厂家不多，业主提供的名单中仅有几家产品质量较好的供应商。经与各供应商沟通及价格分析，发现此类管道原材料成本占成品价格的比例高达约45%~50%，其余费用才是生产成本和管理费用等。除价格较高外，还存在以下问题：（1）需特殊的安装机具——电容焊设备、角磨机、切割锯及焊枪等。（2）对现场安装的要求较高，安装工序复杂，周期长。管件与管道的接触面均需打磨和对口，管道切割后管道断面需做U型槽并封口，例如DN600的打磨、对口及焊接就需要30分钟，U型槽及封口需要40分钟。因此管道安装对工人的技能及责任心都有一定的要求。(3)接口处存在泄漏风险,如发生泄漏,需把管道中的介质排空后方可维修。(4)产品可替代性差,各供货商的接口形式存在差异,相互间无法替代。

二是复合型环氧树脂桥架问题。常规项目中桥架的材质大多是热镀锌,很少使用复合型环氧树脂。在国内复合型环氧树脂桥架的供应商除了业主提供的名单中的那些,其他仅有少数几家。由于市场上这种桥架的供应商少,出现了垄断情况,导致报价极高,项目中桥架的初始价格与不锈钢桥架的价格几乎接近。经深入调研发现,复合型环氧树脂桥架实为聚氯乙烯(PVC)包覆钢骨架复合桥架,环氧树脂仅为添加辅料且含量极低,生产厂商为此类桥架取名为复合型环氧树脂桥架,有故弄玄虚之嫌。经测算,PVC复合桥架的实际制造成本与热镀锌桥架基本相同。PVC复合桥架除造价高外,还存在施工困难的问题,因这种桥架比重大,每一节都要用吊车吊装。

工程公司事后总结认为,上述两类产品,均属于制造成本低廉但售价高昂的产品,经常会冠以新型专利产品,其市场被少数生产企业垄断。在今后的设计过程中,对于一些较为特殊的产品或小众的产品,在应用前应进行全面的市场调研,充分考虑产品的性能、使用情况、费用等问题,尽可能避免概念植入现象。而在设计使用该类产品时,要严格论证,慎之又慎。

(王荫隆)

专家点评:

工程设计完成后,大约80%的工程造价已经确定,后续的物资采购成本控制措施和施工成本控制措施对工程总成本控制影响力较弱,因此,工程设计方案的优劣对工程造价起着决定性的作用。对物资采购的了解,设计人员不如物资采购人员;对施工过程的了解,设计人员不如施工管理人员,因此,在组织EPC总包项目的设计方案评审时,设计人员应邀请物资采购人员和施工管理人员参加，发挥物资采购人员对物资特性、价格熟悉的优势，发挥施工管理人员对施工方案熟悉的优势，从而优化设计方案，在满足设计质量的前提下，降低物资采购成本和施工成本。

  本案例中，为了满足"紧邻海边，现场为盐度高、腐蚀性强的环境"的设计条件，设计人员选用了市场上小众的复合型环氧树脂桥架和PE钢骨架管道。采购人员在接到物资采购需求后，没有盲目地开展订货工作，而是先进行了充分的市场调研，马上发现了价格高、安装难这两大问题。本案例给了我们很好的启示：在评审设计方案时，特别是评审EPC总包项目的设计方案时，设计人员应发挥物资采购人员和施工管理人员的智慧，充分了解拟选用的特殊产品或者小众产品的特性，从而优化设计方案，降低工程造价。

案例总评

本章的采购案例提供了多种口味的"大餐",读者可以通过以下"菜单"点取适合自己口味的"餐点"。

(1)在项目业主非常苛刻的施工总承包发包条件下,工程建设公司大胆承接项目,通过系统的物资采购分析与策划,最终获得了可观的经济效益。

(2)项目业主分析、比较各种工程项目发包方案的优缺点。

(3)在采购准备阶段试用新产品,全面了解产品性能和供应商的能力,拓展供应商资源。

(4)优化维保服务采购方案,统一策划日常维护保养、计划检修、临修工程施工、技改技措工程施工和大检修施工,不仅有效地减少了采购工作量,而且选择高质量的维保队伍,为装置安全稳定地运行提供了保障。

(5)在评审设计方案时,设计人员没有考虑物资采购因素和工程施工因素,选用了市场上紧缺的复合型环氧树脂桥架和PE钢骨架管道,这会增加了物资采购成本和施工成本。

(6)技术部门提交的技术资料(工艺参数和储罐间距)的错误,导致两次变更储罐采购合同。

(7)综合采购执行计划和单项采购方案是采购策划的重要成果,是保证采购工作顺利开展的规范性文件。

（8）企业通过考核措施，改变采购需求计划提报人员的思维和习惯，规范采购需求管理，从而提升采购质量和效率。

（9）企业在实施采购策略时应紧紧抓住两大要素，即核心要素和全过程控制要素。

（10）采购管理部门顶住压力，改变固有的思维方式，根据不同的采购需求，签订了不同年限的采购合同。

（11）采购招标准备不充分，招标文件存在缺陷，各投标人不能了解实际的招标需求，只能按照不完整的招标文件和自己的经验投标报价，结果是严重影响了招标质量。

（12）针对工程难点多、效益差的工程项目，通过系统地识别、分析项目风险，制定并严格执行应对措施，取得"控成本、增效益、防风险"的效果。

（13）为了减少干扰，保证公开、公平竞争，制定有力措施，减少指定采购和独家采购。

（14）通过制订严谨的采购计划、缩短采购时间、加强过程检验、严把入场关、按需协调服务人员等措施，保障采购质量和交货时间。

（15）风险存在于物资采购过程，风险可能对物资采购目标产生负面的影响，为了应对采购过程的内部风险，企业提出针对性的物资采购风险应对措施和内部控制实施要点。

（16）企业为了保障招标准备工作的质量，规定了招标采购方案的8要素。为了识别招标过程存在的问题，采取相应的纠正措施，不断提升招标水平，企业还提出4个"回头看"的要求。

（17）生产企业采用改变后的物资采购策略（既满足物资需求又减少采购工作量，既按时供应又减少库存和浪费），与供应商签订物资代储代销合作协议，令其按需供应生产维修物资。

（18）面对项目业主提出的6~8个月供货的苛刻要求，压缩机制造商敢于接受挑战，在分析影响制造进度的风险事项的基础上，提出了6项针对性的保障措施，从而确保按期交付产品。

读者可通过以上"大餐"获取以下多种"营养"。

（1）"系统地分析物资采购的各个环节，针对每个效益点制定有效的控制措施"的思路和方法。

（2）工程建设发包的发展趋势：工程总承包。

（3）全面地评价物资供应商的方法。

（4）优化维保服务、提高维保质量的思路和方法。

（5）没有优化设计方案，增加了物资采购成本和施工成本的教训。

（6）规范 EPC 项目采购的一种途径。

（7）没有严格把关采购技术要求，技术资料的错误导致两次项目合同变更的教训。

（8）采购需求计划质量差导致招标质量差的教训。

（9）考核采购需求计划质量的三要素。

（10）决定采购计划质量的两大要素。

（11）优化采购合同方案、追求综合效益最大化的方法。

（12）规避工程项目风险、保障工程项目效益的措施。

（13）物资采购风险识别、分析和应对的方法。

（14）减少指定采购和独家采购的途径和方法。

（15）招标采购方案的 8 要素和分析招标问题、提升招标质量的方法（4个"回头看"）。

（16）一种生产维修物资的采购模式（代储代销）。

（17）保障按时保质保量交付阀门的措施。

（18）保障 6~8 个月（比正常工期缩短 4 个月）交付压缩机的 6 项措施。

第二章
供应商管理

如何衡量采购是否成功？选好供应商！

如何衡量采购的专业能力？用好供应商！

如何衡量供应商的价值？看整个供应链是否有竞争力！

有人说，每项采购决策的背后都是利益的取舍。供应链上任何一个环节发生变化，它相邻的供应节点都会发生变化。供应链，既可以是一条链，也可以是一个网，更是一个生态圈。供应商作为企业外部最主要的资源，选得好不好，用得好不好，管得到不到位，都会影响到供应链是否达到了良好的动态平衡，直接决定了供应链是否有竞争力。

借助 PDCA 循环（即计划、执行、检查和处理的质量管理的四个阶段），供应商管理从准入、考察、日常管理、绩效评价形成完整闭环，覆盖贯穿整个采购业务。采购人员作为供应商管理的主要部门，既要脚踏实地，做好本职工作，又要仰望星空，洞察长远的未来；既要控制供应商管理的风险，又要发展与供应商长远的关系。

借助本章的每个生动案例，让我们看看采购与供应商之间的故事。

本章典型案例：供应商寻源、选择、考察、评价、质量风险管理及临时变更的处理等。

1. 供应商风险的精细化管理

2019年7月,某公司一家供应商的自吸泵供应合同已到交货时间,可却迟迟无法交货,采购人员小陈只得将此事向上级汇报。采购部闻讯后即刻安排人员到供应商现场督导,发现货物竟然还没有生产,甚至连相关原料也未采购。经进一步了解发现,这家供应商的经营出现了问题,其资金链已经断裂。后经采购部在外部企业信息查询网站查询,了解到这家公司之前早已显现出众多异常信号——股权质押、动产抵押、连续经营亏损,并且涉诉较多。

无独有偶,不久后,公司的另一家供应商也出现了类似情况。

发现这些隐患后,采购部痛定思痛,进行了深刻反思。对如何全面提升企业的供应链管理水平,特别是对如何及时将供应商风险的管理前置、提前识别,并在供应商风险出现伊始便及时应对等问题,他们进行了深入分析研究。

首先分析了企业在供应商风险管理方面的一些痛点。

(1)公司使用和管理着数以千计的供应商,目前市场上可拿到供应商的大量风险相关数据,而采购及相关部门并没有对这些数据进行全面有效的利用。

(2)供应商的情况在不断变化,企业如何利用现有数据来发现供应商风险并及时应对出现风险的供应商呢?又如何识别出高风险供应商并管理这些供应商的预付款及授信额度呢?

(3)我们正面临着日趋复杂的与供应商之间的关系,那么该如何在招标及询比价时提前规避供应商风险呢?

(4)如何在新准入供应商时就将高风险的供应商排除在外呢?

经过分析研究，采购部决定利用现有的内部数据和外部数据，开发一套供应商风险模型，通过建立风险预警平台，建立全业务、全流程、无盲点（全覆盖）的监控体系，实现供应商管理的"风险可视化、监控实时化，预警自动化，信息集成化"。

具体实施分为以下四步。

第一步：选择企业数据提供方，将外部企业数据通过接口对接到公司的数据系统，并实时抓取更新。这些外部数据包括：供应商的工商数据、财务数据、涉诉数据、失信数据、关联关系、舆情等。

第二步：梳理外部数据与内部数据，通过与审计部、财务部等部门人员配合，从数据中挖掘出与供应商风险相关的数据，并识别供应商风险。之后通过搭建供应商风险预警的数据模型，将供应商风险进行分级。

第三步：将模型及风险数据通过可视化工具在平台进行展示，使采购人员可以清晰地查看风险情况。

第四步：将供应商风险与公司现有系统对接，嵌入流程。针对供应商的不同风险，建立不同的管理策略，如供应商冻结、合同分配比例调整、开发新供应商等。

平台建立之后，实现了如下几项功能。

（1）现有供应商风险的实时预警。一旦供应商存在高风险情况，将及时通知对应的采购人员。

（2）供应商关联关系监控。与供应商之间如果存在有风险的关联关系，将不允许同时询价或招标。

（3）新供应商准入监控。提前对供应商风险进行审查，列为高风险的供应商将不被准入，提前将风险规避在供应体系之外。

（4）根据供应商风险情况，管理供应商预付款白名单及授信额度，以使风险可控。

通过开展一系列工作，公司实现了供应商风险管理精细化，从财务风险、涉诉风险、关联风险等多个维度来开展差异化的供应商风险管理工作，从而形成了全业务、全流程、无盲点（全覆盖）的供应商风险监控体系，为确保供应商质量提供了有力支持和保障。

（刘江伟）

专家点评：

  大部分企业在办理供应商准入时，关注的重点是供应商的技术能力、生产能力和质保能力，很少关注供应商的经营状况以及涉诉、失信、关联、舆情等情况。而在与供应商签订合同后，又只盯着供应商能否按照合同要求供货，很少关注供应商的经营风险。

  由于在供应商管理方面存在缺失，该公司选择的多家供应商经营出现了问题，如资金链断裂，无能力按照合同要求提供物资，给公司的生产经营带来极大的损失。公司的采购管理部门深刻地反思供应商管理方面存在的问题后，决定分四步建立全方位的供应商风险管理平台，从而实现了供应商管理的"风险可视化、监控实时化，预警自动化，信息集成化"。

  该供应商风险管理平台能够实时预警现有供应商的风险、监控与供应商的关联关系、规避供应商准入风险、规避向供应商预付款及授信风险。

  该案例给我们的启示：管理供应商，不仅要关注供应商的技术、生产情况和质保能力，还要关注供应商的经营状况和社会信誉；不仅在供应商准入前要严格把关，在供应商选用、使用过程中也应全方位地掌控其实时信息。

2. 供应商的分级评价与管理

某公司下属十余家分公司,其分布地域较广,采购物资分类繁多。在未实施对拉入企业供应商黑名单进行期限限制交易及动态诚信评价体系之前,某分公司下属项目部签订了一批法兰采购合同,在合同履约过程中,他们抽检时发现,带颈对焊法兰尺寸公差 DN200–DN400 之间超出 HG/T20592–2009 标准要求的 0±4.5mm 范围,而且数量较多,最终导致退货,影响了项目生产进度。

项目部并没有将此情况反馈到公司采购中心。由于采购和使用分离,信息不对等,半年后在其他分公司项目中同样发现了此类问题。

此事引起了公司的高度重视,于是迅速组织修改了供应商管理办法及分级制度,在全公司范围内通过电子交易平台对合同执行供应商进行了统一入库注册、动态管理、分级管理、择优汰劣。并以此为基础,对照上级集团的管理要求和办法,全面建立了供应商评价体系,加强了对优质供应商和战略供应商的管理及供应商限制交易及风险管理。

(1)建立供应商评价体系。

①对标上级集团统一的供应商评价体系,在集采平台上对供应商实施在线评价。

②供应商评价分为日常管理和年度评价。日常管理是对供应商履约过程中的产品质量、交付及时性、售后服务、资料交付等做出的即时性评价。年度评价是对供应商的资质和综合实力、价格水平、履约情况等做出综合评价。

③公司及下属分公司对供应商履约过程中出现的不良行为,及时填写《供应商不良行为记录表》,作为年度评价的重要依据。

④公司及下属分公司职能部门对本级管理的上一年度内履约完成的各类供应商进行一次年度评价，填写《供应商年度评价表》。年度评价得分60分以上为合格，80分以上的为良好，90分以上的为优秀，低于60分的为不合格。

⑤对于年度评价不合格的供应商，将其从合格供应商名录中剔除，1年内不得重新纳入合格供应商名单。

（2）加强优质供应商管理。

①公司及下属分公司根据年度评价，按照产品和服务类别建立优质供应商名录，且每年发布一次。

②公司及下属分公司优质供应商在分公司年度评价中得分90分以上的供应商中推荐产生，经有关领导批准后，在上级集团集采平台上公示5个工作日，如未收到关于其有重大不良行为的投诉，则成为公司优质供应商。

③优质供应商在公司及分公司采购活动中享有一定优先权。优先权具体体现为：在采用招标、竞争性谈判、询价采购方式采购时，价格相同条件下，优先选用；采取综合评审法评标的，可在评审办法中约定给予加分，具体分值由招标人确定。

（3）供应商限制交易及风险管理。

建立限制交易供应商名单制度，将出现重大不良行为或年度评价不合格连续两次的供应商列入《公司限制交易供应商名单》，在公司企业办公平台上公开发布，并在公司经营采购范围内采取限制交易措施。

措施推出后很快取得了成效。在2019年末公司对所属分公司及直管项目进行的年度供应商评价工作中，公司2019年在集采平台上有履约记录的供应商有80家，其中1家优秀，10家良好，69家合格，0家不合格。其优秀率为1.25%，良好率为12.5%，合格率为86.25%，不合格率为0%。通过全年过程履约诚信评价的收集，下属单位未收到供应商重大不良行为的反馈。但通过项目履约日常评价，公司年度收集汇总数据显示：大部分供应商能够达到合格标准，但优良率较低。针对2019年公司年度评价的数据反馈，公司采购中心对供应商评价工作提出了要求：第一，科学合理地选择合格供应商，之后在选择建立数据库时要认真调查，通过调查来排除一些供应商，把合适的供应商纳入数据库中；第二，对供应商建立长期有效的激励及评价机制，评价工作应做到合理、准确、公正、不偏离；第三，要重视企业供货商的价值，与供货商共同发展，实现双赢。

（刘利）

专家评价：

  本案例中，公司由于采购到了不合格的法兰，从而给项目建设造成了损失，影响了工期进度。案例分析了原因，找到了问题的症结，并且制定了较为完善的供应商管理办法，加强了企业采购管理。

  从案例看，该公司分为两级企业管理体系，在建立供应商管理体系时应考虑统一管理问题，特别是对公司设备材料采购要实行一级专业采购管理，以避免各级多头采购，这样不利于采购品种分级管理、价格控制和物流配送。另外对于材料和配件的采购，也应该考虑统一采购方式，如联合框架协议采购等，以形成批量。提前对供应商和价格确定，还可以把施工装置切块、明确界区，按确定的供应量进行分配，便于及时发现质量问题，督促供应商迅速解决。

  该公司建立了供应商评价体系，是明智之举。公司按照谁使用谁评价的原则分级评审，采取打分、综合评价，优胜劣汰原则，保持了供应商体系的合理性。同时，把供应商的表现分类管理，建立供应商不良行为发布平台，提示选择供应商防控风险，为企业项目采购保质保量保进度进一步奠定了良好基础。

3. 供应商管控的八个秘诀

某公司是一家以生产化肥为主的企业，拥有分布在三个省的三大基地，主要生产尿素、复合肥、甲醇、三聚氰胺等产品。随着企业的发展，公司物资采购量逐年增加，与之合作的供应商也越来越多。为了加强采供间的合作，公司采购部在实践中总结出八个供应商管控办法，有效解决了供应商多散乱差、合作效率低的问题。

一是系统策划。以系统化的思维，梳理出寻源与开发、选择与评估、考察与准入、动态管理、质量管理、绩效管理、关系发展与维护等环节，依此有序开展供应商寻源、管理、合作、评价等工作。

二是寻源与开发。供应商寻源的途径大致有：上门自荐、同行业推荐、主管单位推荐、网络搜索、培训交流获得等。其中，常用的也是最有效的途径是同行业推荐，因为该类供应商已经通过同行业的审核和评估，其产品得到了认可，用此途径可以节约时间和精力。

三是选择与评估。根据物资品类特性选择合适的供应商，比如：标准件、钢材、轴承等物资，由于采购量有限，可以选择一级代理商采购；日杂劳保、办公用品等物资，可以采用信息化电商采购（京东商城、本地商城）。同样，供应商评估需要根据物料品类建立评估标准，包括资质评估、资信评估、业绩评估、经营评估等。

四是考察与准入。考察的要素概述为"三库一表一票一合同"。三库是原料库、成品库、废料库；一表是工资表；一票是原料采购的发票；一合同是销售合同。通过认真查看和详细了解上述信息，结合第三方征信平台查询风险状况，基本能够掌握相关供应商的经营和风险情况。然后依据内部权限进行审批入库。

五是动态管理。供应商动态管理的目的就是对供应商满足企业要求的结果进行评定，及时鼓励优秀供应商、鞭策合格供应商、淘汰不合格供应商。评定首先要结合物料品类分类建立标准，每一单业务结束后及时实施动态评价，结果一定要让供应商确认。最重要的是，评价结果一定和年度绩效评价挂钩。

六是质量管理。采供双方合力建立和确保产品质量体系。首先一是供应商早期参与，即供应商参与设计、论证、考察等环节，从设计环节就深入了解公司的需求，这样一来供应商所提供的产品与公司的需求匹配度会更高，效果也会更好。其次是出现质量问题时，双方必须从自身出发刨根到底，分析自身原因，从根本上解决和杜绝问题，避免推诿塞责。

七是绩效管理。绩效管理就是年度绩效评价，也是动态评价的结果累加，利用长时间的评价结果累加，能够更加客观、公正地为供应商分级。年度评价出的绩效结果一定要落实到未来的采购业务中，让供应商切实知道自身价值。比如：A级供应商在采购量和付款上有优先激励，并发感谢信、授匾等；D级供应商停止供货，并公示于公司采购平台，不仅仅为绩效评价而评价。

八是关系的发展与维护。随着与供应商的长期合作，采供关系必然会向深入合作的方面发展，应站在供应链的高度，发展适合公司规划、文化一致的战略同盟者。首先，以关键物资为抓手，重点实施关键物资供应商的战略培育，逐步发展战略合作，签订关键物资供应商战略合作框架协议。其次，以公司大项目建设重要物资集中招标为依托，了解供应商进一步深入合作的意向，逐步与之发展建立战略框架合作关系，最终签订项目战略合作框架协议。再次，以通用物资年度招标为抓手，针对合作连续两年及以上的中标供应商，与之洽谈战略合作意向，由年度招标转变为战略合作，以此提升采购效率，确保采购物资质量稳定、供货及时、降低成本。

（杨未来）

专家点评：

  供应商管理是个永恒的话题，对于企业来讲，从市场分析、寻源、合作、评价到精简淘汰，供应商管理覆盖采购全业务环节，是全生命周期的管理。

  本案例的优点体现在两点：一个是供应商绩效评价后的结果应用非常具体，如A级供应商在采购量和付款上有优先激励，D级供应商则精简淘汰；一个是考虑发展与供应商的长期关系。这一管理方式既有理论又有实际操作，既关注当前也关注长远，既关注业务也关注风险，具有很强的实践水平和借鉴意义，可供同行参考。

4. 供应商现场考察六要素

在现代企业管理中采购的重要性越来越凸显，采购的核心的工作也由单纯的业务管理上升为对供应商的管理。只有对供应商进行有效管理，才能使采购工作更加优质高效。

某公司曾出现过因供应商管理不善影响项目进度的案例。

2018年3月份，公司的两名采购业务员外出到省外一家设备制造企业进行实地考察，后因考察工作的标准和流程不清晰造成考察结果失真，错误地将此家制造企业列入公司的合格供应商系列，并在后来进行了设备采购。在设备到货安装调试时才发现设备存在多处缺陷，根本无法满足公司生产的要求。公司在与制造厂家多次沟通并现场勘查中又发现了种种问题，只能对设备方案进行反复修改和调整，最终供需双方都付出了较大的经济代价。

以上情况的发生，暴露出该公司对供应商筛选评价方面上出现的问题。首先是筛选供应商的标准不明晰，没有明确的考察要素要求。其次是采购人员现场考察走马观花，业务员考察回来的总结是"企业规模比较大，生产车间的设备不少"，除此之外对这家企业的了解少之又少，尤其是对于这家企业管理方面的了解则完全没有考察。

针对供应商的筛选问题，公司进行了认真分析，并汲取了类似上述所列的诸多教训，最终制定了科学、实用的考察了解内容和流程要求，用以指导和规范针对供应商的现场考察工作。

一是要考察企业的经济规模，包括注册时间、注册资金、股东的组成情况，以及年产值与固定资产等情况。

二是要参观企业生产车间，了解企业硬件配置等次或水平及软件配置和人员配置情况。先进的加工设备是企业产品质量的保障之一，先进的管理制度是所有举措落地的保障。另外，主要管理人员和一线岗位人员的文化层次和稳定程度，人员流动率也都是用户企业需要关注的方面。

三是要了解企业的供应商情况，可通过参观企业的来料仓库了解其主要的零配件的供应商情况。充足的零配件库存可以保障更多的加工周期，其主要配件的来源可能会与用户企业发生直接业务联系，未来在设备采购配件时可以根据一手货源情况降低采购成本。

四是要参观企业成品仓库。一家敢于做库存的企业，一方面说明它有稳定的下游市场和充足的现金流，企业的抗风险能力较强、另一方面也说明企业的供货周期可以大大缩短。

五是要参观和了解企业的质检过程及质检体系。生产合格做不到百分百率，但只要质检严格管理就能保障不让一件不合格品出厂。了解其检验率和检验方法，可以在采购入库时作为验收方法。还要了解企业质检部门在公司的管理层级，如果质检直接对总经理负责，那么它的产品品质自然不会太低。

六是要与企业高层交流，了解企业的发展理念和质量理念，考核其是否可以持续稳定地作为公司的合格供应商。

（刘军耀）

专家点评：

供应商准入时，一般需要考察供应商的两个实力，一个是硬实力，如供应商的生产能力、研发能力、检验生产设备、现场管理、库存管理等；一个是软实力，如供应商的风险控制能力、紧急需求应对能力、库存水平、服务能力等。当然也要考察其主要客户群，如其在近几年内给国内有影响力的大企业集团供货，则一般实力不会太差。除此之外，还需要索要供应商的真实财务报表，以验证其运营风险；去第三方网站获取其信用情况，以规避合同签订后无法履约的风险。

5. 供应商现场复核不能丢细节

某工程公司某项目塔器公开招标，第一中标候选人是湖南一家供应商。由于在公司上级集团供应资源管理系统中该供应商不具备相应物资交易资格，评标委员会要求对其进行现场复核。

2019年12月4日，工程公司采购部组织本项目采购经理、设计经理以及采购部供应商管理员共同对该供应商进行了现场复核。经现场审查小组复核，该供应商是专业生产压力容器、塔内件的制造厂家，拥有A1类压力容器设计、制造许可证，拥有质量管理体系认证证书、环境管理体系认证证书、职业健康安全管理体系认证证书，并均在有效期内。

经过认真考察，在细节中发现了该供应商的一些问题。

一是业绩问题。招标文件要求"2014年至今，石油化工行业，复合板设备（筒体直径不限）业绩不少于5台，哈氏合金业绩不少于一份合同"，该供应商复合板业绩符合要求，但在哈氏合金业绩方面，经现场查看相关合同原件及设备图纸，发现其设备本体材质不是哈氏合金，仅其中的配件材质为哈氏合金，且供应商无法提供其他的哈氏合金业绩。由于招标文件仅要求"哈氏合金业绩不少于一份合同"，并没有做其他具体要求，这就给了供应商打"擦边球"的机会。另一方面，由于本次招标物资塔本体材质为复合板，仅急冷管段材质为哈氏合金，且该供应商按要求提供了哈氏合金焊工证，故未因业绩问题否决该供应商。

二是洁净厂房问题。招标文件要求"投标人必须具有洁净厂房"。洁净厂房也叫无尘车间，无论外部空气条件如何变化，其室内均能够维持设定要求的洁净度、温湿度、压力等特性。但经实地查看，发现其所谓的洁净厂房，仅为干净整洁的生产区域，并非严格意义上的洁净厂房。这个问题带有一定的普遍性，可见供应商对洁净厂房的理解存在一定误区。

三是内部管理问题。公司内部管理制度健全，但制度执行尚需加强和改进，如设备台账简单、设备无管理编号、台账未注明采购日期；未对原材料供应商进行定期评审；原材料检验、客户现场服务记录等文件签字不全等。

回到公司之后，工程公司几方人员进行了认真探讨，形成了以下几条意见。

一是在招标文件中应准确描述对供应商的业绩要求。业绩要求作为招标文件的否决项，应根据具体招标物资的技术要求谨慎设置，既不能过低，达不到性能要求；又不能过高，造成功能浪费或潜在供应商数量过低。特别是技术要求较高的设备物资，应尽量详细列明业绩方面的技术要求，不留漏洞。

二是对于否决项中容易造成误解的专业名词，建议添加注释或列明具体要求。如"投标人必须具有洁净厂房"，可以加入限定性词汇，改为"投标人必须具有能够维持设定洁净度、温湿度、压力等特性的洁净厂房"，以便与一般的整洁厂房区分开。若具有洁净厂房不是必需要求时，则建议不要将其作为否决项，可以作为招标文件加分项。

三是强调管理的重要性，建议供应商进行持续改进。质量管理体系认证并不仅仅是一纸证书，认证通过后就束之高阁了，而是需要企业将其严格执行并不断地完善，如此才能有效达到质量持续改进的目的。很多供应商对企业内部管理不重视，认为是浪费时间、形式主义，只有做好产品才是最重要的，但事实上，健全的管理制度、有效执行的内部控制，正是企业稳定发展的基础，更是产品质量的保障。

（张帅）

专家点评：

这个案例给人的第一印象是，现场考察决不能走马观花。

在采购实际业务中,招标文件中对供应商的要求往往令采购人员困扰。其门槛设置太低,会导致投标供应商良莠不齐,甚至出现劣币驱逐良币的结果;门槛设置太高,又容易造成指定供应商或者因供应商不足无法开标评标的情况。此案例中,招标人通过对中标候选人的现场复核,及时发现了它在业绩、洁净厂房、内部管理等方面存在的问题,并相应进行了修正,最终为项目招标工作的顺利完成提供了保证,值得学习借鉴。

6. 供应商寻源充分是议价的基础

采购是一个商流过程，并不是一种单纯的购物行为。企业采购，是指企业在一定的条件下从供应市场获取产品或服务作为企业资源，以保证企业生产和经营活动正常开展的一项企业经营活动。企业的采购人员应当具备成本意识与价值分析能力、预测能力、表达能力、良好的人际沟通与协调能力及专业知识，才能为企业经营在合适的时间、地点获取合适价格、质量、数量的资源。

企业一般最看重两个环节：一是生产环节，它是企业的支柱；二是销售环节，它把企业产品变现，保证公司正常运转。而采购既要服务于生产部门，为生产供应合格原料、合格设备，保证车间正常生产，又要为公司节约成本。但有些企业往往会忽视采购工作。

自从进入某公司采购部门，我就发现一个常见的现象，一种物资经三家以上校标企业询比价的招标后，中标单位就会一直独揽采购单，后续基本都是追加订单，原因就是采购人员没有更新自己的供货商。比如雷达液位计的采购便是这种情况。由于它属于高科技产品，也是进口产品，因此我对它特别关注。当时它的采购价格约为 20600 元/台，我所在的公司每年的采购额超千万元。为了优化采购，后来我们又引入新供应商甲公司。站在为公司节省更多成本的角度我们持续议价，最终以 19800 元/台的价格成交。当时我感到很欣慰，因为刚开始做采购业务就为企业物资采购降低了成本。

随着对采购市场视野的扩大，我认识了一家德国公司。这家公司是雷达液位计的发明者，液位计也是它唯一的产品，其各种性能均优于甲公司，当时报价为 21000 元/台。我用购买量吸引住对方的眼球，经过多次谈判，他们最终接受了 19500 元/台的成交价。

价格低又能买到更好的产品，这可是采购的最佳结果。于是，我们决定立即终止甲公司的供货资格，改让乙公司供货。

但好戏还在后面。经过持续不断的努力，最终，两家公司经过近半年的竞争报价，最终结果是：甲公司报价为 12200 元/台，乙公司报价为 16000 元/台。两家公司的中间代理商双双黯然离场，生产商与我公司直签了供货合同。经最终比对，我们选择了甲公司，成为其没有签订框架协议却执行框架协议价格的采购公司，不分区域全集团享受此价格，且货到发票到、定期付款。与刚开始的采购价格 20600 元/台相比，仅此一项就可以为公司每年节约 300 万元以上的采购成本。

由此总结，采购人员必须能够引出对方销售感兴趣的关键点，最大范围地展开寻源与比对，从而最大限度地节约采购成本。

（郭晓泽）

专家点评：

这是一个很有趣的案例，通过引入行业其他供应商，形成"鲶鱼效应"，以激活供应商的活力，产生一石激起千层浪的激荡效果。案例中提及的中标单位独揽，就是因为缺乏有效竞争所导致的。引入新的竞争者后，原供应商为保住市场份额，会拿出浑身解数协助降本，比如最直接的降价或者去代理商。当然，只要这种降本是良性的（非以次充好降低质量），就可持续进行引导及推动。

7. 不选独家供应商

2019年7月31日我从同事小赵手中接手A化工产品采购业务，交接时小赵说："A化工产品就一个供应商而且是经销商供应，经销商从哪个厂家采购的不知道。我也从其他厂家要过样品，经过车间试验，L公司（经销商）的最好用，而且价格最低。不能理解的是，根据生产工艺测算，L公司产品的成本比销售单价都高，而且销售单价连续降了几次，已从2.7万元/吨降到了2.55万元/吨。"

小赵工作时间不长，听了他的话，作为一个老业务员，我觉得有些不可思议，于是咨询了在小赵之前负责此项工作的采购员老李。老李说：小赵说的是事实，而且他也在网站上查过L公司的相关信息，可惜没有查到什么结果。于是，我不得不接受现在A化工产品独家经销商供应这一不合规现实，但特别想查出事实真相，从而改变这种不合规、不科学的供应方式。

于是我便从网上查询A化工产品物化性质及生产工艺，并搜索到国内有5家公司供货，报价均在11.5万/吨~12.2万元/吨之间。这让我非常诧异：L公司的销售单价为2.5万元/吨，而新客户的销售单价最低为11.5万元/吨，相差太悬殊了！虽然一头雾水，但最终我还是屈从于事实——从L公司采购，价格依然还能不断下降：从2.5万元/吨降到2.38万元/吨，直到2020年春节备货结束。

2020年注定是不平凡的一年，虽然春节备货完毕，但因疫情大年初一好多地区开始封城，严重影响了交通与运输。初三采购部便满员上班，大家开始用电话、微信联系供应商、运输商谈判价格、沟通到货，以保证供应与生产要求。一直到1月份结束，虽然很忙碌但生产需求始终能满足。此时，A化工产品库存始终在降低，但因为量小而且平时都是一个电话就签订合同发货,所以当时并未引起我的注意。2月9日,元宵节后大部分公司都恢复正常上班,当我给L公司接通电话时,对方回应疫情原因工厂停产无货,什么时间能正常开车不知道。这犹如一颗炸弹在我面前爆炸一般,我顿感天昏地暗:难道要在小产品的供应上出问题吗?

A化工产品虽然是小产品,但起着关键作用,如果没有它,车间就要停产。于是我便开始了无数的催货,但依然改变不了厂家停车无货供应的现状。直到3月10日,其库存只能用10多天了,无奈之下只能临时找新替代厂家,但通过网上搜索的客户结果与前期调查的一样。已经没有时间等待,只能取样让车间试验。之后陆续来了几家样品,车间给的回复是有一家可以用,可以少量采购试用。于是我到车间看了新样品,并与L公司的产品进行了比较:L公司的为白色晶体状态,其他厂家的为土色粉末状,远不如L公司的好看。当时已经没有办法,只能从新厂家少量采购,于是沟通合同与价格,最终条件是:预付电汇,11.6万元/吨。

虽然货已订,但自己却胆战心惊。因为能用不能用不知道、好用不好用不知道、如不能用退货退款能否顺利不知道。3月20日货到公司,试验结果还需一天时间。虽然这一天很漫长,但第二天的试验结果却大出意料:新产品非常好用且其日用量从68千克降到了5千克。

这样算来,虽然其吨价从2.38万元涨到11.6万,涨了4.87倍,但用量却降了92.6%,综合成本日降1038.4元,年节约成本379016元,真的是被逼出来的效益。

经过此次事件,我及我所在单位采购部的同事达成了共识,即所有产品不能独家供应,要不间断地寻找最优性价比的供应商,才能最大限度地降低风险,完成保供任务。

(李月强)

专家点评:

选择独家供应商一般会受技术限制、渠道限制,从而导致货源渠道不足,因此消除独家供应商是每个企业持续改善采购经营策略的课题。这是一个非常好的案例,通过这个案例可以给采购人员带来两个方面的思考:其一是选择独家供应商所导致的限制是否能够突破。这也是独家供应商模式最常见的瓶颈,一般需要采购协同工艺人员、研发人员一同推进;其二是采购单价与TCO(总成本)的关系问题。这个案例中原来虽然采购价格低,但总成本高;经过供应商开发切换后采购单价上来了,但总成本更低。从采购自身来讲,降低供应链总成本才能提升供应链的竞争力。

8. 临时变更供应商有学问

在项目建设中，进度控制的好坏直接影响到项目的投资和效益。采购工作是影响项目建设工期的重要因素之一，供应商的选择又是决定采购效率和效益最大化的关键环节，如何正确地选择目标供应商是采购人持续研究的课题。

西北某化工建设项目在直缝焊管采购合同的履约阶段，据供应商反馈，由于环保政策的变化，其生产线的部分环节受到影响，且上游原材料供货厂家生产受限，无法全部按合同约定的时间交货。为了保证项目建设进度，业主单位指示采购部门启动紧急采购预案，对原供应商无法如期交货的物资，重新确定了品牌和新的供应商。即便如此，物资交货期较原计划存在偏差，且采购成本直接增加了 300 多万元。事后分析，存在如下几个不足之处。

一是供应商储备有限，未及时、有效地建立该类产品供应商库。该采购计划属于设计变更项目采购计划，采购部门前期未及时与设计人员沟通，从而导致寻源工作滞后。接到采购计划后，采购部直接与一家生产企业进行了谈判采购，由于该企业供货期无法满足项目需求，导致谈判采购失败。无奈之下，采购部门寻找了各种渠道，快速收集整理该类产品的潜在供应商，经分析对比，确定了该类产品供应商邀请名单，重新开展招投标工作，致使工作十分紧张和被动。

二是在采购环节对供应商选择的原材料品牌风险评估不足，增加了采购后期执行的风险。招标文件规定了原材料同档次多个品牌，但未规定投标供应商必须选择几个品牌进行报价。同时还忽略了原材料品牌的风险评估。

三是未充分考虑该标段的特性，以常规的定标策略确定了单一供应商。通过对投标供应商的合作意愿、生产能力、质量控制、排产计划进行调研，在各方排产期完全满足要求的基础上，选择价格最低的一家供应商为中标单位，未考虑该供应商所处地域的环境及政策变化。

通过此次事件，提高了采购部门与建设单位的风险管控意识，强化了供应商选择及风险评估的能力。同时也总结出了一些经验，即在今后的供应商选择中，首先，采购部门应提前与设计单位对接，掌握需求计划，争取充裕的时间进行供应商开发；其次，要对投标供应商及其上下游的合作伙伴进行充分的风险评估；第三，要根据项目建设要求及标段特性，确定中标供应商及备选供应商；第四，提前分析、预判采购各阶段可能存在的风险，建立相应的采购应急预案，有效解决采购环节中出现的各类突发事件，确保采购工作科学、有序、高效地开展。

（任志强）

专家点评：

在市场竞争相对充分的情况下，招投标或谈判会影响大致约10%的产品总成本，生产流程和交易流程会影响约20%的总成本，设计阶段决定了约70%的成本。因此对于采购工作来讲，早期参与项目并与设计部门对接非常重要。依照以往项目建设的经验来看，项目早期设计变更的情况会非常多，采购人员要早参与、早对接，可以提前做好寻源工作，以避免后期时间紧急被动的局面。与此同时，采购人员需要制定完整的采购策略。对于竞争性充分的品类，一般需邀请3家或3家以上供应商参与招投标或谈判，最终确定1~2家供应商并建立合作关系（如果仅确定一家，则需要评估其履约能力、信用情况、财务状况、质量管控能力，以降低执行中的潜在风险），考虑到项目成本、进度、质量三者的平衡，一般不建议或避免使用单一供应商。

9. 供应商选择的"Q.C.D.S"准则

供应商选择的"Q.C.D.S"准则也就是质量、成本、交付与服务并重的原则。其中，质量因素是最重要的，故此先要确认供应商是否建立有一套稳定有效的质量保证体系，然后确认供应商是否具有生产所需特定产品的设备和工艺能力。其次是成本与价格，要运用价值工程的方法对所涉及的产品进行成本分析，并通过双赢的价格谈判实现成本节约。在交付方面，要确定供应商是否拥有足够的生产能力、人力资源是否充足、有没有扩大产能的潜力。最后是供应商的售前、售后服务的纪录。

可以某项目中选择钢结构预制厂为例对此准则进行说明。

在项目确定之后，采购部在对钢结构预制供应商选择之前，邀请了质量部门和工艺工程师一起参与了对各个供应商进行考察。

在实地考察中，将使用统一的评分卡进行评估，并着重对供应商加工厂的规模、材料管理、焊接管理、加工厂工具检测工具、预制厂管理、安全管理以及设计能力进行审核评估，要求面面俱到，不能遗漏。并采用供应商评定表进行评价。评定表总分为100分，评分者根据评估项目对供应商进行月评，按照实际情况进行扣分。扣分标准为：完全满足要求为满分，不扣分，评估人根据其完成情况的满意程度进行扣分，最大扣分值不得超过该项总分。

分为施工阶段和调试验收两个阶段进行评分表评分。项目供应商如果得分低于60分，直接计为不合格。项目供应商如与业主方发生诉讼仲裁的情况或发生安全事故，评价得分直接计为不合格，分数为0。同一个供应商有多个项目评分时，其最低得分为评价表最终分值。

评分项目分为"Q.C.D.S"4个方面5项内容。

（1）关于现场管理团队：是否按招标文件配备人员；人员配备是否合理性；项目经理的组织协调能力是否具备；现场管理团队执行力情况是否足够；现场配合是否顺畅；对专业分包及劳务分包的管理是否合理。

（2）关于质量：是否有重大质量事故发生；材料报验是否符合招标文件品牌要求；项目管理团队的质量意识；施工过程质量文件是否与现场状态匹配；项目管理团队对质量工程师发出的质量整改报告整改是否及时；过程文件的制备是否符合实际工程进度；过程文件的规范性是否满足要求。

（3）关于进度：是否满足项目里程碑计划要求；本月实际施工进度是否达到月计划要求；是否及时进行了材料报审，材料采购计划及其深化设计是否满足进度要求；如进度滞后，是否有采取合理并可行的纠偏措施；施工人力、设备机具、材料是否满足月施工进度计划要求；是否能按时提交内容完整的周计划、月计划；是否能按时提交内容完整且数据准确的日报、周报。

（4）关于安全：是否有重大安全事故发生；是否有处罚事件发生；接受处分后是否及时整改；安全日报中的安全隐患是否能及时整改；现场安全文明施工措施是否能及时落实；是否有安全应急预案；现场施工作业是否手续齐全；安全培训交底是否落实；现场安全检查执行是否到位；现场施工人员是否遵守安全劳动纪律情况。

（5）关于费用：是否与业主无大额主动索赔事件；变更报价申请是否及时提交且支持文件齐全；变更谈判配合程度是否够高；所提交文件是否按照标准表格填写且内容填写完整准确。

（仇婷婷）

专家评价：

本案例制定的供应商选择准则是可行的。他们抓住了供应商选择的关键，针对采购的物资品种，侧重供应商的特殊评价标准，从而选择出适合的供应商。对于钢结构制造而言，应从钢板采购、材质复检、外形尺寸（下料）检查、焊材的控制与焊材规范管理、焊工的资质审查、焊接工艺、预制环境管理、材料存放、材料污染控制、成型检验等能力多方面进行考察确认。

  本案例对供应商评价提出四个方面的要求，内容非常丰富，涉及了项目管理的四大控制主要要素，用项目管理思维来进行采购管理和供应商评价，把供应商管理纳入项目管理中，这体现了项目管理的完整性。同时使得物资采购和供应商管理处在受控状态，这是非常有意义的。将供应商自觉融入项目管理，自觉接受评价考核，这能够及时发现问题并及时处理。一是在质量上能得到有效控制，二是在进度上能与工程项目总体统筹协调同步，三是在安全上能实时受控，四是在费用上及时核算结算。这体现了供需双方的大协作精神，做到了你中有我我中有你，相互信任、相互协调、相互支持，合作共赢。

10. 电动机直采新模式

2011年，某公司的工业园基地初建，在总结其他园区建设历史经验的基础上，决定由自己来做招标电动机采购框架协议，主机厂统一按照框架协议成套采购电动机。同时在国家相关产品标准出台前，积极推动行业发展，选择统一使用YBX3系列高效电动机，为本公司装置多年来的稳定运行奠定了基础。

执行多年以来，这种模式也暴露出了一些问题，即业主无法管控电动机订单执行，主机厂下单给电动机厂时往往多番被刁难致使供货延误，其生产周期预留不足或者过剩，导致公司疲于协调货期。同时，国家针对高效电动机的节能返税补贴，非直接采购电动机不能申领，也造成了公司利益受损。

2017年5月，基地一期项目投运，即将开展二期大批量设备采购。采购部门吸取以往经验，联合设备管理部、财务部、审计部等多个部门，积极探讨新的采购方式。公司各部门的目标非常明确——电动机将由公司直接下单采购，然后发往不同的主机设备厂家成套，以便可以管控进度、申领国家补贴，最终提高采购效率，增加收益。

然而工作落地却较为复杂。因为电动机作为主机设备的驱动核心部件，最终是需要主机厂选型并最终由主机厂成套后统一发到现场的，故行业内从未有过业主直接全部自行采购电动机的先例。

经过了无数轮多方的讨论、试行，公司最终确定了电动机直采流程四部曲。

第一步：提出设备需求。

设备管理部电气专业组提供《电动机参数表》，包括且不限于：项目名称、电动机位号及数量、电动机品牌、电动机电压等级、电动机防爆级别等基本要求，交由设备部设备专业组，会同《设备会签表》，一起提交给设备采购员。设备采购员收到《备会签表》后，核对确认，据此开展下一步的工作。

第二步：确认技术方案。

（1）设备采购员联络主机厂进行主机方案确定，在此过程中由主机厂依据《电动机参数表》的内容和要求，结合主机的参数需求，同公司指定的电动机厂联系人（《电动机参数表》中列明），依据《电动机询价单》及《电动机参数表》询价，确认电动机方案（包括图纸及报价）。（2）公司技术人员确认主机技术方案过程中的疑问解答和修正，由主机厂负责牵头联络进行。主机技术方案确认无误后，制作主机及电动机技术方案，形成技术协议。

第三步：签署合同并实施采购。

主机厂将签字确认的技术协议会同《电动机询价单》及电动机相关原材料价格表，发给设备采购员。设备采购员根据技术协议及采购方案，签署主机采购合同。设备采购员提供给电气采购员主机厂签过字的电动机图纸、《电动机询价单》、主机订单号、到货时间等信息。电气采购员依据《电动机参数表》、主机厂签过字的电动机图纸、技术协议，联系设备部电气工程师，提报电动机计划，并签署电动机合同。设备采购员和电气采购员共同建立台账，协同跟踪电动机生产进度，以满足项目进度需求。

第四步：设备到货及出入库。

电动机厂按合同和生产进度安排发货，将电动机发主机厂成套。然后由主机厂将电动机及到货资料同主机及到货资料一并交付公司。公司仓储人员依据电气采购员同设备采购员确认的《电动机发货结算单》（电机厂盖章）完成系统出入库手续。目前，此套流程已经顺畅地运行在公司集采的框架思路下，3年间累计为公司申领了近千万元的节能返税补贴，并为公司项目建设保驾护航，为装置的高效稳定运行奠定了扎实基础。

（孙仕浩）

专家点评：

在传统的机组采购方式下，机组用户选定主机供应商，主机供应商依据机组供应合同的要求采购配套的电动机。但该公司在总结多年机组采购经验后，决定推动机组采购方案改革。选定的改革方案是，公司通过招标选定电动机供应商，与之签订电动机采购框架协议，主机供应商按照框架协议采购配套的电动机。这一采购方式运行多年，虽然取得了一定的成效，但也暴露了一些问题，如公司的物资采购部门需不断地协调主机供应商与电动机供应商之间的合作关系，另外，公司积极采用高效节能的电动机，但因为不是直接采购，不能按国家的相关政策申领节能返税补贴。

该公司的二期基建项目需要采购大批量的机组，为了解决以上方案存在的问题，公司的采购部门积极探讨新的采购方式，经过全面论证，最后确定了公司直接向电动机供应商下订单的采购方案。这一方案既可以解决申领节能返税补贴的问题，又可以大大减少相关协调工作，但存在着电动机与主机技术参数不配套的风险。

由于国内没有机组用户直采电动机的先例，无成功的经验可以借鉴，公司的采购部门与主机供应商、电动机供应商多次沟通后，与公司的设备管理部、财务部、审计部一起制定了严谨的采购方案，通过以下四个切实可行的步骤——提出设备需求，确认技术方案，签署采购合同，设备及随机资料及时交付，确保主机和电动机完美结合。

本案例给我们的启示：改革采购方式存在风险，该公司的采购部门勇于探索，巧妙地利用主机供应商的技术力量规避了电动机与主机技术参数不配套的风险。实际上，公司借助主机供应商完成了电动机采购技术方案，依据该方案采购电动机，可以达到与主机供应商采购电动机同样的效果。

11. 可借鉴的签约供应商动态管理法

一直以来，大型石化企业各种物资的采购数量和金额巨大，供应商队伍多而庞杂，因此，有必要对供应商资源进行动态管理。

某大型炼油企业建立了采购业务系统，但该系统不具备供应商考核功能。2019 年，该企业采购中心决定对签约供应商进行年度考核，并按年度考核结果确定供应商等级，实现供应商动态管理的目的。然而，由于该企业所属单位多、业务范围广，既有炼油单位，也有化工单位；既有生产单位，也有科研、销售、项目建设等单位。同时企业业务合同众多，年合同量 1 万余个，签约供应商达 3000 余家，签约产品类别 1000 余种，签约和合同执行的各类情形和问题更是纷繁复杂。

由于没有本企业或其他企业的类似经验可借鉴，采购中心经过精心策划、严密组织，自创了一套供应商动态考核办法，顺利完成了 2019 年度签约供应商考核等级调整工作。其具体关键做法包括如下几个方面。

一是建立强有力的考核组织机构。采购中心设立了领导小组、工作小组和考核小组，各小组分工协作，各司其职。领导小组由采购专业委员会成员组成，并由采购中心总经理担任组长，主要负责重大事项决策；考核小组由采办人员和技术人员组成，并由采办品类岗位经理担任组长，主要负责考核标准制定和考核工作；工作小组由供应商管理岗成员组成，主要负责策划和组织工作。

二是确定和抓住考核的关键要素。考核对象纷繁复杂，要从众多要素中抽出关键要素进行考核。比如,考核工作的关键要素是方案和实施,而方案的关键要素是考核标准与等级调整规则,实施的关键要素是模板、人员、计划与进度。考核标准的关键要素是进度与交期、质量与环保、服务与配合;等级调整规则的关键要素是考核评分、入库情况、供应商属性、合同数量与合同金额;模板的关键要素是考核清单、评分表、评分汇总表等。诸要素确定了下来,就可以有针对性地开展组织和策划工作,将大大提高了工作效率。

三是全面考核,简单操作。为了达到"既能全面考核,又能简单操作"的目的,将供应商的严重违规违纪项目和造成重大负面影响项目列入考核否定项,即只要发生,就列为不合格,无须继续考核。将供应商签约、进度、质量、提供资料、结算、售后服务及体制变化等方面归总为四个考核项目:进度与交期、质量与环保、服务与配合及其他;按不同采购专业或品类特点给予四个考核项目不同的考核权重分;以负面影响效果为定量评分标准,评分中不考虑供应商属性、合同金额大小等因素的影响。

四是多维度确定供应商考核等级。针对不同单位对同一供应商的同一产品项目的打分不同,按金额大小加权平均后给出最终考核评分。以最终考核评分为基本维度,之后增加供应商入库情况、供应商属性、合同数量和合同金额等维度综合考虑,多维度确定供应商考核等级。比如,考核评分都是90分的供应商,如果是签约金额大于某一金额的库内合格制造商,则考核为"核心"等级;如果是签约金额大于某一金额的临时入库制造商,则考核为"优选"等级;如果是临时入库的代理商或贸易商,则不管签约金额大小,都考核为"潜在"等级。

五是统一思想和行动。为统一大家思想和行动,采购中心的每次方案、每个标准和模板等在出台实施前都先广泛征求意见,必要时组织集中讨论。

由于方法得当,措施有力,这套办法按照计划全面规化完毕并实施,且在2019年的供应商考核等级调整工作中得到了全面验证。

(吕阶顺)

专家点评：

西方有句谚语"You will get what you measure"，即考核什么，得到什么，供应商管理如果不做考核，就很难知道哪种情况下应该选择哪类供应商，容易造成胡子眉毛一起抓，缺少正确的决策依据。本案例中的企业在意识到类似问题后，立即开始制定动态管理办法，具体工作可以概括为方案制定和执行。方案制定中既有定性指标，也有定量指标，同时结合采购金额，方案相对比较合理。值得注意的是，目前来看所有的数据侧重于企业自身数据，对于供应商自身的风险评估较少，如企业经营情况、社会信用情况等。在当前经济形势下，建议在各项指标上能有所调整，效果会更佳。

12. 五措施确保供应商质量

某建设公司是一家大型施工单位,每年都要承接大量工程项目,进行多个品类的物资采购,因此近年来对供应商的要求越来越高,物资需求越来越大。

公司深刻意识到,供应商是企业重要的外部资源,其产品质量的优劣、交货期的长短、价格的高低,对企业的安全生产、稳定运行和长远发展都具有非常重要的影响。因此,公司在供应商的筛选、评价和管理方面下足了功夫。

一是做好供应商的准入评定,把好准入关。公司供应商的主要来源有:经营部门投标询价的厂商,总包(业主)推荐的供应商,各分公司推荐的供应商,公司总部直接联系的供应商,上级集团合格供应商库中的供应商等。

在准入评定方面,由公司或委托就近分公司进行供应商前期调研,主要从供应商资质、规模、以往业绩、生产(供应)能力、生产过程控制/质量控制能力、安全/环保保证能力、检验和实验条件、售后服务等方面进行调研。调研由采购、质量、安全部门共同参与,调研结束形成调研报告。符合准入条件的,收集相关证明资料后进行准入评定,评定合格后,经公司领导批准后进入公司合格供应商信息库。

对于由上级集团公司评定的合格供应商,由公司业务管理部门收集供应商基本资料后直接录入公司合格供应商信息库。

二是对合格供应商进行分级管理。对评定合格的供应商依据其注册资金、生产（供应）能力、服务水平及其产品对质量、环境、职业健康安全的保证能力，把供应商分成 A、B、C、D 四个等级进行管理。

A 级合格供应商：注册资金多，生产（供应）能力强，能长期稳定供应质优、价格合理和有安全保证能力、环境保证能力的产品。

B 级合格供应商：注册资金较多，生产（供应）能力较强，能保证产品质量、安全、环境保证能力。

C 级合格供应商：注册资金较少、能满足正常供应，产品质量、安全、环境保证能力也能达到规定要求。

D 级合格供应商：无注册资金或非一般纳税人，产品质量、安全、环保也能满足需要。

三是科学合理选用供应商。供应商准入以后，在每批物资招标采购前，根据物资采购金额、资质要求、项目所在区域、运距等情况，科学、合理选择供应商组成短名单参与投标。坚持专业、就近原则，原则上重要性物资从 A 级供应商中选择投标单位。

四是做好供应商跟踪评价工作。供应商每份合同履行完毕后，分公司都及时对其进行跟踪评价打分。评价打分的主要内容包括：产品质量、产品价格、交货时间、售后服务、垫资能力、安全/环境保证能力等。满分 100 分，90 分及以上为优秀，70~90 分为合格，70 分以下为不合格。供应商跟踪评价结果根据得分多少分为优秀、合格和不合格三个等级。

五是严格实行供应商年度考核。公司每年组织一次供应商年度考核工作，依据每份合同履行后跟踪评价结果、全年供应额度、参与投标报价等情况对供应商进行综合评定，根据综合评定结果对供应商进行动态升降级管理。获得升级的供应商将给其更多的项目参与机会。

采取以上措施加强供应商管理，保证了供应商的准入质量，提高了采购产品质量，其质量合格率逐年提高，为建设优良工程提供了保障，同时也降低了企业采购成本，提高了企业创效增收能力。

（金祥军）

专家点评：

  供应商是企业的外部资源，将其选择好、用好、管好，有利于供应链的稳定和良性互动，直接提升企业在市场上的竞争力。本案例讲到了对供应商的准入评定、分级管理、科学合理选择使用、动态跟踪评价和年度综合考核，从而形成了完整的闭环管理。这看似简单，做起来实则不易，既要追求诚信合作互相成就，又要选择适当竞争控制风险。在保证供应及时、质量可靠、价格合理的前提下，与供应商长期亲密合作共进，才能为建设优质工程提供坚实保障。

  由于市场竞争激烈，采供双方信息不对称情况的客观存在，因此对供应商管理的每个环节的风险管控都必须认真对待。

13. 供应商合同履约要严控

某石化企业企业规模很大，采购物品多、用量大，为了规范各类供应商合同、提高履约质量，在实践中探索出一整套科学的供应商合同履约办法，自实施以来，取得良好成效。

一是明确履约评价机构职责。

（1）对所负责合同的履约评价活动进行组织、协调和监督管理，具体执行工作由合同主责工程师组织实施；（2）制定履约评价细则及评分表；（3）建立和管理供应商的履约评价资料台账（包括奖惩记录、履约不良记录等）；（4）负责组织相关供应商的履约评价，制发履约评价报告和履约评价不合格供应商的处罚通知；（5）负责组织履约评价过程中出现纠纷的处理工作，并做好相关记录。

二是规范合同履约评价等级及计分办法。

履约评价可以划分为"优秀"（大于等于90分）、"良好"（80~90分）、"合格"（60~80分）、"不合格"（60分以下）4个等级。

履约评价计分原则为：履约评分表评价项目涵盖合同全服务周期，供应商的履约评价得分＝履约考核得分×调整系数＋处罚与奖励得分。调整系数分为物资服务类供应商和维保类供应商两种情况，合同金额大则调整系数大，反之亦然。同时，设有相应的加减分项和对应的奖励和处罚措施。

三是明确合同履约评价要求。

规定要求，有以下情形之一的，履约评价不得评为"良好"以上等级：（1）因供应商履约问题约谈供应商法定代表人或授权代表，供应商法定代表人或授权代表拒绝或以各种理由故意拖延的；（2）因供应商自身原因造成质量事故的；（3）因供应商自身原因导致交货延期的；（4）供应商有其他不良记录的。

有下列情形之一的，履约评价结果直接评为"不合格"等级：（1）因供应商自身原因，造成较大质量、安全事故的；（2）纪检监察机关认定有行贿行为的；（3）因供应商自身原因造成交货期期严重滞后（滞后时间超过合同约定时间4周以上的）；（4）无正当理由不履行合同的；（5）供应商在提供工程、货物和服务时，擅自降低原来规定的功能标准，改变功能结构，使采购原有的功能要求得不到保证的。

对于履约评价为"不合格"的供应商，给予通报，并采取下列处理措施：（1）按规定对供应商进行相应处罚；（2）由主管部门约谈、训诫其相关负责人或责任人；（3）列入重点监管名录，加大监管力度和检查频率；（4）该供应商合同到期后，不应再进行合同的续签。

建立合同履约管理和评价制度，可以使企业切实提升供应链管理水平，打通供应链一体化，使采购工作重点向高价值环节转移，不断增强采购风险管控能力，提升合同履约管理水平，控制合同履约风险，合同履约评价可以有效地进行风险评估和风险识别。消除风险，弥补合同漏洞，可以约束供应商更好地履行合同义务，保证合同有关条款得到有效执行。

合同履约管理和评价制度自建立并实施以来，效果十分明显，履约率和履约质量均有大幅度提升，有力地保障了采购工作的顺利实施和企业的正常运行。

（穆道彬）

专家点评：

建立供应商履约监督机制，既可以监督合同执行过程中的风险，也可以让供应商公正客观地了解自己在企业的表现，由被动交货履约变成有意识改进，逐步向良性发展。对于采购人员来说，供应商表现越来越好，在其身上花的时间会越来越少，也可以向采购策略制定、市场分析、供应商开发和关系管理等更有价值的工作倾斜，提升供应链的稳定性和价值度。

14. 选择工程材料供应商五要素

2018 年，某建设公司在某地承接的 20 万吨/年乙二醇项目中，有一批 2500 吨左右的普通碳钢钢结构材料招标，业主干预推荐的供应商以最低价中标。

建设公司 10 月与该供应商签订采购合同，约定自合同签订之日起一个月内，合同中涵盖的所有工程材料需交付至采购方指定地点。但直到 11 月底，该供应商送到施工现场的型材仅为 700 吨。建设公司与业主和供应商多次沟通后，材料供应情况仍然没有改善，导致建设公司下属几家分包协作单位出现了停工待料的情况，给项目带来了不小的损失。最终，建设公司与供应商解除了材料采购合同。

以上是一个典型的业主干预材料供应商的选择、供应商低价中标却无力履行合同的案例。项目工期在不能合理顺延的情况下，建设公司项目部只能通过投入更多的人力、物力来弥补，力争保证合同工期，结果必然是项目成本增大。

建设公司事后进行了总结，归纳出选择工程材料供应商需要考核的五个要素。

一是工程材料的质量。工程材料的质量是工程质量的基础，加强材料的质量控制是提高工程质量的重要保证，是创造正常施工条件、实现质量控制的前提。由于工程材料质量低劣而造成的工程质量事故和项目损失往往非常严重，并且难以弥补和修复，因此在工程建设中必须尽力避免发生此类问题。

二是材料采购的中标价。采购方的付款方式对供应商的报价起着决定性的影响，此项目招标文件中约定的付款方式主要是基于业主的付款方式来制定的，采购方并没有垫资的意愿。但是供应商对于材料款回款周期的风险性又考虑不足。一旦供应商的资金链出现问题，采购合同就无法被执行彻底。尽管采购部门会通过询价、比价来选择合适的供应商，以适当成本实现采购目的，但是采购材料的价格不一定是越低越好。

三是材料供应的时效性。此次招标的材料都是市场上常见和通用的普通材料，但在采购方多次催货的情况下，供应商仍然不能按时交货，这意味着供应商进货渠道的狭窄性，企业本身的信誉是没有保障的，有可能此类供应商暂时还没有长期合作的上游客户资源。在供应商一再推迟到货时间的过程中，建设公司应以有力有效的措施去与业主和供应商沟通，并在第一时间中止与供应商的采购合同，进而避免被动局面的出现，这样才能最大限度地减少损失。

四是供应商的资金实力。目前，国内的几大钢厂针对代理商的政策几乎都是现款现货或者是预交预付以锁定价格。供应商如果没有一定的业绩和潜在市场需求存在，就只能从代理商手中购买原材料，利润空间会被再次压缩。钢材类等大宗商品的特点是资金占用量大、价格透明度高、资金回笼快。本案例中供应商出现的问题，一是由于资金短缺造成供货能力不足；二是对工程材料款的催促又很频繁，甚至向建设公司提出了索要预付款的要求。

五是供应商的售后服务。是否愿意通过自己不断完善的服务体系来满足采购方的需求，是供应商核心价值的直接体现，这也成为采购方在选择供应商时必须考虑的一个重要的衡量标准。

目前，国内建筑材料供应商数量众多，由此也促成了买方市场格局的形成。建设公司在采购中占据主导地位，其采购的重点往往定位于选择价格低廉的供应商，从而忽略了优质供应商的储备，缺少与供应商建立长期合作的机制。这也是造成合作失败的重要原因。

（刘增产）

专家评价：

本案例中，在建筑公司进行钢结构采购时，供应商不能履行合同，并给项目建设造成损失，其主要有两个原因：一是业主干预采购，二是最低价中标。这两种情况在其他企业也有发生。建设公司与业主签订施工总包合同时应该重点明确采购工作的界面问题，谁采购何种物资应该明细确认。另建设公司的采购实施与管理对业主参与的程度要明确，以避免盲目要求和临时介入，这不利材料价格和供应商的确定，势必会影响采购工作。

本案例在供应商管理方面进行了总结，供应商的管理是企业管理的重头戏，案例分别对供应商选择列出了适合自己的需求标准，这是可行的，每一家企业都有自己的特点，采购物资不尽相同，采购方式多种多样，但控制供应商的关键点是一致的，即供应商的制造品种是否符合，供应商制造的能力和技术水平如何，供应商的质量控制体系是否到位，供应商的经营水平如何，供应商的售后服务意识强不强等。

对于材料采购的价格问题也值得思考。建设公司材料需求量大，如能把需求量进行整合最好，如管材、型材、线材、建筑材料、水泥等由总部统一集中整合，与有关方共同选择和考察供应商，最好进行直采，以减少中间环节；并要确定合理的采购价格，以满足企业的成本要求。这样做的话，在降本的同时，也能调动供应商项目参与的积极性。

15. 多措施力促采购降本

2020年上半年的疫情打乱了市场的正常秩序，江苏某企业的生产、销售以及物流便均受到了较大的影响，如2月上旬醋酸行业库存创下了历史新高；2月下旬市场逐步恢复流通后，各企业为降低库存压力纷纷下调售价，醋酸行情进入快速下跌的通道；后续疫情的国际化蔓延又导致产品出口受阻；尽管国内下游用户陆续复工，但需求较去年同期出现了明显的下滑。

困难之际，企业领导就面临的形势和如何实现降本增效进行了全面深入分析，并重点给大家算了一笔账。

采购支出通常占化工企业运营支出的50%~70%。如果在一家化工企业的营收中，采购支出占比50%，其他支出占比45%，利润占比5%，当企业高层决定在产品价格因素不变的情况下，如果将利润提高至7.5%时，选择有两种：一是将销售额提高50%，二是将采购成本降低5%。

先看将销售额提高50%。在当今的国内化工行业，产能过剩早已是常态。企业想要生存，要么有成本优势，要么产品质量领先，否则在面临产品同质化竞争时，企业主动降价促销，往往会陷入价格泥潭，销售额增加了，利润却萎缩了，从而导致无法良性运营，得不偿失。因此在价格因素不变的前提下，将销售额提高50%达到利润增长7.5%，这无疑很难实现。

再看将采购成本降低5%。过剩市场是典型的竞争市场，但对企业采购部门而言却是机会市场。通过招标，能够激发竞争方提升销售额的欲望，在多方参与价格竞争的前提下足以把控合理的采购价格，达到5%的降本目标。

2020年上半年，企业供应保障部秉承"公开、公平、公正"的阳光采购原则，借力阿里巴巴1688大企业采购平台，将采购项目全部实施网络公开招标，扩大寻源范围、积极引入新供应商，上半年新增供应商近50家，采购价格同比下降幅度达到6.6%。对于生产部门指定采购、独家采购的个别案例下降幅度则更高。比如：对于仪表特材液位计的采购，邀请新供应商参与投标，从而打破了多年来独家供应商的局面，单台采购价格也由16.5万元降到13万元；为改善职工饮水质量进行的净水器采购，也引进新供应商参与竞争，从而使得采购总价格由95万元降到26万元；动力分厂的火炬指定维修项目，经网络公示后吸引多家单位参与投标，最终中标价格由原来被指定方报价的50万元降到21万元，且维修质量完全符合技术要求。

在众多的供应商中，难免会存在产品质量良莠不齐的情况。为保证采购质量，企业实施供应商负面清单管理规定，对违反规定以次充好的供应商进行严格考核，2020年上半年共有30家（次）供应商被扣分考核，其中4家被通报至阿里巴巴，禁止参与企业的一切招标活动。

当今的采购供应链管理，不管如何从传统采购角色拓展到全面供应链管理，降低采购成本永远是采购部门的首要目标，是采购工作绩效的重要体现。在提升销售收入非常困难的情况下，采购降本对企业利润的影响就显得至关重要。

（解云）

专家评价：

今年突如其来的疫情给企业造成了许多困难，其物流受到了很大的影响，物资出不去进不来，生产运行受阻，企业效益下滑，采购部门压力很大。在本案例中，企业采供部门采取了多项措施。

一是算清账。由于在价格因素不变的情况下将企业销售额提高50%

达到利润增长 7.5% 这一目标实现困难，所以将采购成本降低 5% 确定为实现利润增长目标的首选。

二是下好药。如遵循"公开、公平、公正"的阳光采购原则，借力采购平台，将采购项目全部实施网络公开招标，扩大寻源范围、积极引入新供应商，上半年新增供应商近 50 家，采购价格同比下降幅度达到 6.6%。对于生产部门指定采购、独家采购的个别案例下降幅度则更高。

三是把好关。为保证采购质量，企业实施供应商负面清单管理规定，对违反规定以次充好的供应商进行严格考核，2020 年上半年共有 30 家（次）供应商被扣分考核，从而保证了供应商的优质性。

通过以上措施，在实现保供的同时，将采购成本降低了 5%，从而实现了降本增效，为企业在困难时期的稳定发展做出了贡献。

16. 设备供货中供应商突然破产

某工程公司承接了某石化项目,其中"水力除焦控制系统、焦炭塔操作安全控制系统"的供货方为某石化环保设备有限公司。该环保设备公司于2019年5月在设备供货过程中突然宣布破产。破产前"水力除焦控制系统、焦炭塔操作安全控制系统"仅主体设备材料到货,现场指导安装、调试等技术服务,备品备件均未履行完毕。

2019年7月,环保公司破产清算管理委托人书面通知工程公司清偿货款。工程公司收到货款清偿通知书后,采购负责人详细了解了合同的履行情况。"水力除焦控制系统、焦炭塔操作安全控制系统"合同标的组成为设备主体、安装指导服务、软件授权、售后维护、备品备件等5大部分,缺少任何环节该设备无法正常投用。而且合同的标的金额并非仅是设备费,还包含相应的服务费而该石化环保设备有限公司破产后,无法履行合同约定的后续服务,造成了合同违约,故此工程公司有权终止合同。

为保障工程项目继续进行,工程公司项目部研究决定委托具备相应能力的第三方公司开展后续服务工作,及时完成了该设备后期的指导安装、调试等技术服务工作,确保了项目顺利投产,将由于设备供货中供应商突然破产而对项目造成的影响降到了最低。

环保公司破产清算委员会提出的清偿通知工程公司无法接受,故答复该破产清算管理委托人通过诉讼程序结清后续服务费后方可继续履行合同。

经过核算,安装指导服务、软件授权、售后维护、备品备件的费用已经超过合同剩余款项，双方协商未达成一致，最后只能通过诉讼程序解决合同纠纷。

通过这个事例，公司总结了经验教训。

（1）得出的教训：在选择供应商时不仅要审查其产品价格，还要对其资产运营情况、履行能力进行评审；合同履行期间的监造和催交跟踪不到位，未及时发现供应商制造厂运营出现问题；采购合同条款存在漏洞，特殊设备的付款比例需要调整、细化；进度计划控制不严格。由此看出，从质量、进度、费用三大控制中都应该提前发现不正常现象的，结果却均未发现。

（2）得到的经验：物资采购标的组成，不仅仅是物权的移交，还包括相对应的服务及授权费用。如遇到破产等无法履行后续合同的情况发生，不仅仅要核对设备材料是否移交完成，还需调查对应的服务是否履行完成，以避免不必要的损失。在合同执行中，要定期监造和催交巡查，以及时掌握供应商的真实状态，看其是否有能力一直在按照合同约定全面履行职责和义务，发现合同节点没有按质按量完成的原因应及时补救。发现有不良苗头就要及时跟进，采取及时有效措施以防范风险，或者想办法把损失降到最低，或者立即启动应急预案。

（史云阁）

专家点评：

企业破产在经济生活中时有出现，但除非是不可抗的因素，否则企业不会"突然"破产，而在破产前总是会有这样或那样的征兆。本案例提到的由于供货商"突然"破产而导致合同无法正常履行的情况，至少暴露了设备采购方在整个采购工作中存在的几点不足和疏忽。

一是在合同签订前未对供货商进行全面深入的了解。了解供货商不单是了解其装备能力、加工制造能力、业绩等，同时也要对其企业资信、财务状况（特别是近三年的）、服务能力等进行全面细致的了解。

二是在合同执行中要时常与供货商保持良好的有效沟通，时刻掌握其履行合同的能力。如果一家企业在合同履行过程中面临破产，那么该企业必有破产前的征兆。比如：持续几年亏损、经营管理混乱、盲目投资、技术工艺落后且不思改进、存货过多以及负债过高，等等。如果在此期间与之有良好的沟通，总能发现一些蛛丝马迹。

三是采购合同条款不细致、不严谨、不按制度及合同付进度款，都会为后续结算带来困难。

因此，要想保证一份合同得到很好履行，至少要在以下几个环节做深入细致的工作。首先，在合同签订前对供货商进行全面深入的考察；其次，技术交流要透彻，技术协议签订要准确；再次，合同条款要齐全，对合同执行过程中任何一点的操作都能做到有据可依；第四，执行过程中始终要与供货商保持良好沟通；第五，采购方各项制度要健全，做到凡事都有人干，干必合规。

案例总评

本章的案例，分别是从寻源、供应商考察、动态评价及供应商的临时应急替换等方面展开。有的通过谨慎细致的论证，大胆实施，达到了理想或者超出预期的效果；有的因前期评估不足，导致额外成本增加。或伤或痛或欢笑或欣慰，均蕴含着供应商管理沉甸甸的经验。

很多企业与供应商的实质性关系还是停留在零和博弈上。零和博弈最典型的表现是直接砍价和双方合作的不信任、合作信息的不透明。一般企业其采购所支付的成本约占生产成本的 60%~70%，事关如此大的金额的合作伙伴，如果不研究明白分析透彻自己的合作伙伴，如何才使采购真正成为企业的第二大利润来源呢？如果不设定科学合理、可落地的方案，又如何才能了解供应商是否符合企业的要求呢？如果不了解供应商、不了解市场，当采购方对采购物资的供应市场、竞争态势、技术参数、成本价格等不熟悉时，将会与供方形成信息不对称。在这种情况下，即便供方存在竞争，也极易出现劣币驱逐良币的现象。

他山之石可以攻玉。以上这些案例，希望能给企业采购人员带来更多的启发和思考。

第三章
采购执行(前期)

采购执行前期，是指企业在生产和项目建设过程中，在正式开展采购工作前，对设计方案、采购计划、供应商开发、市场行情、信息系统等采购前期行为进行有效组织和控制，通过先进的管理模式、管控方式和支撑工具，提升采购效率，控制采购成本，使得采购业务链总成本最优，为企业生产经营和项目建设提供有力保障，持续提升企业在市场中的竞争力。

采购执行前期的主要工作包括制度流程制定、信息化平台建设、需求动议、设计管理、物料管理、计划管理、供应商管理、价格管理等，通过持续优化标准及工作流程，把控好源头，扎实推进采购前期工作，为采购中后期工作提供有效支撑。

采购执行前期的主要目标：一是打造公开、公平、公正、合规、高效的招采平台，为采购业务链创造良好的运行环境；二是整合各类资源，寻求采购风险控制与采购效能提升的平衡点；三是在保障企业生产经营和项目建设的前提下，挖潜增效，真正体现采购前期的作用，充分发挥采购业务链的价值。

本章典型案例：物资采购前期市场分析、论证、沟通，化工原料、大型设备、管道配件、阀门等物资的采购过程等。

1. 管道配件采购由繁至简

某石化公司实施乙烯改造项目，总投资 50 多亿元人民币，建设工期 14 个月，要求乙烯、塑料、氯碱等主装置建设与第二年的大检修同步进行，检修工期为 45 天，最终实现新老装置一次开车投用，产出合格的乙烯产品。

"兵马未动，粮草先行"，工程建设"参战单位"涵盖设计、采购、施工、质量管理、工程管理、生产等多个环节。采购工作处在中间位置，承上启下，牵一发而动全身，如何实现保质、保量、保供是一次重大考验。

乙烯改造是该公司提高产能、增加效益的重点建设项目，共有乙烯装置、塑料装置、氯碱装置、公用工程等十多个建设单项，涉及的管道配件材料多达 300 余万件（个）。从工程总体看，各种配件规格多、品种杂、材料材质标准要求不一，业务涉及多家设计单位和施工单位，点多、面广、线长；从企业内部看，采购工作流程长、环节多，寻源工作和供应商管理部门多头管理任务繁重。

为了保证工程进度和采购质量，计划、采购、管理部门都在争取供应商寻源工作的主动权和决定权。但由于内外部看待寻源工作的角度有所不同，意见不尽一致，各执一词，如解决不好势必会影响寻源及采购工作，给工程建设以及将来的生产运行增加难度。

关键时刻，企业领导分析形势，针对管道配件采购这一难题进行了统一协调，果断决策，明确规定由基建计划管理部（对外称基建物资供应项目部，按主要装置对应成立了乙烯项目部、氯碱项目部、塑料项目部、公用工程项目部等）归口负责。基建设计划管理部接过任务之后，积极着手制定管道配件采购计划预案，迅速在以下几个方面开展工作。

一是积极协调设计部门，把采购寻源工作的重心前移，参与初步设计审查，主动与主设计人员对接，听取建议，掌握管道配件材料采购技术方面的重点、难点及关键点。

二是深入生产一线，对接生产装置的运行状况，特别是了解现有管道配件在使用中的优缺点及全生命周期情况，听取生产技术部门的建议。

三是理顺并优化计划、采购、过程控制等工作流程。把需求计划分为生产和基建两个需求计划进行管理，采购部门分别对应生产和基建两个需求计划，被称为"Y"型计划采购管理模式。生产、基建采购共用库存，两个计划分别完成过程控制，形成闭环管理。

四是在内部明确寻源管理权限，汇总设计、生产（业主）、计划（生产、基建）、采购各方面的建议，形成了选择管道配件供应商的工作流程：（1）根据企业标准和供应商的业绩情况，确定列入现场考察的供应商建议名单；（2）制定供应商现场考察内容和按专业分工打分的实施办法；（3）随机抽取和组织委派相结合，派出专家对供应商进行现场考察及打分；（4）由监督人员汇总分数并予以密封，招标时计入技术分值。

五是对配套管道配件进行专业、科学的划分，确保采购工作的针对性和精准度。（1）按装置划分重点区域和普通区域。重点区域包括乙烯装置的裂解装置单元、冷区单元，氯碱装置的氯乙烯单元、聚氯乙烯单元、盐水单元，塑料装置的高压聚乙烯、苯乙烯，公用工程的高压管线、中压管线、排污管线等；其他区域为普通区域。（2）按装置重点区域划分管线，分为物料管线和水汽管线。物料管线分为装置高温高压管线、冷区管线、腐蚀性强的管线；水汽管线分为蒸汽管线、水线，其中蒸汽管线分为高压和中压管线，水线分为循环水和消防水管线等。（3）按材料材质划分为不锈钢、合金钢、碳钢、低温钢、非金属材料等。（4）按制造难度分为锻造、热推、冷压、热压等。

六是根据分类和采购量选择供应商，并实行装置单元框架协议采购。（1）对供应商进行严格的风险评估，存在高风险的供应商，必须现场考察。（2）实行供应商供应产品目录制，严格限定准入供应商许可供应产品目录。（3）全面实施供应商动态量化考核，实时记录在案。（4）建立供应商奖惩制度，实施业绩引导订货机制。（5）按装置单元分配供应商，推行框架定向供应模式。

由于分工合理，责权明确，流程科学，管理到位，繁杂的管道配件采购工作由繁至简，有条不紊，进展顺利。300万件（个）管道配件材料保质、保量、准时到位，没有影响工程建设进度，没有发生重大质量事故，没有剩余库存（零库存）物资，产品价格控制合理，确保了乙烯项目一次开车成功，因此也受到了参加工程建设的工程管理、设计单位、供应商以及企业内部相关部门的一致好评。

（靳宗力）

专家点评：

供应商寻源工作是物资采购管理的关键环节，采购人员不仅要具备采购专业能力，同时还要有较高的职业道德水准和认真负责的工作态度，在寻源工作中不能回避矛盾和焦点。

案例中所列的管道配件是比较繁杂的专业领域，品种规格繁多，大到大型锻件，小到一个螺栓，做到保质、保量、准时交付实属不易。这就要求采购人员首先要吃透设计意图，掌握使用的装置区域环节要害，摸清生产运行波动规律，对寻源所供材料性能及标准了然于胸；其次，要能够准确鉴别供应商的制造水平和服务能力，对供应商的制造装备、工装能力、检验能力、标准执行能力、加工设计能力、生产负荷能力等进行认真的分析了解，如有必要甚至要到供应商的制造现场进行考察；第三是要在工作中不断总结，探索最优的供应商寻源、使用以及管理的规律和办法。

这个案例有两大亮点：一是将供应商寻源工作的重心前移，在设计、施工、工程、质量、生产等方面了解掌握有关专业的第一手资料，听取各方面的意见和建议，做到心中有数，有的放矢；二是对装置重点区域所需材料进行科学分类，并与供应商的能力进行精准匹配，实现高效采购，科学采购。

2. 阀门维修采购三改方案

服务类采购在不同时期的需求不同，采购方案及评判标准要紧随服务需求的微变而调整，如不能及时调整，往往会进入人为造成的误区；当摸清服务商的报价规律后，你会觉得服务类采购并不复杂，并能够沉着、正确地应对。

2017年，西北某化工企业在试车阶段，发现部分阀门存在泄漏情况，故启动工艺阀门维修服务招标，招标文件指定报价模式为单台阀门维修固定总价。

项目结束后，统计维修结果显示，有35%的阀门维修了密封面，65%的阀门只是拆解清理异物，服务商为了控制成本未对部分密封件按要求进行更换，造成阀门维修质量无法保障，存在安全隐患。由于招标报价模式选择不当，导致业主增加了500多万元的采购成本。

吃一堑，长一智。企业对标其他化工企业阀门维修招标先进经验，第二次的招标文件采用阀门维修发生项计价模式，评标过程中注意结合了试车阶段阀门维修统计的结果，但过度关注阀门密封面的维修报价，轻视了人工等其他服务费用。服务商通过将完好的部件做简单处理，收取该项费用，造成过度维修。这一次的统计结果显示，实际阀门密封面维修占比不到3%，服务商的大量工作只是拆解、清理、回装阀门。此次招标仍未达到预期目标，对标学习也未学到精髓，导致业主增加100多万元的采购成本。

连着两次失误，企业痛定思痛，经认真总结分析，找出了导致采购成本增加的5个原因：（1）招标文件报价方案选择不合理，造成简单维修结算价格与阀门大修价格相同；（2）评标过程对价格分析不彻底，轻视了不平衡报价；（3）对需要维修的阀门规格型号判断偏差较大；（4）缺乏对阀门检修过程的管控，造成过度维修；（5）阀门维修质量跟踪不到位，造成质保期内返修阀门频次较高。

结合以上问题，企业对服务类招标原则和方案进行了优化和调整，运用在之后的服务采购中，并取得了较好的效果。

首先是优化招标文件，进一步明确报价要求及技术要求，避免服务商对维修频率低的阀门型号报出极低的维修价格，以看似较低的整体报价诱导业主选中。同时要细化合同，制定考核细则，对维修人员的综合素质、维修进度、维修质量、安全管控等方面进行考核。

其次是对近几年维修的阀门型号进行统计，找出维修频率较高的阀门并建立数据库，结合项目阀门实际受损情况，带入可能发生的项目价格，模拟本年度维修成本，从而选择最合理的服务单位。

第三是要求项目单位加强对阀门维修过程的管控，拆解后要留有影像资料，须发生的维修项必须经项目单位技术员确定后实施，避免过度维修。同时要求项目单位建立阀门维修档案，严格执行阀门维修售后保证，在保质期内再次发生维修不予结算，并按照发生频率做出相对应的考核。

（赵元）

专家点评：

服务类项目的采购不同于物资或工程采购，其难点在于无法精准地量化服务的要求、范围及价格，在实施过程中更多是主观评价服务商及服务效果。现实中，服务类采购易被企业忽视，而服务类采购发生的费用在企业采购成本中占比较大，因此，做好服务类采购管理工作值得企业认真探索和研究。

本案例的亮点是采购前期工作准备充分。首先，采购部门根据每年服务情况对上年度采购进行复盘，总结不足之处并提出相应的改进措施；其次，根据每个标段的独特性和使用环境等因素，制定适合的采购模式和采购策略；第三，及时调整报价方案，改变评标方式，避免不平衡报价；第四，加大服务过程管控，建立服务档案，有效控制服务质量及成本。

综合分析，此案例情节饱满，优化方案操作性强，值得借鉴。

3. "连环四招"实现采购降本

某世界 500 强企业化工板块采购部结合企业发展重点、采购要求、物资特性和市场情况等，四招齐下，做深、做细、做精采购工作，2018 年以来采购金额达 12 亿元，节约资金 5000 万元。

为深入挖掘采购效益，采购部门从物资分类、计划金额、规格标准、市场变化规律等方面进行多维度综合分析，制定了采购方式分类表，在化工原料、材料物资、运输服务等项目的采购上取得了较大成效。

第一招：紧贴市场行情，看准低点，敏捷采购。

以化工原料石油苯为例，原采购方式为公开招标一票到厂价，采购价格对市场行情的反应不敏感。而 2020 年，春节以来国际原油价格暴跌，油价整体处于底部震荡，带动纯苯价格向下调整；同时纯苯下游苯乙醇、己内酰胺等开工缓慢，工厂提高原料库存的意愿不高，整体提货速度偏低，供需矛盾加剧。采购部预测，纯苯大概率会跟随原油走跌，若按原来的采购模式，原油下降所带来的红利则有可能无法享受。

通过充分论证，采购部将招原料总价改为招中间服务环节费用，从源头紧追市场下行趋势，实现低点采购，即到厂价由出厂成本和供应商中间服务费构成。供应商仅报运费及其他环节费用，石油苯出厂成本以送货当日石化厂家挂牌价为准，跌涨的风险由购方承担，既打消了供应商对此产品涨价的顾虑，又可以实时享有市场下行的红利。

市场的变化与采购部的预判完全一致，石油苯挂牌价随原油大幅度降低，企业尽享红利。相比原招标价格，每吨采购成本节约了3950元，降幅达53%，仅2020年第一季度就节约采购成本118万元。

第二招：协同改进工艺，使用质优价廉的国货新品。

以化工产品聚甲醛所用包装袋为例，考虑到聚甲醛的化学性质及下游客户的使用需求，一直以来聚甲醛产品使用的均为4.4元/条的三层进口牛皮纸包装袋。但牛皮纸材质在承重上并不能完全满足25千克包装的需求，在使用过程中经常会接到包装袋破损的客户投诉。

考虑到质量要求及每年的消耗量，采购部意识到，不能因为仅是4元多的袋子就忽略采购管理的优化。采购部一班人一方面积极与生产单位沟通，另一方面通过市场调研，找替代货源。经过充分的调研论证，找到了优质的国产货源。根据之前的情况，采购部建议货源单位对包装机进行改造，采用缝线工艺，以避免出现坏袋的现象。不久，一种双层国产牛皮纸加塑料内膜的包装袋生产出来，以其防潮防光、结实耐用获得青睐，且采购价格仅为2.6元/条，按年使用量140万条计算，企业每年可节约资金250余万元。

第三招：时时关注国家优惠政策，招标运输服务降成本。

化工单位生产的产品大多数为危化品，在销售模式上采取一票送达的方式，每年约有500万吨的危化品运输任务，所需运输服务费约为6.25亿元，运输体量和难度都很大。

在2020年初疫情期间，国家发布了高速免费的优惠政策。在得知这一消息后，采购部积极调度，及时组织运输服务招标，标的服务周期为整个高速免费期。在计算政策优惠、油价下降等综合影响因素后，运输价格降低了0.033元/吨·千米，运输费用每月能节约625万元。

第四招：适时调整运输要求，不拘一格降低成本。

同样在高速免费期间，各产品汽运价格均大幅下降，相应运输到厂的价格也有所降低。

生产单位的主要原料煤炭，其运输费在到厂价中所占比重较大，但采用火车运输方式价格并无优惠，若继续执行原合同，将无法享受国家优惠政策带来的红利。采购部综合评估火车运输与汽车运输成本，积极与供应商协商，终止原采购合同，将煤炭运输方式调整为汽车运输，疫情期间分批次招标9次，采购煤炭13万吨，对比同期火车运输煤炭价格共节约838万元。

采购部的负责人感慨地说，做事就怕"认真"二字，采购工作仅从流程上管控还远远不够，要不断拓宽视野，创新模式，做深做细，才能逐步实现精益采购和科学采购。

（韩领 戚丽丽）

专家点评：

降低采购成本、实现双赢是采购工作的核心，近年来较多的企业一直将价格谈判作为降低采购成本的主要途径，而上述案例为我们提供了新的思路和方向。

在日常采购工作中，首先，要打破传统采购模式，时刻紧贴市场，建立与市场息息相关的采购策略，有效地降低采购成本；其次，积极探索进口产品的国产化替代进程，与国内优质供应商共同进步、成长，共同降低成本，优先选择国产优质产品；第三，时刻关注相关政策，根据政策变化及时调整采购策略，与供应商共享政策带来的红利；第四，通过分析、整理影响价格变动的因素，建立价格数据分析模型。

本案例清晰反映了在日常采购活动中，可通过多种途径实现采购降本，有较好的借鉴性和引导性。办法总比困难多，在今后的采购活动中，企业要拓宽视野，转变思维，积极开展降本增效工作。

4. 换热器事故背后原因多

某国企项目委托某换热器厂家生产32台列管式换热器，其中4台重约80吨，2台重约50吨，其余重10多吨不等。由于项目建设周期短、任务重，采购方高度重视，2019年9月中旬派遣装置经理前往生产厂家督察，经过对该生产厂家以及其外协换热管和管板厂家的现场考察和了解，采供双方初步商定：11月底为相对合理的交货期。由于4台大型列管式换热器制造工序较多、工艺复杂、工期又紧，采供双方当场商定派遣第三方检验驻厂监造。

在加工生产过程中，这4台换热器中的其中1台在气密试验的自检过程中，管板角焊缝屡屡发生泄漏，气密试验6次未通过，导致工期一再拖延，直至12月25日才全部解决完毕发货，给项目造成了不良影响和较大损失。

几方经认真深入分析，找出了事故的主要原因。

原因之一：蓝图到厂时间晚，供应商没有认真审核图纸。由于多种原因，直到将近发货时，供应商才收到换热器蓝图；工期要求供应商即刻发货，因而没有充足的时间比对蓝图。而供应商按照以往的惯性思维，认为国企项目工期一般都有一定的自由度，因此在合同签订后没有积极开展图纸审查、材料订购、焊接工艺评定等准备工作。在图纸审查时疏忽大意，本来1台换热器坡口加工尺寸为深度2mm，宽度2mm，另1台坡口加工尺寸为深度2.5mm，宽度2.5mm——工艺尺寸为手工氩弧焊的参数范围。然而供应商采用的却是半自动送丝的氩弧焊工艺，坡口加工尺寸为深度1mm，宽度1mm。供应商没有经过严格审查，便将管板加工图发到了外协加工厂。

原因之二：焊接工艺评定未完成便进行实际生产。《承压设备焊接工艺评定》标准第 26 页中明确规定："熔化极气体保护焊当坡口形式改变时，属于要素变更，必须重新进行焊接工艺评定。在焊接工艺评定完成之前，不得进行实际生产。"然而供应商为保工期，一边实际生产，一边进行焊接工艺评定，WPS/PQR（焊接工艺评定报告）直至发货仍未完成。在这种情况下，供应商在实际生产中依然沿用了原有的焊接工艺，每处管板角焊缝也只焊接了 2 层，熔敷金属量不足以填充整个坡口空间，焊角高度也不符合要求。采购方再次赶到后，要求供应商调整半自动焊机的各类参数，降低焊接速度，增加熔敷金属的填充量和焊角高度，此后管板角焊缝泄露数量明显减少。

原因之三：缺陷处理方式不当，导致多次返修。在管板角焊缝发生泄漏后，供应商对泄漏位置一一进行了标定。在返修过程中，利用半自动焊机的自熔功能对泄漏位置的角焊缝进行加热熔化，然后在焊缝外表面继续进行填充。然而这种自熔功能有限，不能完全弥补缺陷。采购方到达生产工厂后，要求放弃自熔修复方案，转而使用手工氩弧焊，在不填丝的情况下利用电弧将缺陷位置处熔敷金属全部吹除，然后填丝进行焊接填充。经再三协商和反复实验，供应商最终采纳了这个方案。在后期的气密试验、水压试验中，设备全部一次通过。

问题虽然暂时得到解决，但是由于多次返修，导致换热管伸出长度出现了大小不等的偏差，多处难以满足标准要求；而且焊接反复熔化换热管伸出部分，多处管板角焊缝位置甚至已经焊平，难免对未来的运行产生影响。

（陈津）

专家点评：

本案例反映了在设备订货和制造的质量控制中，采购方和供应商存在的问题。建议采购方在供应商管理和设备制造质量的控制上，把握以下要点。

（1）严格筛选供应商。案例中的换热器属于普通型换热器，市场上有此类设备制造能力的供应商很多。因此，在选择供应商时要重点考虑其制造能力和制造业绩，尤其要对其技术力量进行考察，优中优选。

（2）充分进行技术交流。设备采购订货前，用户、设计方、供应商应进行充分的技术交流，并在三方达成共识的基础上签订技术协议。在技术交流中，用户和设计方要向供应商进行技术交底，包括执行标准、制造的重点和难点、交货进度（包括重要的工期节点）、制造质量、验收标准等。在技术协议签订之后，制造商必须无条件执行。

（3）交付供应商的蓝图必须及时、准确。供应商在收到正式的制造蓝图前，其他任何形式的设计文件只能供备料和生产准备使用。在收到正式的制造蓝图后，供应商务必以此为依据，编制该设备的加工制造工艺（包括各零部件的加工标准、加工方法、坡口形式、焊材和焊接工具的选用、焊接线能量、层间温度控制、无损检测方法等），用户要督促供应商必须据此进行加工制造。供应商如果委外加工部件，则应签订严格的技术、商务合同。

（4）委托第三方监造，加强制造过程的质量控制。对设备制造的监检点设置应有重点划分，并编制监造细则；对重点加工部位应设立停止见证点（H点），由设备监理工程师（必要时用户方人员同时参加）见证并签认后，才可转入下一个制造过程、工序或节点。

（5）应急响应要迅速及时。当设备在制造厂出厂检验不合格时，用户应立即与设计方、制造商协商，根据设备使用工况、设备选材、设备制造要求等因素，快速制定并实施适合该设备的修复方案，以免因返修方法不当或多次返修而影响设备制造工期。

（6）工程建设工期是主要控制点，其中长周期设备按期交付、材料订货顺利进行是保证工程建设按期完成的重中之重。用户方应未雨绸缪，事先建立合格的供应商网络、各专业框架协议采购、区域联合采购等系统，以应对生产、建设紧急和突发采购问题。

5. 甲醇采购五步法

西北地区某大型化工企业常年需要在市场上采购大量甲醇,作为主要的生产原料。甲醇的采购不能出现丝毫闪失,稍有不慎就会发生影响生产的断供事故,因此,采购部的压力很大,一边要坚决保供、保质,一边必须考虑成本核算,而且人手也很紧张。由于采购流程和规范不十分明确,导致采购部的人员手忙脚乱,尤其是负责此项采购业务的老张,总是一副心急火燎的样子,经常无来由地生闷气。

作为一家大型现代企业,整条供应链上不能出现任何问题。为此,公司领导下定决心要解决甲醇供应问题。主管领导召集采购和生产运营的负责人进行了专题讨论,之后又与重要供应商进行了充分的沟通交流。经过反复磋商,最终形成了"甲醇采购五步法"。

一是严把入口关,确定入围供应商。对从事甲醇生产和销售的供应商,在资质审核、产品质量指标控制、供应业绩、生产和库存实力、财务和信用、需求响应能力等方面进行考察审核,通过公开招标的方式,选定7到10家作为合格的入围供应商,签订入围周期为两年的采购合同,入围合同中不签订具体的供货数量、单价和金额。

二是只在入围供应商中询比价。在企业有甲醇需求计划时,由采购部门给入围供应商发送询价邀请函,根据返回的报价函等信息,由比价小组组织比价评审,在满足质量和数量要求的前提下,以最低价确定本次采购的供应商、供货价格和数量、供货周期,上报公司级甲醇定价会议审定。

三是以确认函的方式正式确定当期供应商。经由公司定价会议审定，本期的供应商确定后，由采购部门正式发出《甲醇成交确认函》给供应商。

四是严守契约，支付相关款项。按照甲醇定价会议确定的供应商、供货价格和数量、供货周期以及入围合同约定，给供应商支付预付款。

五是确定供应计划。确认供应商收到预付款后，与其协商安排供应计划，组织有资质的专业危化品运输公司提货，完成运输以及之后的质量检验、过磅、入库和结算。

甲醇采购五步法确定之后，采购部对各个环节进行了谨慎的尝试和不断优化，几年下来，甲醇供应中的问题得到了有效解决，采购部的员工再也不用为此犯愁了。

（乔峰）

专家点评：

采购部的工作虽然繁杂，但很重要，一定要实现科学化、规范化、流程化和专业化。

一是必须进行物资需求特点分析。采购部门首先要充分、准确地了解采购物资的质量要求。要看技术部门依据生产特点提出的需求，如甲醇质量指标是否符合国标 GB 338 的优等品标准，这个标准尤其对"碱的质量百分数（以 NH_3 计）≤ 0.0002"和"蒸发残渣的质量百分数 ≤ 0.001"两项指标最为严格。其次要分析甲醇作为企业的主要生产原料，需要常年采购。随着产成品市场需求的变化，甲醇需求量也在变化，但有时需求量在短时间内（如一周内）变化比较大，有时又很长时间不需要甲醇，也就是说需求量和供应周期很不稳定，需要的时候可能很紧急，因此一定要制定符合企业实际需求的采购预案。

二是必须提前做好采购策划。首先，甲醇既是生产原料，又是化工品，质量控制指标必须保持长期稳定，化工品的质量是由生产工艺决定的，检验只是辅助保障手段，所以采购寻源十分重要，必须对货源厂家进行现场考察审核。其次，针对常年需要，供应商必须能够提供稳定的供应量；有时要的很紧急，这就决定了供应商必须有适当的库存和运输能力。根据对货源厂家现场考察反馈的情况，没有供应商愿意专门候着等待供应，所以必须选择多个候选供应商作为应急储备货源。第三，甲醇属于危险化学品，对物流运输的资质、装车卸车操作、出厂检验和入厂检验有特殊的专业要求，为了应对紧急供应和多个候选供应货源的实际情况，必须选择至少两个专业的危化品承运商。第四，随着原材料和产成品市场需求的变化，甲醇的采购价格波动较大，要做到及时保供，同时降低采购成本，殊非易事。供应商想卖个好价钱，业主想要优惠价，本身就是矛盾的。业主选择先公开招标确定入围供应商，再依据每批次需求计划，通过询比价确定本批次甲醇采购的供应商、供应量、供应周期和价格，这种做法是合适的。对于价格控制，先参照行业内专业的甲醇交易网上报价平台（如金银岛甲醇采购网、甲醇网等专业平台），查询当地当日平均价格，再参考预算部门掌握的河北、山东等甲醇销量大的市场价格变化情况，最后由财务预算部门出具本次采购甲醇的价格控制函。由于市场上能够提供甲醇的厂家和贸易商相对充足，选择至少7家入围供应商询比价，可以在充分竞争的基础上，拿到相对合理的价格。第五，采购工作不简单，寻找合适的供应渠道、通过谈判获取有竞争力的价格、跟踪市场价格趋势、掌握运输资源和供货周期、处理质量问题，等等，要做好这每一个环节，实属不易。

本案例给我们的启示：做采购不专业不行。如果不了解市场，找供应渠道就不容易；如果不了解产品，找供应商谈判价格更不容易；如果不了解采购全流程，就不可能做出切合实际的采购策划，达到及时保供，降低采购成本的目的。唯有不断提升采购人员的业务能力和专业水准，才能游刃有余地做好本职工作。

6. 加强分析是高效率采购的基础

SBS是改性沥青生产的主要原材料，某石化公司年采购SBS金额约5000万元。公司希望提前部署SBS冬储事宜，力争在价位低点签订采购合同，降低改性沥青的生产成本。为了这一目标，合同采办部通过多种努力，实现冬储SBS 800吨，节约了大量资金。

该石化公司是国内大规模工业化生产中较为突出的企业，产量和销量均居国内前列，并因其得天独厚的原料优势而打造了独有的特色品牌，享誉国内外。改性沥青的生产特点是以销定产，其具体使用数量以及使用时间的不确定性因素很多，通常无法提前给出具体使用计划。SBS的价格更是具有相当显著的特点：波动很大且频繁，主要受市场需求及其原料丁二烯和苯乙烯的影响，每年的使用旺季为6~10月。

该公司针对改性沥青以销定产的生产模式和SBS价格变化快且频繁的采购难点，为最大限度节约采购成本，保证改性沥青生产期SBS的供应，在充分市场调研和分析的基础上，结合改性沥青的生产实际，决定在框架协议基础上采取SBS冬储方式，力争在价位低点签订采购合同，降低改性沥青的生产成本。通过冬储SBS模式，有效节约资金280万元。

以下为该公司具体的SBS采购措施。

（1）充分利用信息平台，进行市场走势分析，为决策提供依据。SBS作为除原油外的第一大化工原料，价值大，用量多，单价波动幅度较大。国际原油价格、SBS市场供需关系、改性沥青生产订单、丁二烯价格等均是SBS市场价格变化的诱因，其价格变化趋势存在很多不确定性，全年价格处于动态变化之中。采办部根据专业权威网站发布的原油、丁二烯、SBS生产企业信息，并根据搜集的各方面信息数据，绘制成SBS价格走势图，加以分析，及时反馈变化趋势，为领导层提供了可靠的决策依据。

（2）纵横双向对比价格，预测全年价格低点。合同采办部根据历年的SBS市场价格，找出历年价格低点汇总成表，并认真比较分析，力争抓住低价位的时机，实现低价位采购。通过分析对比，发现SBS价格最低点一般在12月下旬至次年1~2月，但各年度同时期价位因受多种因素影响而存在较大差异。据此，经综合分析认为，本年度SBS价位低点同样会出现在12月下旬至2月份之间，加之这一年是暖冬，价位最低点可能较之往年会提前。在此基础上，紧盯原油、丁二烯、SBS价位变化，各品牌SBS生产装置检修及其年度生产计划，并加强与某SBS制造企业的沟通，综合分析认为12月下旬12000元/吨的价格将是该年度价位最低点。

（3）准确掌握本公司的生产、营销信息，预估进货量。提前向生产技术部门、改性沥青生产技术人员了解改性沥青生产计划，向市场营销部了解改性沥青生产订单情况，通过综合分析上述生产和营销信息，合同采办部预估了SBS的用量，未雨绸缪，极大降低了采购风险。

（4）多方位了解市场及供货商实际情况，获取有利信息根据。为掌握SBS市场价格变化趋势，相关人员加强与某SBS制造企业的沟通交流，了解该公司冬季生产计划及生产装置运行情况；为确保完成SBS冬储工作，商务和技术人员去相关企业进行交流，多方位掌握SBS生产及市场信息，并持续跟踪、分析。

（5）与供应企业进行友好的价格谈判。为实现降本增效，采办部提出了对谈判有利的五个因素：一是基于数据分析，对SBS市场走势了然于胸，二是当时正值改性沥青市场供需淡季；三是供应商急需超额完成全年销售任务；四是供应商库存的高位压力；五是基于长期合作的公司的高级别谈判力度。

经与 SBS 供应企业三轮谈判（包括电话沟通、面对面谈判），在保证 800 吨采购量的基础上，该企业同意 SBS 以 10500 元 / 吨的价格成交，降价达 1500 元 / 吨。至改性沥青生产启动时，SBS 价格已上涨至 14000 元 / 吨，本次以数据分析为基础的采购不仅解决了 SBS 的生产供应难题，还实现了降本增效的目的。

（吴桂林 张彦河）

专家点评：

在工业原材料采购过程中，由于影响价格的市场因素太多，在合适的时机以合适的价格实现采购目标是一个永恒的难题。本案例便是一次应对这个难题的有益探索。

首先，采购部门将关注市场变化作为一项日常工作，通过借用权威平台、总结历史数据、研究对行业有影响的关键企业的生产和检修计划等，尽可能地贴近市场，基本掌握拟实施采购时段内价格波动的实际情况。

其次，主动与生产部门进行沟通，掌握企业内部需求计划的实际情况，避免因盲目确定数量而给企业带来风险。这也应该是采购部门的基础工作。

最后，分析供应市场及谈判对象的情况，使自己在谈判桌上保持主动，是获得理想价格的手段之一。同时，充分利用高层领导对双方企业战略的把控需要，对获得更优惠的价格，也往往能够起到推动作用。

当然，市场是永远变化的，一次采购的成功并不能保证永远的成功，采购部门应该持续开展市场分析工作，随时做到心中有数，方能实现采购目标。

7. 沟通不细引发的铲斗风波

  2018年3月是我加入公司采购团队的第8个月，也就是在这个月里，我花掉了自己有史以来单笔花费最多的一笔钱（363000元）。对于普通人来说，这是一笔不小的数目，这也是我来到采购部后采购物品单价最高的一次，所以我印象很深刻。

  我平时主要负责机物料的采购，包括：劳动防护用品、五金工具、消防器材、PP类管件和垫片、紧固件、过滤器滤布、阀门、轴承、螺栓、清扫工具……全是一些零碎的、金额不是很大的物品。有一天，NC系统（公司内部报物资需求计划的系统）上突然批过来一条计划，计划很简练，就几个字：铲车型号50，不限品牌，长臂铲斗2.7方。看到计划时我颇感压力，毕竟采购这么大的物品还是第一次。

  我立即联系车间项目技术负责人王工，询问其车型及品牌等要求，王工给的回复也很简单："没有特别要求，只要铲斗够大（3方）、铲臂够长（装箱车）就可以。"

  当时我想着他们要求不多，于是马上行动起来，找了河北沧州某公司的销售经理，请他帮我推荐。听了需求，他给我推荐了一款"徐工50"，报价42万左右。又有一位同事给我推荐了柳工机械的某经理，柳工的报价是39万左右。接着，双方都发了图片和参数信息。

  经过再次和车间技术负责人沟通，最后我按照要求采购了柳工的铲车。经过几天的谈判，最终以363000元的价格定标。之后付了定金等待交车，随后半个月根据合同约定的时间付款，就等发车了。第一次执行这么大额的合同居然挺顺利，我的心里很得意，觉得这种事情也不难。

然而很快我就傻眼了。当柳工售后人员把崭新的柳工铲车送到厂后，我第一时间通知车间及生产科设备负责人和仓库验收人员共同进行车辆的验收，部门负责人当即就提出铲斗不符合使用要求（需要平铲），当时我的脑袋一下子蒙了：在此之前他们只字未提什么铲形啊！

车辆其他部件都没问题，单单就是铲齿的问题，但无法入库验收就是事故。鉴于事情严重，我一边赶紧向上级汇报，一边跟柳工经理进行了坦诚的沟通。在这个问题上我方存在概念上的错误（铲斗是平斗），所以是等看到实物才提出了问题。问题既已存在，追究该由谁负责在眼前也没有意义，关键是尽快拿到满足企业使用需求的铲车。在双方友好协商下，最终柳工机械无条件更换了铲斗，此场风波才告平息。

从这件事情中，我体会到了以下几点：一是对使用部门的采购计划要求，要尽可能询问详细；二是要尽可能多地了解物资装备使用的工况要求；三是多和使用部门及供应商进行深入、专业的沟通（这一点也是最重要的）；四是多向领导请示汇报；五是面对问题首先考虑怎么解决，而不是先追究责任；六是要始终站在公司的立场上考虑问题，避免财物上的损失，同时也要考虑供应商的利益，实现采供双赢。

（李建光）

专家点评：

　　采购是一项专业化的工作，采购人员不仅要掌握采购类相关专业知识，精通采购流程，还要具备较强的沟通、协调能力。本案例反映出采购前期技术文件不全面、市场调研不到位、风险管控弱，以及采购人员缺乏采购经验，把车辆采购当作是简单的零部件采购一样对待，增加了采购风险。

对于车辆采购，首先，请购文件包含但不限于车辆配置、主要规格参数、用途、工况环境、执行标准等要求；其次，采购部门应在采购工作实施前，广泛寻源，让符合要求的供应商充分参与竞争；第三，充分调研市场，了解不同配置车辆的市场价格，以支撑后期采购谈判工作；最后，沟通工作要贯穿采购全过程，有效的沟通可规避采购业务链存在的各类风险，促进供需双方的合作意愿，实现采购业务高质、高效运行。

8. 溴化锂机组采购的选型对比

西安某酒店隶属一家国有石化集团,其分布式能源项目(以下简称"酒店项目")总投资1172万元,装机容量为1台800千瓦燃气内燃发电机组和1台制冷量1006千瓦(制热量920千瓦)的烟气热水型溴化锂机组。项目于2018年3月开工建设,9月并网发电调试。项目建成后根据酒店既有建筑用能系统的实际负荷,构建起集供电、采暖、供冷功能于一体的分布式能源供应系统。

根据项目要求,酒店采购项目组于2018年1月16日组织了与A、B、C、D四个厂商召开的商务与技术交流会,就本项目所需的烟气热水型溴化锂机组(以下简称"溴化锂机组")进行深入的技术、商务交流,并形成报告。此报告将作为2018年4月为主机设备溴化锂机组招标采购的参考依据。

为此,在商务与技术交流会上,项目组与4家供应商就设备技术参数及性能、质量控制措施及标准、产品价格、供货周期、质保周期、付款方式、售后服务及业绩等内容进行了沟通与交流。期间,根据酒店项目机组配置要求,各溴化锂机组厂家根据燃气发电机组性能指标,分别提供了各自配备溴化锂机组的参数情况和报价。

依据各厂家提供的相关技术资料,项目组与各厂家进行了深入的技术交流。依据以下几组数据对比,项目组内部及与会专家结合技术和商务情况进行了充分讨论。

(1)机组主要性能参数。A、B、C、D四个厂商所提供机型的主要参数均能满足技术规范书中基本参数指标的要求。其中A机组制冷量为1050kW,制热量为1000kW,在4组中性能最优;D机组制冷量为991kW,制热量为

957kW，在 4 组中性能最低。

（2）机组使用寿命。A 和 B 最具有优势，其机组寿命可达 30 年，而 C 和 D 机组寿命约为 25 年。

（3）机组报价。A 报价为 106 万元，B 报价为 130 万元，C 报价为 98 万元，D 报价为 125 万元。C 最具优势，其次为 A。对于溴化锂机组而言，其主要加工成本为机组钢材成本，A 机组整机净重为 14.1 吨，其换热铜管采用壁厚 0.7mm 管材，C 机组整机净重为 10.6 吨，其换热铜管采用壁厚 0.5mm 管材，因此对比单位重量造价，A 机组较 C 机组有明显优势。

（4）机组外形尺寸及重量。因受项目场地情况影响，本项目对溴化锂机组的外形尺寸有严格要求。对比各厂家的设备，D 机组和 A 机组在此方面有较明显优势，均能符合项目现场尺寸要求。

（5）厂商综合实力。本次参与溴化锂机组技术交流会的四个厂商在国内外均有不俗的业绩，并在产品质量、售后技术服务及培训、大维修服务及供货周期等各方面均有成熟的制度保证。

根据五个方面的对比，项目组与专家提出以下选型建议："根据交流会内容，结合酒店项目实际情况，经项目组全体成员及专家研究、讨论、对比后认为，本次参加会议各厂家中，性价比最优的是 A 厂家的设备，其次是 C 厂家的设备。"

（马莱斯　张卓）

专家点评：

本案例详细阐述了设备选型的各个工作步骤，酒店所用的烟气热水型溴化锂机组种类较多，性能参数、价格等差别较大，项目采购组在招标采购前召开商务与技术交流会，与 4 家供应商进行沟通与交流，并组织专家从主要性能参数、使用寿命、价格、外形尺寸及重量、厂商综合实力五个方面进行充分对比、分析，形成选型建议。

本案例值得学习和借鉴的地方：一是重视设备选型的重要性；二是合理安排设备选型时间，扎实开展设备采购前期工作；三是根据设备特点，分析、对比设备主要参数、目标供应商等内容。

设备选型在项目建设、生产运营过程中至关重要，设备选型的优劣直接影响着项目的投资和后期运行成本。在设备选型过程中，首先要充分考虑技术的先进性和成本的优越性；其次要制定先进、适用、合理的选型方案，保障采购工作顺利开展，确保采购设备安全、稳定运行。

9. 用心采芯

大通量滤芯属于水处理系统中的关键消耗性材料,其性能和质量直接影响水质处理的好坏及后续系统能否正常运行。因此大通量滤芯采购的成败决定着装置能否长期、稳定、满负荷运行。

内蒙古一家大型煤化工企业在2018年项目试运营期间,因水质恶劣,导致滤芯消耗量急剧增加,每4~8小时就需要更换一次滤芯,运行成本远超预期。当前市场滤芯拦截率无法达到99%,国内优质企业生产的滤芯仅可达95%。

为解决滤芯问题,采购部门牵头组织多方调研,迅速在以下几个方面开展工作:一是主动与车间技术人员对接,了解滤芯使用状况、水质变化参数;二是制定供应商寻源方案,对滤芯供应商进行实地考察,了解滤芯的生产原料、生产工艺、执行标准及检验方法。在考察中发现,多数厂家的销售策略是一边夸大产品性能,一边抬高销售价格,造成性能和价格两虚高。

根据市场调查和内部使用情况,采购部对滤芯问题进行了专题分析。

(1)对已使用的滤芯进行第三方检测,检测结果显示,拦截率未达到合同要求指标,均在90%以下,最低仅为3.56%。

(2)合作供应商均为代理商或贸易商,采购价格是生产企业出厂价的2~3倍。

(3)车间忙于生产,仅对数量、外观、规格进行核对,未对每批次到货滤芯进行抽检、封样。

鉴于上述存在问题及不足,采购部门及时调整了采购策略。首先,组织技术专家制定滤芯的采购技术参数（滤芯层数、有效过滤面积、打褶数、通量等），产品定位及检验标准；其次，邀请国内排名前三的生产厂家参与投标；最后，对原供货不合格的滤芯供应商按折价方式予以结算，在原合同结算金额基础上核减 200 万元，并终止合作。

采购部门通过上述举措，取得了阶段性的成果。

第一阶段：选择国内排名前三的生产厂家供货，供货数量依据各家所供产品质量及服务情况动态调整，促使三家良性竞争。同时，委托第三方机构不定期抽检。单支滤芯采购价格在原来的基础上下降 1000 余元，采购成本降幅达 50% 以上。

第二阶段：通过持续完善滤芯采购标准体系、摸清滤芯市场情况以及良性竞争策略，采购部决定与优秀供应商签订战略合作协议，单支滤芯采购成本再次下降 150 元。

在两年的运行时间内，通过采购策略和方式的持续优化，滤芯采购成本累计节约 2000 万元以上，既保障了水处理装置的长周期稳定运行，又为企业实现了降本增效。同时，通过与重点供应商建立战略合作关系，优化了采购生态，实现携手发展，双赢共进。

（高培英）

专家点评：

案例中的滤芯在化工项目运行中，其性能受使用环境的影响较大，从外观很难辨别产品质量的优劣。这就要求采购人员提升自己的专业能力，掌握产品所在行业的动态，了解产品的使用情况。

这个案例有几点值得借鉴：一是采购人员具备一定的风险防范意识，通过滤芯采购量的急剧变化，敏锐地捕捉到问题所在；二是采购人员敢于挑战陈规，根据所采物资的特性，结合环境、市场、技术等因素及时调整采购策略；三是采购人员通过考察，筛选出国内优质供应商，并为供应商营造公平竞争的环境，与优质供应商建立长期合作关系；四是规范滤芯采购标准，强化到货产品的验收检测和使用过程中产品的抽检，确保供货产品质量长期稳定。

为更好实现企业高质量发展，采购工作高效运行，必须做深、做细采购前期工作，正如本案例：用心规划，创新模式，提芯质量。

10. 采购人员要有敏锐的市场意识

本人从事采购工作多年，期间有一正一反两个案例，令我深深铭记，并时时以此警示自己。

案例一：2013 年 8 月，我接到公司生产部下达的 H 产品开车计划。由于刚到采购部不久，我颇感压力。在上级领导的耐心指导下，我首先确认了车间具体计划及所需原料的用量，然后积极了解市场开工情况及市场需求。经分析发现，目前所需原料价格处于低位，进入 9 月份该原料下游开工，有可能提升价格。结合公司用量较大的情况，我马上与供应商沟通，要求加量签订低价长期订单。对方由于受市场下行影响，也希望增加供货量。经协商达成一致后，双方立即签订了 3000 吨的订单。

临近 9 月底，公司的 H 产品突然停车，此时订立的原料合同仍有 1000 吨原料未发货，而市场价格每吨已上调 300 元。由于公司用量下降，发货放缓，供应商迫于合同，只好继续发货，从而为公司节约成本 30 万元。

案例二：2020 年 3 月，公司的 M 产品开车，开始正常采购 B 产品，由我负责 B 产品的采购工作。开始时由于公司 B 产品库存较多，供应商的发货量充足，我放松了对 B 产品市场变化的关注，潜意识里认为 B 产品的供应不会出现问题。没想到，B 产品市场很快发生了较大变化，几个 B 产品生产厂家开工均出现问题，再加上生产厂家受 B 产品固体市场好转的影响，B 产品液体产量大幅下降。

等到发现问题时，各厂家发货已经完全不能满足正常需要。由于 B 产品备货不足，致使车间出现几次停车，成本大幅上调，经济损失不可估量。

上面正反两个案例，形成鲜明对比。首先是采购人员的责任意识，第一个案例中采购人员的责任意识明显高于第二个案例；其次是对市场分析判断不同，最终结果也会大相径庭。

作为采购人员，在保证企业正常生产的同时，应当将采购价格达到适当价格作为最高目标。必须根据市场行情，科学理性地分析物料的质量状况和价格变动情况，选择物美价廉的物料。

首先，必须充分掌握供应商信息，了解产品性质、生产指标及相关产品上下游情况，多与供应商沟通，多出去拜访相关供应商，尽最大努力掌握市场信息，为公司决策提供参考依据。其次，稳定现有供应商，开发有潜力的供应商，争取每个产品必备2~3个随时可替换的原料供应商。第三，加强自己的沟通能力及谈判能力，充电学习，摆正心态，静下心做好每一项工作，做到一步一个脚印，为以后的工作打好坚实基础。

（耿永科）

专家点评：

高质量的采购对企业控制成本、高效运营及实现经营目标起着至关重要的作用，而采购人员正是执行的关键。

从本案例中可以看出，采购人员要开拓视野，有意识地提升市场洞察能力及采购战略管控能力。一是要关注并掌握市场行情与行业动向，多方面提高预判能力，便于在合理的时间做出最佳的采购规划，节约采购成本，保障生产物资的及时供应。二是要强化风险意识，加强风险管理，做好风险预案，特别是关键物料的供应必须提前设立应急预案；同时，加强采购工作的计划性，保证所需物资按时、保质、保量到达生产第一线。三是要有现代供应链管理理念，建立有效的供应商评估体系，与优秀的供应商建立战略合作关系，共同成长，实现共赢。

11. 请购文件内容偏离市场

某石化项目新建了一间联合控制室，设计院消防专业设计人员根据《建筑灭火器配置设计规范》（GB 50140-2005）得出，联合控制室区域为 B 类场所，经计算灭火级别为 900B。由于设计人员经验不足、业务不熟练，只看到规范内 MTT50 型推车式二氧化碳灭火器标注等级为 183B，未进行市场调研，机械地照搬设计规范，依照联合控制室灭火级别向采购人员提出 5 台 MTT50 型（50公斤）推车式二氧化碳灭火器的请购技术文件。

采购人员收到请购技术文件后，随即开展采购工作并发出询价文件，但直到询价期截止也未收到任何符合要求的报价文件。所有的消防器材供应商在收到询价文件后，均反馈无法提供该型号推车式二氧化碳灭火器，并指出国内已不再生产该型号的推车式二氧化碳灭火器，采购被迫终止。随后采购人员向设计人员反馈该信息，并提出需要设计人员修改请购技术文件中的相关内容。设计人员答复《建筑灭火器配置设计规范》中明明有此型号产品，因此不同意修改请购技术文件。

在与设计院沟通未果后，采购人员通过多方渠道进行市场调研，得知推车式二氧化碳灭火器属于公安系统强检产品。通过公安部"中国消防产品质量信息查询系统"查询得知，推车式二氧化碳灭火器强制性产品认证信息检索中仅有 MTT20、MTT24、MTT30、MTT40 四种型号，且不接受定制。同时咨询其他炼化企业及制造厂，得知推车式二氧化碳灭火器的公斤等级指的是瓶内药粉的重量，加上钢瓶以及内部液体的重量后远远大于标注重量。因此，设计院请购的 MTT50 型（50 公斤）推车式二氧化碳灭火器实际重量超过 100 公斤。采购人员进一步了解到，虽然消防设计规范内有此型号产品，但由于在紧急情况下搬运困难、突发情况下使用难度增加，炼化企业均不再使用该型号推车式二氧化碳灭火器，产品无市场需求，消防设备制造公司也就不再生产该型号的推车式二氧化碳灭火器。

新的市场调查结果反馈给消防设计负责人后，设计人员重新计算，同意将 5 台 MTT50 型推车式二氧化碳灭火器改为 10 台 MTT30 型推车式二氧化碳灭火器，设计人员据此修改了请购技术文件，采购工作得以往下进行。

通过这个案例，可以总结两条经验。

（1）不合时宜的请购技术文件，会给后续采购寻源增加很多工作量，影响设计和采购进度，甚至会影响项目投资控制，而在新建项目和改造项目中经常会遇到这种情况。设计规范内注明的设备参数并不一定与实际产品相符，设计人员不能只机械地照搬设计规范，应以开放性思维多了解市场实际情况，了解设备实际使用效果，尊重市场客观规律。

（2）采购人员也应多了解市场现有设备、材料的实际情况，不能浅尝辄止，不能因为设计工作做不通，才回过头来进行市场考察，而应有一套深入、全面的产品及供应商寻源办法，并多与设计方沟通，降低采购成本。

（史云阁）

专家点评：

在采购前期，设计工作尤其重要，设计质量的优劣以及设计规范与现实的结合程度，直接影响着采购的时效性，以及产品后期的使用效果。本案例反映出由于采购前期准备工作不充分，关键节点管控不到位，导致行业设计规范未及时更新且与实际存在偏差，设计人员仍然用以往的惯性思维来开展工作，造成采购周期长，影响采购及新改扩建项目进度，甚至影响到项目的投资控制，采购间接成本明显增加。

  为了提升采购效率，降低采购成本，设计部门、计划管理部门、采购部门之间要建立有效的信息反馈及信息共享机制。设计人员应在遵循行业设计规范的前提下，结合产品应用环境及新技术迭代，制定性价比较高的产品的请购文件。计划管理部门应严把采购计划合规合理性，更重要的是组织好设计审查工作。采购部门应提前参与设计及请购文件制定工作，并向设计部门、计划管理部门及时反馈有关采购信息和产品市场信息。

  强化源头管控，促使每个节点既要承接上一个环节良好的运行结果，又要为下一个环节做好铺垫，只有这样，才能发挥采购前期工作的作用，体现采购前期工作的价值。

12. 采购需求要精准

某公司采购一批雷达液位计用于安全整改，由新供应商中标，所供产品为公司首次使用。

签订合同时，使用部门因对该供应商及品牌不够了解，对其产品质量及售后服务均持保留意见；验货时，使用部门不认可该产品的安全认证证书（认证证书是对该雷达液位计系列认证，现场铭牌显示的是该系列中具体型号）；安装时出现因现场法兰口小于重锤直径而无法安装，安装好后无数据显示等问题。

采购部门多次召集供应商、使用部门开会协调讨论，通过返厂加工、换货等方式，终于在规定时间内将这批雷达液位计安装调试好，最终顺利通过验收。

分析本次采购过程中出现的各种问题，主要有以下三点原因。

一是使用部门对现场的实际工况不够了解。招标时错误的数据表导致货到后无法安装、安装后无数据显示等问题，重新确认参数时，使用部门没有接受教训，仍然没有派人去现场核实参数，而继续提供错误的数据，加剧了问题的复杂性，导致整件事情处理起来耗时耗力。

二是使用部门未能如实反映问题。使用部门擅自将本次采购的雷达液位计用于其他工况，因而导致无测量数据；在向采购部门反映问题时仅仅强调无测量数据，并未明确告之已将液位计挪作他用。

三是采购部门未能及时掌握全面情况，造成工作被动。问题发生后，采购部门对具体原因一无所知，无论是因为数据表错误还是液位计被挪作他用，采购部门接收到的反馈都是片面且不及时的。这也是造成本次采购问题频出的原因之一。

事后几方对此事件进行了分析：提报准确的采购需求是采购业务成功的基础。使用部门应充分了解现场，据此提出具体的技术要求或需求；生产管理部门应审核数据的正确性和合理性，最后将审核后的准确需求发送给采购部门，采购部门才能买到合适的产品。本次雷达液位计采购时，所有的技术参数均由使用部门直接提供给采购部门，数据的正确性和合理性无从考证，才导致在采购过程中屡屡出现问题。

采购工作以保供和降本增效为目的，应以公司的整体利益为重，而非部门或者个人利益。整个采购业务的流程中，采购部门与使用部门相辅相成，互相提供解决方案，遇到任何问题均应及时积极沟通，这样才能快速解决问题。

（李洁）

专家点评：

本案例反映出因采购物料描述有误，产品应用场景模糊，请购流程设置不合理，采购部门识别计划技能有限，合同签订及履约环节风险把控不到位，企业内部各部门沟通交流不畅、信息反馈不真实，采购管理比较粗放，导致到货物资不符合现场安装要求，极大地增加了采供双方的成本，甚至影响到企业安全运行、稳定生产。

良好的开端是成功的一半，准确的采购计划是采购业务成功的开始；采购计划贯穿于采购全过程，需企业科学合理地制定采购需求。使用车间应依据生产状况，实事求是制定采购需求；计划管理部门应严格审核采购需求的合理合规性；采购部门应按照终版的采购计划开展招采工作，才能采购到符合使用要求的产品。采购业务需要企业各部门、各单位按职能、职责各司其职，主动沟通交流，互帮互助，共同发力，选择在最佳的时期开展采购工作，如此既能保障物资供应，又能达到降本增效的目的。

13. 成套设备评标的综合评分法

成套设备采购不同于普通设备采购，存在要求设计支持、技术要求高、工艺复杂、售后服务需及时响应等条件，往往符合资质的潜在供应商有限。像这样的招标该如何进行？下面以某大型炼厂设备采购为例，说明如何采用综合评分法招标。

某大型炼厂需采购一套设备，该设备技术要求高，工艺复杂（包括仪表、电气、动静设备等），接口多，专业多，需要供应商提供设计支持。此次采购由小李负责。经调研，该设备主要有3家供应商，其中一家为国外供应商，另外两家为国内供应商。国外供应商提供的设备存在故障率偏高、售后人员响应不及时等问题。由此小李决定从两家国内供应商中选择。

又一个问题摆在小李面前：用什么评标方法呢？此次购买的成套设备包含设计和制造两大环节，其中设计能力很关键。由于此次采购只有两家供应商参与投标，如果采用最低价评标法，只以价格来确定中标者，就无法综合评估报价方的设计技术能力。小李权衡再三，决定评审时采用综合评分法。

确定评标办法后，就要考虑选取哪些评审因素。评审因素的选择，应当既能体现出项目单位的需要，又能体现出各投标人的差异。确定评审因素后，就要合理制定各评审因素的权重以及计算公式，并且考虑所有分项如何细化。而评审因素及权值的合理设置并非易事，要根据不同设备种类，结合不同供应商之间平时市场价格的差距，科学地设置报价分的权重。而对于技术分权重而言，如果技术分权重太低，那么技术先进、质量稳定的供应商的投标积极性就不高；如果技术分权重太高，可能会出现评标主观随意性太强的局面，对招标的竞争性、公平性不利。

小李经过仔细研究，根据本次采购的特点，确定了商务：技术：价格 =1:4:5的权重，并细化了评审内容。

商务——从两方面进行评审：一是业绩，主要对于此次采购设备同规模的设备的业绩进行评审，每增加一项业绩加 1 分，直至此项满分；二是财务，主要从三方面确定投标人的经营情况及优良资产，即经营活动现金流净值、财务净利润、总负债/总资产。

技术——主要从三方面进行评审：一是人员配备，二是技术能力，三是装备能力。从这三方面可以衡量制造厂的设计及制造能力。

价格——根据财政部的（财政部财库［2007］2 号）规定，价格分的计算统一采用低价优先法，即满足招标文件要求且投标价格最低的投标报价为评标基准价，其价格分为满分。也就是说，投标报价得分 =(评标基准价/投标报价)× 价格权值 × 100。

通过合理设置评审项，此次招标最终选取了综合能力最强的中标人。设备投入运行后，使用部门对设备的运行情况给予了很高的评价。

（孙可可）

专家点评：

综合评分法是指在最大限度地满足招标文件各项综合评价标准的前提下，按照招标文件中规定的各项因素进行综合评审后，以评标总得分最高的投标人作为中标人的评标方法。其适用于技术较为复杂、管理和实施能力要求较高的项目。由于综合评分法引入权值的概念，评标结果更具科学性，不仅有利于发挥评标专家的作用，还能有效防止压低价的不正当竞争。

综合评分法一般有三个要点。(1) 对工艺、技术复杂的物资的采购，评标办法的选择至关重要，如何选择取决于采购人员对所采购物资的市场的了解程度，所以前期调研工作必不可少。采购人员应对所采购物资进行调研，包括其市场应用情况及应用评价，对比此次采购物资的规格型号，提取出投标人的"性价比"，从而确定是用最低价评标法还是综合评分法。（2）采用综合评分法，首先要确定权值。若采购物资价格比较敏感，则适当提高商务及价格权重，其中价格权重一般为30%~60%；若采购物资技术复杂、配置比较高，则技术权重要提高。（3）确定评标项十分重要。评标项的确定既要满足项目的需要，又要体现各投标人的差异。首先，评标项不能有招标人倾向，如果招标人存在某些倾向，会导致评标不公正。其次，评标项要尽可能细化。由于专家组成员属临时抽调性质，在短时间内要他们充分熟悉被评项目资料，全面正确掌握评价因素及其权值是有一定困难的，所以将评分项细化、固化，专家按评审项打分即可，也可避免出现"人情标"。

采用综合评分法，对于招标人而言，能够尽可能避免价低但技术水平逊色的供应商中标。若选择的中标人技术水平较差，可能导致设计、制造存在缺陷，一旦投入生产运营，有可能为弥补缺陷而花费更大的力气及更多的修改费用，对于招标人而言得不偿失。另一方面，供应商不用为中标而故意报低价，可避免低价中标人在后续合同执行中因为低价而不愿意顺利执行合同，要求招标人单位增加费用，导致招标人工期延迟，与中标人扯皮等"双消耗"情况的发生。

本案例给我们的启示：评标办法的选择与编制需要积累长期的经验，不仅需要编制人对招标项目的技术、商务要求有深入的了解，而且要深入了解潜在投标人，了解招标人和潜在投标人可能进行的博弈过程，根据这种互动确定规则。相关规则常常需要根据经验进行编制，编制完后进行实际评定来检验效果，再在以后的工作中加以改进。

14. 招标采购中的五大风险

随着我国经济的发展，企业物资采购需求不断增加，一方面在很大程度上促进了招标采购工作的科学规范运行，另一方面，在其过程中仍然存在一定的风险，必须严加防范和控制。

一是流程风险。招标工作程序性较强，有其固定的操作流程，并以法律、法规的形式存在。日常办理中，常会因为操作规范不严谨，一些细节缺失，轻则导致项目不能顺利进行，重则引起不必要的异议投诉。

示例：2011年某企业物资招标项目在开标当日，所有开评标工作结束后，现场对各投标单位宣布了评标结果，各投标单位也现场书面确认对评标结果无异议。评标工作结束后，应按要求在相关指定的合法媒介网站公示中标候选人，并且公示期不得少于3日。该项目各投标人虽书面承诺对评标结果无异议，但招标人未按要求在指定合法媒介网站公示中标候选人，即未对社会公开此项目评标结果，严重违反了招投标相关法律规定，属重大操作失误。

二是招标采购方案编制风险。招标采购方案编制是否科学合理，对招标结果具有决定性的影响。招标人若在资格条件、评标办法设置中具有明显倾向性，通过某些"量身定制"的条款排斥部分潜在投标人，则会严重削弱投标人之间的合理竞争性，轻则可能因潜在投标人不足导致招标失败，重则导致采购成本增加，给企业造成一定程度的经济损失。

示例：2018年某市保洁及清运服务项目招标，招标文件打分项中设置了明显的创新专利条款，提供一个得 0.3 分，满分 6 分。一个环卫保洁项目，真的需要 20 个专利来进行评分吗？同时，招标文件对投标人获得"优秀节能减排环保企业荣誉称号"进行打分。用规定的相关荣誉称号来参与评分明显不恰当，如此设置条件，可以看出存在"暗箱操作""相互勾结"的影子。很明显，这是利用特定优势条件等不合理因素，限制和排斥潜在投标人，从而实现控标的目的。这种行为明显漠视市场公平原则，严重亵渎了法律法规的尊严。

三是串标、围标风险。串标风险是指，招标人与潜在投标人之间熟知或有利益往来，在招标程序合法外衣的掩护下形成非法串联；围标风险是指，同行业潜在投标人互相熟知，为达成抱团取暖、互利共惠的目的，在招标项目中主动围标。

示例：2019 年某企业城市便利加油站配套停车楼建设项目招标，报名的甲、乙、丙三家公司均满足资质要求。这三家公司互相熟知，为保证甲中标，它们私下在投标文件编制方面串通协商。在评审过程中，对三家单位投标文件清标时，发现三家单位的投标文件编辑 MAC 地址及加密锁号均相同，评标委员会认为存在串标情形，否决投标。随后这三家公司也被招标人扣除投标保证金，同时被列入该企业失信黑名单。

四是招标过程风险。招标人因各种原因，早已确定好中标单位，委托代理机构招标只是走过场，为了完成相关既定招标程序工作。

示例：2017 年深圳市某污水处理厂二期建设项目，在中标结果公示期间，被实名举报中标单位早已动工。法律规定中标方应和建设方签订书面合同，并取得《建筑工程施工许可证》后才能施工，但该工程不仅在中标公示前已经开工，而且属于无证施工。随后，该市城建局等部门对该项目进行了联合调查，相关责任人被依法处理。

五是廉洁服务风险。招标人和项目负责人容易受到投标人的各类物质和精神诱惑，可能会泄露项目信息（潜在投标人信息、标的物预算价格等内容），或以管理为名，非法干预评标专家的评标工作。

示例1：2018年某道路绿化及照明工程招标现场，招标代理公司在摇号过程中暗箱操作，被投标人现场抓获后，代理公司3名工作人员被刑事拘留，并随即被取消招标代理机构营业许可。

示例2：2008年至2013年，某公司副总工程师杨某利用主管招标工作之职，多次收受他人贿赂，违法泄露招标信息并协助他人中标。最终杨某被人举报后锒铛入狱，被判处有期徒刑四年六个月，并处罚金40万元。

（曹岳成、薛航库）

专家点评：

针对上述五大风险，可以采取针对性措施进行防范。

一是要熟悉掌握招投标领域的相关法律法规，必须严格按规定流程操作，不能想当然"化繁为简"。

二是严格按照标的物的属性特点编制科学合理的招标采购方案，同时针对招标人提出的某些不合理要求，应从招标采购专业的角度给予解释，并分析存在的潜在风险，切不可对招标人提出的意见言听计从。

三是评委会要互相对比投标文件，及时发现不同投标文件中相同的描述内容；还要借助科学技术检测手段，对同一电脑制作、同一人员编制、投标内容出奇一致等情况，均可以认定为围标。

四是招标人应熟知工程建设项目必须在招标完成、签订合同后，并在取得《建筑工程施工许可证》的前提下才可以动工；更应该坚持公平公正原则，不能为了追求项目进度而违背相关法律规定。同时，代理机构应对项目建设具体情况深入了解，坚守职业道德准则，不能为了获取相关服务费用而无视招标人的违法操作。

五是全面加强招标从业人员的廉洁学习培训，注重惩防并举，时刻紧绷反腐倡廉高压线,与此同时要建立和完善招标全过程监督管理体制,将廉政督查制度化、常态化,全方位提高从业人员的责任心和法律意识。

总之,招标采购风险防控是一项系统性工程,是为了维护招标采购当事人的合法权益,而构建规范透明、公平竞争、监督到位、严格问责的招标采购工作机制,是招投标工作阳光运行的重要保障,要长期坚持科学管理防范。但由于规范运行的时间不长,存在的风险不单单是上述五个方面,部分潜在的风险问题还未暴露,因而在实际工作中要以发展现状为出发点,在实践中不断完善风险管理机制,积极进行风险预判分析与防控,确保招标采购工作顺利进行。

15. 招标频失败，企业有对策

近年来，依法依规实施招标采购已成为企业物资采购的主要方式，许多企业做到了"应招必招""能招尽招""招必规范"。

但是，虽然经过精心准备，国内某工程公司自 2015 年 8 月全面推行招标采购以来，招标失败率却一直较高，一次招标成功率竟然不足 60%。这对公司的工作效率、项目顺利实施产生了很大影响。

公司下决心要解决这个问题。

（1）组织公司相关人员召开了招标失败分析专题会，对历史招标失败情况进行了全面梳理，并进行原因分析。经过分析得出：①招标文件中对供应商资质、技术条件设置的否决项不合理而导致招标失败的约占 60%，包括供应商的资格要求设置不合理、技术要求偏高、专利条件限定以及对投标书、废标项的可操作性不强等原因；②招标文件中限价、付款条款、工期等设置不合理而导致招标失败的约占 30%，包括概算偏低、限制代理商投标、付款时间过长、工期要求不合理等原因；③招标文件中规则设置不科学而导致招标失败的约占 10%，包括招标文件澄清、答疑不当等原因。

（2）成立"招标及分包工作领导小组"，由公司主管副总经理对招标采购进行集中统一管理。采购部各专业组指定专人负责组内招标管理工作，部门有 5 名招标师负责分管公司招投标工作的招标方案、招标流程、配合重大事项的处理等整体管理和监督工作，加强招标采购管理。

（3）完善招标规章制度，实现招标采购决策、计划、执行、控制、评估全过程管理的"依法合规"。按照每两年完成一轮制度检测、每三年修订各项制度的管控方式，对物资供应系统的业务管理及业务流程进行梳理、修订；不断完善和优化公司《招标采购管理规定》等招标相关制度，进一步规范招标采购流程。由此形成一套较完整的物资供应管理制度，为科学地运行及考核创造条件。

（4）把好需求计划（请购书）源头关，提高招标方案的可行性。采购部门应加强与需求提报部门、审核部门的协调沟通，搞清楚需要采购的是"宝马"还是"宝来"；若需求信息不明确、技术参数不完备、技术要求不统一，不得进入招标程序。

（5）把好招标方案编制关，确保招标方案依法合规、科学合理。请技术、费用控制、审计、监察、法律等相关部门参与招标采购策略的制定，选择合适的招标组织形式，分析招标物资的基本特征、需求信息与市场供求状况，落实招标条件及其经济性和适用性，全面保障招标方案符合招标管理要求。采购人员和设计人员、项目管理人员应密切合作，进行市场调查研究，分析潜在投标人所处行业水平，合理设置供应商资格、技术及商务条件等基本内容；招标管理人员应与采购经办人员共同完善评标办法（全生命周期）；采购部门应与费用控制部门沟通，进行成本构成分析，并与市场价格、历史采购价格比对，合理制定公开招标的最高限价，为招标采购正确决策提供依据。

（6）建立招标方案会审运行机制，把好招标方案会审关。建立招标方案多部门评审机制，招标方案由招标部门、采购部门、使用单位、技术部门、法律部门共同审批；重点项目或复杂技术产品则邀请专家进行审核。会审的内容主要是对资格审查条件的设置提出意见和建议，并研究制定资格审查条件、评标办法、否决条款、最高限价设置和定标原则等，在会审表上签字确认后，方能成为委托招标或自行招标事实的依据。

通过改进工作，在6个方面持续发力，该工程公司建设项目的物资采购招标规模稳步扩大，年平均招标采购率达到 85.76%，招标成功率也有一定幅度的提高。

（朱振超）

专家点评：

依法招标已成为国内大多数大中型企业的共识，依法招标在阳光、公平、公正、充分竞争方面取得很大的成效，但部分企业也面临着招标带来的招标失败、履约困难、资金安全难以保障等一系列问题，如何规避招标带来的问题成为企业采购活动中面临的新课题。

本案例为我们展现了在面临招标失败时，企业如何正视问题，通过认真分析、深入讨论，直面自身问题，并针对问题采取了一系列措施，最终招标成功率直线上升。

为规避招标带来的风险，第一，采购部门应将需求前置，提前介入设计，对接投资计划，真正了解需求，避免因需求不明确导致计划回退；第二，应提前摸清供应商情况，针对实际需求设定合理的资格要求、供货周期、付款方式等，避免因相关条件设置不合理带来的招标风险；第三，要多方沟通、讨论，编制高质量的招标文件；第四，应保证评标、定标过程的公平、公正；第五，要为优质供应商创造良好的合作环境，与优质供应商共同成长。

16. 检维修业务招标效果好

某化工股份有限公司实力强劲,醋酸产能达120万吨/年,配套的醋酸乙酯产能达30万吨/年;其以ADC发泡剂为核心的精细化工产业链,拥有4万吨/年的生产能力,其品质在国内名列前茅;其以硫酸为核心的基础化工产业链,拥有110万吨硫磺制酸的综合生产能力。公司现已打通从煤炭到醋酸的整个流程,各工序前后关联性强,一方面提高了整体运行效率,提高了企业的市场竞争力;另一方面,复杂的工艺对设备的稳定运行提出了很高的要求,一旦局部设备出现故障或问题,轻则降低效率,重则整个流程被逼停,导致每天数百万元的损失,更可怕的是,很多高温高压设备将处于危险状态。因此,生产人员在检维修时以保障稳定和安全为首要原则,倾向于选择长期合作的供应商。

根据精细管理以及全面降本增效的要求,公司在对工程物资、备品备件实施公开招标采购并取得较好效果的基础上,着手在检维修项目上推广公开招标。其具体措施是:将原先的邀请招标改为公开招标,通过公司官网公示,扩大影响面。通过一段时间的实施,取得了良好的效果。

公开招标不仅需要准备完善的技术方案,在招标之前还要对方案进行详细的论证,对可能存在的风险进行分析,并制定控制风险的措施。这对生产部门和采购部门的人员都提出了更高的要求。对于开标时存在不同意见的项目,相关部门要组织考察,通过会议纪要形成一致意见。此外,采购部门和生产部门要对整个执行流程进行跟踪,确保检维修质量和效果。

通过一段时间的检维修公开招标,公司引进了不少优质的供应商,取得了良好的保运和降本效果，打消了生产部门的疑虑。下面举两个例子。

例一：火炬大修项目。原维修承接单位经协商后报价仍达 50 万元，后扩大招标面，河南一家专业公司能力达标，报价仅 21 万元。中标后，这家公司精心组织，圆满执行了本次维修任务，不仅保证了维修质量，也帮助招标公司降低了成本。

例二：磨煤机衬板更换项目。过去合作的供应商报价均在 60 万元以上，通过官网公示招标，最终中标的供应商报价为 39 万元。目前该项目已经顺利保质实施完毕。

上面两个例子均有前期调研的专项报告，企业通过公开招标进一步扩大供应商寻源面，在严格控制检维修质量的同时继续降低成本，打破了长期合作供应商在检维修项目中的垄断地位。

实实在在的效益和效果，进一步增强了公司在检维修项目中推广公开招标的信心，接下来公司将不断完善招标方案，坚定不移地将招标引入检维修业务中，使其成为新常态。

（马峰）

专家点评：

本案例讨论了检维修项目的招标工作，有以下几个亮点。一是准确把握了检维修项目适合招标的特性，主要体现在项目的装置边界点少、独立性强、工程量和造价核算简单清晰、工程造价有据可查、定额测算依据充分。二是对检维修技术方案准备充分。生产部门与采购部门紧密联系，对方案反复论证，同时邀请有关专业部门参加，并对可能存在的风险进行分析评估，制定切实可行的解决方案。三是在开标过程中，注意及时纠正个别偏差，满足招标的合理性。四是在合同执行过程中，采购部门和生产部门共同做好合同执行跟踪，保证检维修工作的质量和进度要求。五是打破以前的陈旧做法，大胆引进新技术，为企业节约了成本，提高了效益。

17. 劳保服招标条件设置要严谨

2019年7月,中国石油某销售公司拟采购2019年加油站、油库员工特种劳动防护用品,委托招标中心组织招标。

招标人提出的招标方案中,有几个要点:一是详细评审中的业绩要求是在中石油系统内的业绩;二是评审内容中包括招标人公司基层员工试穿服装样品后进行打分(10分);三是评标有审查原件的必要条件,即初评和详评涉及的所有证件及证明材料必须在评标时进行原件审查核对,否则否决投标(初审)和不予计分(详审);四是该项目采用全流程电子招投标。

招标中心经过对招标方案的分析,提出了修改意见。

(1)规避歧视性条款。原招标方案中要求必须是中石油系统内的业绩一项,违反了《招标投标法实施条例》第三十二条:"招标人不得以不合理的条件限制、排斥投标人或者潜在投标人。"由于采购的是加油站、油库工作人员的劳保服,确实有防静电的需要,建议将"中石油系统内业绩"修改为"石油石化行业业绩"。

(2)细化内容,增加可操作性。针对员工试穿评审环节,招标人没有提出具体的要求,招标中心完善了相关的内容和程序。①在招标文件中细化了提供样品的数量、尺码、邮寄地址、返还方式等具体要求。②编制了员工试穿评审方案,具体包括试穿人员选择原则和数量、保密保障措施、评审前准备、评审过程及方法等。要求在评审前对样品进行暗标处理并记录和录像。

针对原件审查环节,初评涉及的证件有营业执照、工业产品生产许可证及特种劳动防护用品安全标志证书；详评涉及的证明材料有守合同重信用企业证书、合同或采购框架协议及对应的销售发票（1~50份）。由于证件多且重要，招标中心在招标文件中规定，供应商必须将所有证件原件装在一个密封袋内，注明"审查资料原件"，并在投标截止时间前递交；袋中附资格审查原件明细列表，格式自拟。

完善后的招标方案，保证了招标过程的顺利进行。

项目完成后，招标中心对此进行了总结，旨在为日后其他招标方案的编制提供借鉴。

一是不能违反法律法规的强制性规定，在资格评审和详细评审中设置限制性条款。

二是对整个招标过程尽可能考虑全面，规范严谨。本项目中，针对原件审查这一特殊要求，在开评标过程中增加了3个自制表单，即《投标证明材料递交登记表》《评标证明原件核验情况表》《投标证明材料返还登记表》，均有相关人员签字确认，确保程序严谨。

三是原件审查可操作性存在一定的问题。招标人此项要求的用意是防范投标人提供虚假业绩材料。但大部分投标人无法提供业绩的证明材料，即合同或采购框架协议及对应的销售发票，尤其是发票，因为已经入账且数量过多，很难提供，也就是几乎所有投标人的业绩分都为零分。此外，审查原件要求投标人必须到现场递交，使得电子招标便捷高效的优势不能充分发挥。

实际上，《招标投标法》第五十四条对弄虚作假、骗取中标的行为规定了严厉的处罚措施，投标人若真有弄虚作假的行为，招标人完全可以据此追究投标人的责任。所以招标人可以适当放宽审查原件的条件，如不审查发票原件。

（李瑶）

专家点评：

国内市场在国家出台的相关法律法规管控下，渐渐地走向了正轨，采购人必须要熟知有关的法律法规，避免法律风险。招标代理机构既要帮助业主完善招标文件，以避免法律风险，也要保证投标单位能够公平、公正地进行竞争。

本案例描述了招标中心如何优化招标人所设置的劳保服招标条件要求，不仅规避了歧视性条款，也保证了招标过程的顺利进行。本案例全面体现了劳保服采购的重点和难点，劳保服样品的评选保密工作到位，既让一线员工选择了适合自己的劳保服，同时也降低了采购风险。

本案例中值得借鉴的地方还有：对项目招标进行复盘工作，总结的经验可用于日后其他招标方案的编制；通过表格记录的形式可保证资料交接的流程合规严谨。

若评标过程中对企业强制资质的审验改为网站验证，既解决了投标人需到现场的不便，也避免了因多地投标无法出示原件的现象，同时也可加快资质审验效率。

---

18. 无缝钢管招标采购

2019年初，某建设公司承接了某公司冬季热源应急备用管线施工项目。公司工程管理部集采中心在项目部组建的同时，收到项目部关于无缝钢管的采购需求。公司大宗物资采购管理领导小组召开专门会议，对项目主材无缝钢管采购可能发生的直接成本和间接成本、采购评标能力等进行了分析，并决定选择与项目业主合作过的供应商及公司优质供应商，采取邀请招标的模式实施采购工作。

首先是精心编制采购计划。集采中心根据公司经营管理部投标报价的基础数据，认真分析采购管材的材质、规格等技术参数，编制采购计划，从源头对采购过程进行管理。采购计划具体包括：确定合同类型、组织采购的人员、管理潜在的供应商、编制采购文档、制定评价标准等。

其次是严格采购过程管理，分询价、供应商选择、合同管理三步实施。

第一步是询价。集采中心在"我的钢铁"网上查询采购计划中列举的无缝钢管价格，向公司长期合作的合格供应商进行询价，并摸清采购钢管的市场底价，为邀请招标采购做好充分的准备工作。

第二步是供应商选择。这个阶段根据既定的评价标准选择一个供应商，方法有以下几种。（1）合同谈判：双方澄清见解，达成协议。这种方式也叫"议标"。（2）加权方法：把定性数据量化，将人的偏见影响降至最低程度。这种方式也叫"综合评标法"。（3）筛选方法：为一个或多个评价标准确定最低限度履行要求，如最低价格法。（4）独立估算：采购方自己编制"标底"，作为与供方建议比较的参考点。

在供方选择过程中，集采中心根据实际情况，按照既定的方案选择了同业主项目合作过的3家供应商中的其中2家，又邀请了同建设公司有过长期合作的2家供应商，进行邀请招标报价。

根据4家供应商的报价，集采中心邀请了价格有优势的2家供应商于2019年1月27日来到建设公司，就技术方面进行了洽谈。建设公司大宗物资采购管理领导小组于1月28日召开评标议标会议。依据供应商报价、生产技术工艺及供货保障等多方面因素，最终选择其中的一家供应商为中标采购供应商。

第三步是合同管理。合同管理是确保买卖双方履行合同要求的过程，一般包括以下几个层次的集成和协调：（1）监控项目成本、进度计划和技术绩效；（2）检查和核实供应商产品的质量；（3）变更控制，以保证变更能得到适当的批准，并保证所有应该知情的人员获知变更；（4）根据合同条款，建立买卖双方执行进度和费用支付的联系；（5）采购审计；（6）正式验收和合同归档。

根据1月28日公司评标结果，集采中心于1月29日同中标供应商就付款方式、分批供货保障等合同条款经过多轮协商，明确了买卖双方的权责，最终签订了采购合同。由于选择了合适的供应商，整个合同执行过程较为顺利。

事后，建设公司总结认为，在此批无缝钢管的招标邀请采购过程中，采购中心从源头入手多方查询业主在一期项目中采购无缝钢管的价格情况，结合公司经营管理部投标报价的信息资料，选择生产厂家与优质供应商前来投标报价，最终节约了采购成本360余万元。

（梁永利）

专家点评：

本案例招标前的准备工作比较充分。一是注意对供应商的选择，做到心中有数，为技术谈判和招标做好准备；二是对采购物资做了市场调研，同时对采购成本进行了分析和研判，并制定了详细的招标方案；三是认真做好技术交流和技术谈判，达成技术协议。

认真履行合同也是本案例的一个亮点。对供应商和分供方的进度、质量进行把控，了解供应商产品制造的运行情况；严格合同变更程序；为供应商在数量执行中留有余地，是比较人性化的，但是，应在不违背合同的大原则下进行。

本案例注意合同执行收尾工作，从项目验收、资料归档到对技术和效益进行总结，并及时对合同执行进行审计，从而保证了合同执行的严肃性和可追溯性，为今后工程建设采购工作提供了可借鉴的经验和教训。

19. 变定向制为招标制

某公司甲醇厂一种添加剂一直使用工程设计配套的工艺及渠道，多年来使用比较稳定，但由于独一性，尽管每年与供应商商谈价格，但采购价格变化不大。随着公司降本增效推进力度加大及各部门降本意识提高，采购部门经走访同行及意向性供应渠道，决定实施公开招标，扩大寻源面，充分引入竞争机制，在保证质量、满足生产需求的同时，达到降本效果。

由于这种添加剂在甲醇生产过程中非常重要，其质量的稳定直接影响生产的正常运行。为保证生产稳定，采购部门在招标前做了大量的基础性工作，除了一些基本的资质审定外，新添加剂是否能配套生产并安全使用尤为关键。为稳妥推进，采购部门经与生产部门讨论，决定采取"分步走、稳推进"的策略。首先，与生产部门确定初步实施方案，通过反复讨论后，拟定工作流程。其次，结合对意向性新供应商的调研，在小样分析合格后，联合生产部门走访生产厂家和业绩单位，通过交流了解使用情况，分析在公司使用的可能性。最后，按照方案结合调研结论，在装置上进行试用。装置两开一备，采用逐步添加、按比例投入方式进行试用，并跟踪试用效果。通过一段时间的试用，生产部门得出结论，新添加剂完全满足使用要求，且不会对装置产生异常影响。

考虑到该添加剂在生产过程中要连续使用，采购部门决定采用年度招标方式，这样能保证使用的稳定性。但是，年度招标定价可能会受到市场变化，无法长期锁定价格，经过调研并与多家供应商了解多年来的市场价格变化情况，分析确认该添加剂可采用年度锁定价格的招标方式。

为确保添加剂产品质量和使用的安全性，按照公司招标管理的流程，招标文件中明确要求该添加剂投标文件必须有技术说明书。说明书中除包含基本的参数外，还应对使用量、流程等进行详细要求，生产部门结合多年来的使用经验也对说明书中可能存在的问题进行了明示。这样，投标方在收到招标文件后一目了然，保证了招标的公平、公正、公开。

通过招标，添加剂价格大幅降低，且满足生产使用要求。该添加剂当年降本25%，年节约采购资金800余万元。

生产部门因考虑生产稳定性，对用习惯的重要原辅料，一般不愿意更换，不愿意尝试新的渠道，担心影响系统的稳定。因此，主观上不积极推动，也是采购工作在推动招标过程中遇到的最大难题，毕竟这类原料在招标时除了需要基础参数，还必须要生产部门提出使用过程中具体的要求，采购部门无法独立完成相关招标技术文件。独家、定点采购原料，虽然减少了生产部门在使用过程中的工作量，但不符合公司精细管理、降本增效的要求，长此以往，采购部门在价格谈判过程中处于劣势，无法真正做到竞争性商谈。公开招标方式恰好对此进行了有效弥补，通过引入新的供应商，达到充分竞争、降本增效的双目标。

（黄映）

专家点评：

连续运营企业的化工用剂采购，尤其对产品影响较大的用剂采购，技术方面招标或谈判的阻力较大，没有技术的配合很难取得良好效果，还可能会被冠上"影响安全生产"的帽子。如何在确保企业安全稳定运行的情况下，对化工连续用剂采用竞争性采购方式，是大部分石油化工企业采购中普遍遇到的问题。本案例可以说是石油化工企业在化工三剂类采购中可借鉴的典型。

本案例采购人员为降低公司成本,主动寻求市场新资源,通过与技术一同进行市场调研,争取公司层面的支持,从而获得在生产过程中进行试用并持续跟踪配合验证的机会,稳步扭转了单一来源的局面;之后又进一步对价格进行分析研究,拟定年度招标策略,形成了年度框架合同。最终使得公司成本明显降低,同时公司的生产运营没有受到任何影响,获得了公司技术方面认可。

这个案例充分说明,对于可能影响装置安全生产的单一来源采购项目,要进行采购方式探索,可以通过三方面获得最佳效果:第一,要进行全面市场调研,确保基础采购资源的可靠性;第二,必须要有技术人员共同参加,勠力同心,获得生产使用可行性最关键、最可靠的内部基础;第三,在价格方面要进行翔实的分析,周密拟定采购策略,保证采购结果更科学,更符合市场。

20. 危化品招标采购

2019年，某公司中标天津港某爆炸事故现场遗留废弃物及污染场地清理修复工程项目。该工程项目主要为港区防渗堆场剩余污染土处置，以低浓度的轻度污染土为主，总量约为21万吨。工程涉及专业领域要求高，现场施工安全风险大。公司根据工程重难点实际，提供了"化学氧化+淋洗联合修复技术"这样一整套可行性好、安全风险低、效率较高的施工解决方案。

项目现场需要使用土壤氧化处理药剂（过硫酸钠）约2000吨，同时要求施工现场尽量少储放过硫酸钠，以满足危化品安全管理要求。

这是公司第一次采购危化品，因此，公司上下十分重视，采购部门更是制订了周密的实施计划，确保万无一失。

首先，对需用计划量、付款条件及资金落实等方面认真进行核实，提前策划。

其次，提前组织质量安全部制定相应的危化品事故应急救援预案，配备应急救援人员和必要的应急救援器材与设备。

第三，在实施过硫酸钠招标采购之前，公司首先通过网络和书籍了解过硫酸钠的属性，通过多种渠道寻找过硫酸钠的生产厂家。由于过硫酸钠属危化品，应尽量减少运输距离，所以公司决定优先选择项目周边的生产厂家。

第四，通过网上查询、兄弟单位推荐等方式，公司择优选出了几家基本符合条件的供应商，并了解了这些厂家的生产状况和业绩情况。在对这些供应商实地考察时，特别注意了其是否具备生产资质、是否有危化品道路运输许可证和危化品押运人员资格证、是否能够按照技术/项目的要求进行生产等。

第五，在正式确定投标供应商名单前，先与意向选择的供应商进行了电话沟通：（1）询问其对本公司近期要进行的过硫酸钠招标是否有投标意向（若是不感兴趣也不会影响双方今后的合作）；（2）了解对方如果中标，在供货过程中，公司哪方面的工作对他们的影响最大，以及是否可接受承兑汇票等。

通过充分交流，让对方明确知道公司采购是通过公开招标确定供应商。告知本次采购招标评标的公开性、公平性和公正性，从而让供应商消除疑惑，树立信心。

经过周密严谨的招标前准备工作，公司于2019年7月24日顺利完成招标采购工作（最终选择了项目周边的某公司，此公司报价优势大，运输距离短，既降低了运输成本，也减少了运输风险，与原计划相符），之后与供应商密切合作，圆满完成了工程项目，获得了业主方的高度肯定。

（崔囡）

专家点评：

本案例中的这项事故后的修复工程极具危险性且有挑战性，专业性强、安全风险大、时效要求高是此次修复工程的难点。本案例采购的过硫酸钠又名高硫酸钠，属危化品，且需求数量较大，对采购部门专业要求较强，需采购部门在采购前根据物料属性制定采购方案及策略。

案例中公司采购部门采购前期准备工作充分，采购方式采用公开招标，整个采购过程公平、公正、阳光、透明，制订实施计划时考虑的各种因素详尽，可作为危化品采购案例推广。整体来看，本案例有以下几个亮点。

（1）接到需求计划后没有盲目进入采购流程，而是首先识别了需求物料属危化品，重新认真复核了需求计划量，并有针对性地制定了采购策略。

（2）根据本次采购物料特性，明确了供应商的地域范围及资质要求。

（3）在保障供货质量及周期的前提下，本着供应商自愿原则，合理利用承兑汇票结算方式，很好地减轻了本公司的资金压力。

危化品采购不仅要求采购人员专业能力强，而且要求采购人员总揽全局，做好内外部协调工作，对危化品的报备、运输、存储、使用均需事前明确，非常考验采购部门的综合能力。

综上，在危化品采购中，除了本案例讲述的关键点外，建议将以下几点列入采购程序中：其一，应提前储备供应商，减少标中考察；其二，危化品采购前应按国家相关规定到行管部门备案；其三，招标文件除了要求生产厂家资质外，还要明确运输车辆应具备危化品道路运输许可证；其四，在危化品到场后，应通知公司安全部门按"两控体系"识别风险源后进行风险控制；最后，使用人员应穿戴防护用具，如过滤式呼吸器、聚乙烯防护服、橡胶手套等，存储现场配备消防器材及泄漏应急处理设备。

案例总评

在企业生产经营与项目建设中，采购前期工作的深度、广度和细度直接影响着采购的效率和质量、项目的进度与投资、企业的经济效益及为社会创造的价值。本章汇集了各企业在采购体系建设、设计管理、计划控制、供应商开发、市场分析、信息化平台应用等方面的经典案例与分析，案例真实反映了各石化企业在采购管理中的独特思想和创新理念，具有很强的说服力和推广价值，值得每一位读者学习、领会、应用与分享。

"问渠那得清如许？为有源头活水来。"实现高质量采购的目标，是每一个采购组织的使命，也是每一名采购人员的价值体现。唯有扎实地抓好源头、抓对源头、抓细源头，为后续采购工作营造良好氛围，创造适宜的运行条件，才能更好地服务采购中后期工作，实现采购业务链价值。

通过对本章采购执行（前期）案例总体分析，在以下方面仍需企业持续探索、思考、优化。

一是持续优化提升采购标准化体系。企业应结合自身特点，制定并持续优化简洁且操作性强的采购管理规则与流程，以及各类别产品及物料的主要数据提报标准与模板，不断提高采购运行效率和管理水平。

二是以战略规划为导向，以采购计划为目标，以管理创新为手段，加强计划管理。采购部门提前参与到项目立项、科研、设计等关键环节，或年度投资预算评审环节，一方面，采购部门通过向设计部门、计划审核部门反馈同类及相似产品采购信息、潜在市场及行业最新动态，可协助企业制订科学合理的采购计划；另一方面，有助于采购部门提前了解项目需求，准确理解采购需求，精准制定采购策略，选择合理的采购方式，及时开展采购工作。

三是分级分类开发优质供应商。采购部门可依据企业下达的投资计划与经营预算，按产品目录多途径、多渠道开发潜在供应商，按企业供应商准入标准严格筛选潜在供应商；通过对潜在供应商生产能力和业绩的考察结论，或公开招标方式形成的结果，分级分类形成企业合格供应商库，并对合格供应商库进行动态管理。从供应商寻源到订单形成，再到战略合作关系，企业与供应商共同成长，彼此成就，打造协作双赢的亲密伙伴关系。

四是关注物料市场价格走势，强化市场分析与预判。采购价格是采购人关注的核心因素之一，也是评判采购工作质量的关键指标。要保证采购物资价格相对合理且符合市场变化规则，实现采购工作高质量发展，就需要建立企业采购物资价格管理体系。首先，采购部门应对物资类别进行整理、归纳、总结，形成原材料与物资的映射关系，及时关注并了解原材料及上下游产品的市场动向、供应商的生产能力和经营情况，结合历史采购数据，通过纵横向对比分析，建立采购物资价格数据分析模型；其次，采购人员要有敏锐的市场意识，不断开拓视野，提升市场洞察能力和战略采购管控能力，依据采购物资价格数据分析模型，预测市场变化规律，预判未来物资采购价格范围，选择在恰当的时期开展采购工作；最后，应用有效价格数据来支撑采购决策和采购谈判工作。

五是全面实施电子化采购，打造自动化招采平台。新时代数字经济发展突飞猛进，信息化采购直通效益，企业采购实现自动化运行迫在眉睫。如何在招采平台中实现从供应商寻源到采购付款全流程业务？首先，企业对招采平台要有清晰的定位。招采平台可以是采购业务运营平台，也可以是采购管理平台，或者兼具二者功能。可将企业的采购管理思想、管理标准及作业要求植入招采平台各个模块，实现采购业务全流程闭环管理。其次，招采平台连接内外，实现信息共享，降低了采供双方的采供成本，极大提高了采购效率，推动采供双方把更多的精力放在产品研发、质量管控等方面。第三，将企业各功能系统与招采平台相互嵌入、相互集成，实现采供双方招投标、合同签订、付款不见面，采购业务全流程在线化、数据化运行。

六是不断提升采购人员的专业水准。了解了产品与市场，开发供应商、与供应商谈判就容易得多；了解了采购政策与流程，采购执行、风险管控也就相对容易。只有不断提升采购人员的职业素养、专业水平和业务能力，才能实现高质量的采购目标。

第四章
采购执行（中期）

采购执行中期是决定采购工作成败的关键阶段，体现了技术、商务相协调、相融合的结果，对后期的生产、工程建设、施工安装起着非常重要的作用。

技术交流就是把所采购物资的所有特性协商清楚。首先，明确采购物资的名称、用途、种类、数量、性能参数、使用场合。其次，确定设计、生产制造、检验检测、验收、喷涂包装、运输等标准规范执行的版本。最后，确认辅机配件数量范围、配置标准，供货状态，资料传递方式和数量，业主所提供的 BEDD（工程设计基础数据）等。最终协商一致，达成协议，作为合同的组成部分。

招投标主要有两种形式：邀请招标和公开招标。邀请招标适用于以下情况：涉及国家安全、国家秘密或者抢险救灾不宜公开招标，项目技术复杂或有特殊要求，或者受自然地域环境限制，只有少量潜在投标人可供选择。公开招标是采购人按照法定程序，发布招标公告，邀请所有潜在的供应商参加投标，通过商务过程确定采购价格；价格确定应实事求是，注重市场研判，符合市场的价格规律。

合同签订应依据《合同法》执行。合同要注重文本的严肃性和完整性，合同执行要重合同、守信誉。在合同执行过程中若发生分歧，要本着相互尊重、友好协商的原则进行解决。

本章典型案例：技术协议谈判、物资招标采购、招标采购风险控制、智能化异地评标、降本增效机制等。

1. 强化过程控制，降低采购风险

2015 年某工程公司中标某煤化工项目净化合成单元的 EPC 总承包合同，在项目执行中全面推行公开招标，实行开门采购。2017 年 8 月份，东北某制造企业连续中标了项目 3 个采购包——5 台 Cr-Mo 钢换热器、3 台双相钢换热器和 11 台不锈钢/碳钢换热器，合同额超 2000 万元，交货期是 2018 年 5 月。合同约定的付款节点如下：预付款 10%，合同签订后支付；进度款 30%，主材进厂；发货款 15%，产品出厂验收合格后支付；到货款 20%，到现场验收合格后支付；调试款 15%，安装验收合格后支付；质保金 10%。

由于这是该工程公司首次与该制造企业合作，因此，工程公司对其产品制造的过程控制工作尤为重要。这也是保证合同顺利执行、降低采购风险的关键环节。因此，在中标通知发出后，过程控制部门即针对此 3 个合同制定了详细的催交、检验策略和计划，提升了催交、检验的等级，力保万无一失。

一是于 2017 年 8 月底，第一时间在制造公司召开了项目开工会，对设计图纸、主材采购等问题进行了交底和对接，制订了设计图纸发放、主材采购、制造进度等关键节点的执行进度计划。

二是提高了访厂催交的频次以及电话、邮件沟通的频次，要求制造厂每周提交生产进度周报，每月至少安排一次访厂催交；实时监控合同执行进度，对于中间出现的偏差及时预警和纠偏。

三是安排了第三方驻厂监造，加强生产源头和生产过程中的质量控制，确保质量。

在合同执行的过程中，该制造公司资金短缺的问题逐渐暴露。先是主材于 2017 年 11 月份才完成全部订货，比原计划滞后一个多月，但当时按制造企业的制造计划，于 2018 年 5 月份交货还是有保障的。为了帮助制造公司解决资金问题，工程公司在资金支付上优先安排，只要符合合同约定的，条件达到就及时付款。制造公司也利用前期支付的预付款和进度款将主体板材和锻件于 2018 年 3 月份全部采购到位，于 4 月底前提回了 7 台不锈钢/碳钢换热器的换热管，其余 12 台设备的换热管处于带款提货状态，涉及资金约 500 万元。

从 4 月到 5 月，近两个月的时间里，制造公司由于资金困难，换热管不能提货，生产基本停滞，整个项目处于停工待料的状态。

针对这种情况，工程公司在确保法律风险可控的前提下，同意直接代替制造公司把换热管的款项支付给换热管厂家。工程公司、制造公司和换热管厂家共同签订了付款委托协议书，所付款项从进度款中等额扣除，不改变制造公司和换热管厂家合同中其他权利的享有和义务的承担。合同生效后，换热管厂家先行把换热管发货给制造公司，工程公司按正常资金支付流程进行付款。

换热管于 2018 年 6 月 10 日前全部进厂，制造厂全力以赴组织生产，2018 年 7 月 2 日工程公司安排专人进行驻厂催交，保进度和保质量双管齐下。2018 年 8 月 18 日，最后一台设备到达项目现场，基本满足了项目施工的进度要求。

（戴莉）

专家点评：

工程建设项目长周期物资催交，是合同执行最关键的内容，也是决定项目进度最重要的环节之一，所以每个项目组对催交工作都很重视。

一般情况下，项目组都采取以下几种方式催交。一是买方组织人员采取关键节点式催交。这适用于制造程序不复杂的物资，如钢材等。二是买方委托第三方监造人员进行催交。这种做法对于正常运营的制造厂而言较为有效，但对于任务量过于饱满或者经营形势不太稳定的企业，因为监造人员对买方的信息渠道单一，所以有效性不高。三是买方安排人员长期驻厂催交。这对于大型设备及制造程序较复杂的设备而言，也常是一种有效方法。

本案例根据制造厂的经营情况适时变化措施，采取了三种方式逐步递进的做法。在案例中列举了关键过程，尤其重点介绍了在资金支付上打破常规，最终确保问题得到及时有效解决的过程。

本案例的经验值得借鉴，对于进度目标要求非常高的项目建设而言，尤为可贵。

2. "固定采购价格、基于质量竞争"的采购模式

"固定采购价格、基于质量竞争"的采购模式,是指根据采购预算,进行市场调研后确定合理的固定采购价,邀请同等质量的品牌厂家在满足基本参数及功能要求的基础上,进行产品质量、配置竞争的采购模式。这种模式不但能够杜绝投标人由于单纯比价在质量上采取下限定位的做法,还能实现企业投资控制,真正地把好钢用在刀刃上,用有限的资金最大更好的产品。

以某能化公司大客车采购为例。在项目准备阶段,根据公司采购预算,每辆大客车预算价为50万元。为了能够采购到预期品质的车辆,采购人员进行了市场调研,最终确定固定采购价格为49万元。依此,选择了当前市场上同等品质和价位的厦门金龙、陕西金旅、郑州宇通、山东中通4个主力品牌的车辆。

在供应商寻源阶段,采购方根据车辆品牌价位调研情况,联系生产厂家或其授权的经销商参与本项目竞争性谈判,最终厦门金龙、郑州宇通、陕西金旅3家单位受邀参加。

设置评审标准是采购中一项十分重要的内容,既要科学规范,又要严细合理。采购人员首先根据采购预算设置了49万元/辆的合理固定采购价格;然后编制了车辆参数基本要求,并对车辆核心部件及增值服务设定了具体的评价标准及分值。

在实施谈判过程中,厦门金龙、郑州宇通、陕西金旅3家单位参与了谈

判。采购谈判小组先对 3 家单位进行了资格审查、所投产品参数及基本配置的响应性审查，其产品均能满足基本要求。然后要求 3 家单位在产品价格不变的基础上，进行功能及配置的次轮谈判；谈判小组根据谈判文件设定的评审标准，并结合 3 家单位的最终产品配置情况进行了评价打分。

根据评审标准，采购小组及专家为 3 家单位打出了合理分值：厦门金龙联合汽车工业有限公司，78 分；郑州宇通客车股份有限公司，77 分；陕西金旅汽车有限公司，74.66 分。由此，厦门金龙被推荐为第一成交候选人，成交价格为 49 万元/辆。

通过对本次采购结果进行分析，采用"固定采购价格、基于质量竞争"的采购模式，最终采购的车辆在同等产品配置的情况下，增加了悬挂气囊及仿真皮座椅等，按照市场价格计算，每辆大客车采购价格节约 6%。

通过应用"固定采购价格、基于质量竞争"的采购模式进行大客车采购，不但最终的成交价格合理，且最终的成交结果使采购方买到了满意的产品，以 49 万元/辆的价格买到了配置相当于 52 万元/辆的车辆，同时得到了超值的额外增值服务。

由此可见，科学地确定货物采购的方式方法，不但对采购工作的公平合理性至关重要，而且有利于调动投标人的积极性，更能够充分发挥采购模式的优势，最大限度满足买卖双方互利共赢的需求。

（刘延慧 王宝）

专家点评：

在正常的采办方式中，一般都是在同等质量要求前提下基于价格的竞争。国家出台的《招标投标法》等一系列法律法规评标方式也都是以此为基础进行要求的。

本案例"固定采购价格、基于质量竞争"采购大客车的采办模式，不仅成本可控，而且质量被量化体现，成为评标的主要因素，突出在成本可控范围内采办结果的质量和性能的可视性，让人眼前一亮。这种模式对于质量（尤其是性能配置）要求较高的非法定招标采办项目尤其适用，给固化的采办方式提供了一种新的可行性评价方式，为今后生产企业招标采办开拓了新的思路。

---

3. 举足轻重的采购技术协议

某石化企业引进一台国外进口的离心式工艺气体压缩机，由于采购前技术交流不充分，业主各专业之间统一协调不到位，与国外供应商交流不够，加之采购人员对一些专业领域缺少经验，片面认为机组的运行保护越多越好，最终该机组设置了 30 多个联锁回路。装置开车时，由于各联锁回路的逻辑关系互不满足条件，多次试车均不成功，严重影响了整个装置的投运。

无奈之下，企业只能将部分联锁回路摘除，寄希望于开车后慢慢恢复正常。但是若干年过去了，有些问题至今仍没有解决，机组的运行安全仍然存在隐患。企业领导、运行和技术部、采购部等相关专业人员经过认真深入分析，总结出以下几条。

第一，要根据装置的特性，按照所采购的设备在整个工艺流程中所起的作用进行合理分级，分为"关键""重要""一般"设备等，在采购技术要求设置和技术协议的签订过程中要有针对性，做到统筹兼顾，而不至于顾此失彼。

第二，要选择合适的供应商进行交流。选择供应商时，不能选择生产规模小、加工装备较差、质保体系不完善、生产行为不规范、售后服务跟不上、产品价格便宜的小厂商，也不能盲目求大，片面认为无论何种设备都是供应商生产规模越大，在商界名声越响越好。而是要根据所采购设备的特性、分级情况，选出最"合适"的供应商，这样最终签订技术协议的效率才会高。

第三，通过技术交流，用户要能准确表达"想要什么"，供应商要明确"能给什么"。用户方参加技术交流的人员的专业知识构成一定要全面，任何一项缺失都有可能导致技术协议的不完整。考察、交流的内容也要全面，至少应包括制造商的设计水平、装备能力、制造标准、检测与试验方法、供货范围、配置要求、附机及配套仪表的供应标准是否与主机相符、主要分包商情况、备品验收标准及方法、性能保证值、备件配备、售后服务的内容等。

第四，为便于设置充分竞争的规则，做好商务招标的准备，对以下内容要做深入了解：供应商提供培训的地点、课时、内容和方法；合同签订后返给设计院的图纸资料的交付内容和时间节点；供应商需要用户提供的公用工程条件（包括工程设计基础数据等）；用户的特殊要求；供应商执行项目的主要业务骨干的配置、人力资源配置情况，质量保证体系执行情况，安全、环保体系的运转情况和经营理念方式，习惯做法，以往的业绩，不同用户反馈的真实评价等。

第五，对"偏离"项进行整理和分类。通过广泛深入的技术交流，要摸清每家供应商的"家底"，对"偏离"项进行归类整理，这是技术协议中必不可少的参照内容。"偏离"一般分为两大类。一是用户、装置工艺设计者对所采购设备的期望，与供应商所提供的产品及服务的"偏离"。这类"偏离"通过深入的技术交流一般都能解释清楚，最终达成一致。二是与所引用的标准、规范的"偏离"，一般也分为两种。一种是达不到标准、规范要求的"偏离"。这种偏离项如出现在主要项目中，一般设星号标记，为废标条款项；如出现在一般项目中，则需要专门归类整理，并在技术协议中列出，作为技术协议谈判时的参考。另一种是"高于"标准、规范要求的"偏离"。随着设计、加工手段的不断提升，这种"高于"标准、规范的情况屡见不鲜，这就要进行专门的归类整理，并在协议中明确列出，这类"偏离"对采购方是有益的。

第六，签订技术协议。在深入细致的技术交流、全方位的采购技术要求对接和"偏离"项的归类整理确认的基础上，可以和选中的供应商签订技术协议。技术协议内容至少应包括：（1）设计制造所采购设备引用的标准规范及相关技术文件；（2）与相关规范偏离的数值（这些偏离应有利于用户的使用、维护及将来的更新）；（3）用户提供的工程设计、基础数据、公用工程条件及供应商对公用工程的要求;(4)附机及仪表、保护系统的配置、执行标准,以及合格供应商清单;(5)所采购设备的供货范围(包括备件清单,专用工具清单,运输、吊装、安装、调试、开车操作说明书,维护保养检修说明书);(6)各方工作界面及交接坐标点、设计分工、图纸资料交付方式及时间节点、设计对接、方案审查方式及时间节点;(7)售后服务的具体内容、时间及方式;(8)操作及检维修人员的培训方式、内容和时间;(9)验收方法及内容;(10)设备的性能保证值。

(齐潞华)

专家点评:

  一份清晰完整的技术协议是商务合同必不可少的组成部分,也是合同履行的重要保证。因此在协议签订前及签订过程中,工作应尽量深入、细致、规范。

  技术谈判是弥补各方前期准备工作不足的有效手段,参与者一是要对采购设备所用的装置有足够的了解,包括生产工艺、物料特性、设备性能及作用等;二是必须对所采购设备做到心中有数,对设备本身的结构、性能、材质要有充分了解;三是要有较高的专业水平,对现行的标准规范有较清晰的了解,特别是要熟悉国际与国内标准的对应关系;四是对国际、国内制造商水平要有所了解,不但要了解高端制造商,也要了解中端制造商的情况(包括装备能力,制造水平,检测水平,试验水平,售后服务能力、态度、习惯做法,人力、人才配备等);五是对所采购设备的发展趋势要有所了解,确保所采购设备在其生命周期内不至于被淘汰。

  本采购案例十分典型,各石化企业在物资采购中,特别是对重要设备的采购中,对技术协议的文本要有明确的定义要求,技术谈判和协议签订要坚持实事求是的原则,使供应商能够充分准确执行协议,从而满足设备运行指标和性能指标要求,确保装置生产"安、稳、长、满、优"。

4. 涨价期，氧化钙价格不增反降

氧化钙是某公司重要的环保原料之一，其优质稳定的供应直接关系到公司热电厂尾气的达标排放，对于公司生产的正常稳定运行具有重要意义。随着国家环保要求标准的提高，各地纷纷开展"蓝天行动"保护环境，导致氧化钙原料及生产成本大幅增加。随着市场需求上升，也造成资源偏紧。

针对这种情况，公司采购部门从氧化钙的源头入手，通过分析公司使用现状，多方面深入了解成本构成，不断寻找有资质的供应商参与竞标，制定并采取浮动价格机制，最终实现降本增效。

2017年下半年，随着国家陆续出台越来越高的环保要求，氧化钙的市场需求成倍上升，导致原料价格飞涨。同时，部分氧化钙的生产企业也按各地的环保要求关停整改，造成氧化钙市场呈现出求远大于供的态势。供应商提出由于成本上涨较多，不能按照原合同定价供货。

根据这个情况，公司采购部门与供应商进行了沟通，了解其成本构成如下：制备1吨氧化钙，需要1/6吨无烟煤、2吨高钙石及相应的电费、人工费、管理费与运费。无烟煤及高钙石价格上涨较多，电费、人工费、管理费及运费不变。

经过实事求是的沟通和磋商，本着采供双赢的原则，双方最终达成共识，即去除不变因素，制定出双方都接受的浮动价格机制：以第三方的无烟煤报价及采购高钙石的价格作为定价调整基础，采用浮动定价机制每月确认价格进行结算。

由于公司氧化钙有效罐容偏小，当生产发生突发状况时，要求及时到货（一般要求3小时内），以保证生产的保供需要。为此，采购人员奔赴各地，深入了解氧化钙的生产和成本情况。

2018年1月份，采购部门安排专人赴安徽池州、铜陵、马鞍山现场实地考察氧化钙及石料情况，发现当地的氧化钙送到公司的价格大大高于现有供应商的价格。经分析认为，运费是制约合作的关键项。

在安徽考察的同时，公司也从浙江寻找供应商，发现氧化钙从浙江送到公司的价格也远高于现有供应商的价格，运费同样是制约合作的关键项。

根据公司的需求特点（最主要有两点：有环评验收资质、紧急情况下能够在3小时内到货保供），公司于2018年5月份在"1688平台"上发起了供应商招募。消息发出后，先后有徐州、安徽等地的供应商联系合作事宜，最终因为路途远成本高，紧急情况下无法及时保供，而只能放弃合作。

2019年，本地一家有资质的供应商按照环保要求，积极采取措施，从外地采购煅烧后的原料，在本地进行研磨，其成品氧化钙能够符合公司的使用要求，因此成为公司理想的合作伙伴，也成为公司原供应商的有力竞争对手。

在当年的招标中，原供应商中标，氧化钙成交价格不升反降，降幅达10.7%。

由此分析，在符合要求的供应商较少的情况下，从供应商的成本构成着手，战线前移，关注石料等原料的市场变化，才能"不为浮云遮望眼"。同时，积极拓展供应商寻源渠道，发挥网络平台的作用，引入竞争，最终才能实现降本增效。

（金坚）

专家点评：

本案例是大宗物资的采购实施，采购背景为国家政策变化引起氧化钙供需关系转换，物资上涨趋势已经形成，需要企业积极应对。

本案例中，企业对物资直接成本进行了分解，区分出了成本中的变量和定量，制定合作共赢的价格调整机制，为后期的采购、调价提供了依据。

供应商寻源工作必不可少。案例中完成氧化钙的成本分析后，可以知道变量因子和定量因子的比例关系。因固定成本中的运费与运输距离正相关，且运费在成本中占比较高，可直接忽略远距离运输的方案，转而考虑本地企业就地转化，从而形成供应商充分竞争，使氧化钙采购成为成功案例。

5. CS/SS 复合板招标采购

某建设公司承接了某集团公司 100 万吨/年合成气制乙二醇一期工程 60 万吨/年乙二醇非标储罐项目，该项目共计非标储罐 16 台，要求施工工期 90 天，其中有 CS/SS 复合板材料的储罐 6 台，计 500 吨。该复合板设计要求为爆炸复合，最大规格 24+2（24mm 厚 Q345R 容器板复合 2mm 厚 S30408 不锈钢板），最小规格 6+2（6mm 厚 Q245R 容器板复合 2mm 厚 S30408 不锈钢板）。此种材料技术工艺要求高，生产需要一定周期，价格由于生产条件不同而不同。

2018 年 1 月份，接到中标通知后，建设公司立即着手材料招标采购工作。由于当时不锈钢价格一直处于上涨趋势，公司决定立即对该项目的不锈钢复合板进行招标锁价，同时明确本次不锈钢复合板所选定的供应商一定要资质过硬，产品生产方案最优，供货周期最具保障，性价比最高且能为公司带来最大的经济效益。

根据公司材料采购要求，采购部门组织了招投标工作，复合板邀请招标的供应商短名单共包含 9 家，涵盖了国内高、中、低三个等级规模的厂家。考虑到标的物技术含量高、制作工艺复杂，为确保采购的安全性、及时性、经济性，本次采购采用了综合评标法，从生产资质、生产规模、价格等多方面对供应商进行评价。

经过一个星期的准备，本次复合板的开标会于 2018 年 2 月 5 日在公司总部正式召开，9 家被邀请单位全部参加。在价格唱标过程中，第一轮报价结束后 9 家单位的均价达到了 6585977 元，远远大于公司投标时预计的材料总价

5718426元，超过了公司的预期价格。

评标小组研究决定，从9家报价单位中选出5家候选单位，进入第二轮谈判报价环节。第二轮谈判报价前，采购部门经研究认为，如果价格不降，能把焊缝坡口打好，在现场也能节省一笔不小的人工费用，能在某种程度上弥补材料价格的损失。基于这种考虑，公司优化了付款方式，在技术层面提出了板材交货前增加焊缝坡口的要求。二次报价后，均价已经降至5710000元。

最后公司选定江苏某公司为第一中标人，经过一系列反复磋商后，该公司最终将价格定为5500000元，与首轮报价相比降低了19.7%，比投标时预计的报价低了4%。本次招标基本达到了公司预期的效果。

在初步确定江苏某公司为第一中标人后，公司考虑到这是首次与之合作，为确保万无一失，决定在发出中标通知书前，派出考察小组对该厂家进行现场实地考察。

考察小组到达厂家后，对其生产场地、生产设备、生产工艺和在产订单产品质量进行了详细的考察了解，并和他们的主要技术人员进行了专题座谈会。通过全面了解可以肯定，该厂家为正规的复合板材生产厂，拥有自己的生产技术和生产机具，实力虽比不上国内一线品牌，但在江苏省内也算是知名企业，可以满足公司非标储罐项目约500吨的复合板的生产和供货。考察小组随即形成完整的考察报告，报公司批复备案同意后，第一时间签订合同进行锁价。

合同执行过程中，最关键的即为板幅优化、发货顺序、资金保障这三个方面，这需要技术部门、采购部门、财务部门、供货厂家进行无缝对接才能完成。本项目的施工工期只有90天，而当时和厂家沟通的最短交货周期也需要1个月的时间，如果在这1个月的交货周期中，有一个环节出现失误，就无法按期完成业主的工期要求，之前所做的一切努力都将付诸东流。

面对这种形势，采购部门通过与技术部门沟通，迅速拿出了最优的排板方案和发货顺序反馈给厂家,要求厂家严格按照公司要求的板幅和发货顺序进行发货。同时,采购部门安排专人对发出货物的车辆进行动态跟踪,并随时与现场施工人员进行沟通;并加强资金保障,做到无缝对接。通过一个月的努力,最终顺利完成了本次采购任务。

事后核算,经过技术部门的优化,这批不锈钢复合板最终的采购金额为5423210.19元,在合同的基础上又节约了70000多元,并在制造厂完成坡口加工,减少了现场施工工序,降低了安装费用。

(潘振涛)

专家点评:

招标工作是一个非常严肃的商务过程,国家为此专门制定有《招标投标法》,关于如何操作有详细的规定。在招标前,应该做好几项工作。一是供应商的选择与考察,看是否能满足所需的物资性能与技术水平指标等,必要时要到现场进行考察。二是抓好技术交流和技术谈判。要把所采购物资的各项性能指标、材质等交代清楚,相互认可,形成技术协议文本,为商务做好技术方面的准备。三是技术协议中还要对主要设备技术指标、辅助系统、随机备件、交货状态、随机资料及种类和份数、检验与验收的标准和方法、包装运输形式等做出详细的规定。

6. 偏远地区项目物资采购精细化管理

某公司承接了青海东台吉乃尔盐湖锂、钾、硼矿产资源综合开发利用项目安装工程。该项目位于海拔2870米的青海省格尔木市东台吉乃尔盐湖315国道，地理位置偏远，离格尔木市300千米，施工材料与生活物资采购周期较长，采购成本高昂，因此物资采购工作面临很大的考验。

由于该项目地理位置偏远，在运输费用上的投入与前期规划及项目工程清单中的标价相差较大。项目前期物资大量采购时，该因素并不突出，但是随着项目"三查四定"及现场收尾阶段新增、变更施工，少量材料的增加给采购工作带来较大难度。尤其是项目涉及部分工艺管道配件有色金属钛、316L不锈钢及钢衬阀门的采购，生产厂家出货要经过物流多次连续的周转，对供货周期及采购成本影响较大，直接导致施工周期不可控。

对此，公司采购部门从三个方面开展了工作。

一是加强采购工作的前瞻性。在项目前期，对业主的基本情况进行调查及信息跟踪，及时了解项目所处的地理环境；投标过程中编制物资采购方案及材料询价时，充分考虑物资采购费用组成部分的影响因素，做到事前控制。在项目实施过程中，材料采购人员深入全面了解工程施工合同，熟知甲乙双方材料供应划分及工程量清单的中标价格。对于现场编制的每一份物资需用计划，须做好预算价与采购价的对比分析表，全面了解和掌控物资采购价格，在保证物资质量的前提下，争取最大限度的利润空间。为控制采购价格，时常通过当地工程材料信息指导价以及广材网、誉讯网、易派客、我的钢铁网等网站及时了解市场行情，加强成本控制及价格要素分析，做到事前准备，遇事从容。

二是创新物资采购管理方法。由于特殊的地理原因，工程建设项目涉及人员众多，分散性高，人员素质参差不齐。传统的采购管理中，决策所参考的数据大多依靠人工整理统计，数据准确性较低，影响决策效率。在此项目中，采购部门立足于项目实际状况，结合公司发展情况，构建了企业采购管理信息系统，充分运用现代网络与计算机技术创新采购管理方法，大大提高了采购管理的效率与质量。

在实际操作层面，采取公司集中采购、公司委托集中采购及零星采购等相结合的方式开展物资采购工作，收效显著。其中，公司集中采购合同额占合同总价款的70.92%，公司委托集中采购合同额占合同总价款的22.81%，零星采购额占合同总价款的6.27%，较好地完成了项目乙供材料物资采购的工作，保障了工程所需的物资供应。同时，付款及时到位，其中材料采购执行付款率达到95.49%（其余款项为项目所需的零星物资采购，例如焊接所需的气体与焊材采购、急需设备的临时租赁等），实现了款项全部结清。

三是提高人员执行力。制度的有效落实离不开人的活动，因此采购部门加强了人员的业务培训。培训内容不标新立异，而是立足于实际状况，更加注重常用工程材料执行标准及现场实物的讲解，比如国标、化工标准，管材的分类、口径、材质，法兰的形式、公斤压力、焊接方式，密封件及紧固件的具体常识等；培训范围扩大到各项目保管员，使全员不仅对公司管理制度、财务知识、技术标准等有更深入的了解，同时与实物相结合的方式也有助于更直观地了解工程物资。

该项目由于地域偏远等特殊因素，采购人员及时进行整体规划，注重采购事态的发展，通过多方面的决策以及纠偏，最终实现了项目顺利交工。另根据"营改增"税收制度的改变，所在项目物资采购的整体增值税专用发票取得率达到99.6%，进项税额为382.21万元，再次提高了项目进项税抵扣费用。同时执行过程中按照中标价进行实时比控，促使项目的采购价格降低，节约了采购费用，从而直接降低了项目管理成本。

（李桂善）

专家点评：

  这是工程建设中普遍存在的一类典型案例，尤其是地处偏远地区的项目，如果前期不能合理、准确规划好采购计划工作，在后期收尾阶段由于材料需求的不确定因素，会导致成本增加，甚至影响工期。

  本案例中采购人员有针对性地从价格调研、采购方式转变、业务链相关人员执行力提升三个方面开展了扎实有效的工作。首先，根据项目实际情况分析了影响价格的因素并优化招标文件，多渠道了解价格，保证采购价不高于工程量清单的中标价格，有计划地控制成本，以获取最大限度的利润空间；其次，针对不同物资属性，灵活应用多种采购方式，及时支付货款，保障了工程所需物资的及时供应；最后，通过采购管理规则的宣贯、专业知识的培训，提升了全员业务技能，使得采购工作十分高效。

  作为一名合格的采购人员，要有好的职业习惯（成本概念、风险意识、沟通能力以及统筹管理、换位思考），并选择合适的供应商，用有效的条款文件进行约束，给供应商合理的利润，及时支付款项，这样供应商才能主动配合采购工作，及时解决问题，最终实现在不影响企业正常生产的前提下降低采购成本。

7. 原料采购避免"图贱买老牛"

化工生产对原料的要求不仅是成分合格,还要求杂质不超标、不影响生产过程、不影响产品质量。因此,原料采购要跟踪投入产出,做好成本分析,避免"图贱买老牛",实现性价比最优。某氯碱厂通过采购部门与生产部门联合攻关,解决了电化装置离子膜一次盐水系统运行中的问题,优化了原料,提高了经济效益。

该氯碱厂电化装置是离子膜烧碱原料盐水的一次精制系统,采用氯化钡法去除硫酸根离子。自投用以来,离子膜盐水系统生产一直处于盐泥量大、难以清除,盐水质量难控,装置运行时常波动的被动局面。该厂成立了攻关小组,技术、生产、采购部门联合攻关。

起初的分析认为,原盐质量不高是问题的主要原因。采购部门积极配合,加大了优质盐采购量,连续供应优质原盐 1.8 万吨,但问题没有明显改善。基于上年度氯化钡实际供货量高于理论消耗量,采购部门分析认为,可能是氯化钡存在质量问题,进而导致盐水系统运行不正常。

上述分析得到了攻关小组的认同,攻关小组多次开会确定了改进方案。

首先,对样品进行全指标分析。该厂委托某研究院对 5 家供应商的液体氯化钡样品进行全指标分析,从结果看,各供应商的液体氯化钡质量均符合当时的质量指标要求,但核算发现,氯化钡溶液中的钙镁杂质含量对盐水系统的稳定运行有很大影响,这也是离子膜盐水系统多次出现运行不正常的主要因素。

其次,调整氯化钡质量指标。攻关小组提出,重点控制钙镁离子指标,要求供应商按新指标供应原料;生产液体氯化钡的原料盐酸,应使用合成盐酸,不得使用副产盐酸。供应商拿出合格原料投运 5 天后，离子膜一次盐水系统运行恢复正常。

第三，进行氯化钡生产成本分析。液体氯化钡生产的主要原料是钡粉和盐酸。在自然界，钡与钙化学性质相近，难以完全分离。新的原料质量指标严格控制钙镁离子含量，意味着液体氯化钡生产原料必须改变，但会造成生产成本增加。经测算，原用钡矿石粉，碳酸钡含量在 60% 左右；改为碳酸钡粉后，碳酸钡含量为 99.4%。由于原工艺去除钙镁离子生产难度大、产量低，因而单位生产成本高。原工艺每天产生盐泥 200 吨，原料改进后每天产生盐泥降至 60 吨左右。

第四，核定原料价格。原钡矿石粉采购合同价格为 488 元 / 吨，经测算，碳酸钡粉采购价格为 749 元 / 吨，成本增加 261 元 / 吨。通过询比价，最终碳酸钡粉采购合同价格为 740 元 / 吨。

经过 1 个月的生产运行，氯化钡能耗大幅降低。据测算，每年可节约资金 1205 万元，且减少了盐泥外运费用，经济效益显著。

企业原料采购不是简单的价格比较，采购人员还要做好以下几项重要功课。（1）采购人员应经常对原料质量、单耗等进行系统分析，研究原料消耗规律，关注原料需求量的波动。只有贴近生产前沿，才能及时解决原料消耗中出现的各种问题。（2）采购人员应对供应商进行原料质量跟踪，加强供应商考核，重视原料质量标准核定，检验入厂原料质量。原料问题早发现、早解决，以避免造成经济损失。（3）采购人员应研究市场动态，随时掌握分供方的原材料价格，及时核算采购成本；成本分析明细化，把采购价格与使用性能相结合，进行量化综合比较，实现性价比最优，总成本最低。

（齐华）

专家点评：

本案例通过简述一项工艺难题攻关，来说明采办在企业生产运营中应如何介入才能最大限度发挥采办价值，生动而有说服力。

目前一些国有企业的采办人员不了解前端需求的背景，也不愿多了解需求的成因，认为各管一摊，与我无关，来需求就买，把自己简单定位成了只会走流程的机械，对分管品类的采办量波动浑然不觉，导致库存增长或者紧急采购的采办价格较高。

该案例从问题难点、人员组成、措施和效果四个方面进行了说明和总结，充分体现站在企业高度来指导采办工作的必要性和全过程介入物资管理对整体采办价值的重要性。在总结中提到通过使用量进行数据对比，判断生产运营的下一步需求趋势，跟踪采购品类的原材料变化，数据翔实，体现了先进的采办理念，对采办从业人员有很强的借鉴作用。

8. 非标定制设备商务谈判要细之又细

河北某化工企业一车间进行技术革新，需要采购搅拌器。经查询确认北京某大学化工机械学院可以设计与加工此类搅拌器，故派人前往进行洽谈，化机院刘老师进行了接待。

简单交谈后，企业方要求刘老师提供详细的零部件重量清单及报价单，然后双方逐项进行沟通，包括每一项零件的材质、重量、现行材料采购单价、加工后报价及其来源等。而后，根据现行人工加工费取值，估算每一零件的实际成本，最后汇总成企业的可接受价格。因搅拌器为非标设备，故设计单位会收取一定比例的设计费用（多台设备的设计费仅按单台设备设计费用收取一次）。最后分类汇总核算出了设备的总价值。

经过紧张的商务洽谈，化机院报价39万一台的设备被议价为裸价30万左右一台，降价接近25%，其中的一台增加了设计费用。

最终，双方在"此事仅为初次合作，未来合作前景广阔"等的友好气氛中完成了这次采购洽商。

回到企业后，采购部对这次采购商务谈判工作进行了分析，得出了以下非标定制加工设备商务谈判的经验和体会。

一是要采取详细的零件分解报价法，这样能让采购人员清楚地知道设备的结构及运行原理，能找到降价的可能空间。

二是非标定制加工设备采购必须详细研究零件分解报价单，这样能让采购人员在谈判过程中立于主动地位，既能控制质量，又能合理控制价格。

三是成批非标定制加工设备采购商谈时一定要注意设计费用项的列支，以避免重复支出，花冤枉钱，给本企业造成不必要的经济成本。这是采购人员在采购中尤其应注意的（该企业曾有无经验的采购人员采购同一型号的非标定制加工设备几十台，居然台台都列支了设计费用）。

之后，以与化机院合作等典型案例为基础而制定的非标设备制造加工商务谈判规范和要求，被广泛应用于与其他供应商的合作中，为企业节省了大笔费用。

（张辰亮）

专家点评：

非标设备（尤其是压力容器及配件）的采购一般采取吨单价报价方式，成本加利润报价方式应用较少。这类物资的采购主要采取单一来源的谈判方式，以便于买方了解成本后做出合理定价，但对买卖双方谈判人员要求较高，需要谈判人员对设备结构、加工工序、原材料价格、运输价格、税金政策都有清晰的了解。按照这种方式谈判，产品价格的合理性更容易分析准确。

本案例有以下三个亮点：一是联合谈判，避免了业务人员单一的缺陷；二是关注重复取费，如多台设备设计费用只按照单台设计费计算；三是后续总结精辟并在以后的实际工作中加以推广应用。

因为是属于单独设计的设备，没有历史价格，采用成本加利润方式作为谈判价格的基础，基价计算方式切入点准确。

这种谈判方式很容易达成双方共识、形成双赢的局面，对于企业采购人员有一定的借鉴意义。

9. LNG 罐内高压低温潜液泵的国产化采购

进口设备具有供货期长、价格高昂、维修成本高、服务不及时等普遍特点，这些设备的引进不仅大大增加了项目建设成本和后期生产维护成本，而且项目建设和后期生产维护容易受国际贸易环境的影响，具有不可控风险。以天然气为例，2018 年中国已经成为世界第二大 LNG（液化天然气）进口国。为响应国家能源政策和环境保护要求，一些重点企业正在规划和建设众多 LNG 项目。国家能源局已将 LNG 接受和液化装置关键设备的国产化列为重点项目，其中，LNG 罐内高压低温潜液泵的国产化为重中之重。

LNG 罐内高压低温潜液泵要求在 −165℃易燃易爆的高危环境下工作，此前全世界只有美国的两家公司拥有此设备的生产技术，从而形成了技术垄断。此种设备我国长期依赖进口的情况，不仅制约了 LNG 产业的发展，而且进口费用达到每台 73.5 万美元，加上后期安装指导、技术培训等现场服务费用，整体引进设备费用每台高达近 75 万美元。而中美贸易摩擦更是让原本高昂的设备购置费用又增加了 8% 的进口关税，且设备供货期达到了 14 个月。近年来，进口罐内高压低温潜液泵价格高、交货迟的问题愈发突出。

江苏某 LNG 项目需要采购罐内高压低温潜液泵 12 台。某石化企业采购中心接受采购任务后，在项目前期就对国内泵企进行了广泛的市场调研，并与供应商进行了充分交流。采购中心了解到，大连某公司是国内研制 LNG 罐内高压低温潜液泵并试车成功的唯一泵企。现在，大连公司已投入巨额资金进入此领域，打破了国外垄断，成功研制出可以替代进口的 LNG 罐内高压低温潜液泵。

经综合比对，大连公司技术水平与那两家美国泵企相当，并且符合项目关键设备国产化的要求。在参考国内同类型 LNG 项目罐内高压低温潜液泵招标经验的基础上，采购中心积极将其作为了投标商。此时，美国的两家企业由于价格无优势而放弃了本次项目投标。采购中心最终向大连公司就本次 12 台罐内高压低温潜液泵以单一来源方式进行了议标采购。

虽然有家国情怀，但采购中心的专业人员并没放松要求。他们组成谈判小组，制定了精准详细的谈判策略，充分了解设备价格构成，同时对大连公司进行了全方位调研，以做到知己知彼。从 2019 年 10 月 24 日到 11 月 8 日，谈判小组与大连公司进行了多次电话沟通及面对面谈判，双方基于良好合作的共同愿望，达成了谈判成果：每台泵价格为 231.4 万元人民币，12 台合计为 2777 万元人民币，以上价格含备件费、运输费、技术服务费、增值税等，供货期为 8 个月。对比进口同类型设备，国产设备采购节约费用 3500 万元人民币以上，比预算节约了 1387 万元人民币。除价格、交货期优势外，国内企业还具有国外企业无法比拟的高效、主动、及时等优势，同时还避免了关键设备及配件受制于贸易摩擦的难题，保障了项目建设和安全生产。

事后总结，关键设备的国产化，除要求制造企业持续加大技术创新力度、不断提升产品水平外，应用企业也要大力支持。对于国产化装备，在满足需求的前提下，应适当降低准入门槛，避免设置"应用业绩"等一些针对性的限制性条款，并算好综合成本账，给国内装备制造企业替代进口创造更多的机会。

（穆道彬）

专家点评：

目前，中国炼化企业在工艺、设备和材料等许多领域已经基本实现了完全国产化，但某些用于关键位置的关键设备材料，往往还需要进口。原因在于，一方面确实可能是国内生产不了，另一方面也是因为许多用户不敢用、不愿用国产产品，导致许多国产关键设备难以突破。中美贸易摩擦让许多人清醒地意识到，在关键设备上过度依赖进口是可能被卡脖子的。本案例中的用户正是为了避免受制于人，同时也为了履行国有企业支持民族工业发展的责任，在LNG罐内高压低温潜液泵采购时，大胆使用国产产品，为国内供应商提供了一次难得的突破机会。

当然，本案例中的采购人员也绝不是仅凭一腔爱国热情就盲目地采用国产设备的，而是基于对该设备的使用环境、技术要求、国内供应商的研发状况、使用风险等方面进行了充分研究的前提下，结合价格、供货周期、售后服务的要求，选择了国内供应商。为确保国内供应商能够满足项目需求，首先，采购方对技术要求进行了明确，使得国外供应商放弃竞争的同时，也可以保证国内供应商能够完全按照技术要求生产出合格的产品；其次，采购方对该设备的价格构成也进行了分析，做到了心中有数，避免了盲目与供应商砍价，尤其是对这种新开发产品，必须保证供应商的适当利润，否则就可能会导致供应商失去后续开发资金的支持，挫伤积极性；第三，与供应商进行充分沟通，基于共同对未来美好前景的展望，双方建立起良好的合作关系，最终实现双赢。可以说，此次采购，无论是在经济效益方面还是社会效益方面，采购方都取得了较好的结果。

在对待国产设备方面，国内用户应该有敢于第一个吃螃蟹的精神，否则，一旦遇到国外供应商无法供货的情况，将无计可施。同时，对国内供应商要有充分的信心，而且对国内的优秀供应商要加强培育，尤其是在初始阶段，要能够容忍产品可能存在的相对不足，通过在使用过程中的不断交流，帮助它们逐渐提高水平。况且，在可预见的时期内，"中国制造"在成本方面仍然会保持一定的优势，完全的产业链、优良的基础设施、合格的技术人员、便捷的交流渠道和方式等，都是"中国制造"保持成本优势的基础。本案例便是对"中国制造"优势的又一次佐证。

10. 气体绝缘开关柜的单一来源采购

2020 年，某大型炼厂产品质量升级项目要新增 6 面 35kV 气体绝缘开关柜。该设备为产品质量升级项目三大装置电力供给中的关键设备，对设备运行的安全性和稳定性要求极高，一旦发生故障将造成装置全面停产，会带来不可估量的经济损失。因此，对于这类设备的采购，炼厂一般会选择国际知名品牌产品。

本次 6 面 35kV 气体绝缘开关柜，就是要在已建成运行中的某国际知名品牌的外资公司所产开关柜基础上进行扩建。由于受产品结构尺寸、预留空间有限等因素限制，其他厂家产品无法直接拼接和安装，所以无法采用招标方式采购，必须按照惯例向现运行开关柜的制造厂通过单一来源方式进行采购。

单一来源采购是一种非竞争性采购方式，这种采购方式下，买方自始至终都会处于不利地位，而且本次将面对的是一家国际知名品牌外资公司，可以说它既是强势公司又处于强势地位，要想获得有竞争力的价格难度很大。所以从采购一开始，采购人员的心理价位较高，都认为本次采购的价格较前期通过招标方式获得的现运行开关柜的价格高是正常的，对用讨论达成谈判期望价格没有信心。

面对如何进行谈判，如何获得期望价格的新问题，采购部经与专业部门领导讨论，对本次采购进行了认真深入的研究。最终的结论是：鉴于该外资公司与炼厂有较长时间的合作关系，本着实事求是、有理有据、开诚布公的态度进行谈判，还是有希望获得期望价格的。

基于这种认识，谈判小组达成以下谈判策略并贯彻到了实际工作当中。

一是与需求部门技术人员沟通，在技术交流时，有意无意传递单一来源采购的严格管理要求，以及价格因素对能否通过审批的影响，让这一压力间接传递给供货商，同时摸底对方价格意向。

二是通过对采购产品近年的行业价格变化情况进行了解，发现总体变化不大，对方完全有能力消化部分价格上涨因素带来的成本增加。

三是谈判人员与对方开启谈判时，先着力传递当前疫情和国际低油价双重冲击给炼油企业带来的经营压力，希望双方立足长期合作，相互支持、携手并进。然后亮出底牌，直接给出炼厂本次谈判价格，不让对方产生还有讨价还价余地的想法。

四是进行全方位、多层次商谈，不仅找到对方与此项目有关人员，并将信息传递到其高层人员，且由炼厂品类经理出面多次商谈，让对方意识到炼厂的认真态度和不妥协的立场。

五是采用实事求是的策略，展望行业及区域发展前景，承认对方实力，说明炼厂合作倾向，暗示如达不到炼厂期望的价格，可能会对后续的合作会产生影响。

六是在最终价格接近达成时，由炼厂部门经理出面，再次重申坚持期望价格不妥协的立场，晓以利弊，说服对方最终合作。

按照这种谈判策略，经历多次沟通和努力，最终对方同意将本次采购的 6 面 35kV 气体绝缘开关柜的报价按照几年前大项目公开招标的超低优惠价格保持不变，比市场价格降低了约 32%，达到了炼厂初始制定的期望价格。

事后，采购部会同相关人员进行总结时认为，单一来源采购方式买方自始处于不利位置，获得较优价格难度大，耗费的精力也远大于正常招标，但只要把前期工作做细，全面研判形势，透彻分析市场，并找出对卖方有利的事项，采用合理的策略，本着相互尊重、双赢共进的态度友好协商，终会有满意的结果。

当然，在采购活动中，还是应当尽量避免采用单一来源的采购方式。

（任真华）

专家点评：

目前在企业中，独家和指定采购还是存在的。但是，要看所需采购设备供应商是否确实具备独家条件。同时，提出独家采购的生产单位，要有独家采购的理由，并按照企业独家采购审批程序进行审批，要有采购预算，方可提报需求计划。

在本案例中，该采购单位在独家采购情况下，对商务谈判活动事先进行了深入研究，并制定了操作的办法和方案，把谈判的目的、谈判的方式、谈判的要点、谈判的技巧都考虑到了，这点是非常好的。谈判人员事前做足了功课，为商务谈判的有利开展奠定了基础。

本案例主要有两点值得思考：一是对于独家采购问题，要从企业采购管理入手，从源头抓起，要有具体的管理规定和限制，不能以各种理由来回避采购的公平性和合理性，这不利于供应商管理，更不利于采购降本增效；二是对采购部门来说，采购人员要提高自身的业务能力，主动与企业生产和技术部门多交流，从而深入了解和掌握关键设备的运行和质量情况，在考虑全生命周期基础上，提出自己的采购建议。

11. 双壳体油浆泵的国产化采购

北方某炼油厂欲对其催化裂化装置进行技术改造，其中所需的催化油浆双壳体泵（简称油浆泵）因其工况苛刻，故可行性研究报告批复，采用两台美国 A 泵业公司生产的油浆泵，给采购部门的采购时间是 12 个月。

采购部门接受任务后，进行了认真分析和比对，确定并采取了八项措施，最终圆满完成了此项采购任务。

一是围绕保供降本，力推油浆泵国产化。可行性研究报告批复采用的两台进口油浆泵只有美国 A 泵业公司有业绩，是独家专利产品，故此采购部门对该类油浆泵的国内制造厂情况以及炼油厂的使用状况进行了深入市场调研。

二是在初步设计数据还未完全提供的情况下，采购部门通过多种渠道搜集此类泵的相关数据信息，也对同规模催化裂化装置油浆泵业绩情况进行了全面收集。通过信息收集调查，他们了解到山东青岛与海南、湖南等地的同规模炼油装置中，类似工况稳定运行的这种油浆泵都是美国 A 泵业公司的产品。江苏和广东某些炼油厂虽然订购了国产化双壳体油浆泵，但并未投用，由此采购部门看到了双壳体油浆泵国产化的可能性。

三是为寻求技术支持，采购部门组织使用单位人员到陕西某炼油厂考察。该厂现正使用浙江某泵业公司的产品，油浆泵工况类似，而且生产运行平稳可靠。该炼油厂装置每年停工大检修一次，单台油浆泵连续运转周期可达一年。两次停车例行解体检查时，油浆泵各主要零部件无明显损坏，叶轮、主轴、衬里抗冲刷效果很好，各配合尺寸符合标准要求。由此考察人员初步判定浙江某泵业公司生产的双壳体油浆泵可以满足装置工况要求。

四是采购部门将考察情况及时向有关部门汇报，正式提出了两台油浆泵由国外采购转为国内采购的建议。该建议得到企业的重视，在基础设计审查时，经专家充分论证，确定将原进口两台油浆泵调整为进口一台、国产一台。

五是找出差异，多家对比，做好商务准备。该催化裂化装置双壳体油浆泵主要工艺参数——介质：油浆（含催化剂固体0.5wt%）；温度：350度；流量：1090/h；扬程：120m；必须汽蚀余量：3.9m。因该设备输送介质中所含的催化剂固体颗粒对设备冲刷严重，同类装置中全部采用进口泵。

（1）针对这种状况，采购部门具体做了如下工作。采购部门向国内技术实力最强的大连、沈阳、浙江等地的泵业公司发出技术询价。该油浆泵输送的介质温度高、含催化剂固体颗粒，对泵的过流部件冲刷、腐蚀严重，经过充分调研，大连、沈阳等地泵业公司均无适合产品。

（2）经多方联系得知江苏某炼油厂与浙江某泵业公司签订采购合同的油浆泵，与本企业要求的介质、温度、流量、扬程、材质、转速、效率、必须汽蚀余量、功率等指标最为接近，有极高的技术指标参考价值。

（3）采购部门利用企业价格系统查询类似产品，进行比对，并咨询进口泵业厂家价格构成。参照江苏某炼油厂的合同价格，按照本企业的供货范围，还原价格为168万元/台，采购部门考虑到本次采购中对汽蚀余量要求苛刻等因素，测算价格为180万元/台，并以此作为预算参考价。

六是竞价采购，最大限度降低采购成本。经采购专家会审确定，油浆泵采购采取国内外询比价方式，以进口价格和预算参考价作为参考，与浙江泵业公司进行商务谈判。经过两轮激烈的谈判，浙江泵业公司报价由286.51万元/台降至成交价170.3万元/台（扣除衬里备件价）。而那家美国泵业公司的离岸价为90.779万美元/台，折合人民币为641.958万元/台（扣除衬里备件价）。

七是美国油浆泵效率67%、轴功率517kW、配套电机功率600kW；浙江油浆泵效率80%、轴功率414.7 kW、配套电机功率560kW。对比可知，国产油浆泵效率更高、功率更小，仅电费每年就节约十几万元。另国产备件价格仅是进口备件价格的 1/3，从而节省投资 472 万元，且交货期进口为 13 个月，国产则为 8 个月。

虽然本次采购最终锁定为国内外各采购一台，但采购部门不迷信进口产品，通过出色的工作，摸清了所需采购物资的国内外市场情况，为今后企业的国产化采购工作提供了可资借鉴的样板。

（安力）

专家点评：

在本案例中，采购人员的主导思想是争取设备国产化，不迷信进口产品，这一点是值得肯定和称赞的。在国产化采购工作的推进中，还应遵循科学采购、理性采购，并作为这项工作出发点和立足点，同时要不厌其烦、循序渐进地进行市场调研和数据搜集，以找出依据，顺利实现设备国产化。

国产化替代工作，从用户角度说，首先要完全或者部分满足产品技术性能的使用要求，最好能安全、稳定、长周期、满负荷优质运行。这就需要从技术上反复验证其静态性能和动态性能的安全性、可靠性等技术经济指标，提供技术试验和实证结果的有效支撑，因此采购方的技术人员和商务人员需全程密切配合。在攻关替代时，对产品性能可能存在相对不足的风险，要充分论证，做好应对预案，互相容忍和分担风险。

国产化替代，不是盲目地采用国产设备，首先，要对该设备的使用条件、工艺技术要求、国内供应商的研发情况、试用情况、使用风险等进行充分的交流和调研核实，结合价格、供货周期、售后服务等要求，引入适当的竞争机制，选择能够满足项目需求的供应商；其次，采购方对所需设备的价格构成也要进行调研分析，避免盲目与供应商砍价。这样做既节约了采购成本，又节约了运行费用和维护费用，同时还减少了备品备件的采购费用和储存费用，而且还保障了交货期，为工程施工进度赢得了主动。

采购部门的工作触角应该延伸，从项目批复和初步设计阶段就应积极参与其中，及早掌握主要设备的情况，对设备的白图和技术参数做到心中有数，为长周期设备技术交流和备料打好基础。

"打铁还得自身硬"，采购人员也必须不断学习专业知识，掌握更多专业技能，从而吃透技术，熟识产品，说话才有分量，有理有据的建议才能有力度，也才能为企业的国产化采购制定有效的策略和方案。

12. 巧妙"过桥"降本增效

在物资采购中,一般企业都希望工厂直采,即直接与制造商合作,但是贸易商也有存在的价值:它们在买方与制造商之间发挥着"过桥"的功能,即在多品种物资的采购中,解决双方在合同条款分歧、付款分歧、合同执行方面的矛盾;同时,也可以归拢边边角角的物资采购,具有一定经济实力像"超市"一样为买方囤积常用物资,解决买方零星采购需求,有时还可以垫付资金。这已成为企业普遍认可的最直接、最有效的为解决零星采购、品类繁多物资同批次采购的有力措施。

其实,与贸易商合作存在三大弊端:(1)对贸易商后面的制造商的产品价格,用户无法直接议价;(2)对货源一致的销售渠道,贸易商与制造商产生默契,制造商在"工厂价"处为该贸易商中标保驾,给其他贸易商的报价高于该贸易商,其他贸易商容易成为询价的"陪榜";(3)贸易商之间也容易有围标。

但在这个方面,A集团有得天独厚的优势,因为A集团不仅拥有一批生产企业,还有一家实力雄厚的贸易商J公司,可以成为自己集团企业的"桥"。

恰逢A集团内甲、乙、丙三家同类型企业要同时采购化验室仪器,利用J公司横向打包采购便顺理成章地得以实施。

这三家企业的仪器采购需求经整理后共计23个采购包,再经合并同类仪器、相同供应商短名单后,减少为18个采购包,合计采购总金额1000多万元。三家企业联合将18个采购包整理为一个采购合同,按照单一来源向J公司发标。再由J在A集团采购业务系统中发布18个标包,按照每个标包技术、商务合格的标准,根据买方参与谈判得到的最终制造商工厂价计算,J公司收取最低的过桥费。

J公司注册地址为中国香港、深圳两地。由于本次进口仪器较多，J公司充分发挥香港公司的优势，使外汇支付、境外合同谈判以及协调境外人员服务更为便利。且制造商甲与J公司已经顺利合作过4年，进口仪器通过J公司对外集采，流程标准化，合规合法，价格合理可控。

按A集团过去的采购业务模式，单台仪器量少金额低，生产商多为库外供应商，每台仪器都先要进行资格预审再进入采购，最快需要两个月完成任务，且人力资源不足，任务重、时间紧、精力有限，不能满足进度要求。而使用贸易商J公司，各企业的采购人员只参加核心工作，进而大大提高了采购效率。而且三家企业化验仪器联合采购，由于同类型物资的数量变大，有一定规模效应：增加了数量，利于提高制造商报价的积极性和竞标意识，并且可以利于用"量"降低仪器的工厂价。

对于J公司来说，通过本次仪器采购，能让其在仪器采购阶段提前锁定中标制造商资源，可以成为仪器使用一段时间后各企业在用同种仪器的专用备件的框架供应商（专用配件及返厂维修服务均向原中标供应商单一来源采购），得到了仪器运行的后续合同机会，供应商也有很高的积极性。

此采购模式被A集团推广使用后，J公司在制造商处的采购量增大且稳定，获得的工厂价越来越低。若为使用"桥"（渠道）销售模式的制造商服务，还可通过获得该制造商的授权，成为制造商对A集团所属企业销售该产品及配件的代理商，取代制造商的区域代理商在A集团的使用，获得更低的工厂价。

如此算来，一举三得：一是A集团提高了集团采购的整体效率；二是J公司拿到了较多业务，在采购时增大了话语权，并形成了业务的良性循环；三是企业内部实实在在地降低了采购成本和采购风险。

（林杨）

专家点评：

实验室仪器仪表采购工作零星烦琐，制造商很少面对直接用户签约，在工作时确实需要多动脑筋想办法,既要压缩成本,还要规避资金风险。

本案例中所说的是通过采用与内部一家贸易商合作解决零星实验室仪器仪表采购问题。集团充分分析了通过该贸易商采购的各项利弊,尤其提到贸易商利用规模优势获得制造商的更多让利和话语权,从而减少集团该类采办上的人力需求及合规风险的有利之处。

本案例也说明了几个问题:一是通过贸易商采购不都会增加成本,有的对需求方是有利的;二是要单一来源长期与该贸易商合作才能出效果,A集团的优势是贸易商为内部单位,无论从风险规避及合规方面都不存在问题;三是合理制定采购策略,拓宽渠道,减少一单一询,就能在采办的三大要素即时间、价格、质量上占尽优势。

13. 国产化特材替代效果佳

国内某化工企业装置中关键设备及内件是选用美国一家公司的特材加工制作的。前些年，中美关系相对平稳，虽然美国公司供货条件苛刻，如价格高、供货周期长、必须付足百分之百的货款才下单等，但尚能按合同交货，该企业每年维修用材不受影响。

近年来由于中美关系的变化，加上今年以来疫情的影响，从美国进口材料越发困难。同时随着国内科技水平及生产力的进步和提高，国内该特材的生产水平有了显著提升，产品的理化性能、抗腐蚀性能、机械加工性能达到了美国材料标准，且目前国内部分相同装置已经在使用国产特材。所以不论是从采购渠道还是从降本方面考虑，推进该材料的国产化势在必行。

基于上述情况，该企业经研究讨论确定，利用2020年大修机会在二期装置设备上安装少部分国产材料加工的内件，进行一个大修周期的国产化试用。

其实，很早之前，该企业便自上而下致力于推动特材国产化。自2018年中美关系发生变化时，他们积极稳妥地加快了特材国产化的步伐。

一是经过多次技术交流之后，专门组织走访调研了国内特材生产龙头企业及有使用业绩的生产企业，了解其原料的来源、生产过程的控制、产品的检测等情况。

二是在装置中进行了挂片试验。试验数据表明材料的抗腐蚀性能满足企业使用要求。

三是根据试验数据，组织特材生产厂家、特材使用及技术管理部门、设备加工单位进行研讨，最后决定先加工少部分进行试用。

四是材料到位后，设备加工单位取样送到具有检测资质的单位进行检测，合格后再开始加工。

五是利用2020年大修机会在二期装置设备安装进行一个大修周期的国产化特材试用。

针对试用中存在的风险，企业做好了充分的准备。风险防控的措施主要有：理论上充分研究和论证，得出可行性结论；实践上进行挂片试验，试验数据能够满足使用要求；先用少部分特材在装置上试用，成功后推广，如试用不成功，对现行生产也不会造成影响。

最终，国产化特材成功运用于设备之中，并安装完毕，开始运行。据测算，国产化特材试用成功后，相关设备的加工将全部采用国产化特材替代原美国特材。由此，材料采购成本降幅接近50%，节约资金上千万元。在大幅降本的同时，也拓宽了采购渠道，打破了因国外公司独家垄断而受制于人的局面。

由此得出结论，一般情况下，企业的生产部门往往因其保证生产装置安全稳定运行等的固原思维倾向于使用原来成熟的东西，不太愿意主动寻求改变，只有当外部环境条件发生变化了，才被动应付。其实，只要各个部门共同努力，做好调查研究，本着实事求是的精神，做好风险防控措施，在进口材料国产化方面还是大有可为的。

（徐国仲）

专家点评：

由于中美关系发生变化的原因，目前美国出口到我国的产品关税绝大部分上涨15%以上，从而导致我国企业尤其是使用美国产品较多的企业，生产成本大幅提高，由此各企业也纷纷在寻求原美国产部件的国产化替代方案。

  本案例描述了企业对美国产的关键设备及内件采取国产化资源的情况。在整个过程中通过逐步试验和少量试用国产特材、加强材料的质量检验等手段控制生产安全风险，很好地完成了保供及降本增效任务。案例中也详细介绍了具体实施方案及风险防控，说明在国产化推行过程中既要打破固有思维，还要注意化解风险，这样才能稳步推进，收获好的结果。

14. 供应商中标后更改配件型号

某国企大型化工项目在其仪表采购中，供应商中标后要求更改部分仪表配件型号，从而引发了一系列问题和思考。

国企的采购流程需严格的执行国家规定和企业规定，招投标程序繁复，流程比较长，一个合同从上报招标文件到合同签订，短的要 2~3 个月，长的要 6 个月。在上述事件中，企业从整个工程建设项目的大局和进度计划考虑，经过慎重考虑和研究后同意了供应商的部分要求，在满足基本使用要求的情况下可以选用低标准型号仪表配件，这样实际是部分降低了质量要求。

在招标阶段该供应商曾书面表示完全响应标书，但在后续谈判中供应商却提出了不同意见，其理由竟然是：投标时没有看清。如果完全满足供应商要求，则 100 多套仪表将全部改为同样品牌的低标准型号仪表。此次招标文件中的仪表的市场价为每套约 8000 多元，而该品牌的能实现基本使用要求的低标准型号仪表，其市场价每套仅为 3000~5000 元，两者每套相差 3000~5000 元。

出现这种情况的原因是复杂的，但最终还是因利益所致。为了避免再次出现此类情况，企业深刻总结了经验教训。

一是应做好供应商管理工作，不仅要筛选合格供应商，还要对供应商有合理的评价，并对其进行严格的分级管理和合作。

二是在招标时应做好技术规格书编制工作，设置合理的投标人资格要求，在赋值权重细则的制定、合同条款设置、合同履行风险规避、调价机制等方面进行综合考虑，尽量选用实力强、技术高、质量好、信誉佳的供应商。

三是应做好澄清工作，对供应商关心的问题及时解答，引导供应商合理报价。

四是应做好与供应商的沟通工作，对于关键核心设备采取驻场监造的办法，派出专业人员对其质量进行监督，把好出厂关。

五是应充分利用国家政策。现在国家不再提倡最低价中标，企业在招标时不再以最低价作为评判依据。供应商可以在投标时报出合理的价格，如果能够保证有一定的利润，它们就可以把重心更多地放在细节上，以保证供货的质量，全面满足用户企业的需求和要求。

（赵代胜）

专家点评：

采购策略拟定及招标文件评审标准可以说是采购环节中至关重要的两个环节。哪一类物资适于什么样的采购方式，会直接影响采购完成的效果和效率；评审标准的设置是否科学，会对招评标结果及合同执行影响至深。

本案例中，通过列举一个中标供应商在中标前后对配件型号的选用发生变化的情况，总结出招标采购策略和招评标文件拟定所需要重点关注的经验教训。

成套设备或者仪表，现在基本上都由供应商按照设计单位的边界条件及性能指标进行设计，再经设计单位确认后进行制造，中标人完全可以通过设计过程来控制成本，但是不能牺牲其性能，所以其采购策略及招评标文件拟定不能简单视同于标准型号的物资采购。对这类物资的采购，首先在策略上一定要实行综合评标价法，因为设计选型结果直接与其成本及质量挂钩；其次，招标文件的评审标准和投标要求一定要写细、写全，因为这类物资的招标容易让投标人钻空子；最后，要做好招标前的与潜在投标人的技术沟通工作，使投标人明确知晓本次采购的主要物资的性能及要求。

15. 不要让供货质量影响工程进度

某大型化工建设项目的钢结构因供货质量不好，致使工程建设延误工期，造成了较大损失。

该项目的建设单位属于国企，项目的采购流程非常严格地执行了相关国家规定和企业规定，钢结构采购也是遵循这一原则进行了公开招标。为了招到经济实力大、技术水平高、交付能力强的钢结构供应商，业主对招标的条款设置费尽心思，在技术方面提出了各方面都比较合适的要求，评标时也选出了完全响应标书的供应商。但令人难料的是，从钢结构供应开始，供应商便出现了一系列问题。

首先，到货钢结构匹配度不好，无法顺序安装。钢结构的安装是按照一定顺序进行连接安装的，如果其中的一块缺失，则与它相连接的钢柱和钢梁就会出现偏差，严重时甚至造成无法顺序安装。由于供应商发来的钢结构没有严格按照顺序，造成施工单位不得不在施工过程中停下来等顺序钢结构。

其次，钢结构到货后，发现一些钢结构上连接板未焊接，并且单独发送的连接板缺失。钢结构安装是依靠在连接板处加螺栓来实现的。如果缺少连接板，则钢结构无法连接成型。于是，项目管理人员和施工单位不得不经常陪着供应商满现场找连接板进行安装，以解决后续施工问题。

第三，钢结构螺栓孔位置经常有偏差，需要重新开孔。在现场钢结构进行组对时，经常发现连接板螺栓孔对不齐，或者螺栓孔对齐连接后钢结构组对有偏差，甚至有的连接板无螺栓孔。故此施工单位不得不对连接板的螺栓孔进行定位后扩孔或重新开孔。在设备安装就位时，也经常发现设备安装螺栓孔位置不对或未开孔等问题，给工程建设造成了很大困扰。

由于上述问题，造成了施工进度缓慢和窝工现象，最终延误了工期，给项目建设造成了很大损失。这些问题的出现，原因可以归结为以下几点。

一是供应商责任心不强，服务意识差。现在的供应商在中标后普遍有内心放松的情况，认为只要中了标就大功告成了，所以在合同到手后就对交付设备的质量放松了警惕，服务意识也放松了，完全没有了投标前的积极心态。另外，现在是钢材价格比较高的时期，处于卖方市场状态，供应商心态发生了变化，重视度不够，服务也跟不上。

二是供应商对图纸深化的技术水平有待提高。供应商为了降低成本，经常将采购图纸交给一些技术水平不高的设计单位或者直接交给工厂没有太多经验的技术人员进行深化，这就容易造成供应的设备或材料出现质量问题，甚至发现问题后也没有能力进行解决。

针对这个案例，总结的经验教训有如下几点。

一是招标时要设置合理的招标条件，尽量选用经济实力雄厚、技术水平过硬、业内口碑好的供应商。

二是加强采购方和供应商之间的联系，采购方需经常性地了解产品生产情况、对供应商进行指导、检查和监督供应商的产品制造技术和产品质量。

三是必要时采购方需采取驻场监造措施，派出专业人员对产品制造过程和产品质量进行全程监督，把好制造关和出厂关。

（赵代胜）

专家点评：

在本案例中，供货质量问题有几个方面需要注意。一是应强调技术交流和技术谈判。在交流过程中，应把物资技术性能，特别是交货状态和交货顺序——说清楚，并强调安装顺序要和交货状态、交货顺序相匹配。二是钢结构是工厂化制造，应该把组合件总成好，连接件应该分为通用和专用两种，专用的要做好标识，便于向施工现场有序发货和施工安装便利，尽量减少不必要的现场工作量。三是供应商在发货时，应按照设计和技术协议要求做好产品核查，检查发货数量与清单的一致性。一定要提高工作的责任心，避免给采购方造成额外损失。四是要做好供应商选择工作。要看供应商的设计或设计转换能力、装备制造能力、材料进厂质量控制能力、制造水平、企业信誉、售后服务的态度和能力。另外，采购方还需要考虑采购方式的选择，如框架协议采购等，以减少繁杂采购。

16. 智能化远程异地评标

几年前,小李所在的单位对传统招投标的方式进行了全面梳理,思考解决相关弊端的对策。传统招投标采用现场纸版标书售卖、纸版投标文件递送。潜在投标人无论是在买招标文件环节还是投标环节均需派代表前往招标机构,尤其是外地的潜在投标人,每次投标都会在上述两个环节投入较大的人力物力。

对于小李来说,每次组织招标不仅是智力的历练,更是体力的考验,为了提高评标效率,招标文件一般要求(一正四副)五份标书(技术+商务),尤其是遇到潜在投标人众多的框架招标,几十家投标人的技术和商务投标文件累计搬运量就会重达几百千克。每次组织框架招标,对于招标机构来说都是一次大考,从标书的售卖、人力组织安排、投标人的接待、纸版标书的分发、价格分的计算、评标分数的汇总核对和开评标资料的保管储存,每一项工作量都很大,都要精心策划、有序实施,避免产生差错。

2018年,小李所在的单位开始使用电子招标投标平台开展招标业务。通过电子招标投标平台,潜在投标人可以直接购买获得电子版招标文件,而投标文件可在平台上加密上传。在评标环节,招标人代表、评标专家只需到招标机构现场评标室通过登陆平台进行评标即可。电子招标投标平台的应用推广无论是对投标人、招标组织者,还是评标专家,都是福音,既杜绝了纸版招投标文件产生的资源浪费,也节省了外地投标人的时间和差旅成本,同时也减轻了招标工作人员搬运标书的体力劳动,而程序自动计算累计分数避免了人为计算差错。总之，此平台提高了招标各环节的效率效益，评标专家通过网上随机抽取产生，又进一步提高了评标的公正性，真可谓是"智能化的绿色招标平台"。

  2020年初，由于疫情防控需要，现场评标受到一定制约。小李所在的单位决定通过远程异地电子评标方式完成评标。在评标阶段，利用网络会议软件创建云会议室，招标人代表、评标专家等皆可通过账号和密码登录，进行远程视频连线，解决了评标会议过程中的沟通问题。但对于有些资金来源、投资渠道不适宜在现有平台执行的项目，考虑、研究快速搭建合法合规、切实可行的远程开评标措施。开标时，投标人可以选择不到招标现场而通过网络参与开标。开标结束后，招标机构将招标文件、投标文件、澄清等上传至专门的企业网盘专区并共享，招标人代表、评标委员会成员均可以远程在电脑上浏览。这些措施有力保障了在此期间招标业务的顺利实施。

  疫情防控以来，通过远程异地评标，小李所在的单位已经累计组织完成了招标项目50余项，全国各地的潜在投标人不受疫情影响，无需外出便可以通过电子化招标平台完成招标文件购买、电子投标、网上参与开标。各招标项目所需的承包商、制造商和服务商通过招标依法合规有序确定，为企业复工复产提供了高效的服务，也为企业的发展做出了积极的贡献。

（敬平　田若炫）

专家点评：

  疫情改变了人的生活方式、思维模式以及工作的方式方法，数字化、智能化的招标方式大势所趋，将逐渐替代传统的招标采购方式，各企业需要做好充分准备迎接智能化采购方式的到来。

  传统的招标采购方式成本高，效率慢，招标各环节离不开人对招标程序和评标进度、质量的核实，尤其是跨区域评标，招投双方在时间、费用方面投入较大，招标人需提前筹划招标工作，评标结束后还要对纸制版招标资料进行整理、归档，部分时间消耗在文书层面，未充分体现应有价值。电子招标投标平台近年发展迅速，它依托信息化管理平台，将企业实际招标管理需求嫁接到先进信息技术平台，形成可支持远程化、在线化、可视化的招标采购数字化平台。它打破了传统招标存在的风险，弥补了传统招标的缺陷与不足，使得招标采购流程更加规范、高效，各业务流程无缝连接，闭环管理，加大了数据信息在传递过程中的准确性、时效性和有效性。

电子招标投标平台不仅能够提高采购效率、降低采购成本，同时还可以对以往的采购数据进行记录，利用信息优势，更好地助力未来的采购工作。

17. 降成本与防风险并重的检修

某公司大修在即,其气化厂的两套磨煤机衬板需要更换。公司供应部门接到检维修申请单后随即进行了市场调研,决定实施公开招标,扩大寻源面,充分引入竞争机制,在保证检维修质量的同时达到降本效果。

按照公司招标管理的流程,招标文件必须有完整的检修方案,具备公开招标的条件,开标时供应部门、生产部门、装备管理部门、风险控制部门共同参与,从流程上保证招标的公平、公正、公开。

本次磨煤机衬板招标文件在公司官网公布后获得强烈反响,供应商报价踊跃。开标之后发现有近一半的投标人为新供应商,且报价相比老供应商存在约40%的降幅。

但出于大修各项目时间安排紧凑,从服务态度和施工水平综合考量,稳妥起见,生产部门更倾向于老供应商,而其他参与部门则建议应在对新供应商进行考察调研之后再做定夺。

为此,供应部门对新供应商的企业资质、业绩能力等重点进行了考察。在详细调研及反复论证的基础上,供应部门再次召集开标参与部门围绕三个方面对新供应商的报价方案进行了讨论:一是方案是否达到了降本的目的;二是方案是否存在风险;三是如何去降低或防范风险。

采用以上"三步分析法",与会人员进行了客观讨论,最终达成一致:由低价的新供应商实施衬板更换项目,采用验收达标付款及质保金的合作模式,并对施工周期进行严格的约定且制定考核方案,最大限度降低公司风险。

新的招标方案确定后，顺利进入实施阶段。目前，磨煤机衬板更换项目施工已全部完成，施工期间供应商的技术水平和服务质量均达到预期效果，开机后设备稳定运行。而且，项目成本降低了42%。

供应部门事后分析，得出了以下两点启示。

一是这个案例并非个案，生产部门在选择检修单位时往往倾向于老供应商，因为双方合作时间长，老供应商对现场条件熟悉，对各种突发情况应对自如，能够减轻生产部门的工作量。然而这不符合公司精细管理和降本增效的要求，长期局限在几个供应商中会导致价格异常、成本增加。供应部门的公开招标恰好对此进行了有效弥补。通过引入新鲜血液，达到充分竞争的目的。

二是降本增效并不是哪一个部门的独立战斗，需要供应部门与生产部门、装备管理部门、风险控制部门等密切协同。多部门共同考察供应商、讨论招标方案、选择合适供应商，才能最终实现降本增效、防范风险的目标。

（马峰）

专家点评：

在物资采购时，生产企业的技术人员一般会更倾向于老客户，这是符合人类行为法则的，因为人都倾向于与更加熟悉的人合作。这是企业采购时的通病，采购人员也正是在这种情况下要说服生产技术人员共同面对市场，共同寻求更有竞争性的供应资源，才能实现企业利润的新增长。

本案例十分典型，其中"三步分析法"对其他企业类似采购业务很有借鉴作用。

18. 充分技术交流确保招标准确度

目前石化行业环保提升项目成为投资项目的重点，与环保达标减排相关的新技术和新设备如雨后春笋般出现，给相关项目的设备采购工作既带来了丰富的市场资源，也带来了技术选择的难题。

以 2019 年山东省某炼油企业污水深度治理项目为例。为实现外排水水质满足新的排放标准要求，需增设 2 台浅层介质过滤器。为此，建设单位根据设计资料的技术要求发布了招标公告，对浅层介质过滤器提出了明确技术要求。招标公告发布后，有 5 家单位报名参与投标。根据产品技术性能和工业应用业绩情况，基本条件审查合格单位有 4 家单位，于是按计划组织了开评标工作。开标后却发现，虽然投标产品均能满足招标文件的技术要求，但由于各投标单位所提供产品的结构、材质、型式等不同，导致占地面积、重量和报价均存在较大差异。由此评标委员会一致认为对于此次开评标工作无法给出推荐意见，建议单位与报名参与投标单位加大技术交流深度，明确现场条件要求。建设单位根据评标委员会建议，重新整理细化了技术要求，并与报名参与投标单位到施工现场，根据现场安装空间情况，对浅层介质过滤器的设计滤速、自动反冲洗频次与用水量等技术条件确认了适用范围，之后重新组织开评标工作并取得了圆满结果。虽然采购工作最终满足了项目技术要求，但因为二次招标导致供货进度比计划推迟了 1 个月的时间，最终还是影响了项目总体进度。

从上面这个事例可以看出，招标前期相关技术交流不够深入全面，是导致开评标工作未完成预期目标从而影响设备供应和项目进度计划的根本原因。

随着石化行业污水处理提标及 VOCs（挥发性有机物）治理、固废资源化利用标准与要求的不断提高，环保治理项目处于密集实施期，且大多数项目均提出了明确的时限要求。因此，建议建设单位在设备采购过程中应重点强化技术交流的深度和广度，以进一步提高设备采购工作质量和效率，更好更快地满足项目建设的需要。

（齐心）

专家点评：

　　公开招标作为最公平的也是目前国家最为倡导的采购方式，确实在降低采购成本、公平性方面比其他采购方式有明显的优越性，但对招标人的招标文件准备工作及采购前期对市场的掌握性方面，均提出了更高的要求，尤其是复杂的设备或服务的采购工作。如果中标人制造实力、经营能力，与招标项目实际要求相差甚远或"驴唇不对马嘴"，将会对合同的后期执行隐患无穷。

　　现在很多招标人为了赶进度，在设计单位出具询价资料后也不了解市场，或者进行充分的交流和沟通就发标，导致招标失败的例子屡屡发生。俗话说，欲速则不达，大道相同，采购也是一样。采购价值的体现不仅是采购成本低，还有质优、合同风险最低，这也是一个企业综合实力形成的必然要求。

19. 电机保护器到了寿命期

某公司电气设备交付运行已有 10 年，很多电器已达寿命期限，开始出现故障和问题，尤其是电动机保护器，频繁出现故障，造成电机跳停。这些在役的电动机保护器均为 10 年前的产品，用零星采购原型号进行更换的办法已无法满足生产需求。

根据这种情况，公司采购部门将电气设备的更新纳入采购计划，并进行了市场调研。一方面寻找主流产品市面上的知名厂家进行业务交流，另一方面在网络招标平台发布招募信息，以吸引多家供应商合作。同时，用时一个月，对公司片区内所有电动机保护器的数量和运行状况进行梳理统计，确定更换数量和质量要求。

基础工作完成后，采购部门立即邀请相关供应商到厂做技术交流，并对这些供应商的资质进行全面审核。几轮下来，最后筛出 5 家满足要求的供应商以作备选。之后，公司各部门根据交流内容，对招标技术文件重新进行修订，如选用分体式保护器，方便安装、维修，减少备件库存；增加通信接口，为后期后台连接做预留；要求提供检测软件，定期对保护器进行检查；采用框架协议方式招标，主动对片区内所有到限保护器逐步更换，等等。

根据公司采购规范，经过招标和比价，公司采购部门最终选择了一家最优性价比的供应商并与之签订了框架采购协议。新的供应商不仅中标价格相比原型号价格降低了 21%，而且还提供了优质的改造服务及技术支持。在 3 个月的时间内，供应商主动对片区内 400 多只电动机保护器进行了整体更换，从而保障了生产的稳定运行。在后期的维护中，采用电动机保护器主体、操作显示器、电流互感器分体组合的形式，结合检测软件，使检查更加便捷，电器更换更加方便。

事后，采购部门对此进行总结后认为：（1）随着设备运行时间的增加，很多电器产品已经过时，且逐渐老化到达寿命年限，如果采取"坏一只换一只"的模式，不仅耗时费力，而且对企业生产运行也会产生影响，采取主动出击的方式一步到位地解决问题，能够实现设备安全运行，降本增效；（2）长期使用单一型号产品往往会使使用方不了解市场现况，对新产品的认知不足，无法引入合理适度的竞争，无法降低产品价格；（3）采取框架协议采购的模式和应用网络平台，可以引入大量新鲜血液，形成有效竞争，从而达到既降本增效又降低风险的目的。

（胡彪）

专家点评：

在大数据、系统化工作的今天，企业生产运营期的采购可以轻松找到需求的规律，从而更好、更科学地拟定采购策略，寻找社会资源。

本案例的出发点很契合新形势下对采购科学化的新命题，其中采购人员通过发现生产问题而提前介入需求管理，之后寻找资源并组织技术对接交流明确采购标的物的技术方案，制定框架招标方式的更有竞争性采购策略，这样招标结果必然是获得有竞争力的价格和更优质的服务，是采购前期组织周密而水到渠成的结果。目前有些企业只注重技术，认为采购就要按照技术人员的要求买东西买服务就好，忽略了采购人员对市场了解的程度和他们可创造更大降本增效空间的价值。从本案例的过程及结果可看出，采购人员掌握企业生产运营的需求规律，提前介入需求管理，与技术人员形成合力共同采购，对企业来说是另一个值得深入降本增效的可拓展空间。

20. 催化剂循环泵供应商吐故纳新

某公司供应部门在不影响公司生产稳定的前提下，积极寻找新的合格维修单位，并充分引入竞争机制，在保证检维修质量的同时达到降本效果。

供应部门在 2020 年的催化剂循环泵维修项目中，积极引进新维修单位参与竞标。新维修单位的报价较原厂代理维修单位的报价降低了 80%，较长期合作的专业维修单位的报价降低了 60%。

由于催化剂循环泵是公司重要的生产设备，价值上千万，生产部门从安全稳妥的角度出发，倾向于原厂代理维修单位或长期合作的专业维修单位进行维修，对新维修单位的维修能力提出了质疑。为此，供应部门对新维修单位的维修资质、业绩能力等方面进行了详细了解，并邀请其实地查勘待维修设备，制定详细的维修方案，并与生产部门、装备管理部门一起对此论证。

大家对新、老维修单位的维修方案进行了对比：老维修单位采取的是堆焊修复，新维修单位采取的是激光熔覆修复。激光熔覆是指以不同的添料方式在被熔覆基体表面上放置被选择的涂层材料，经激光辐照使之和基体表面一薄层同时熔化并快速凝固后，形成稀释度极低、与基体成冶金结合的表面涂层，能显著改善基层表面的耐磨、耐蚀、耐热、抗氧化等性能。与传统堆焊相比，激光熔覆具有稀释度低、组织致密、涂层与基体结合好等特点。经过对比，大家认为新维修单位的方案更为先进，具备一定优势，唯一担心的是循环泵维修好后的设备总承装配问题。

为确保维修的整体质量，供应部门与生产部门、装备管理部门讨论后决定对新维修单位提供设备总承装配技术支持，以使新维修单位能够顺利进场维修。

目前催化剂循环泵维修项目施工已完成，开机后设备运行良好，本次维修降本幅度达到60%，降本金额在20万元以上。

事后总结认为，公司生产设备的维修单位，经过长期淘汰，逐步形成了几家颇具实力的维修单位包揽的局面。虽然这些维修单位响应速度快、维修质量高，但维修价格也长期居高不下。生产部门出于稳妥考虑，在一些价值较高的重要生产设备维修时，倾向于使用有成功业绩的维修单位及成熟的维修方法，对新维修单位、新维修技术不太敢轻易尝试。但是，随着工业技术的发展，以前一些不成熟的维修技术已逐步成熟，因此我们应该以开放的态度对待这些新兴技术，在进行缜密的科学论证后积极大胆尝试，在促进设备维修质量不断提升的同时，不断降低检维修成本。

（张翊庭）

专家点评：

企业的维保维修工作是生产装置平稳运行的重要保障，而选择合格的服务商极为重要。从服务商管理角度考虑，企业应该注重其优胜劣汰，避免死水一潭，这样对于新技术、新材料的引进有利，也会给企业长期效益带来增长。

在本案例中，企业供应部门联合生产部门和装备管理部门，分析研究了设备运行特点、结构特点、性能指标、材料特性，并通过招标方式确定了新服务商。弃用老服务商、选用新服务商，如此做法有几点益处：一是勇于责任担当，敢于做第一个吃螃蟹的人，对重要设备维修大胆尝试使用新技术；二是对设备维护费用精打细算，对材料使用和价格进行分析比较，找出使用新材料降本增效的突破口；三是能够消除老服务商惰性强、惯性思维重、对陈旧做法依赖性强的现象；四是对企业不断采用新材料、新技术起到了典型示范作用。

案例总评

如何认识采购？有些人认为采购就是简单地花钱，这只看到了表象中的一个点，而实际上，采购对采购人员的综合性能力要求最强，需要其了解本行业、本单位所需采购标的的技术性能、市场情况、价格趋势、技术发展趋势，相关最新法律法规，所在单位的经营规律，财务知识，甚至是谈判过程的心理学，等等。目前市场形势日新月异，无论是企业经营还是技术更新，变化之快令人咂舌。招标、谈判、合同签订和执行，既要与需求方通力协作，更要与供应商协同共进，所以单靠个人及所在单位的力量解决各种各样采购问题，提高采购价值，是不可能的，这些都需要采购从业人员平时不断学习交流经验、相互借鉴，才能更好地体现采购环节对企业的重要性。

很多连续生产的企业，因为各方面原因，技术人员从本位出发，不愿意承担风险及付出更多的精力，从而导致技术僵化，形成采购长期单一来源的局面。这给采购拓展资源造成了一定的困难，该类现象比较普遍。在工程项目建设过程中，大件设备的催交催运也是一个难点，如何找到针对性强的有效催交的"金钥匙"，很多项目采购人员都想知道。当然，还有其他一些关于采购的日常困难问题也是采购从业人员所关心的，比如：单一来源采购谈判怎样才能达到价格合理、互惠双赢？在国家法律法规范围内，如何才能实现招评标结果性价比最优？市场复杂，如何才能确保低价合同执行完好？……

本章立足采购招标、技术交流、招标策略拟定、招评标、价格谈判（适合于竞争性谈判和单一来源采购策略）、合同签订几个方面，广泛吸纳各企业的"高招""妙招"，从如何破解单一来源采购的"顽疾"，到采购过程如何与供应商"交锋"，以及如何科学合理拟定招标文件评审设置确保招标结果性价比最优等，多维度为企业和采购从业人员精选一批案例，分别列举了企业项目中的各类采购难点，再现了攻坚克难并获得成功的过程。其案例生动，拓宽了人们的视野，可使读者从原有固化的理念下延展出采购新思维方式，也为在新时代下如何做好采购执行提出了新见解或可行方案，有一定的参考借鉴意义。

当然，每个案例的经验都有其空间和时间上的局限性，不可能适用于所有的经营企业或所有类别的采购，民营企业和国有企业的采购体系差别较大，连续生产的企业与以项目施工为主的企业对采购的诉求有云泥之别，所以在利用本章案例经验时一定要结合各自的采购类别及环境，才能达到以一鉴十的效果。

企业采购实战智慧

经典采购案例及分析

下

李铁 ◎ 主编

化学工业出版社

·北京·

目 录

下册

第五章　采购执行（后期）

1. 一本手册的魅力　245
2. 超大超限非标设备制造监理　248
3. 付款条件不佳的利弊权衡　251
4. 供应商突发破产清算　254
5. 警惕"贷款担保"引发供应危机　257
6. 深度协同共创共赢　260
7. 特殊材料催交检验　263
8. 甲醛反应器采购　266
9. 甲醇水冷反应器催交　269
10. 锅炉材料硬度测量出问题后　272
11. 服务商服务合同执行期内突然涨价　275
12. 严苛工况见本色　278
13. 空冷器突发泄漏事故后　281
14. 阀门全生命周期管理的八项注意　284
15. 现场卸车发现供应设备出现问题　287
16. 设备状态监控系统提"两率"　290
17. 后补的非标法兰、法兰盖采购　293

18. 采购成套设备应严上加严 296
19. 换热器高品质采购 299
20. 救场的低噪声电机 302
21. 做精品铸就煤制油 10 万空分设备 305
22. 严细高效的催交工作 308
23. 定制化小额度的钢格板采购 311

案例总评 314

第六章　集中采购及数字化采购

1. 节资惊人的框架协议采购 319
2. 集团型企业的框架协议招标采购 323
3. 从分散采购到联合采购 325
4. 采购服务也能用框架协议 328
5. 利用框架协议采购仪表设备 331
6. 保障长周期设备集中采购的四项措施 333
7. 由一单一采到"长协 + 订单" 336
8. 零散物资"分阶段竞价竞量法" 338
9. 商储原油罐的框架采购 341
10. 信息化促采购提效的五大特点 344
11. 智慧型供应链平台作用大 347
12. 全流程智能化的优势与应用难点 350
13. 电子化招投标方式易用效优 353
14. 工程软件及服务的"打包"采办 356
15. SPM 系统高效衔接采购供应链 359
16. "系统当家"促高效采购 362
17. 招采平台令采购化繁就简 365
18. 从钢轨采购看电子招采平台作用 368

19. 通用物料采购的新电商模式　371

案例总评　374

第七章　物资管理

1. 以标准化仓库为起点促物资管理降本　379
2. 智能化推动物资管理精细化　382
3. 我亲历的采购档案管理升级　386
4. 构建企业物资配送新体系　389
5. 物流仓储的智慧化管理　392
6. 推行物资供应链一体化　395
7. 多管齐下降库存　398
8. 优化库存从塑料瓶开始　401
9. 应急物资要能应急　404
10. 大检修，废旧物资"不落地"　408
11. 设备的成品保护马虎不得　411
12. 物资入库质检的"五分类四原则"　414
13. 复合板吸收塔催交有办法　417
14. 货物催交需采供双方互为支持　420
15. 物流运输疏于监管酿损失　423
16. 超限大件设备运输　426

案例总评　429

第八章　国际采购

1. 国际化采购的全流程应对　433
2. 国际采购的物流管控要素　435
3. 国际炼油项目采购　438

4. 因地制宜的境外项目采购组织 441

5. DCS 系统国际采购的四项创新 444

6. 专利技术服务采购六个关键环节 447

7. 全球化应急采购 450

8. 铑金属催化剂采购 453

9. 注意国际招标中的"原产地"规则 456

10. 境外炼油项目的国际工程物流 459

11. 高低压闪蒸罐超限运输 462

12. 引进技术这样集采 464

13. 境外项目大型设备采购方案的地缘因素 467

14. 境外 TSP 项目货物海损索赔 470

15. 境外项目物资采购商务谈判 473

16. 物资采购策略与总成本控制 477

案例总评 480

第九章 采购总结

1. 催化剂运行成本评价方法 487

2. 聚合反应器的国产化采购 491

3. 选择供应商的新老模式之差 494

4. 采购流程中的九条"军规" 497

5. 服务项目采购引入充分竞争 501

6. 工程项目物资采购的五项对策 504

7. 紧固件采购合零为整 507

8. 卖方买方角色互换 510

9. 注意成套设备的外协件 513

案例总评 516

第十章　实战论道

1. 采供双赢：愿望与现实　521
2. 招投标：让我欢喜让我忧　527
3. 质量控制：不能演义三国杀　532
4. 安稳长满优：我心永恒　538
5. 深度协同：共建繁荣新生态　543

后记　感受百花的芬芳　549

第五章
采购执行（后期）

采购执行的后期，主要工作是采购过程控制。过程控制处于物资管理的末端，是采购执行的重要环节，主要是组织协调、风险防控及统筹规划，是企业安全生产运行、高效工程建设的有力保障。

过程控制的主要内容包括：进度控制，质量控制，催交催运，物流（运输）控制，资金控制，合同变更、终止与解除，以及存货管理，包括入库储存、出库配送、物资盘点、现场服务等。

过程控制主要有五个方面的作用。

一是进度和质量控制。进度控制是保证生产和基建按期顺利完成的前提，进度提前或延误，对企业的经济效益会产生极大影响。质量控制是工程建设高质量安装、中交的保证，对保证生产"安、稳、长、满、优"运行起着举足轻重的作用。

二是催交催运，即按照约定满足使用要求和制造工期要求的监督过程，是保证企业生产基建按期顺利完成的主要手段。

三是物流、资金及合同执行。物流执行是照合同按指定目的地安全、保质、按时送达的过程；资金与合同执行主要是指按产品制造过程的技术商务约定，依规依法完成资金支付，最大限度地维护合同的严肃性和完整性。

四是存货管理。指物资使用前检验、入库、盘点、配送出库的储存管理。存货管理的目的是检验物资的质量和数量完整，核准入库、出库的准确性和配送的及时性，合理确定储备定额，加速资金周转。

五是现场服务，指供应商在物资到达现场后，提供安装、调试、培训、质量和技术问题处理等服务，积极配合试车工作，完成开车保运的有关工作（按合同约定）。

本章典型案例：设备材料催交、突发事故应急处置、超限设备制造监理、超限大件物资运输、合同执行后期突发情况处理、供应商质量情况异常处理等。

1. 一本手册的魅力

国内某知名工程公司的工厂检验工程师在设备监造过程中发现,一家制造厂焊接完成的复合板筒节纵缝内表面近缝处复合层及其焊缝的表面颜色不正常,焊缝有明显二次受热的痕迹。此台设备壳体采用复合板制造,基层和复层材料是 Q345R+S30403,厚度是 16+3,纵缝加工单面内坡口;现场产品焊接规程和焊接工艺作业指导书(WWI)规定的焊接次序是:先基层,后过渡层,最后焊接面层,并要求对复层材料和焊缝面层进行晶间腐蚀试验(依据 GB/T 4334—2020 之方法 E)。

在后续的进一步检查中发现,这家制造厂的焊工在焊接纵缝的过程中,严重违反焊接工艺文件规定,在没有焊接完成基层的情况下,焊接焊缝内过渡层和面层,也就是说,焊接完成基层内焊缝后,在没有进行外焊缝清根、焊接的情况下,连续焊接内焊缝过渡层和面层,此后再对外焊缝进行清根和焊接。

复合板焊接过程中,在未焊接完基层的情况下,先将过渡层和面层焊接完毕后,会导致此后基层再次焊接过程中,过渡层和面层被反复加热和冷却,这样会引起许多问题:一是过渡层焊缝内合金元素复杂,含碳量较高(相对于面层),易产生裂纹(即过渡层焊缝金相组织复杂,热膨胀系数相差较大);二是当面层被加热到 350℃至 850℃,缓慢冷却的情况下,其碳原子向晶界扩散的倾向加大,影响其耐晶间腐蚀的能力(视加热的温度和历程而定),特别是有晶间腐蚀试验要求的原材料和焊缝受影响更大。

发现这些问题后，工厂检验工程师立即与制造方的质管人员沟通，一起分析导致质量问题的原因，制定了相应的纠正措施，即焊接前对焊工进行技术交底，让其了解复合板焊接工艺及焊接顺序的重要性，严格按焊接工艺文件施焊，避免再次发生此类质量问题。

这个极易被忽视的焊接次序问题隐患之所以被及时发现和纠正，追根溯源，得益于被这家工程公司誉为"宝典"的《工厂检测手册》。

这本手册的重要贡献者老张是该公司的工厂检验工程师，日常工作职责是驻厂负责公司采购的石化设备监造。老张深知，工程物资质量是工程建设质量的保障，生产设备对生产装置"安、稳、长、满、优"运行起着举足轻重的作用。为了保证设备监造质量，老张严格按照公司的《工厂检验管理规定》开展设备监造工作——审核供应商的设备制造检验试验计划（ITP）、组织召开工厂预检会、按ITP检验质量控制点、跟踪发现的质量问题、按标准在工厂放行设备。除此之外，老张在每次驻厂监造前，还针对设备制造的特点，结合自己与同事以往监造的经验教训，认真编写"设备监造要点"以指导和规范自己的驻厂监造工作。针对自己没有监造经验的设备，老张都会虚心地向同事请教，了解此类设备的制造难点及易出质量问题的环节，提出针对性的预防措施。

鉴于自身监造经历和部分同事对监造工作的困惑，老张向部门经理提出了完善公司的《工厂检验手册》的建议，重点是细化其中的"工厂检验指导书"——发挥部门所有工厂检验工程师的智慧，收集以往设备监造的经验教训，并借鉴其他企业的经验教训，按设备类别、设备名称编写"工厂检验指导书"（主要包括设备特点、制造难点及相应的预防措施、ITP等内容），后续逐步补充工厂检验工程师收集的设备监造案例。

部门经理采纳了老张的建议并马上付诸行动。几年下来，"工厂检验指导书"几乎囊括了石化行业生产装置需要的所有设备，在《工厂检验手册》的指导下，该工程公司的工厂检验工程师练就了一双双火眼金睛，保证了设备监造质量。《工厂检验手册》也成了工厂检验工程师最爱的"宝典"。

（张荣国）

专家点评：

质量是企业的生命。为了保证产品质量，企业应建立、实施并持续改进质量管理体系，发挥全体员工的智慧，总结以往质量管理的经验教训，形成系统的质量管理知识。企业员工能够按照质量管理体系要求开展工作，并能够从企业知识库获取自己所需要的质量知识，从而保证产品质量。该案例给我们以下启示：

（1）完善的质量管理体系是企业成功的关键。工程公司的工厂检验工程师按照公司的《工厂检验管理规定》开展设备监造工作，保证了设备监造质量。尤为重要的是，工厂检验工程师能够理解公司的质量管理体系要求（特别是物资采购、设备工厂检验要求），并严格按要求开展设备监造工作。

（2）人员质量识别差是导致质量问题的主要原因。导致制造厂的复合板焊接质量不合格的主要原因在于：制造厂的质量管理人员质量意识差，焊前不组织技术交底，焊接过程不组织巡检；焊工的质量意识差，没有认真理解焊接工艺文件，没有了解复合板焊接顺序的重要性，违反了焊接规程。

（3）丰富的企业知识库是员工获取知识的源泉。工程公司采纳员工的合理建议，发挥集体的智慧，建立并逐步丰富公司的知识库。员工从知识库中获取自己所需的知识，从而提高了工作效率，提升了工作质量。

2. 超大超限非标设备制造监理

青海某煤制烯烃项目利用甲醇作为原料，甲醇分离为乙烯和丙烯，乙烯和丙烯分别聚合后生成聚乙烯和聚丙烯。该项目规模大、超限设备多。受整体超限长距离运输等条件的制约，建设单位决定对催化剂塔、精馏塔及反应器等13台非标设备进行现场制造、组装。

该批设备由江苏某化机厂制造，自2017年6月开工，至2018年8月完成。由于该批设备为现场制造，只能利用建设单位的仓库作为制造车间，受临时车间的行吊能力、制作场地、组立高度、临时电源等多种因素的制约，加上管理人员数量少，制造质量和安全的风险很大。

因此，受业主委托，某监理公司对这13台设备的制造进行了全过程监理（驻场监理），包括分段设备吊装时空中组焊、局部热处理过程的监理（现场监理），设备吊装就位后整体水压试验过程的监理等。

监理公司在监造过程中发现，在这批加工设备中，产品净化仓，反应器三旋催化剂回流罐，新鲜催化剂罐，PP第一、第二反应器存在材料与图纸不符、焊接不符合要求等诸多问题。

经过认真的专业分析，监理公司确认这些问题是由于设计人员疏忽、焊接人员误用焊条、技术交底工作不仔细、业主方图纸的发放流程存在缺陷、对运输过程中设备变形估计不足等原因造成的，既有制造方的问题，也有业主方的失误。

监理公司通过与各方协商，提出了解决问题的意见和方案。经制造企业、业主和监理公司三方共同努力，上述问题一一得以解决。

据此，监理公司总结了非标设备加工中易出现的问题及解决要点。

一是针对设计图示尺寸有误或互相存在矛盾的问题：设计图纸（包括不同版次）中形位尺寸的标注往往会出现不一致或总尺寸与分尺寸相矛盾的问题，这就需要监理人员组织制造厂认真批量阅图，及时发现问题并澄清问题，在确认无误后再进行排版、下料和制造，从而保证设备的形位尺寸符合设计要求。

二是针对焊材使用错误、焊条管理不够规范的问题：现场临时制造车间的管理手段、设施相对不足，加上制造/焊接人员往往是临时上工，所以很容易出现焊条使用错误的情况，这就需要监理工程师经常深入现场进行检查和核对，尤其是首道焊缝的检查，以避免焊接人员对常规焊条的不重视问题。

三是针对短节、管台、对口法兰的压力等级与工程等级的相容性的问题：相同设备间的微小差异往往被忽视，而这种忽视易导致不合格的后果。因此在组件/组装过程中，监理人员必须仔细核对材质、压力等级等，同时要求制造厂认真进行技术交底，说明其微小差异，防止部件的非预期使用。一旦发现有问题必须立即处理，以免因遗漏而造成隐患。

四是针对制造图纸发放不齐全或不同步的问题：制造图纸的发放往往是由业主方组织的，资料管理人员的经验很重要。这类问题比较少见，但也对监理人员提出了警示。

五是针对设备出厂后的变形控制的问题：现场制造的设备由于运输距离近，其运输过程的防变形问题往往不受重视，因此易出现问题；而在制造、运输、装卸过程都可能出现疏忽，责任界定难，一旦发生变形问题，处理起来相当麻烦。要解决该问题，根本办法就是合理加设临时支撑进行固定。这需要说服制造厂，让其明白得失，从而防止类似问题的发生。

（卢伟昌）

专家点评：

监理单位对超大超限非标设备现场制造的监理措施是适当的，抓住了重点：其对设备现场制作容易发生的质量问题进行了重点管控，发现并避免了一些质量问题，最终保证了产品质量。

设备现场制造的资源条件——包括管理人员配置及配置数量、装备机具、现场质量体系运行水平等和在制造厂内的条件相比是有较大差距的。因此，设备现场制造监理工作的首要监督内容是：监督制造厂建立完善的质量保证体系，检查有关管理、技术、焊工等人员是否配置齐全，有效运行质量保证体系，使得各个质量要素都处于有效的控制之中。这样就从根本上保证了设备制造具有充分的条件和保障能力，避免出现重大及不可控的质量问题。

除了以上措施外，还要针对这类设备的现场生产组织特点和设备结构特性，有重点地开展监造工作，既要监控质量结果，更要审查重点环节施工方案的可行性。例如，材料确认、零部件确认、焊材确认、零部件尺寸确认、无损检测确认、除锈刷漆质量确认、热处理确认、压力试验确认、防变形措施确认、吊装运输方案确认等。通过认真监控和审查可行的制造方案、制造过程，保证制造质量结果的符合性。

监理师是质量控制的把关者，质量问题无小事，对监造的设备、材料应保持足够的重视，特别是应具体分析设备、材料的特性，列举出制造过程的重点、难点及关键点。此外，了解和掌握其在生产装置工艺流程中的作用及所处的工况环境，对提高监造水平是有利的。

3. 付款条件不佳的利弊权衡

当前不少企业在物资采购中会遇到对方付款条件不太好的窘况。不锈钢板材是石化企业项目建设中的重要物资，某化建公司在为所属项目部招标采购不锈钢板材过程中，就遇到了这种情况。那么，这家公司的采购项目是如何权衡利弊，顺利展开的呢？

2019年11月14日，该公司总部为所属项目部招标采购1560.67吨不锈钢板材。项目部付款方式为银行承兑汇票，到货验收合格首付60%，到货3个月后再付30%，到货6个月后付质保金10%。交货期为下发中标通知书后15日内。一方面项目对工期要求非常严格，另一方面项目部的资金又相对比较紧缺。

由于付款条件原因，该项目通过某云采网公开发标，仅邀请到了行业内两个知名厂家A和B，无法进行开标。在不得已的情况下，项目部通过邀请发标又邀请了5家供应商C、D、E、F和G。开标结果显示，B厂家价格较低，总价为24842365元，但要求预付30%，全部款清发货，不能满足项目部提出的付款条件；其余供应商中D报价最低，总价为27046612.18元，而且能够响应付款条件和供货周期。

这样的结果让评委们十分为难：既想节约200余万元资金，又想减少资金占用时间。怎么操作才能两全其美？项目组经过权衡，分别找B厂家和D供应商进行单独谈判。结果是B厂家要求必须预付30%，而且款清发货；D供应商同意降价到总价2485万元，但必须现款交易，就是给多少钱发多少货。虽然谈判有一些进展，但还是不太理想。

无奈之下，项目部只好再次谈判，经反复协商，终于取得了理想的结果：D供应商报价仅提高5万元，即总价为2490万元，而付款方式变更为批到批结，分3~4批送完。

项目部认为，这次招标采购获得的经验有两个方面。

首先是供应商的选择。通过供应商采购平台公开发标可以邀请到知名厂家，而且厂家的价格能够降低到合理目标；通过邀请发标邀请长期合作的优质供应商，而供应商能够预先垫付一部分资金，让这些供应商同时投标，可以促进供应商之间的充分竞争。

其次是通过权衡获得最有利的招标结果。采购方对招标条件进行适当变更，尤其是付款方式的适当变更，有可能节约成本。该项目最终采取了批到批结的付款方式，既降低了项目采购成本，又让资金获取了时间价值，做到了节约资金和资金占用时间之间的平衡。

因此，项目招标应该根据实际情况，充分考虑每种付款方式可能产生的结果并进行核算，争取获得质优价廉的产品。

（王景峰）

专家点评：

大宗物资采购特别是金属材料采购，采取招标形式是比较好的商务方式。招标采购的中标原则是由招标评委和买方确定的，并在发招标书时告知投标方，让其做好应标的各项准备。采用邀请招标还是公开招标，应视采购的设备或材料的情况而定。技术要求高、制造厂家少、采购批次少的重要物资，宜采取邀请招标；通用性强、制造厂家多、采购批次多的普通物资，则采取公开招标。

物资采购的资金支付问题往往是商务活动中最重要的筹码，是买卖双方争执的焦点，要看物资的买方和卖方市场风向。所以，提前锁定供应商、采购价格和采购量、付款方式等非常关键。框架协议采购是解决问题的办法之一，它对采购价格随市场波动进行适当的上下浮动，从而解决采购价格的偏差。

本案例经过招标和谈判做了很多工作，达成"批到批结"协议，应该说这是一个比较好的结果了。

4. 供应商突发破产清算

A 公司是位于广东的一家大型国有石化企业。B 公司是一家大型国有企业，自 A 公司建成投产以来一直为 A 公司提供设备、物资及服务。B 公司实力雄厚，经营状况良好。然而，2019 年 5 月 15 日，B 公司以其资不抵债，流动资金严重不足，不能清偿到期债务，无法继续维持经营为由，向某市中级人民法院提出破产清算。经核实后，法院于 2019 年 5 月 29 日发出民事裁定书，受理了 B 公司的破产清算申请。法院指定了清算组成立 B 公司管理人，并于 2019 年 6 月 26 日来函告知 A 公司：B 公司已进入破产清算阶段，且自 2019 年 6 月 30 日起停止所有业务。

得知此消息后，A 公司立即启动了应急响应程序。

在此之前，A 公司与 B 公司合作情况良好，B 公司供货及时、服务到位，合同履行均无问题。A 公司面对突如其来的告知，一时有些措手不及，问题主要集中在以下几个方面。

（1）返厂维修后未返回 A 公司现场的设备，是否会被列为破产清算的物资？如列入，则会造成财物损失。

（2）B 公司提供的维保服务在几日内就要终止，如何保证装置平稳生产？

（3）B 公司已两个月未给派往 A 公司现场的劳务员工发放工资，如何解决现场人员的工资问题，稳定人心，保证生产安全？

应急响应程序启动后，A 公司迅速梳理了与 B 公司正在执行的所有合同，并召开专题会，针对问题一一研究对策。

以下是解决方案。

（1）迅速与B公司主要管理者联系，派专人前往维修现场，尽快将A公司返厂维修的设备追回。

（2）鉴于A公司不可能在几日内完成招标程序确定新的维保队伍，已有的维保队伍也无法几日内调配所有维保人员的现实情况，A公司启动应急采办程序，与同属一个集团公司的兄弟单位C公司（专业从事劳务外包，提供人力资源服务）签订为期两个月的劳务合同。C公司接手B公司在现场的50多名劳务人员，且与之签订合同，且继续为A公司提供两个月的过渡服务，维持A公司装置生产的稳定。

（3）鉴于50多名劳务人员已两个月（5、6月份）未收到B公司应发工资的情况，A公司发函，要求C公司参照员工4月份的工资奖金，预付员工7月份的工资；同时向B公司管理人提出要求，尽快解决员工工资未发放的问题。

（4）在两个月的过渡服务期内，A公司迅速启动招标程序，确定新的维保队伍，保证装置的安全生产。

经验教训：B公司属于实力雄厚的国有企业，连续十几年为A公司提供优质服务，A公司也每年进行供应商年终考评，但是，百密一疏，A公司对国有企业的经营情况过于放心，忽略了对此类承包商公司的财务状况、资金情况的考评，未能及时发现该公司在财务上的隐藏风险。此外，B公司在2019年5月即向其注册地人民法院提出破产清算申请，而A公司并未在第一时间得知此消息，未能给后续应对预留足够的时间。

（陈婷婷）

专家点评：

生产正常运行是企业的头等大事，企业的一切工作都应围绕着生产来做保障。A公司在遇到突发情况时第一时间启动预案，保障了企业的利益和生产的运行。

对于生产装置的外包服务工作，应加强维保单位的管理，不应把鸡蛋放到一个篮子里。应把生产主装置和辅助装置区分开来，对维保服务应按照专业能力、服务态度、工作业绩进行打分，对应装置分配工作量，并设立 AB 角互换机制，从而保证装置的运行。

加强维保服务商的考核，要建立日常供需沟通机制，服务商无大小，使用方应时时关注他们的运行状态，特别是案例中提到"忽略了对此类承包商公司的财务状况、资金情况的考评，未能及时发现该公司在财务上的隐藏风险"。服务商必须对供应商实施严格的年度考核，优胜劣汰，选择处于良好状态的供应商队伍，从而保障所购买产品或服务的品质。

5. 警惕"贷款担保"引发供应危机

某上市民企（甲方）项目委托某输送机制造单位（乙方）生产皮带输送设备，因该设备是甲方新建项目中的关键装置，其合同金额较大、供货周期长、生产进度紧，甲方多次针对乙方的供货能力、财务状况、以往合同执行情况以及业绩评价等方面进行综合考察论证，之后甲乙双方于当年 12 月签订采购合同。次年 2 月，按照合同约定需要支付进度款。甲方按照规定，付款前对乙方进行资信情况二次查询，在查询时发现乙方涉及一起大额信贷担保，可能存在大额资金代偿的风险，为此甲乙双方就合同能否继续执行展开了谈判。

经过多次沟通交涉，乙方向甲方提交了情况说明函，表示其为第三方公司进行的信贷担保出现了问题，第三方公司未能履约，以致乙方需承担连带赔偿责任，同时在函件中也说明目前乙方财务状况良好，可以履行合同，并提供了财务报表等相关数据材料。甲方对此进行了反复验证，在验证期间，乙方向甲方提交了第二封说明函，告知其银行基本户已被查封，请求更换账户并要求甲方按新账户支付进度款。因涉及合同变更及双方重大事件，甲方并未进行付款操作，经过分析后提出了合同解除的建议，双方因合同是否解除而陷入僵持。

在甲方的要求下，双方召开沟通会，分别阐述了问题和要求，而乙方再次承诺其公司（包括第三方公司）能够顺利解决信贷事件。通过会议，双方达成了两点共识及初步协议。

一是乙方提供生产进度表，甲方根据生产进度表节点委派人员到厂进行验证。

二是乙方需要外采的原辅料，采用签订三方付款协议，甲方根据乙方的生产采购需求，直接将乙方外采物资款项按协议转给第三方。

在后续协议执行期间，甲方发现乙方担保的第三方公司在网站上公开发布该公司清欠解保等信息，并公布了该公司负债清算的执行情况，而乙方并未对此给出合理的解释。甲方经慎重考虑，正式提出解除采购合同，最终经双方友好协商后将合同解除。

分析这个案例情况，甲方单位应特别关注以下三个方面的内容。

其一，甲方公司在合同签订前虽然对供方进行了考察，同时也多方收集和验证了乙方企业的运行、业绩、财务等相关信息，但针对第三方担保，尤其是法人担保的内部情况，很难得到准确和可靠的信息，因此甲方在对乙方进行资信验证时，需要乙方对此方面的情况做出说明。

其二，采购合同要能充分识别可能存在的风险，例如对方的违法违规、企业过失、破产倒闭、债务清算、法律纠纷、不可抗因素等，设置有针对性的处理条款。本案例中所涉及的合同就因为该类条款设置得不够严谨和清晰，使得甲方在发现风险时不能第一时间主动解除合同。

其三，甲方公司规定，在大额付款前需对乙方进行二次信息验证，也正是因为二次信息验证，才避免了更大的损失。所以针对整套装备合同，应设定若干付款进度，同时明确付款前的验证方式和支付条件，确保相关信息准确后方支付相关费用。

原本经营正常、合作正常的甲乙双方，却因一起意外的贷款担保，致使双方均有损失。虽然以和解告终，但整个谈判过程僵持较长时间，乙方不仅损失了一大单合同，还可能因此而停产，甲方则为此需要紧急寻找新的供应商，并努力赶回工期进度。

（王灿军）

专家点评：

本案例最大的可道之处，在于解除了供需合同，为企业避免了一起重大的经济损失。

  企业为了尽量减少损失，尝试利用三方的"尾款"形式解决问题，这是不可取的。在民间有这种转账形式，就是乙方要求甲方把款项转到乙方指定的丙方，但甲方与丙方没有任何的要约关系，这就形成了三角债。这在财务制度上是绝对不允许的。从案例可以看出，甲方非常慎重，所以未造成二次经济损失。

  该企业对此案例进行分析，从自身管理入手，严格合同条款的制定，补充设置合同条款的漏项，使得合同更加严谨；制定了企业财务付款制度，从付款源头开始把关，根据款项大小严格审批程序，对付款的合规性负责；同时加强供应商的日常考核和资信验证，建立风险评估制度，严把资金这道"关口"。这些做法均是值得肯定的。

6. 深度协同共创共赢

某石化集团 2000 万吨/年炼化一体化项目是国家针对民营企业开放的第一个重大炼化项目,也是迄今为止国内一次性建成的最大的炼化一体化项目。某涂料公司作为该项目的主要涂料供应商,自 2017 年至今持续供应高质量涂料 1000 万升以上,助力项目顺利投产,成为石化物资框架协议采购双赢的典范。

双赢主要源于框架协议采购的应用。这种采购方式既可最大化保证业主利益——石化集团享受到框架协议的优质价格,敏捷的响应速度,并获得了诸如用量代管、预测机制、全程全方位技术顾问售后支持等增值服务,也使供应商深得其益——订单数量大,现金流稳定,有效积累行业经验,树立行业品牌形象。

从业主方来看,与涂料公司合作中的六个亮点令人满意。

(1)售前技术支持。涂料公司首先与石化集团及设计院进行了全方位的技术交流,码头、储罐、钢结构、设备、管线等主要部分需要涂料全覆盖,涂料公司全程参与了业主方制定防腐技术规范及产品拟定的过程。

(2)框架协议采购保障。石化集团通过框架协议招标直接与涂料公司签订独家涂料采购合同,确定价格,乙供甲用,其他供应商作为有机补充。整体框架谈判中,业主议价权很大,可选择最优供应商,又避免受单一供应商限制,从而确保甲方安全。同时,业主管理人员有材料控制权,加之佐敦涂料提供代管,从未出现施工方浪费涂料的情况,实际用量与预测相当。

(3)推行现场业主代管模式。设立涂料产品业主代保管模式,确保涂料在工程中不间断式运转。现场日最大用量 1.8 万升,最大用量 40 万升左右,客户仓库与现场约存储 25 万升，每个月的周转量在 30 万~40 万升。

（4）建立用量预测机制。以 3 个月为周期进行预测，技术顾问走访现场，搜集施工用量；拜访车间部门，统计涂料品种及用量提报计划。预测机制显著降低了原材料库存，提升了生产效率，保证了有序发货，降低了物流压力及运输成本。

（5）精准的物流保证。陆运整车发运，不仅节省了物流时间，提高了效率，还在一定程度上达成了绿色运输（减少运次、降低排放）的目标；海运以整集装箱直达发运，每箱物流成本节约 1 万元左右，整个项目约有 100 箱直达发运，总计节省物流费用达 100 万元。

（6）现场技术服务。涂料公司抽调了经验丰富的技术顾问组成项目技术团队，全程至少 5 位技术顾问在场，负责 30 平方千米的施工现场，参与防腐施工考核和现场施工规范的建立，同时兼顾对 15 名防腐工程师的日常指导，以及 30 多家施工队伍上百名工人的培训任务。在两年时间里，涂料公司的现场涂装技术顾问办了 40 多场培训，受训人员超过 1000 人次，切实提高了涂装施工参与人员的理论和实践水平。与此同时，技术服务团队每天对涂装施工过程进行检查和记录，及时纠正施工过程中的质量问题；进行涂装施工质量阶段性总结，把质量状况和建议反馈给相关方。例如，为了避免储罐内沉降试验后发生点锈蚀、渗透压起泡现象，技术顾问在板材预制过程中共检测了 30 万个漆膜数据。在项目结束前，技术服务团队对 360 台各型储罐进行勘验，分别出具报告；对 30 台加热炉进行完工系统勘验，分别形成勘验报告并提交业主存档，作为保养维护依据。

由于双方合作非常顺畅，2019 年，石化集团相继和涂料公司签署了 150 万吨/年乙烯项目、炼化项目（收尾工程）、500 万吨 PTA 项目的涂料供应框架合同。

（俞海洲）

专家点评：

从本案例可以看出，买卖双方在框架协议采购方面合作得非常愉快，也再次证明了框架协议采购的优越性。

（1）框架协议采购最大的优点在于提前确定价格、分配需求量。同时，可以与供应商在技术上合作攻关，贯彻需方的技术方案和改进措施，这对供应商提高技术能力、产品创新水平也是极其有利的。

（2）框架协议采购的优势还在于买方对物资可以实行"零"库存管理，"业主管理人员有材料控制权"，可推行现场为业主代管模式，确保涂料在工程施工中不间断式运转供货。这说明供应商的库存设置在现场，极大地方便了需方：一是供应商根据现场需求量进行排产、规划合理库存；二是需方只发需求计划量即可。用多少结算多少，没有库存，实现了供需双赢。

（3）供应商按照需求量自主提前做好自己的生产，真正做到了以销定产。这对原材料采购、合理库存结构、合理库存储备、合理出库送货、优化运输计划、提高各环节效率等起到了积极的作用，并节约了企业生产成本。

（4）供应商能主动到一线现场服务，把施工现场当作自己的质检现场，可以说服务工作做到了家门口。把质检工作延伸到了现场，主动查找质量问题，一改产品出厂与己无关的观念，树立了供应商的良好形象，这种供需双方的合作是大家都愿意看到的。

7. 特殊材料催交检验

对于一般设备而言，催交检验工作的重点在设备制造环节。但对于特殊材质的非标设备，原材料的交付环节至关重要，必须采取更加有效的综合措施才能达到预期目标。

某项目有 10 台关键设备委托某制造公司制造。由于关键设备所用材料较为特殊，在签订设备采购合同初期，项目采购组就将该批设备的板材采购进度和品质保证列为重点控制环节，不仅向前延伸了催交检验工作，而且合同内容也增加了约束性条款。

具体到材料选择时，采购组进行了深入分析。

该 10 台设备的材质特殊，如果选用进口板材，虽然质量有保证，但价格高，且供货周期长；而国内只有某钢铁集团的钢板可以满足要求，但也存在质量和交货期的双重风险，必须采取特殊措施加以控制。经项目组综合对比国内外情况，最终选择了国内钢铁集团的钢板。

经讨论，采购组制定并采取了如下控制措施。

一是在设备采购合同中增加相应付款节点，对原材料的交付进度和质量要求进行约束；采购组安排专人跟踪长周期设备的原材料订货图纸。

二是跟踪设备制造厂的原材料采购合同签订状态，严格审查技术要求。

三是协调设备制造厂派专人驻厂监造，随时了解逐张钢板的生产进度，并对钢铁公司的生产日报（含订货件数、欠交量、欠交块数、牌号、规格、交货状态、产线、科室、进度）进行即时跟踪。

根据计划要求，为了保证钢板质量能够满足技术要求，检验工程师深入现场，联合设备制造厂密切跟踪每一张钢板的质量状态。要求钢铁公司细化从炼钢到钢板出厂各环节的质量控制点，重点控制逐张钢板的化学成分分析及各项力学性能检验；如发生不合格情况，及时分析查找原因，调整工艺，采取挽救措施。

在设备制造期间，检验工程师重点关注原材料复验环节，复验结果不合格，不准进行下一步制造工序。

催交检验任务圆满完成后，采购部对此进行了总结，得出三条结论。

（1）前期策划是催交检验工作的关键。采购组在综合分析采购国产钢板的风险点的基础上，策划制定了详细的催交检验方案，使得催交检验工作贯穿采购全过程，而非局限于设备制造环节，更能体现采购工作的整体性。

（2）做好预控，提前暴露问题。由于将设备采购合同的催交检验工作向原材料制造环节延伸，把原材料的交货期及质量风险提前暴露在出厂之前，加快了解决问题的效率，消除了以往将原材料到达设备制造厂作为催交检验控制点的弊端。

（3）严格过程控制，杜绝事后返工。催交检验方案制定之后须严格落实执行。对于特殊材料设备而言，不能将设备采购合同签订简单地理解为合同风险已经转移。采购方的催交检验工程师需从审查设备制造厂的原材料采购订单开始，确认原材料的交货期及技术要求能否满足合同约定。在设备制造期间加强工序控制，及早发现问题并进行整改，以免返工造成更大的问题。

（包玉山）

专家点评：

本案例对设备制造用特殊材料加强事前控制，在合同约定时加以强调，对分供方的采购进度实施控制，这样做能有效保证设备制造工期。虽然也遇到了一些困难，但企业在风险控制方面进行了分析研究，拿出了解决办法。

案例的亮点是抓住了材料订货的主要关键点。设备制造图纸是设备制造的重要基础，是设备制造图纸转换和加工工艺排版图的依据；制造厂按照排版的尺寸和数量计划订货，设计图纸交付时间的早晚直接影响制造的进度。严格合同执行，对所有条款约定逐一关注，这体现了采购员的能力和素质；参照制造标准要求供应商落实，把采购工作重心前移，也是值得提倡的。依靠三方监造是比较好的办法——监造公司专业性强，业务能力强，经验丰富，对设备材料掌握更全面，可极大提高工作效率。

8. 甲醛反应器采购

某公司承接了位于山东省内的某 EPC 项目，竣工时间要求为 2020 年 2 月。其中的两台甲醛反应器在广东省生产制造，设备属于 II 类容器，换热管束级别为 I 级。设备外形尺寸为 ID5385mm，高度 9250mm；筒体材质为 SS304，厚度 20mm；管板材质为 SS304，厚度 70mm；换热管材质为 SS304，OD24mm，单台数量 21001 根。

采购合同于 2019 年 2 月 27 日签订，合同规定的交货期为 2019 年 10 月 30 日。

合同签订后，工程公司对实施过程进行了全面分析。

甲醛反应器是本项目中的核心设备，在设计阶段，需要进行应力分析计算；制造过程中，管板需要进行拼接，换热管数量较多，穿管以及检验的工作量较大；并且，由于属于超限设备，运输路线的选择很重要，期间的协调工作需要提前做好准备。经估算，反应器预计交货期至少需要 10 个月。因此，在合同签订后，需要加强催交，在制造过程中严把质量关。最后，要将设备制造质量保证、制造进度的控制以及出厂后的运输协调工作，列为该采购合同执行的重中之重。

通过招标确定供应商并签署采购合同后，工程公司立即要求制造厂商按条款约定，按时提交生产制造计划（ITP）。根据反应器的特点以及制造工序，影响到交货期的关键环节为：原材料准备、设备封头压制、筒体卷制、管板拼接、换热管穿管，以及每道工序的检验。

为了尽早开展生产制造工作，从设计阶段开始，项目采购组就协调和催促双方的设计人员，要求其尽快回复确认过程中的技术问题，尽可能争取设计问题当天予以确认，以缩短设计工作所需的时间，为开展生产准备工作创造条件。

在设计图纸确认完成后，项目采购组即着手与制造厂逐一确认原材料的采购订单完成情况，并积极参与对原材料厂商的供货催交。根据原材料到货时间和 ITP 计划中的节点，提前做好了驻厂监造人员的动迁计划。在主要材料到厂后，驻厂监造人员已经就位，并开始检查生产工作的进展，对生产进度和制造质量可能出现或已出现偏差的情况，及时与制造方有关人员沟通协调；对于可能会造成进度严重滞后的情况，及时向项目领导汇报。经过项目组研究决定，采买工程师、采购经理和项目经理先后前往制造厂进行协调。

驻检人员在制造厂进行催交期间，根据设备制造的工艺流程和实际的制造进度情况，不仅严格检查正在进行的每个环节的制造质量，对于质量存在隐患或经质检后不达标的，要求制造人员立即进行返修，直至质检合格；同时，至少提前一到两周的时间，与制造厂的生产负责人员进行沟通，协调和检查下一步工序开展所需材料的准备工作，以确保各个制作环节的紧密衔接。

反应器最终于 2020 年 1 月 19 日制造完成并装船启运。

该设备属于超限设备，虽然在该采购合同招标阶段已进行初步的运输陆勘，但由于项目现场附近码头到施工现场的运输路线不是很理想，所以，在采购合同签订后，项目采购组多次提醒和催促制造厂再次做好运输路线的详勘，以保证设备运输顺利进行。尽管如此，仍然没有引起制造方的重视，导致设备在码头卸货并准备装车运往项目现场时，相关陆运的批准工作以及道路清障和协调工作等没有完全落实。在此情况下，由于时间紧迫，项目组一方面与制造方协调，另一方面马上与项目业主联络，希望得到业主的帮助和支持。最终，经过业主和 EPC 项目组与项目所在地的路政、交通管理等部门积极协调，设备终于按时装车启运。并且，在陆运过程中，设备顺利地经 1 台 350 吨和 1 台 150 吨吊车吊过限高的跨路天然气管廊后，重新装车启运，通过了省道，完成了从码头到项目现场将近 200 千米的运输。3 月份设备安全抵达现场，并在当天完成了卸车和安装就位，最终保证了装置试车。

项目完成后，工程公司从该采购合同开始招标到合同设备交付现场的整个过程进行了分析和总结。除对技术联络会、制造厂商编制 ITP 计划、原材料采购、驻厂监造等关键环节进行总结外，还特别分析了超限设备的催交工作，并指出了应注意的问题。

对于超限设备，工程公司在采购合同的招标阶段，就应要求报价厂商提供较为详细的路勘报告和运输方案，从避免制造厂商在设备接近制造完成的时候，才着手做运输策划和准备，影响合同设备的按期到货。在目前形势下，个别制造厂商急于签署更多订货合同，往往会忽略看似不重要的环节（如运输等），而这些环节实际上会对合同货物的按时交付造成较大影响。因此需要在采购合同招标阶段和采购合同执行阶段，随时提醒厂商提前做好准备，防患于未然。

（马航怡）

专家点评：

在本案例中，采购人员牢牢"盯"住双方设计人员的技术交流（谈判），这个节点把控很重要，技术思想统一了才好商量；如果谈判进入焦灼状态，双方争执不下，就可能影响到设备制造进度。采购人员不能有技术谈判与己无关的想法，反而要重视才对。

监造师进厂是一个重要时机，应制定详细的进度节点，做好设计、制造、监造、用户协调工作，把主要目标都集中到制造的主要环节上来，项目负责人更要予以重视。设备监造是设备制造质量控制的最后一道防线，应引起足够的重视。

此外，超限设备在采购合同招标阶段就应提前考虑海、陆运输路线以及障碍的清除和避让，并且要求厂商做好装卸设备的方案，这样才能使设备安全、保质、按期到达现场。

9. 甲醇水冷反应器催交

某工程公司承担了一家化工企业甲醇项目中两台核心设备甲醇水冷反应器的采购任务。该反应器直径4.5米，高16米，单台重达340吨；反应器的筒体为铬钼钢，换热管为欧洲进口双相钢，管板为铬钼钢，技术要求高，制造难度大，特别是设计和制造过程须经外国专利商的审核或见证检验。合同交货期长达16个月，反应器能否按期交付决定了整个项目能否按时完工。工程公司项目组在合同签订后立即重点策划和部署催交工作，以防反应器交货期出现偏离。

然而，在合同执行期间，还是出现了反应器交货进度延期的问题，直接原因有三个：一是设计方案变更，设计周期延长，导致制造材料订货滞后；二是主要材料（进口换热管）厂商出现不能如期交货的问题，导致设备制造周期延长；三是重要部件制造不达标造成返工延迟。

下面为具体情况。

（1）非标设备合同签订后，合同执行第一步即设计，过程需约两个月，制造厂根据自身经验，考虑节约成本或方便制造，进行了一些优化设计。然而在完成设计提交外国专利商审核时，"优化设计"被否定，制造厂试图说服专利商接受"优化设计"。经过约两周的沟通后，工程公司判断，专利商接受"优化设计"的可能性极小，如此下去原材料订货继续拖延，必须立即纠正。于是，工程公司与制造厂协调立即停止"优化设计"。经重新设计后，通过了外国专利商审核。虽然工程公司及时进行了干预，但此事仍导致设计周期较原计划延迟了一个月以上，材料订货也因此滞后，加工时间不得不推迟。

（2）反应器制造的关键材料是欧洲进口的换热管，其交货周期长达 7 个月。虽然前期通过催促，制造厂如期完成了换热管的采买，但在制造过程中突然收到欧洲厂商的反馈，因换热管加工问题要延期三个月交货。这将严重影响反应器制造进度。工程公司项目组闻讯立即介入催交，一方面敦促制造厂与欧洲换热管厂商交涉，要求换热管厂商采取补救措施，最大程度降低对交货进度的影响；另一方面直接与换热管厂商沟通，还派遣欧洲办催交人员到厂催交。一系列的措施引起了欧洲厂商的重视，最终欧洲厂商协调其自身资源，优先保证了此批换热管的交付，最终将交货期延迟三个月压缩为延迟一个月左右。

（3）在加工完成 10 块管板并进行检验的时候，项目组发现管板的孔径加工精度超过技术要求，将其判定为不达标。制造厂不得不将这些管板作废并重新采购原材料进行加工，导致管板投用时间延迟了一个半月。

在整个过程中，工程公司方面忙而有序地执行对制造厂的持续催交，比如派专人驻厂监督，各级领导定期对制造厂进行访问催交，准时支付其相关款项。制造厂方面在制造阶段投入了足够的人力和物力，并采取了适当的加班加点抢进度等措施，最终将交货延迟期控制在一个半月，取得了令各方相对满意的结果。

工程公司高度重视本次事件中暴露出的问题，继而组织专门力量制定了对非标设备特别是重大设备的催交工作的要求和措施。首先，要精心策划，做好催交计划，落实设计、制造材料采购进度，识别关键材料的采购状态；其次，要做好重大干系人（买方领导、制造方领导甚至包括用户）的管理争取重大干系人参与到催交管理工作中；第三，及时掌握制造状态，出现进度延迟时，要立即干预，并敦促制造厂消除不利因素或采取应对措施；最后，从合同开始执行起，持续地引起制造厂的重视，以推进制造进度。

（李强国）

专家点评：

催交催运是工程建设项目中确保物资、设备及时到达施工现场的一种重要手段和措施，要求催交工程师既有策略，又有工作方法。当接到催交任务时，催交工程师要对催交物资及相关事宜做充分了解，全面掌握情况后才能有效地开展工作。

首先，要看双方在供货合同中约定的交货期是否能够满足项目现场施工进度的要求，如果不能满足，则必须立刻告知业主，要么改变原施工顺序，要么与制造商重新确定交货期。

其次，要掌握制造商加工该设备的工序及各工序加工周期，找出影响交货期的关键因素，排出工序交接时间表，重点盯防。

再次，因为任何一家制造商所制造的设备都有其外协部分，所以要摸清这些外协部分哪些供货周期长。如本案例中提到的双相钢换热管延期供货，导致整体设备交货时间延误。如果在设备制造之初就足够重视，及时提醒制造商，利用业主的影响力或请求业主上级主管部门帮助制造商进行协调，或许就能避免延误工期的情况发生。

第四，要严肃认真地对待设计变更，设计变更要严格执行变更程序，决不允许工艺装置设计者按照自己的意愿（尽管这种意愿是好的或是改动设计后效果更佳），未征得原设计者的意见就对其设计进行修改。

第五，在催交的同时，更要重视制造质量，有质量保证的进度才是真实的进度。

最后，要及早提醒并帮助制造商与海关、商检、运输、货代等单位协调，保障进口物资到港后能在最短时间内送至制造厂投入生产。

10. 锅炉材料硬度测量出问题后

某境外电站项目余热锅炉安装过程中，业主第三方、现场施工代表及施工分包商人员共同对锅炉内 P91 材料管道采用便携回弹式硬度检测仪进行常规硬度检测。

检测发现，P91 母材的硬度值普遍在 150~175HB 之间，业主第三方认为不符合 ASTM A335/A335M-15a 中 P91 硬度要求（190~250HB），基于此，签发了不符合项报告 NCR-1；检查锅炉供货商提交的质量文件时发现，高过 1 到高过 2 的连接管中有一段 P91 材质管道，其材质单上标明的硬度值是 180~184HB，也不符合标准要求，并据此签发了 NCR-2。

问题出现后，现场施工代表认真分析原因后发现：（1）材质单中 P91 材料的适用标准并非业主引用的 ASTMA 335/A335M-15a，而是 ASME SA335-2015 或 ASME SA335-2013E，后者对 P91 材料硬度值只有上限要求（不超过 250HB），没有下限要求，因此所检测的数值是符合标准的；（2）ASME 材料标准对 ASTM 的引用有时间差，对于 P91 材料的硬度要求，ASME SA335/335M-2013 及 ASME SA335/335M-2015 等同于 ASTM A335/A335M-06；（3）现场便携式检测仪器的结果有误差，导致硬度测量值偏差过大；（4）供货商材料代用（以高代低）未获得 TCC 审批同意。

找出原因之后，现场施工代表提出了解决问题的办法。

（1）针对 NCR-1：要求锅炉供货商携带超声波无损硬度检测仪到现场，在各方共同的见证下，选取 8 个试件共 34 个测点进行硬度测量。测量结果显示，硬度值均符合 ASME SA335-2015 以及 ASTM A335/A335M-15a 的要求。

（2）针对 NCR-2：此段管道原设计为 P22 材质，供货商因厂内 P22 钢管数量不足，故采用 P91 以高代低，向业主解释后关闭尾项。

（3）现场取样，带回国内，由专业的第三方实验室复验。复验结果显示：内外表面硬度值在 198~204HB 范围内，4 个横截面硬度值均在 198~232HV 范围内，所测硬度值完全符合 ASME SA335-2015 及 ASTM A335-2015 的要求（190~250HB/196~265HV）。

虽然事情得到了解决，但值得总结经验和教训：一是要仔细分析标准规范，有理、有据、有力地向业主解释；二是要加强对供货商质量文件的审查及材料代用的管理，以免造成被动；三是现场材料性能的检测要考虑多个仪器、多点测试，有条件的可以找第三方实验室取样复验。

（王冲）

专家点评：

材料的到场检验是采购过程中一个非常重要的环节，无论是国内采购还是国外采购都如此，而检验、验收的依据，就是双方在买卖合同中约定的检验、验收标准。因此，要做好进口材料的检验、验收工作，应注意以下几点。

（1）合同签订前要对供应商及供应商所在国的有关事宜做充分的了解，不但要了解其产品质量、供货周期、履约能力、经营状况、企业信誉等，还要了解该国的相关法律法规、出口贸易的习惯做法等，甚至对该国的风土人情也要做相应的了解，这些对日后的工作都将有帮助。

（2）合同签订前要进行广泛深入的技术交流，并在此基础上签订技术协议。协议中要明确检验、验收所执行的标准规范的版本，试验、检验方法，所用仪器以及最终验收地点等。

（3）及时与国家商检部门取得联系，在遇到问题时寻求帮助和支持。

（4）始终与供货商保持联系和有效沟通，争取在产品发货前就把相关的资料发到用户手中，以便将来货物能顺利通过检验。

（5）对检验、验收人员及早进行必要的培训，使其掌握该合同检验、验收的相关条款及所引用的标准规范。

另外，合同签订时，双方还要明确有关材料代用的程序。当发生材料代用时，明确由谁申请以及由谁批准，不是任何时候都可以以高代低的（如某些安全装置的部件就不能以高代低）。

11. 服务商服务合同执行期内突然涨价

服务商在合同期限内单方面要求涨价，针对这类情况，服务委托方企业该如何处理呢？

广东某石化园区只有一家污水处理公司（简称 A 公司），下游污泥处理公司（简称 B 公司）与其签订的污泥处理合同期满，在重新签订合同时，污泥处理价格比原合同提高了一倍。因污水处理费中包含污泥处理费，A 公司向所有委托方发出函件，要求从 2017 年 8 月起增加污泥处理差价，污水处理价格提高。

某企业（简称 C 公司）是污水处理服务委托方之一，但其与污水处理厂签订的服务合同截止日期为 2017 年 12 月。接到突如其来的函件，C 公司合同负责人第一时间给 A 公司合同负责人打电话了解情况，A 公司合同负责人态度强硬，表示是执行公司指令，无商量余地；再向 A 公司主管销售的经理了解情况时，这位经理表示，如果不按通知执行，将停止接收委托方污水。

针对这种情况，C 公司合同负责人及时向上级进行了汇报。上级领导建议面谈，但 A 公司拒绝面谈。

为避免公司利益受侵害，出现污水被停收的窘况，C 公司合同负责人静下心来进行了认真思考，确定了分步应对之策。

首先，查实涨价原因，要求 A 公司提供其与 B 公司签订的合同。然而，A 公司以遵守合同保密约定为由，不予提供。在 C 公司合同负责人的再三催促下，A 公司勉强答应可以去 B 公司现场查阅。C 公司经查阅合同发现，B 公司提高污泥处理费是事实。

其次，严格执行服务合同约定。C公司认真研究了双方的服务合同条款，条款中未有任何可以在合同服务期内单方面涨价的约定。只有一项条款约定了与调价相关的内容，即政策性调价和能源物资价格上涨引起污水处理价格大幅波动时，双方另行协商。那么，如果双方达不成一致意见，一方是否可以单方面终止合同？合同条款并未对此进行约定。据此，C公司要求严格履行已签合同，对A公司提出的提价要求不予满足。

第三，与服务商持续沟通。C公司合同负责人与A公司经理进行了多轮电话沟通，指出涨价不是单方面的指令，而应双方协商解决。A公司经理表示，园区内其他委托企业均已接受涨价，仅剩C公司一家，如果不答应，将关停阀门，拒绝接收污水。

C公司询问其他委托方企业后获悉，其他委托方企业要么是合同正好到期，要么是合同约定了单方涨价的条件。

事已至此，C公司合同负责人明确向A公司表态：一是合同中未约定单方面涨价条件，如果要涨价，至少要等已执行的合同到期；二是A公司系该区内唯一一家污水处理企业，也是由政府指定的企业，如果其拒绝接收污水，委托方可向政府部门投诉。

经过持续沟通，A公司最终未能在合同服务期内涨价。

这一事件对其他企业也是一个警示，即在签订服务合同时，要避免强势条款，以免后续服务中发生纠纷而带来损失。同时，也提醒各类服务类企业，要遵守契约精神，不能单向思维做事，否则最终影响企业业务和声誉。

（陈志超）

专家点评：

在以往实践中，常常会碰到合同中约定条款不清、不细的情况，这容易导致在执行过程中出现分歧。从本案例看，合同签订时没有考虑在后续执行过程中可能出现的外部影响因素；比如因污泥处理价提高而增加污水处理成本。提出涨价，就要列出涨价理由，并且理由要合理充分，再进行协商。双方应该对照合同重新确认条件，达成一致。否则，就要进行调解，如调解不成，最后进入仲裁程序。

12. 严苛工况见本色

2019年1月,某联合石化260万吨/年重油加氢裂化及配套工程项目格外引人注目。作为所在省石油化工产业集群转型升级示范项目,该项目是当地石化发展下游芳烃产业的重大原料工程项目,也是加快产业转型升级和新旧动能转换步伐,实现"单一炼油"向"油化并举"转变的关键之举。这类大型石化工程往往投资巨大、设施众多,又处于复杂的腐蚀环境,还有部分设施在200℃、400℃甚至是600℃的高温下运行,这意味着除了常规的防腐外,还需要考虑复杂工况下设备的使用寿命,确保石化装置投入使用后,能随时保持优异的运行状态。为确保工程质量,业主希望防腐工程的质保期为10年。

来自海外的某涂料名企经过一番调研分析,决定接受挑战,经多次与项目业主及项目总包方进行技术交流,深度分析需求,最终凭借产品性能优势中标。

联合石化选择该涂料公司并不是偶然。在后续的合作中,该涂料公司表现出了超高的技能和服务水平。

(1)方案科学合理。根据装置的运行环境,该涂料公司精心打造了定制化的涂料解决方案,比如:针对常规设备和管廊钢结构,提供了具有优异防腐性能的涂料产品;针对高温设备,推出了具有优异耐高温性能的主打产品——有机硅耐高温漆,这款产品在大气环境下固化后可形成坚硬的涂层,最高耐温可达600℃,能很好地为高温设备带来无忧的保护。

(2)建立了快速反应机制。项目实施过程中,一年的施工周期对供应商的及时供货能力是一个严峻的考验。为此，该涂料公司特别组建了一支集销售人员、客户服务人员、现场技术服务工程师和物流方在内的联合业务团队，从下单到生产安排再到油漆发货，进行全流程跟踪。遇到项目需要加急到货或因场地有限等原因需要推迟到货等情况，该涂料公司充分发挥了中国生产基地的作用，由客服统一组织协调生产和供货计划，建设敏捷供应链，随时满足项目紧急发货的需求。

（3）实施精益管理。该项目规模大，组织结构复杂，相关方包括项目业主、项目总包商、4家项目分包商以及分包商下属众多涂装施工队。有的涂料由项目总包商采购，有的由项目业主采购，收货则由相应的分包单位的涂装施工队负责，而且各自的卸货地点也不一样，这就使得每次送货的流程相对曲折复杂。针对这些情况，该涂料公司充分发挥现场技术服务工程师的作用，深入一线，梳理收货流程，直供项目分包商，并同步告知项目业主或项目总包商，简化了现场送货沟通流程，提高了工作效率。

（4）严把技术质量关。技术服务工程师按照公司以及双方协议要求，在项目开工之初就驻守现场，在业主和总包的组织下指导各个分包商完善涂装施工方案，包括油漆产品介绍、施工环境条件要求、施工设备要求、表面处理要求以及油漆施工注意事项等。

为确保质量，该涂料公司的技术服务工程师还深入涂装工作核心，严格按照技术标准把控涂装施工，确保涂层得到正确的涂装，发挥最大化效能。其具体工作包括：指导各分包单位在喷漆过程中进行湿膜测量，从而更好地进行膜厚控制，避免后期过多修补；指导各分包单位在干燥天气下喷涂无机富锌漆并进行固化程度测试，对未完全固化的涂层采取必要措施辅助固化；由于各分包商均露天进行油漆施工，大风天气会导致成膜不好，也会增大油漆损耗而造成额外浪费，技术服务工程师会及时提醒尽量避免大风天气施工；在冬季到来前，技术服务工程师还会提前进行冬季施工指导，避免现场施工因气温变化造成漆膜缺陷，等等。

这些措施和做法，深得业主单位的认可。联合石化项目按照工期进度有条不紊地进行，该涂料公司的身影亦闪现其间。

（殷树辉）

专家点评：

工业企业生产装置多用设备及钢结构，涂漆是设备保护的最后一道屏障，如果油漆品种选择不当或是施工方法不正确，都会导致设备及钢结构的失效。过去几年这样的例子在企业生产装置中时常出现。因此，油漆选择及施工管理至少应做到如下几点。

一是根据生产装置特点选择油漆品种。炼化装置经常出现高温高压、低温高压，甚至是高温与低温，高压与低压交替出现的情况，所以对油漆的要求也是多变的。

二是根据生产装置原料及产出的物料特性来选择油漆品种。有些物料呈碱性，有些物料呈酸性，有些既不呈碱性也不呈酸性，但却是非常强的溶剂，这些因素在选择油漆品种时都应一并考虑。

三是根据所需涂漆设备及钢结构在生产装置中所处的位置及工艺生产条件来选择油漆品种。这样可以避免产生不必要的浪费或是油漆性能满足不了使用要求的情况发生。

四是根据生产装置所处的位置选择油漆品种。我国幅员辽阔，在选择油漆品种时需要考虑南方与北方的湿度、温度差异，沿海与内陆的湿度差异，等等。

五是油漆品种选择后，应该严格按油漆品种特性进行施工，包括基层的处理，单层漆膜厚度，总漆膜厚度，层与层之间的时间间隔，施工现场的防护（考虑风力、空气、湿度、阳光直射等）。

13. 空冷器突发泄漏事故后

国内某大型石化炼厂的大型千万吨炼油项目新建一套 220 万吨／年柴油加氢精制装置，根据原料油的组成和性质、产品方案及质量要求，采用 PHF-101 加氢精制催化剂和柴油加氢工程技术。出人意料的是，在开工过程中，突然发生了空冷器泄漏事故。

炼厂物采中心接到项目部发来的泄漏事故消息后，第一时间向上级汇报，同时立即联系供应商前往事故现场，一方面组织设计方、供应商、炼厂相关部门、第三方驻厂监造单位讨论应对措施，另一方面迅速成立专项应急小组，查找设计文件、设备制造过程控制文件，讨论应急方案。经讨论分析，应急小组最终决定对空冷器进行拆卸，并将管板、换热管焊接试样返厂检测。

检验结果显示，焊缝和管板热影响区存在马氏体组织，这说明焊接过程与焊接冷却速度控制不当，导致出现不良组织，同时也说明焊后热处理未改善组织。由此推测，焊接残余应力和组织应力均较大。鉴于事故点断口平整，呈脆断状态，表面覆盖 H_2S 腐蚀产物，因此最终判定，该焊缝裂纹属于硫化氢应力腐蚀开裂，即在较高浓度的湿硫化氢环境下的脆性断裂。

原因找到后，几方经反复协商，决定采取以下 4 项技术应对措施：一是对空冷器管头统一进行焊前预热、焊后缓冷，减少马氏体的产生；二是设专人进行焊后热处理工作；三是添置新的热处理加热带，设置专用热处理工装，确保热处理效果；四是每台空冷器设置焊后热处理试件，随设备一起进行焊后热处理，对试件进行硬度及相关性能测试，合格后设备方可进入下一道工序。

由于应对及时，措施得力，行动迅速，事故造成的影响被减至最小。

鉴于本次事故暴露出的问题，物采中心对质保工作进行了全面细致的梳理，进一步加强了对影响采购质量的关键节点的全过程控制。

（1）在前期策划阶段，对设备关键性等级及设备建造等级进行划分。

（2）在采买阶段，审查请购文件，包括对技术要求、数据表完整性的审查及责任人签字检查，对短名单的供应商资格的审查，对明确的设计、制造、建造、检验、验收要求及质量标准的审查，对供应商技术资料的审查。

（3）在过程控制阶段，按照程序和规定进行车间检验、出厂检验、关键节点见证，并进行监造和催交。

（田颖）

专家点评：

设备制造过程中任何一个环节的疏漏，都会造成设备在使用过程中的失效，本案例中的空冷器在使用时突然泄漏就是比较典型的例子。导致其泄漏的主要原因是空冷器管头在焊接过程中没有严格按焊接工艺规定执行，以及焊接后热处理未达到预期效果，使焊缝的组织应力和残余应力在湿硫化氢的作用下发生脆性断裂。

事故发生后，采购部门反应迅速，在第一时间组织使用方、设计方、监造方及制造方共同对事故原因进行分析，并制定出事故空冷器的修复方案。通过对加工制作的每一道工序进行科学分析与比对，很快得出了结论。

企业针对事故原因制定的空冷器修复方案是可行和有效的。一是对空冷器所有管头进行焊前预热和焊后缓冷，这样可有效防止马氏体组织的形成，并能及时消除残余应力；二是派专人负责焊后热处理工作，将责任落实到人，能够确保焊后热处理严格按工艺规定执行；三是专门制作了热处理工装，这样可确保热处理效果；四是每台空冷器都设置焊后热处理试件，以便通过对试件的检验进一步确认空冷器焊后及热处理的效果。与此同时，企业针对事故"举一反三"，对后续采购的设备，从设计选型开始，对技术交流、技术协议签订、制造过程的监造、制造厂性能检验、成品检验、包装、运输等各个环节都制定了严格的质量保证措施，从而确保了后续进厂设备的质量。

14. 阀门全生命周期管理的八项注意

某企业目前年均采购阀门数量巨大，为加强对阀门全生命周期的管理，对阀门的设计选型、采购订货、质量监造、到货验收和存放、日常检查和保养、维修和报废、阀门知识全员培训、使用效果评估八个方面进行严格规定，简称"八项注意"。

注意一：设计选型。参与本企业项目的设计院（工程公司）较多，不同设计院（工程公司）在阀门的设计或选用上存在少许区别，同一种用途的阀门因设计习惯不同，而生成了不同的阀门编码，给企业的采购、仓储造成了很大麻烦。为了在满足工艺要求的前提下，尽量减少阀门编码，方便统一采购、仓储，《本企业阀门选用统一规定》主要在"标准""压力级""结构型式""驱动方式""阀体阀盖材质""内件材质""填料垫片""低温阀门""特殊介质"等方面做出统一规定。

注意二：订货及供应商品牌管理。为了进一步明确阀门的通用技术要求、检验与试验要求、到货质量文件要求等，制定《本企业通用阀门标准》作为通用阀门订货的最低要求。该标准同时规定了对特殊工况阀门的针对性检验的要求。为保证采购物资重要程度与供应商等级的匹配性，提升阀门安全性，将供应商按照品控能力进行分级分类，实现物资和供应商相匹配，从而确保采购物资的质量，合理利用供应商资源。阀门重要等级分为 AA、A、B、C 四级，正常情况下，按照物资等级选择相应或以上等级的供应商。针对阀门防腐，提出《本企业阀门类物资防腐规定》，根据阀门材质、使用温度指定防腐方案，并指定油漆品牌及牌号。

为控制阀门原材料质量，特明确工艺阀门供应商二级供应商（铸件）范围，建立工艺阀门原材料供应商品牌库，供应商只能在合格原材料供应商（铸件）清单中选择。

注意三：监造。为保证有效控制生产过程质量，实现规定的质量、进度和文件管理控制目标，物资装备部出台《本企业化学阀门监造细则》，规定本企业所有阀门实施全程监造，确保逐台试压合格后方可发货，发货时要随货提供监理对这批阀门见证试压签字的放行单。

注意四：到货验收和存放管理。为保证阀门采购和入库质量，使物资入库前质量检验工作规范有序，到货阀门按照《本企业物资检验大纲》进行检验，检验内容包括阀门外观检查、质量证明文件检查、尺寸检验、成分检验等。为保证仓库及工程现场阀门存放质量，减少阀门在存放过程中质量降低、锈蚀、失效报废等问题发生，阀门仓库存放的具体要求参照《本企业阀门包装及储存管理规定》执行。

注意五：日常检查和保养。制定了《本企业阀门管理规定》，各装置应安排专人负责监督检查现场阀门的运行情况，定期对阀门进行维护及保养。

注意六：维修和报废。为规范本企业对旧阀门的管理，提高旧阀门的利用率，制定《本企业阀门维修管理制度》。

注意七：全员培训。物资装备部负责定期邀请阀门行业内优秀厂家，对本企业设备工程师、工艺工程师进行阀门知识培训。培训内容包括不同类型阀门工作原理介绍、特殊工况下阀门的选型和应用、阀门的维修和保养知识等。

注意八：使用效果评估。物资装备部主动了解使用部门意见，收集阀门在装置现场使用过程中出现的问题，整理成阀门现场问题台账。跟踪阀门在现场的使用效果，以得到对不同品牌半定量的打分和绩效评价；当条件许可，可邀请第三方权威机构对现有阀门进行检测并出具检测报告，以指导阀门的维修与更换。

通过实施全生命周期管理，企业采购的阀门质量明显提升，因阀门导致的质量问题显著减少，2019年阀门到货检验合格率提升至99.93%，实现了阀门全生命周期内费用最经济、阀门效能最优的理想目标。

（单海涛）

专家点评：

　　阀门作为一种特殊设备，在炼化工艺生产中有着不可替代的作用，因而对阀门进行全生命周期管理是必要的。与案例中的8项注意相呼应，在此也有8点建议供同行参考。

　　第一，设备选型时力求统一，尽可能地减少阀门种类，这样便于以后的管理。同时要对阀门的更新换代有清醒的认识，也就是选型要有前瞻性，还要考虑维修使用的方便性。

　　第二，按阀门使用的场合，合理地对其进行分类，用途不同，校准不同，这样有利于节约采购成本。

　　第三，阀门制造过程中要严格执行设备监造制度，对每个节点、每个关键部位都要做到心中有数。

　　第四，加强对设备文档的管理，以便于使用过程中对故障的判断和排除，指导将来的检维修。

　　第五，严格执行产品出厂验收及存放保管相关规定，决不允许设备"带病"进厂。

　　第六，加强使用现场的巡查与维护保养，有问题及时发现，及早处理。

　　第七，培养专业的阀门维修队伍，最好利用合作良好的外部力量。

　　第八，要在阀门报废后对其使用情况、维修情况、经济性进行全面的评估，以便在将来的阀门采购中做到"有的放矢"。

15. 现场卸车发现供应设备出现问题

某工程公司承接了一家大型炼油厂新增一套 20 万吨／年尿素脱蜡装置建设工程。2019 年 5 月 9 日，工程公司通过在中石油合格供应商名录里招标，采购了一批电气、电信电缆桥架，与供应商的合同约定交货期为 2019 年 5 月 20 日。合同对质量管理和质量控制做了严格的要求，同时对质量保证也进行了约束。

供应商分别于 2019 年 5 月 20 日、6 月 3 日分两批把货送达现场。5 月 21 日，在卸车时发现，大部分防火隔板已经严重损坏，无法使用，随车产品无合格证和质量证明文件。工程公司采购人员当场拒绝接收，第一时间反馈项目领导，并对现场实际情况进行拍照取证，同时通知该供应商。

6 月 10 日，供应商派出 3 名技术工人抵达现场，出具整改方案，提交总包商和业主。总包商随即发函至供应商，责令尽快整改。6 月 14 日，供应商将全部桥架材料拉出现场，加班整改；6 月 20 日，全部整改完成送达现场，恢复现场施工。

材料整改导致延迟交货 1 个月，造成施工单位电气施工作业人员窝工 20 余天，整体施工进度滞后 1 个月。这对项目后期施工作业造成巨大压力，对项目中交影响很大，也间接地影响了总包方的声誉。

事后，工程公司在总结经验教训时发现，虽然主要责任在供应商，但工程公司也存在一些问题。

一是时间安排不当。尽管项目要整体考虑工期，但要合理设置采购周期，如果不顾实际一味地压缩交货期，则很可能牺牲质量，最后得不偿失。对于采购而言，必须在保证质量的前提下，满足交货期，才是利大于弊的可行方案。对项目而言，保质保量的中交才是承包方、业主方的共同目标。

二是产品检验没有覆盖全过程。为了节约项目成本，采购单位往往忽视了材料类物资出厂前的验收，总是认为这是小问题。采购单位必须对制造过程中的质量记录进行严格核查，质量记录是说明产品质量达到规定要求的证据，是采购质量过程控制的重点。同时采购单位要加强材料类物资的出厂前验收，杜绝过分相信供应商的自检；对于不合格的产品严禁出厂，将质量问题止于出厂前。

三是物流管控不到位。供应商为节省成本，选用了不当的物流配货方式，造成运输时间过长。同时，在运输过程中对成品保护措施不得当，造成材料损坏。这往往也是采购单位容易忽视的环节。尽管合同要求现场车板交货，但采购单位应当对供应商的物流过程进行全过程管控，并针对区域性质要求专车发货。同时要随时掌握司机信息，保持沟通联络。

四是忽略了材料采购。一次采购的材料虽"小"，但却直接影响着项目整体工期。采购人员每天都要积极与供应商沟通，如发现问题要及时上报领导，协调施工，从各方面为项目争取有效的作业时间。

五是没有认真履行企业的质量管理体系要求。质量管理体系是企业多年来根据多个项目的经验总结制定的，是工作标准化、规范化的参考依据，采购工作更应该严格遵守，以免出现失误和错误。

（田颖）

专家点评：

电缆桥架是材料类物资，按照设计图纸预算和实际测量数量下达计划，采购部门应依据计划开展订货，最好签订技术协议，确定制造检验的执行标准，使得产品制造有据可依，从而保证产品质量。在采购过程中，至少要注意以下两点。

一是制造工期要合理。桥架制造工序是：下料剪板、卷边成型、冲压孔型、弯头连接件、镀锌、包装、发送现场。如果要求开标一周交货，可以根据现场安装进度，陆续交货；大批量一次性交货，就难以保证产品质量。建议材料类物资实行框架协议采购，避免临时动议采购，确需紧急采购，则应该制定预案和采购策略。

二是采购人员要注重过程控制。采购人员对供应物资要做到心中有数，建立供应商、物流、业主信息平台，了解并掌握制造进度和动态，加强产品质量控制；可以利用照片、视频检查制作过程，随时提出整改意见，把问题消灭在萌芽之中。物资采购品种无大小，缺一个螺栓也可能开不了车。

16. 设备状态监控系统提"两率"

2018年3月,某公司设备材料部根据企业发展需要,为加强公司总部后台管控能力,解决公司长期以来依靠基层单位设备管理员、操作员填报数据以指导购置计划编制、选型采购,导致数据信息滞后、不真实、不全面的问题,策划立项开发设备状态监控系统,并于当年完成。系统的研发目标是:打造设备实时监控管理云平台,运用数据分析结果指导施工设备选型采购。

为使项目顺利实施,公司成立了项目组。从项目立项到全面投付使用,项目组主要开展了以下三个阶段的工作。

一是编制科学完善的技术方案。项目组邀请了湖北、大连、深圳的几家相关供应商参与技术比选。经过多轮交流讨论、反复比选,最终选定湖北某公司的车联网方案为基础方案。项目组认为,这个方案成熟稳定,在车联网市场已有成功应用案例,并与本公司的管理需求最为贴近,且技术研发成本低、周期短。项目组随即将成熟的管理制度、管理流程和内控体系进行分解细化,把原有管理体系用软件系统开发的思路进行了重塑,形成了不同表单功能模块,并建立表单之间的逻辑钩稽关系,同时把管理的组织机构体系、人员架构体系、设备编码分类体系对应到项目系统之中,形成了最终的系统技术实施方案。

二是顺利完成编程开发和平台架设。将系统技术实施方案通过开发语言编写代码,编译生成具体的软件系统,并完成后续的测试改进工作。根据施工设备品种、类型选定监控终端硬件,在某公有云服务器上搭建系统平台,并实现对设备监控终端回传数据的并发实时响应。

三是加速硬件安装和系统调试。项目组在公司300余台施工设备上安装了设备监控终端。由于公司在建项目分布地域广，施工设备流动性大、类型多，不同设备安装方式不同，需反复比较和试验安装，终端硬件安装用时较长，但相关人员积极克服困难，均按进度完成了任务。

经过多方努力，设备状态监控系统于2018年12月如期完成初步验收，正式上线运行。

这套系统投入使用，使公司设备材料部能够准确统计设备完好率和设备利用率这两项重要的技术经济指标。通过对设备完好率、设备故障类型和因故障造成闲置时长的统计，可以随时掌握各类设备的故障率；通过对设备利用率的统计，可以评价设备的投资回报率。

根据设备完好率和设备利用率的统计数据，可在编制设备购置计划时重点选择技术成熟、故障率低、生产效率高、利用率高的施工设备，提高设备的投资回报率，促进企业资产保值增值、良性发展；根据统计设备闲置情况，可指导设备调拨，降低外部租赁设备比例，适时进行设备大修；利用系统的定位巡检功能，可实现远程查看闲置、封存设备的保管状况，使公司设备管理能力迈上新台阶。

系统完成上线至今，已安装设备监控终端1340台，在新疆、宁夏、广东、浙江、山东、辽宁、湖北等设备主要集中地均已进行安装。其中，自动焊接工作站、阀门试压台、液压提升装置等先进专用设备的安装率达到90%，实现了公司总部对设备状态的远程管控，并实现设备完好率、利用率自动统计，并实现设备位置信息实时更新，设备档案、巡检资料、保险资料即时数字化文档管理。

与传统管理方式比较，设备状态监控系统的运行大大提高了管理效率，降低了管理人工成本。其中，设备利用率提高了5.3%，达到82.21%；设备完好率提高了3.21%，达到93.26%。

（杨广睿）

专家点评：

"工欲善其事，必先利其器"，企业生产所用的设备能否"出满勤、干满点、出满力"对企业的效益而言是至关重要的，不仅对于大型联合装置如此，对于施工企业也是如此。因此，本案例中的企业从提高设备的"两率"入手，打造设备实时监控管理云平台，运用数据分析结果，指导施工设备从采购选型、选择供应商、使用、维护到报废处理的全生命周期的管理，对提高企业的经济效益起到了积极的作用。具体而言，该系统有如下几个作用。

（1）为施工设备选型提供依据。通过数据采集、对比分析，可以清楚地看出，哪些设备使用频率高、使用面广、使用效率高、使用寿命长，以及哪些设备故障率低。

（2）为选择合格供应商提供依据。通过对比分析，可以看出哪家供应商的设备性价比高，哪家供应商的设备最好操控，哪家供应商服务最及时、服务效果最好，哪家设备备品备件最易采购等。

（3）为施工企业设备调度提供依据。通过实时监控平台，施工企业调度人员能够随时掌握设备当前所处的位置及状态，工作负荷大小，是否"带病"运行等，便于将设备调拨使用，以提高设备利用率。

（4）为施工设备的检维修提供依据。通过对比分析，可全面掌握每台设备当前的状态及未来的运行趋势，这样能够明确每台设备应在何时检修及检修的内容。施工企业特别是北方的企业施工，淡旺季比较明显，因此，设备的检修应尽可能安排在淡季进行。

（5）为施工企业制定设备的更新计划提供依据。

（6）为施工企业设备的备品备件统一采购提供依据。

（7）为企业统计人员减轻劳动负荷的同时，减少了人为的失误。

17. 后补的非标法兰、法兰盖采购

某企业总承包某项目,在 4 台进口高压切断阀的请购文件供货范围中,没有标明切断阀需要配套对应的法兰(ANSI2500)及螺栓、螺母与垫片。因法兰直径超出标准范围(>DN300)属非标,且厂家阀门本体法兰按照挪威标准制造,而该国企在合同签订后的后续技术交流中才发现这个问题,故提出增补该法兰及紧固件的要求。

该企业项目采购组经多方沟通协调,历时 4 个月才完成了该非标法兰的采购工作。本来小事一桩的法兰采购,耗时之长、情况之复杂令人难以想象,下面为其主要过程。

(1)法兰及紧固件拟委托原高压切断阀采购单位采购,但被拒绝,对方理由为:①经过预询价,增补的法兰及紧固件金额较大,约 8 万欧元,不能增补做变更合同;②原阀门采购单位业务范围仅限于阀门采购,而法兰及紧固件不在其采购范围,因而退回由需求单位自采。

(2)协调国外阀门厂家提供法兰设计标准、图纸、技术资料等,但国外阀门厂家以保密为由,早期不予提供,后经多次协商,历时较长,最终提供了满足设计要求的相关技术资料。

(3)项目采购组要求设计部门根据厂家的设计资料,提出法兰及紧固件的请购文件,但设计专业对由谁出请购文件存在分歧。仪表专业认为法兰及紧固件应属于配管专业,配管专业认为应属于仪表阀门配套。项目采购组虽多次组织协调会,但两个设计部门最终均未提出请购文件。至此,项目采购工作陷入

僵局。

无奈之下,项目采购组正式向总部发函请求协调帮助。考虑压力等级(ANSI2500)、质量和安全风险,企业要求原采购单位做合同变更并由原阀门厂家供货,以保证配套性和生产中的质量安全。期间又多次与原采购单位沟通,经多方协调,最终确定由原阀门厂配套供货。

高压切断阀、配套法兰及紧固件到场后,施工单位根据试压包向项目采购组提出需求——采购该法兰的配套法兰盖,因设计压力为2500LB,管道试压中要保证非标法兰、法兰盖、紧固件的配套性,保证一次打压成功。项目采购组、充分考虑借鉴了近期某国企在打压过程中的经验教训,即法兰、垫片、法兰盖分属三家厂商,虽然都符合制造标准,但打不上压,原因是各家法兰面正负公差标准不统一。

最终,项目采购组通过法兰面实测等措施,保证了一次打压成功,至此圆满完成了非标法兰及法兰盖的保供及验收任务。

问题虽然得到了解决,对项目现场施工进度也没有造成影响,但此事历时4个月,项目采购组与多方协调,耗费了大量人力及精力。

项目采购组事后进行了总结,认为项目建设要加强对设计请购文件的审核,加强专业化采购,对非标物资、重点物资要多借鉴以往项目经验,帮助设计部门查漏补缺,从供应链全局角度去解决采购问题。此事对采购工作既是警示,也是教训,在后续工作中应引以为戒。

(任智宏)

专家点评:

这是一起典型的由于设备采购时相关方责任界定不清,后续工作受阻的案例。案例中所涉及的三方,甚至是设计方的仪表专业与配管专业之间都存在责任不清、任务分工不明确的现象。这样既延误了后续工作,又损害了企业的形象，教训相当深刻。因此，本案例提醒我们，要做好此类设备物资的采购，至少应做好如下几项工作。

一是设备采购前，要对采购企业做全面的了解，掌握其经营范围、经营能力、经营业绩、服务态度及服务能力等，并据此评价该单位能否承担起供应责任。

二是设备采购前就要明确各单位之间、各专业之间的责任和相互配合的义务，如采购文件由谁编制、谁参与、谁配合、谁审查、谁批准等。

三是设备采购前，就要与供应商进行广泛的技术交流，了解掌握所采购设备的结构、材质等，以及对安装使用的要求，专有技术情况，专利产品及必须配备的附机、附件等。

四是在进行全面、充分的技术交流后，要先和供应商签订技术协议。在协议中明确双方的责任和义务，包括供货范围、服务范围、工作交接点，明确相互提供的技术文件、设计条件及时间节点；确定所供产品的设计、制造、检验、包装、运输等各个环节的标准规范，且这些标准和规范要力求统一，相互支持。

18. 采购成套设备应严上加严

国内某总承包项目的某个成套设备现场到货后，发货单与实际到货规格与数量不一致，且无随机资料，无法开箱报验。经采购经理多次催要，成套设备企业才提供相关材料，影响了报验和现场施工进度。在施工过程中，还出现了许多问题，比如：电缆桥架与周边装置连不上；电缆漏供；钢结构防腐做法与项目总体要求不一致；配套管道材料（管件法兰等）质量较差，有焊缝未焊透等。这些问题造成了额外的施工签证和现场临时增补采购。在安装调试时，发现频繁跳闸，经仔细检查发现电机参数比技术协议要求低一个档，同时还发现电机的制造商与技术协议要求不一致。最终，只能要求供应商重新加急采购配套电机，但施工进度受到较大影响，同时增加了总承包商的总成本。

如此多的问题，令人心惊。认真分析，除了供应商，也暴露出不少工程方面存在的问题，主要包括：（1）设计口的主导专业因国内总承包项目工期紧，未在成本、质量、进度等方面履行相关职责，即设计质量未把好关；（2）未及时将相关专业的条件图，如电气和仪表桥架图等反馈给辅助专业核对，专业协调性不够；（3）与成套供应商间的沟通协调不通畅，缺乏沟通协调机制和相关程序；（4）采购催交工作不够扎实。

为避免再次出现上述问题，工程公司对问题进行了全面总结和分析，并提出了相应措施。

一是设计口的主导专业的职责应明确。成套设备的主导专业不仅仅是成套设备询价文件的发出者、技术评审的主导者、技术协议的签署者,更应是技术协议执行的监控者、各专业接口条件的协调与管理者。成套设备的主导专业负责人应扮演一个小型项目经理的角色,管理成套设备采购包从询价,评审,设计校审,文件传递和批准[含设计文件、制造文件、检验或试验文件、出厂文件(随机和交工文件)],制造进度及发货,现场安装及最终调试和运行的全过程。

二是要严格控制和管理分供商。成套设备的分供商一般在技术协议中有相应的要求,也有相应的分供商清单。一般情况下,分供商会依据和遵从EPC合同中相应设备或材料的厂商清单,但有时EPC合同中类似设备材料清单没有相应厂商名单或厂商相对较少,总承包商或成套设备供应商会提出部分厂商清单。分供商的严格执行,有赖于主导专业负责人或催交负责人加强对成套设备供应商的文件控制和制造监控,例如,所有外购件均需提交不含价格的供货合同供审查和存档,及时催促提交供应商制造进度月报和外购件采购进度月报并进行审核等,必要时还应对外购件的供应商进行监制与催交。

三是随机资料和交工资料要规范。通常供货合同中会有一个关于资料提交等相关要求的附件,但这是通用要求,对于成套设备来讲不太适用,也不够全面。因此,针对成套设备的资料应提前策划,有必要在开工会中明确具体要求,如随机资料和交工资料分别应包括哪些内容、哪些文件,其格式、装订及份数等。可以充分借鉴国外总承包项目的相关资料要求,并结合国内项业主及相应项目所在地针对档案管理的相关要求,做出修改和更新。

四是要抓好发货、开箱与报验环节。成套设备的材料较多且杂,发货次数也较多,有时可能还会从分供商处直接发货(如成套设备的钢结构等)。基于这种实际情况,为减少到货时与发货清单不一致等问题,是要有针对性地选择部分设备材料进行出厂检验;二是不管到货后清点,还是开箱检验,均要求供应商派出代表参加。如供应商明确书面表示不参加现场到货清点,供应商应无条件服从总承包商的清点结果,如缺件应无条件补发。同时,应与业主协商有关开箱报验等事宜，以尽量满足费控专业的每月请款要求。

（曾在春）

专家点评：

  采购成套设备确实是一项烦琐复杂的工作，稍不注意就会造成漏项，这就要求采购人员在"严"和"细"上下功夫。(1)当某种设备确定要成套采购时，业主采购单位或项目主管单位要召集设计、使用、维护、机、电、仪等专业人员认真研究确定成套范围，划定界面，明确成套各专业内容，各个专业之间要相互协调、步调一致。(2)组织各专业及设计人员与潜在供应商深入交流，使各潜在供应商充分了解采购方意愿与成套范围。(3)买卖双方在充分交流的前提下，签订技术协议。该协议内容一定要全，以便在合同履行时，事事都有据可依。协议具体内容包括成套范围、执行的标准版本、检验与验收方法、性能试验、包装、运输等，甚至是各种文件资料的份数、传递方式、交接时间等都要一一表述清楚。(4)合同签订后要把握好开工会或项目启动会这个环节，会后要以纪要的形式将买卖双方组织机构、联系人、联系方式、文件传递方式、交付份数、时间，以及项目协调会议的内容、时间等记录清楚，便于后期执行。(5)及时派出监造人员进驻制造厂，不但要对主供应商进行质量监督，也要对分包商进行有效的监控。(6)严把出厂检验关。(7)还必须发挥好主要专业设计者的"拿总"作用，使其担负起各专业设计文件的审核、技术文件的签订、技术协议执行情况的监督等责任。

  本案例中企业的总结很及时。出现问题不怕，只要认真分析，找出症结，把握关键要素，案例中的类似问题就能得到避免和有效控制。

19. 换热器高品质采购

换热器是石化领域中广泛应用的一种通用工艺设备,在石油和化工企业中,换热器投资大、损坏率高、制造工艺复杂。为此,某企业将换热器定义为战略物资。该企业结合企业工业园一期项目换热器采购和使用情况,从供应商筛选、成本模型应用、供应链向前延伸管理(换热管等外购件)、战略合作框架采购、质量管控提升等方面全力推行高品质采购实践,取得了积极成果。

(1)建立成本模型。从"本企业询价,供应商报价"的传统采购模式转变为"本企业与供应商共同核算价格"的透明采购模式,将换热器分为五大部分(换热管、板材、锻件、管口法兰、其他费用)进行独立价格核算,参照本企业材料框架价格修正主材价格基础,建立材料价格与市场的联动更新,将设备重量与制造费对应,价格变更更加透明,既给供应商预留了合理的利润空间,同时也降低了本企业的采购成本,缩短了采购周期。

(2)建立原材料品牌库。对于关键零部件,建立本企业自有供应商原材料品牌库,对供应商的原材料供应商进行管控。关键品类诸如换热管、锻件等,由本企业直接与原材料供应商签署框架协议,明确技术要求,从质量和价格两方面进行全流程管控,真正实现源头端质优价廉。对于制约换热器制造周期的换热管,推动供应商进行备库,即设备厂备库常用规格换热管,换热管厂家备库常用坯料。

(3)开展战略层次合作。全面实施战略供应商动态管控,按照定量与定性相结合的原则,对其质量、成本、交付与服务进行动态监控,并实时记入档案。以目标期望为导向,对战略供应商进行全样本数据分析,对内关注重要性高、金额支出大的战略性物资,对外关注质量管控能力及合作意愿。以战略眼光为视角,品质管控为手段,创新整合杠杆型物资的采购策略,构建长期、稳定的双赢关系。同时锁定资源,确保本企业项目有序推进,以有效的战略采购,进一步控制成本,优化服务,为后续项目保供降本奠定基础。

（4）全方位提升换热器质量。针对换热器制造环节,提出了"四化"目标,即"材料品牌统一化、物资分级区别化、制造要求标准化、过程管控精细化",全方位提升品质。

①材料品牌统一化:依据本企业一期项目使用经验,结合供应商在其他项目的使用情况,不仅对供应商,而且对供应商的原材料供应商进行品牌管控,确保源头"万无一失"。每季度对品牌库进行更新,优胜劣汰。对于换热器设备,限定换热管、板材、封头、锻件等多个品类的若干个品牌。

②物资分级区别化:物资提交采购前,按照重要程度和制造难度进行分级分类,对供应商按照品控能力进行分级分类,实现物资和供应商的高度匹配,以确保采购物资的质量,合理利用供应商资源。

③制造要求标准化:总结,反思,除旧纳新,整合多达19个标准,形成本企业自有的标准。原质量提升技术协议中的不足、合理项得到改善,增加了30多项技术要求,如国家标准的规范、双管板换热器的特殊控制、原材料品牌和等级的限定范围的扩大、管板加工及胀管工艺的细化、焊接过程控制点的强调等。

④过程管控精细化:借助一流监理公司监控,提升换热器合作供应商的战略高度,引起高层重视,要求总裁质量承诺;本企业自行组织管头焊工考核,针对本企业要求进行焊接工艺评定。

在一系列创新及实践下,企业换热器的高品质采购取得良好效果,促进了合作供应商管理水平的大幅提升。同时,企业的成本模型、品牌库的建立等，在业内起到了引领作用。在企业内部，设备高品质的交付也得到了一致好评。

（高磊）

专家点评：

  采购高品质的设备是每位采购工作者的追求。为此，本案例中的采购人员付出了艰辛的劳动，采取了许多措施，克服了种种困难，最终也收到了较为理想的效果。本案例中的做法是值得提倡和推广的。

  首先，他们从供应商筛选阶段就对潜在供应商在制造能力、装备状况、服务能力、服务态度、履行合同能力等多方面提出了较高的要求，防止那些制造水平不高、服务质量较差、履行能力一般的供应商参与竞争。其次，供应链向前延伸，协助供应商把好原材料、半成品件的入厂关，从而在源头上保障了最终产品的质量。第三，注重原材料、半成品件的品牌，尽量从品牌厂商那里采购这些商品。第四，加大采购产品的价格透明度，协助供应商进行产品价格分解，分项报价，供应商该得的利益一分不少，供应商不该得的利益一分不能多给。这样既可以加快商务进度，同时也受到供应商的欢迎。第五，全面实行供应商的动态管理，优胜劣汰，及时排除不合格供应商，为合同的顺利履行提供保障。第六，产品制作过程中加强监造，做到"产品制造进行到哪道工序，质量监督就跟进到哪里"。第七，严把产品出厂检验关，不放过任何一个质量疑点。

20. 救场的低噪声电机

国内某知名药厂创办者秉持为家乡做贡献的理念，在家乡创建新的生产基地，共投资约5亿元，其中有4亿元来自银行贷款。在当地政府的规划审批下，生产基地如期建成。

然而在生产装置成功试运行3个月，即将开足马力全面生产的时候，药企却收到了当地环保部门的限期整改通知单。通知单上赫然写明的原因是：12台冷冻机噪声超标（120分贝），被附近村民投诉噪声污染。药企无奈只能停产整改。这一事件导致药企面临偿还贷款、市场声誉下降、原材料过期等各种压力，如何尽快完成整改并复产，成为药企亟待解决的问题。

面对危机，药企启动了应急方案。他们找到冷冻机生产厂商，要求在6个月内必须将冷冻机噪声降低至95分贝以下，否则将扣除剩余货款和质保金。冷冻机厂商闻此要求，立即追溯配套的电动机生产厂商，要求对电动机同等降噪。

该配套电动机是国内知名品牌产品，其负责人拍着胸脯说，一定赶出来一台噪声符合要求的电动机。然而经过两个月的探索，电动机噪声还是不能达标。该电动机厂商出于对客户负责的态度，求助于国内另一家知名公司进行技术和方案的优化确认，并在之后的两个月内完成了电动机交付。

电动机交付后，冷冻机厂商发现，新到的电动机噪声虽比之前有所降低，但是依旧不能达标。此时距交付期仅剩下两个月时间了，冷冻机厂商不得不硬着头皮求助世界顶级电动机制造商，结果被告知6个月之后才能提供符合要求的产品，时间节点根本无法满足要求。一筹莫展之际，冷冻机厂商孤注一掷，又找到了另一家知名电动机公司求助。

该知名电动机公司在与冷冻机厂商就其问题和需求接洽之后，迅速整合技术资源，组建专业团队进行攻坚。攻坚团队昼夜奋战，通过技术分析和核算，运用三维建模、风路模拟、电磁设计分析、结构分析等先进技术和设计工具，在最短时间内完成了对电动机整体结构设计的升级和改造，并在各项指标模拟验证结果均达到预期后，第一时间组织生产制造。30天后，全新一代电动机生产制造完毕，而且实验台整机实验数据远远优于理论数据。其余11台电动机也如期交货，安装到了冷冻机上。冷冻机厂商最终按照药企要求按时解决了噪音扰民问题，药企顺利复工复产。

经测试，这家电动机公司升级改造的电动机的效率值比标准值提高了1.44个百分点，每年可为用户节约电费9万元/台，合计每年节约108万元，体积比原电动机降低两个机组号，噪声比其他两个厂家分别降低17分贝和21分贝，电动机重量也降低1000~2000千克。

电动机公司这种救场如救火的态度、精益求精的精神以及高超的技术水准，不仅赢得了用户的青睐，也得到了同行的称赞。

（刘峥）

专家点评：

有关资料显示，突然受到40分贝的噪声惊扰时，10%的人会被惊醒；当噪声达到60分贝，70%的人会被惊醒，同时，噪声可引起耳鸣、耳聋和听力受损；长期在85分贝以上的噪声环境下工作，21%的人会在40年后耳聋。噪声还会引起神经衰弱、心律不齐、高血压等症状，可见噪声已成为当今社会一种重大的污染源。

在本案例中，冷冻机厂商和电动机供应商没有推卸责任，他们以治理噪声污染为己任，迅速整合技术资源，组成团队进行攻关。最终改造完成的电动机不仅噪声有效降低，符合国家标准，而且效率也得到了提高，为药企节约了可观的成本，也为自身效益提高做出了积极的贡献。

---

21. 做精品铸就煤制油 10 万空分设备

国内某煤业集团 400 万吨／年煤炭间接液化项目是国家"十二五"煤炭深加工示范项目，也是全球一次建设规模最大的煤制油项目。

某空分集团经过多方努力，于 2013 年最终取得了 6 套十万等级空分设备设计、供货和服务合同（项目共有 12 套）。由于这个项目标准严、要求高，仅标书内容就涵盖了技术、采购、生产、质量、HSE（健康、安全与环境管理体系）、报关、运输、安装、调试等，装备制造的难度可想而知。

为保障煤制油项目顺利进行，获得稳定的气体，空分集团确立了"做精品"的理念，并贯穿于技术、制造、项目管理、后续服务的各个环节。

（1）首次提出应用"空分岛"的集成优化设计理念，合理应用到多套空分装置的设计、制造和运营中。在前期空分设备流程工艺包和空分装置基础工程设计中，空分集团首先提出了环境中二氧化碳等有害气体对空分的影响，并付之定量研究，帮助用户改变了国外咨询公司的前期方案，最大限度避免了顶层设计带来的后期问题。

（2）充分利用自身作为空分行业内唯一拥有甲级资质的空分设备制造商的优势，与买方工程设计院一起对整个项目工程设计提供优化设计方案，同时对买方负责的工厂工程设计提出合理的建议和要求，以成套工程的角度来考虑空气分离设备，将设计、制造这一服务链条扩大到设计、制造、工程设计安装、开车调试，保证特大型空气分离设备 100% 的开车成功率。

（3）在技术方面，不仅关注空分设备本身的先进性，还关注设备与项目之间的技术耦合。在空分工艺上采用双膨胀制冷、氧氮产品双泵内压缩、精馏上塔中抽除氩增效流程，集成了当时世界上最先进的空分设备技术，其能耗指标与进口设备一致，比当时国际上同规模的空分装置更加节能。

（4）在选择生产场地方面，经过多次现场踏勘，综合考虑交货进度、产品质量、道路运输、人员配置等因素，空分集团决定实施"异地生产"。"异地生产"并非照抄照搬厂内制造流程，而需要根据现场条件，对所有产品的每一个零件加工制造工艺进行论证。在生产准备中，工艺人员与设计人员反复讨论，改变传统方法，开发新工艺、新工装、新设备，确保生产达到每一项设计的要求。

（5）在持续创新方面永无止境。当空分集团的6套设备与国外公司的6套设备相向而立、即将投付使用之际，面对两个截然不同的吸附塔外观，技术团队有些迟疑：自己的分子筛吸附器采用了成本更高的双层径向流结构，而非单层结构，是不是设计得太复杂了？精馏塔也比对方高出一大截，设计上是不是太保守了？

疑问一经提出，空分集团立即进行深入分析，经过长达3个月的反复论证，最终决定不做修改。当时国外巨头也在观察空分集团的产品，后来他们主动把精馏塔提高到和空分集团相同的高度。

2017年3月15日，煤制油项目现场，国内首套十万等级特大型空分设备一次开车成功，产出合格氧、氮产品。实时数据显示，氧纯度达到99.6%，氮纯度达到99.999%，且系统运行稳定。

2017年8月25日，6套空分设备全部投入运行。经测试，能耗指标达到国际领先水平，由专家见证实测的8号空分设备能耗指标为202.8T/h，且经受了夏季极端天气工况的考验，是世界上同规模在运行的空分设备中能耗最低的。

煤业集团的负责人由衷地说："本来想让空分集团吃两只国产化的'螃蟹'，最后吃了六只。现在看来，真是吃对了！"

2018年4月18日，在运行一年后，十万等级空分设备迎来了大考，中国机械工业联合会、中国通用机械工业协会联合组织了鉴定会，认定其总体技术达到国际领先水平。

（吕挺锋）

专家点评：

  空气分离工艺原理是利用深冷技术把空气进行深度冷冻液化，然后利用空气中氧气、氮气等组分沸点的不同，通过精馏的办法在分流塔内分离成纯氧气和污氮气，再通过吸附、精馏的方法获得纯氮气。这一深冷过程的操作温度通常要达到 $-170℃\sim-190℃$，这就对设备的结构、材质提出了极高的要求，不能有一点点泄漏，否则就会导致不可估量的后果。因此，这一领域长期被国外企业垄断，十万等级的空分装置更是如此。但是空分集团勇于探索，积极创新，瞄准市场需求，科学实践，经过艰苦的努力终于实现了十万等级空分装置的国产化。这一成就不但是空分集团的骄傲，更是中国人的骄傲。他们在整个研发过程中的做法是值得肯定的。

  一是在项目设计中，首先提出了环境中二氧化碳等有害气体对空分的影响，并进行定量研究，帮助用户改变了国外咨询公司的前期方案，有效避免了由方案带来的后期问题。

  二是在技术方面，不仅关注空分设备本身的先进性，还关注设备与整个项目之间的技术耦合。集成世界上最先进的空分设备技术，能耗指标与进口设备达到一致，因而比当时国际上同等规模的空分装置更加节能。

  三是永无止境的持续创新。工作中，他们不放过任何一个疑点，一旦出现疑问，就立刻组织相关科研人员反复研究论证，直到问题有了肯定的答案为止。

  大型设备国产化是一个漫长的过程，要靠创新一步步实现，而空分集团已经走在了前列，并发挥了很好的引领作用。

22. 严细高效的催交工作

某工程公司以 EPC 的形式承接了一家能源化工企业 100 万吨甲醇项目气化、净化标段界区标段的建设并实现中间交接,直至通过性能考核的全部工作。

由于采购量大,采购范围广,催交工作难度很大。工程公司根据项目特点,在前期做了严细的催交策划。催交工作贯穿合同签订后到采购物资到场的全过程,由催交工程师依据设备重要性等级进行分级催交。催交工作的整体程序为:前期资料的催交及组织审查;制订催交进度计划;组织供应商召开开工会(A 类设备);按催交要求检查原材料采购进展、设备制造、组装、检验试验和包装检查。

(1)前期资料进度控制

①合同签订过程中采买工程师依据采购进度计划和项目要求,与供应商、设计人员约定前期资料的内容和提交时间。

②与采购进度计划进行对比,如因客观因素无法满足项目采购进度计划要求,应采取分阶段提交等纠偏措施。

③催交工程师根据合同中对前期资料的要求,对供货商进行资料催交,每周按要求编制前期资料催交报告,采购经理依据报告对采买工作进行跟踪和控制。

④前期资料提交后,催交工程师负责催促设计人员对资料的范围、标准、技术要求进行审查,并及时反馈给供应商;前期资料审查通过后催交工程师向供应商催要终版资料并记录时间。

⑤本项目前期资料提交主要关注的设备：塔器设备的内件、煤锁气压缩机（2台）、循环气压缩机（1台）、液力透平机（4台）、低温甲醇洗大流量泵（7种15台）。

（2）设备制造催交措施

①A类设备：《催交进度计划》制订完成后，催交工程师组织业主、三方监造工程师等相关人员在制造厂组织召开开工会，审查确认催交计划，确认催交协调程序，实施驻厂催交，每周提交一次催交报告。

②B类设备：《催交进度计划》制订完成后，催交工程师依据生产进度和设备制造难度及周期，选择性地组织业主、三方监造工程师等相关人员在制造厂组织召开开工会，实施定期访问催交，每15天提交一次催交报告。

③C类设备：依据项目进度进行通讯催交，每月提交一次催交报告。

（3）催交方式

①驻厂催交：催交工程师或第三方监造工程师驻供货厂商厂内进行催交、检查、督办。驻厂催交又可分为长期驻厂催交和短期驻厂催交。

②定期访问催交：催交工程师依据催交计划的节点，定期走访供货厂商进行催交、检查、督办。

③通讯催交：催交工程师依据催交计划的节点，通过电话、电子邮件、传真等通信手段对供货厂商进行催交、检查、督办。

（4）进度偏离的处理措施

当发现供货厂商的进度偏离影响货物交付或发现潜在问题，催交工程师应督促供货厂商采取有效的纠偏措施。当预计交货期要延迟一个月及以上时，采购工程师应分析原因，及时报告采购经理。必要时，采购经理应向项目经理、副总经理（分管采购部）汇报，并采取合理的纠偏措施。

为保证工期进度，催交工程师制定了催交关键节点，并定期对照检查。当出现进度偏差时，立即采取纠偏措施，具体包括：①提高催交等级、催交频度，加大催交力度；②采购经理、项目经理、副总经理（分管采购部）等人共同参与关键的催交活动，加强催交力度；③及时召开催交会议，落实进度计划，解决制造过程的技术、资金问题；④经采购经理审核、项目经理批准，采取其他应急措施；⑤督促供货厂商加强对分供方原材料、外协件、辅机等的催交力度；⑥要求供货厂商安排产计划配备相应的人力资源、工装和器具。

由于催交工作严细高效，项目的物资采购工作得以顺利推进，有力地保障了工程项目进度。

（段学奎）

专家点评：

催交是比较烦琐的工作，本案例对催交有比较好的认识，特别提出设备订货后供应商定期向设计返还资料，便于设计进行下一阶段的设计工作。返还及时，设备制造就有保障；反之，将影响设备按期交工。

项目采购物资往往品种多且杂，为了做好催交工作，本案例企业对设备材料进行了分类管理，这种做法值得提倡。对催交工作应分轻重缓急，突出重点；对设备制造进度实施报告制度，才能对设备制造过程了如指掌。

本案例中，企业的催交工作之所以能够取得成效，十分重要的一点是做到上下层级齐抓共管，责任明晰，力度到位，并注意外委工作管理，有效利用三方监理进行设备制造质量、进度把控，合理有效调动供应商的人力、物力资源。

建议催交工作采取销号看板办法，使设备材料按期、有序进厂；实行动态管理，并委派专人进行把控。

23. 定制化小额度的钢格板采购

某公司是一家以生产制造为主营业务的企业,鉴于客户特殊化定制需求,生产的每台设备都不完全一致,这对公司的采购保供也提出了较高要求。定制化和产品无法批量制约了采购效率,在一定程度上妨碍了采购成本控制。

钢格板是公司装备制造的原材料之一,主要用于国外某品牌轮胎挤出机中的人机操作平台,碳钢镀锌材质,每台次需求数量不定,单件金额不定(根据单件面积换算),属于典型的非标定制化物料,年采购额仅 10 万元左右。其在供应中存在以下难点。

一是供应商寻源困难。钢格板按照项目进行采购,单批次采购量较小,且规格不一,市场上多数钢格板厂家均无合作意向。

二是质量不稳定。钢格板工艺需要手工焊接,易产生焊接变形等质量问题,造成多次返工,影响装配。2019 年 7 月至 12 月,原生产厂家甲供应商所供钢格板因尺寸公差问题,导致现场出现 4 次装配困难,安装不牢固,存在较大安全隐患。

三是双方供需关系难以维持。因为质量不稳定、供应不及时,公司生产部门意见很大;供应商也因为产品利润低、订单数量少,出现拒绝接单情形。钢格板存在断供风险。

四是难以实施采购过程控制。由于批次多、数量小,采购人员对采购过程控制力较弱,谈判余地少,供应商管理被动。2020 年 1 月,甲供应商与公司中止合作。

为解决钢格板等瓶颈件物资供应,2020 年初,按照公司要求,采购部门着手制订了瓶颈件供应的工作计划,并采取措施全力推进。

计划包括：①对单一供应商业务、单一供应物资进行全面梳理，梳理出存在单一供货风险的物资；②提出改善计划，对供应链结构进行改进，推动实施"两用一备"供应理念（即供应商选择库中有两家常用供应商，一家备选供应商），要求各专业采购经理、供应商开发经理、工程师不断寻找、开拓潜在供方资源，杜绝单一供应。

措施包括：①由供应商开发经理统筹，各专业经理结合自身管控业务，对供应商层次进行分析，对供方资源、成本进行分析，明确"两用一备"潜在供方指向；②借助上级集团"集采"平台，寻求集团内部优质资源，发掘出乙金属制品有限公司，经过筛选及实地考察，最终将其纳入公司供应商名录，作为长期合作供应商；③发掘原有供应商潜力。公司供应商选择库内，丙公司是一家机加工件制造企业，但经分析、考察后，发现其拥有购买钢格板的正规渠道，且采购批次多、成本低，可以为公司代购钢格板。公司着重与其进行洽谈，在公司尚未完全解决钢格板稳定供应问题期间，由其临时供应紧急项目钢格板，由公司专门业务人员定期到场检验进度及质量。

按照公司"两用一备"的要求，采购人员正在积极与甲供应商进行接触，探讨在目前需求情形下，实现以乙金属制品有限公司、丙公司为主，甲供应商为辅的钢格板供应体系。

与此同时，鉴于钢格板的非标特性，采购部门已建议设计部门、营销部门进行联动，强化标准化意识，对客户喜好定制进行引导，减少个性化产品，力争实现钢格板规格的标准化，从根源上解决定制化、小金额物资供应问题。

（支龙飞）

专家点评：

钢格板是一般材料，属设备的附属、安全保护设施。作为特殊的设备附属件，其在形状上要求较高，用量较小，供应商积极性不高。这些均会影响采购工作。

企业对此进行了深入研究，找到了解决的办法。对于小批量、小额度的采购品种，采取框架协议采购比较好或者可与其他材料采购捆绑。本案例采取框架采购的办法，实行"两用一备"供货方式，应该说基本解决了问题。

这类材料如有长期需求，设计部门应考虑设计形状和标准的统一，便于形成采购批量，降低采购成本。采购工作与设计是紧密相连的，作为采购人员应主动与设计方联系，争取采购工作的主动性。另外，类似的设备也可以采取标准化采购模式，就是设计统一、采购统一。

案例总评

通过学习本章案例，可以得到很多有益的启发，对采购工作会有新的认识。本章案例的内容丰富精彩，可以看出当今采购人的能力和智慧，同时也能了解他们在工作岗位所遇到的许多困难。

本章的主要内容涉及进度控制，质量控制，催交催运，物流（运输）控制，资金控制，合同变更、终止、解除，存货管理，现场服务等方面。我们可以看出，无论从哪个角度讨论问题，总是与供应商（服务商）有着密切的联系，买卖双方既有合作又有矛盾。其实这都是正常的，事物的发展总是伴随着矛盾的解决。所以供需双方应向着同一个目标解决矛盾，如何实现双赢是供需双方面临的永恒主题。

例如，在"复合板吸收塔催交有办法"这个案例中，提到"小王意识到，帮助制造厂就是帮助自己"，让人看了非常感动。一个买家或者说甲方，为了催交主动放下身价，甘为供应商充当催交员，证明其认识到了问题的实质，即供需双方只能有一个共同目标——关键设备按期保质到现场。这样的理念值得提倡，体现了供需双方合作的价值。

再如，在案例"深度协同并进共赢"中，提到"双赢主要源于框架协议采购的应用"，这是供应商对物资实施框架协议采购的新认识。其从供应商角度看框架协议采购，列举了六个方面的亮点。业主方深切体会到了供应商从技术协商、质量共同把控、生产供货、物流配送、现场储备到检验一整套的周到服务，实现了"业主管理人员有材料控制权力"，实现了物资"零"库存管理，实现了各项服务工作做到了家门口。这是框架协议采购实施的典型范例。框架协议采购可以把被动采购变为主动采购，把被动服务变为主动服务，在许多方面对企业是十分有利的。

本章还有一个主要提及问题就是质量控制。要做好质量控制工作，一是企业与供应商要双方互相尊重，建立信誉互信，采取相互认可的方式建立关系。二是供应商队伍建设要有认证办法，不同的供应商采取不同的认证办法。这是可以双向选择的。供应商无大小，只有专业性强与弱的比较。三是最好能建立适合本企业的供应商网络，了解供应商队伍的能力、素质等。"直木做梁，弯木做犁"，采购实施要有的放矢，避免盲目选择供应商。四是采购技术交流、谈判应对执行的标准和规范进行深入交流，使产品制造有据可依。产品制造过程控制应该严格执行技术协议和有关标准，设计、加工、检验、试验、出厂放行均应严格操作要求，做到精益求精。五是产品出厂过程不放松质量控制，按合同要求，安全保质送达现场。六是施工安装调试应按照产品出厂安装说明进行，督促供应商按照约定配合现场，发现问题及时解决。七是双方应本着积极、平等、协商、诚信的态度解决问题，寻找解决问题的办法，把问题消灭在萌芽中。

第六章
集中采购及数字化采购

集中采购是对采购需求的集中。在空间上，可以集中企业或集团内全部或部分组织的相关需求（对于跨集团的联合采购，甚至可以捆绑组织外的需求）；在时间上，可以集中未来一段时期内的可预测需求。运用价格比较、通标化以及价值分析等方法对需求进行分析、调查、研究和综合，通过跨部门协同实现从需求端驱动采购成本节约。

集中采购也是供应商资源和供应商管理的集中。一方面，结合对供应分析而形成的采购策略，以便于运用采购量等杠杆实现采购协同，降低采购成本和管理成本，实现与供应商的双赢；另一方面，集中采购必然对原有供应商进行整合，也有利于采购组织将采购管理关注的重点转移到供应商管理和供应市场，通过改进供应商综合绩效，实现供应链和社会的可持续发展。

数字化采购是企业数字化基础设施的重要组成部分，数字化采购建设可以将制度和流程标准化，在提高效率的同时使过程可追溯并形成记录和数据，可以通过相关性分析和建立数学模型，优化决策、流程和资源分配，以实现企业商业目标和供应链生态协同。

目前，数字化采购前台应用，包括采购业务应用和采购数据应用，越来越多地被接入企业资源管理系统中，具体包括电子招投标系统、电子竞拍系统、企业网上商城、供应商开发与寻源系统、供应商关系管理及投诉系统、供应商绩效管理系统、供应商评估系统等。

集中采购和数字化采购作为采购管理制度建设和流程建设的两个抓手，可以互相促进。理性科学的数字化采购的架构和流程设计，需要具有战略性、前瞻性，并由具有可行性的集中采购方法论引领；集中采购的高效实施和优化，更需要数字化采购平台及流程设计的支持。

本章典型案例：集中采购的措施、应用，电子化、信息化、智能化采购，采购平台的使用等。

1. 节资惊人的框架协议采购

老王在西北一家大型化工企业主管物资采购，2017年以来，在企业工程建设项目中，他与采购部的同事共同力推采购框架协议采购，收到显著效果，节约资金近亿元，数据令人惊叹。

那么，他们的具体做法是什么呢？

据企业资料表明：在一期项目建设中，他们大胆尝试采用了"统一全厂配置、获得优质产品和服务、节省项目投资、降低采购成本、减少员工培训费用、减少生产运行备件储备和库存资金占用"的战略和办法，经过对比分析，对于具有全厂、全项目统一标准，采购总量较大，采购频次较高或全项目需系统集成、联网监控等特点的物资和材料，大面积推行框架协议采购。一期项目在电气、仪表等25类大宗物资范围内实施了框架协议采购。25类物资总概算费用约为6亿元，招标确定框架协议供应商，各EPC总承包商框架协议采购全部执行后，实际节省投资费用近亿元，降本效果明显。

到了二期项目建设，他们将框架协议采购的范围，由一期的25类物资扩展至29类物资，并新增加了部分大宗材料的框架协议采购。虽然项目尚未完全建成，但据初步估算，可再节约项目投资5000万元左右。

老王介绍说："框架协议采购是集合跨时间、跨地域、跨项目（装置）的物资需求，形成规模化多批次量的采购，可以通过招标、竞争性谈判等多种采购方式，确定供应商、品牌、采购单价、数量（或约定调价机制），签订一定时期或者一定数量的一揽子框架协议采购合同，并在协议项下执行按批次采购订单操作。与以往采购方法（'一单一询，一单一招，一单一签，一单一结'的采购方式）相比，框架协议采购简化了招投标、商务谈判和供应商选择的工作流程，减轻了招标采购的重复工作量，缩短了采购周期，降低了采购成本，提高了采购工作效率，稳定了供应渠道，保证了供货质量。

具体到我们的项目，一是在项目建设完成初步设计之后，我们通过公开招标确定了24项框架协议采购的供应商，签订了框架协议；在EPC总包合同中约定，业主确定的24项框架协议，EPC承包商从详细设计开始，就要根据技术要求、框架协议物资规格型号进行设备选型。二是在项目采购实施阶段，EPC承包商按照业主、EPC承包商、框架协议生产商三方签订的技术协议和框架协议报价单，按批次打包发送至业主采购部，业主采供部根据三方签订的技术协议和框架协议中物资对应的综合单价核对报价单，待报价单确认无误后，传真回复EPC承包商，以便EPC承包商根据确认后的价格与框架协议厂家签订采购合同。三是业主根据项目建设进度，向EPC承包商支付项目进度款，项目进度款包含框架物资货款，待项目结束后，业主根据框架物资的实际采购费用与EPC承包商进行最终结算。"

老王自豪地说："通过在一二期建设项目中推行框架协议采购，我们节省了资金，优化了流程，锻炼了队伍，一举三得。"

（秦嘉）

专家点评：

国内外大型石化（炼化、煤化工、煤电、煤油气资源综合等）一体化项目建设中，正在探索和推行框架协议采购办法。

框架协议采购无论对供应商还是对业主，都是一种值得推广的采购方式。对供应商而言，尽管在招标时通过竞价压低了价格，利润略有降低，但是框架协议采购为供应商获得了稳定的销售量和销售渠道。供应商得以通过增加投资、新上设备或扩大经营规模，提高产品质量和售后管理与服务水平，在实现经济效益的同时，提高自身的信誉和市场影响力。对业主而言，框架协议采购有效降低了采购成本，减少了项目运行中备件库存量和资金占用量，有效集合了企业内部或企业之间不同时间、不同地域、不同项目的物资需求，形成了批量采购；通过竞争，将采购批量集中到少数优秀供应商，改变了传统采购方式下动荡的竞争关系，更好发挥采购量大的议价优势，形成供需双方一定时期的稳定合作，提升了资源控制能力；将多次分散采购集合为框架协议下的一揽子采购，减少了烦琐重复的采购工作量，提高了供应商响应速度和服务效率。框架协议采购在掌握物资需求的基础上，实现按计划均衡组织供货，提前锁定一定时期资源，实行定期结算，在资源紧张、短缺时可保证获得所需物资，快捷地解决企业临时和紧急需求，既保证了供应稳定性，又规避了市场波动带来的风险。

虽然框架协议采购的优势明显，但在执行过程中需要注意以下问题。

（1）采购前期需要做大量细致的准备工作，例如在需求清单分析、技术规格书编制、采购标包划分、标段设置、投标人资格要求、评标数据随机分组抽取、赋值权重细则制定、合同条款设置、合同履行风险规避、调价机制等方面，需要综合考虑。

（2）在项目设计前期，要提高需求物资的标准化水平。业主技术部门和设计单位在研究制定项目设计统一规定和物资编码规则时，对设备选型配置和主要物资，要统一技术标准，统一物资品种标准，集合集中采购的数量，改变同一物资供应品种"万国牌"现象。

（3）框架协议供应商原则上每类不能少于两家，以确保及时供应，保持适度竞争氛围。

（4）在框架协议采购执行过程中，对于供应商在集中到货期供应保障能力不足，合同执行期长、价格波动大，总承包商执行框架协议意愿不强等问题和影响，需要有相对应的应对预案。

（5）要严格筛选框架协议供应商，尤其对生产经营和工程建设影响比较大的供应商，要组织专人进行现场考察和风险评估。

（6）要合理分配订货份额。根据供应商实力、业绩、产品质量及价格水平合理分配订货份额，并依据供应商供货执行情况和综合考评，适时进行动态调整。

（7）要理性确定采购价格。预判框架协议期内市场价格的变动规律，约定框架协议价格调整机制。对市场价格波动频次高、波动幅度较大的物资，采用浮动价格进行调整；对市场价格变化有规律的物资，可以采用公式确定价格。

2. 集团型企业的框架协议招标采购

为实现高质量科学采购，某石油化工集团大力推行集团框架协议采购方法，经过一段时期的运行，在取得成效的同时，发现在招标采购实施过程中存在三个问题：一是框架协议清单覆盖面不全，即框架合同在执行过程中，由于需求计划的前瞻性不够或签订框架合同时考虑不周全而导致框架清单不全，进而出现采购框架外物资的情况，给正常的框架采购工作带来一定的困难；二是框架合同报价不均衡，即在框架协议清单报价过程中，有些供应商在了解集团公司的实际需求后，对常用或需求多的物资报价高，对不常用或需求少的物资报价低，从而产生采购成本过高的问题；三是框架合同需求计划前瞻性不够，即由于集团下属单位对框架协议提交的需求计划前瞻性不够，导致框架合同在执行的过程中，产生合同执行完毕金额与合同执行期限不同步的现象。

为解决这类问题，集团公司研究后从五个方面入手，完善了方案，使框架协议采购得以顺利实施并取得了良好的效果。

一是要求集团所属企业根据本企业自身的实际情况出台本企业的框架协议采购制度，编制框架协议采购方案，包括物资品种、物资各型号规格清单、技术要求、需求数量、采购方式（招标或联合谈判）、定价机制（计价公式或调价机制）、供应份额分配原则等，并建议将采购量小的劳保、应急防汛物资等纳入框架协议采购。

二是针对在框架协议采购时极易出现不平衡报价的现象，要求在编制招标文件的过程中必须设置固定抽取项和随机抽取项，以防止不平衡报价的出现。

三是在与供应商签订框架协议时，约定其在供货期内的每月或每季度必须确保最低供货量。若在该时间段内供货量超出了最低供货量，供应商需要调用其他企业储备的资源进行供货，则在企业框架协议采购办法（细则）中添加适当的奖励条款，给供应商进行一定比例的补偿。

四是将已梳理好的框架协议采购中的物料名称、数量、价格等整理成目录上报集团，由集团统一整理后公开发布并作为整个集团的共享资源。在签订框架协议时，集团旗下各企业均可共享物资资源；这样一来，不管采购量大小，在全集团的"团购"下，均可享受同等优惠。

五是将不适合框架协议采购的物资，如某些技术比较复杂的、市场价格波动大的、储备时效期比较短的、供应商唯一的原材料及大型设备等，在采购金额里剔除，没有必要纳入框架协议采购量汇总清单中。

（许中山 张艳）

专家点评：

本案例对框架协议采购实践中的一些常见问题进行了总结，涉及框架协议采购相关的需求分析和通标化管理、市场分析、采购策略、供应商选择、采购风险管理等几个方面，并给出了一些有益的解决方案。

基于框架协议的采购是整合需求、整合供应商资源，进行统一采购、统一管理，有利于采购和供应双方降低成本、增加效率、加强风控、优化供应商和客户管理。

3. 从分散采购到联合采购

A 集团大力推进战略性采购，并对框架协议确定了分散采购、联合采购和集中采购三种方式。

分散采购是由 A 集团二级公司下属单位自行签订框架协议。

联合采购是指同一品类物资，因供应商资源、地域差异而对不同二级公司下属单位（三级公司及以下）的价格不同，不能签订 A 集团或旗下二级公司的一／二级框架协议时，多家二级公司下属单位对同一品类物资联合进行采购，定标后各自用公司法人签订框架协议合同。

集中采购就是用 A 集团或旗下二级公司名义签订的一／二级框架协议，各家照该框架协议对同一种物资执行唯一单价，下订单采购即可。

以工业气体这种小品类需求物资为例，因 A 集团某二级公司 6 家下属单位在所在地周边进行采购，又因各区域下属单位需求量不同、距离供应商远近不同而运输费不同，就算是同一供应商同一种物资，购买的价格也不相同。为解决这一问题，A 集团二级公司采供部门确定了新的采购策略，他们邀请各下属单位的供应商参加二级公司的工业气体二级框架协议的招标，计划将与优质的供应商的协议由各下属单位自行签订的框架协议升级为二级公司的框架协议。

由于各种原因，愿意参加的供应商数量不多，资源不足。对此，二级公司采供部门审时度势，迅速调整策略，决定采取分两步走的方式，即先由 6 家下属单位实施联合采购，引导供应商打破只顾原销售区域的局限，积极主动参加投标，待取得阶段性成果之后再推动集团化二级公司集中采购。

为保计划成功，采供部门做了周密安排。本次联合采购，按地理位置情况分为三个标段，要求投标人必须全部标段投标，兼投兼中。每标段按经评审的最低评标价法推荐一家最优性价比的供应商中标。每个标段评标价计算方法为：评标价 = Σ（清单单价 × 对应权重 A）+ 每车次运费 × 权重 B。权重 A 用各项年估计总数量，权重 B 用年估计送货总车次，同一种物资要求各标段单价一致，每标段运费可以不同。由于条件设置科学合理，最终有 5 家供应商参加了投标。

在标段一（甲、乙、丙）中，原甲公司框架协议分散采购策略推荐供应商为贸易商，C 作为甲公司的供货厂家不参与直接投标。本次 6 家二级公司下属单位实施联合采购后，C 直接参与。为保住客户，C 加大了价格优惠力度，在本次投标中价格与原提供给贸易商的价格相比有较大幅度的降低。由于价低且减少了贸易商层级，甲公司年预估节资率为 30%~40%，同时"搭车"采购 C 产品的乙、丙公司年预估节资率约为 20%。

在标段二（丁、戊）中，原戊公司与甲公司分散采购策略一样，本次联合采购后，同种物资在 6 家公司同一个单价，戊公司气体单价大大降低，同样取消了贸易商采购层级，同时"搭车"丁公司（规模大用量大），年预估节资率约为 20%。

在标段三（己）中，己公司原框架供应商 D 本次继续中标。同种物资在 6 家公司同一个单价后，同一气体单价大幅降低了 200%，己公司年预估节资率达 10%。

虽然本次联合采购没有达到同一家投标人全标段中标的理想目标，但是，实实在在降低了 6 家二级公司下属单位的采购成本，为实施集团化集中采购奠定了坚实的基础。

（林杨）

专家点评：

对于有相同标准的物料，资源的分散导致各区域采购各自为战。虽然各区域二级公司的采购人员会在当地寻源对比后与目标供应商签订各自的框架协议，但从集团层面来看，不光是物料成本很难有较大的突破，也耗费了很多的人力工时成本。联合采购可以整合某一区域供应商的资源，对于采购策略和条件设置合理的竞标，通过各优质供应商的投标提升采购方的议价能力，从而进一步降低采购价格。

但在联合采购之前，前期对物料、采购策略的准备相当重要。统一各地公司物料的标准，明确年预测量，分配各自的权重，提前评估各供应商情况及供应能力等，可在一定程度上使竞标过程尽可能顺畅，而且在供应商中标后，结合各区域公司情况，对于物料使用、供应管理方面也可将一些可预见性措施或必要条款置于采购合同中。

同样地，联合采购也让各区域公司得到优质的备选供应商，降低特殊时期的供应链风险。

4. 采购服务也能用框架协议

石化企业服务需求繁多,从生产运维到经济评价,从安全生产许可到排污许可,从环境监测到职业危害因素监测,关系到生产的正常运营、员工的健康及"食住行"。如何顺应供应链的发展趋势,从"一单一采"的分散采购转变为所有品类集中采购,并通过优化采购管理实现企业降本增效,让服务品类部的采购工程师们费尽了心思。某石化集团炼化板块采办共享中心通过"框架协议+订单"的集中采购模式,以合理价位采购到优质服务,采购周期缩短了30天,成本节约20%。

一年前,该企业的小王调到采办中心的服务品类部,从事服务采购工作。五花八门的需求、繁多的合同令他应接不暇。通过对近几年合同台账的分析,小王发现,虽然每个所属单位产生服务需求的原因多种多样,但万变不离其宗。采购服务主要归纳为以下几种。

(1)生产必须类,例如办理安全生产许可证所需的安全评价,办理排污许可证所需的监测及申报、环境评价、环境监测、职业病危害因素监测、土壤监测等与 HSE 相关的服务。

(2)维持正常运行类,例如技改技措设计、综合维保、专业维保、阀门维修等。

(3)生产装置作业类,例如设备监造、设备设施清洗、设备检测、危废处理等。

(4)企业管理咨询类,例如财务、税务、法律、审计、工程造价咨询等。

（5）信息化维护类，例如信息化系统开发、信息系统运维等。

（6）食住行办公等后勤管理类，例如健康体检、餐厅服务、车辆服务、办公楼租赁等。

小王按照服务分类进行"抽屉式"管理：每收到新采购任务，便分门别类地装进不同的"抽屉"。随着采购任务的增多，小王发现，总有某些"抽屉"存放着多个所属单位的同类服务需求。小王想，采购服务为何不能推行"框架协议+订单"的模式呢？在领导的指导下，小王从需求量最多的危险与可操作性分析（简称 HAZOP 分析）和安全仪表系统评估（简称 SIL 评估）入手，开展尝试集中采购。

一是开展数据收集工作，总结需求规律。按照国家安全生产的相关规定和集团公司管理要求，石化企业至少每 3 年滚动实施一次 HAZOP 分析和 SIL 评估，新建项目在基础设计阶段开展 HAZOP 分析和 SIL 评估，以提高装置的本质安全水平。近 3 年，企业各所属单位签订合同 20 多份，涉及 10 多家中标服务商。

二是制定采购策略，进行框架协议公开招标。按照所属单位的企业规模和地理位置划分标段，选用合适的定标原则和评标方法，同时预估所有企业用量，锁定固定单价，保证招标效果。最终选择了在行业内技术领先、有成熟使用业绩、信誉良好的供应商。

三是完成集中采购，签署框架协议。合同期限为"1+1+1"年，即有效期 1 年，届满后若甲乙双方均无异议，自动顺延 1 年，顺延期限届满后甲乙双方均无异议，再自动顺延 1 年。采办共享中心组织完成集中采购、签署框架协议并发布实施，各所属单位均执行框架协议，根据实际需求签署订单并结算。

四是建立框架协议管理台账，跟踪执行情况，实现集中采购项目的闭环管理，分析、总结、优化、改进，定期进行供应商履约情况评价。

小王一鼓作气，对于多个所属单位或建设项目均有的共性需求、同类服务推行集中采购，先后签署了技改技措设计服务、QHSE 技术服务和培训服务等 8 份框架协议，以合理价位采购到优质服务，得到了所属单位的一致认可。

（杨晓莉）

专家点评：

  本案例中，小王从初步接手到认识服务内容并进行总结分类，应该说认真动了脑筋。非生产性物资和外包服务的分类，各企业有所不同，本案例提到了六类，主要有两大项：一是企业生产运行方面，包括安全环保（HSE）、设备维保、专业维修；二是企业管理运行方面，包括信息化、财务审计、后勤保障。

  本案例中对采购和服务实行"抽屉式"管理值得提倡。采购是一项服务工作，事情繁杂多变，工期进度要求苛刻，特别是企业生产基建紧张时，采购人员更是忙得不可开交，采取"抽屉式"管理，就如同老中医"拉药匣"，胸中有数。

  集中采购的策略编写应注意几个要点：(1)采购策略编制说明；(2)项目基本信息，包括主要物资市场资源及行情分析，项目采购服务原则；(3)采购服务质量和进度控制分级策略；(4)采购方式及价格确定策略；(5)供应商选择策略；(6)过程控制策略；(7)物流控制策略；(8)采购、服务计划清册。

5. 利用框架协议采购仪表设备

某化工集团下属子公司进行二期项目建设，由于项目工艺技术要求，要采购大量仪表设备。在化工装置中，仪表设备的稳定性对生产装置运行起着至关重要的作用。由于本项目为扩产项目，因此，一期生产装置仪表设备的使用经验对二期项目仪表设备采购有重要的借鉴意义。

因此，在二期项目仪表设备采购过程中，除了项目采购的基本要求外，对于整个装置仪表设备的标准化、稳定性也都有统一的管理要求。综合考虑各种影响因素，项目采购部门决定对通用调节阀、开关球阀、自力式调节阀、流量仪表、液位仪表、温度仪表等采购量大的 12 个关键类别物资采用框架协议采购方式。

对于二期项目仪表设备的采购，采用框架协议采购方式的优点主要体现在以下 5 个方面。

一是集中采购需求，寻求更多价格优惠。将项目周期内的同一类物资采购打包，集中公开招标，确定一家中标框架协议供应商，项目周期内同一类别物资均由该供应商供应。通过整合物资需求，提升招标物资的吸引力，提高供应商的竞争性，从而获得更多的价格优惠，降低项目采购成本。

二是简化采购流程，提高采购效率。在二期项目基础设计阶段，仪表设备数量未全部确定，随着后续设计的深入及设计调整，不同时期均有采购增补需求。利用框架协议采购，避免了后期设计增补时进行一单一招标的流程，只需要依据框架协议进行合同增补，从而能够极大地缩短采购审批周期，提高采购效率。

三是保证采购流程合规和价格合理。在框架协议招标阶段，在招标文件中拟定初步的需求情况，以清单报价为评标依据。但仍要求供应商提供报价的计算方式及折扣系数，后续框架协议执行过程将依据此计算方式及折扣系数进行合同增补，避免了在增补过程进行单独议价，保证了项目周期内价格水平的一致性。

四是便于仪表设备的标准化管理。对于化工企业，仪表设备的标准化管理对生产装置的运行稳定及维保便利都起着积极作用，利用框架协议采购，可以统一项目同类仪表设备品牌，提高备件的通用性以及检维修人员调校仪表性能的便利性。

五是利于投产后采购的持续性。在项目建设阶段，由于项目采购量大、需要集中，通常供应商会提供较大的折扣。通过框架协议确定较优的折扣系数，在后续项目投产后，作为长期合作供应商，可以在项目折扣的基础上进行谈判，有利于生产采购中获得更优的价格。

项目建设采购过程中利用框架协议采购方式虽然具有上述优点，但是这些都建立在选择优质框架协议合作供应商的基础上。所以在框架协议招标阶段对于招标文件和开评标计价方式等的审核，是框架协议采购的核心和关键。

（蒋港）

专家点评：

框架协议采购可以集中采购需求、降低采购成本、简化采购流程、提高采购效率、保证采购合规、控制采购风险、利于通标化管理、整合供应商数量、加强供应商管理。在具体实施过程中，需要注意细化需求分析、寻求标准化、研究供应市场、定义采购策略、选取合适的潜在供应商、进行风险管理、制定备选方案、定期绩效评估等。

6. 保障长周期设备集中采购的四项措施

某石油集团在某能源化工综合利用产业园区投资兴建煤油气资源综合利用一期启动项目填平补齐工程，建设以煤、油、气为原料的 180 万吨/年联合制甲醇装置、60 万吨/年甲醇制烯烃装置、30 万吨/年 LDPE/EVA 装置、30 万吨/年聚丙烯装置，以及全厂配套的公用工程、辅助设施及改造工程，概算总金额 140.05 亿元，由石油集团下属的物资集团负责填平补齐工程的长周期设备采购工作。

物资集团接到任务后，将列入集中采购的制造周期长、价值比重大、起关键作用的 71 台（套）长周期设备划分为 34 个标包，从 2017 年 4 月 10 日接到第一份请购文件起，至 2018 年 4 月 28 日完成最后一份长周期设备采购合同签订，累计完成采购合同金额 13.72 亿元，较概算金额 16.12 亿元节支 2.4 亿元，节支率 14.89%。

与此同时，物资集团实行了星级动态预警机制，进行催交催运，从 2018 年 11 月 24 日第一台长周期设备高压煤浆泵到场，到 2020 年 1 月 23 日最后一台长周期设备甲醇合成塔到场，实现了 71 台（套）长周期设备全部按进度到货，保证了填平补齐项目的工程进度。

物资集团的成功得益于采取了以下四项措施。

一是明晰工作界面。长周期设备采购是一项专业性很强的工作，涉及招标、采购、财务、法务、技术等部门。物资集团组织并成立了填平补齐工程长周期设备联合采购工作小组，明确了工作界面和职责分工，由物资集团负责商务工作、建设单位负责技术工作，物资集团选配招标采购骨干，建设单位选配专业技术人员，各方通力协作，确保采购工作高效有序推进。

二是注重招标准备。按照国家招标法规定，填平补齐工程长周期设备属于必须公开招标科目，在招标文件编制过程中，采购部门需要与技术部门人员紧密沟通，提出科学合理的商务和技术要求，以降低开标后合同谈判的难度。如何把握投标人资格条件，如何设置付款条件，如何界定废标条款，如何确定商务合同模板，如何设置评标细则，如何在投标过程中让制造厂既满足项目技术要求，又不能无序报价，这些都需要在招标采购前期与建设单位、设计单位协同，达成一致。

三是强化合同谈判。采购部门要熟悉国际商务的各种惯例，对其他项目的设备采购合同尽可能掌握了解，以便于在谈判过程中做出对比，从而选择谈判策略。合同谈判前需要准备好各项投标偏离，并提前在公司内部形成统一意见，对己方的谈判底线做到心中有数。采购方最关心的就是价格、交货期、设备性能及质量保证，在谈判过程中不能纠缠于一个点，要做到通盘考虑，以实现在利于己方的同时又不使谈判陷入僵局。合同谈判完成后，对合同法务审核过程中出现的各项问题，要及时与供货商联系，取得互相理解和认可，避免因沟通不及时造成误解，耽误合同签订进程。

四是严控采购进度。长周期设备是填平补齐项目的核心、关键设备，价值高，制造周期长，因此对其制造质量、进度要高度重视。对此，物资集团特别建立了合同"星级"动态管理机制，制定并采用《长周期设备采购进度跟踪表》，由专人负责，每五个工作日进行一次进度跟踪，及时反映了设备制造进度、制造质量等实际情况；同时检查是否按预定时间节点完成工作项目，找出影响原因，督促滞后节点，保证预定交货期。

（孟西磊）

专家点评：

集中采购与单一项目一次性采购有较大区别，集中采购的主要特征包括以下几个方面。

（1）组织特征。集中采购是将不同采购主体分次重复采购的同一类型需求和同一技术要求的工程、货物或服务，集中归并于统一时间、地点、流程、规则进行采购。本案例中有专门的联合采购工作小组，明晰的工作界面，并约定了通用技术条款和商务合同模板，优化采购流程，细化工作考核细则，确保了采购工作高效有序推进。

（2）需求特征。集中采购范围一般是技术标准统一的通用货物或服务。长周期设备制造周期长，价值比重大，在项目建设中起关键作用，符合依法必须公开招标条件，集团公司的不同项目可以类比参照，集合需求特征，划分合理的标包，进行集中采购。

（3）程序特征。集中采购涉及采购项目单位多、流程长、环节多，采购规范程度高。对采购文件审定、采购分标分包规则、评审办法和评审组织等程序事项可以固化模板和流程，以利于采购工作的标准化、规范化、流程化、专业化，尤其是对集团公司同类项目的设备集中采购和合同谈判，掌握的信息多，对各项投标偏离，很容易在公司内部形成统一意见，提高谈判效率。

（4）价值目标特征。集中采购的社会影响大、法律与廉政风险大，采购的公开性、透明度、规范性要求高，可以发挥采购量大的议价优势，提高采购效益，规范采购行为，防范廉政风险，有利于实现企业集约化发展的价值目标。

需要提醒的是，集中采购后的集中到货，可能导致采购标的物库存周期长、资金周转率下降，采购风险和费用随之增加，对此，需要提前做好应对预案。

7. 由一单一采到"长协+订单"

某集团公司为提高采购效率,把过去的"一单一采"调整为"长协+订单"的采办模式,在试点取得成果后,加快了这一模式的推广应用,从而大大减少了集团公司及其下属单位同类产品重复采购的采办工作量,提高了采购效率,缩短了补购周期,提高了物资需求的计划性和准确性,降低了储备物资的安全库存。

集团某分公司根据上级要求,不断深化和创新该模式的应用,在供货协同、分类拣选等方面,不断提高执行效果,更好地保障了物资供给。

一是推进 VMI(供应商库存管理)模式,提高供货协同。通过对长协采购数据的统计分析,针对多频次重复采购的物资项目,与供应商商定 VMI 库存管理模式。把年度、月度物资动态消耗情况传递给供应商,要求供应商依据分公司物资动态消耗情况,做好生产计划,提前储备成品或半成品、原材料,以减少订单下达到生产出货的时间,从而缩短交货周期。

由于供应商供货周期缩短,分公司可以减少经常性储备,最终实现双方共赢。通过 VMI 模式的实施,部分常用的消耗性材料,比如吊索具、化学药剂等,实现了快速、稳定、准确供货,大大提升了采购效率。

二是开发"供货长协购物车功能",实现长协清单电子目录智能查询、分类拣选。分公司持续推进"长协+订单"采购模式,扩大长期供货协议范围,不断优化完善长期供货协议清单,供货长协模板从 140 多个增加到近 300 个,清单项目从 4 万项增加到近 6 万项,有效覆盖了生产、钻完井、工程作业等常用物资。

随着模板清单的扩充,如何智能、高效地查找到准确的采购项目,成了一线用户的难题。为提高长期供货协议的执行效果,减少非模板采购(单次采购),公司采办共享中心联合 MAXIMO 项目组开发了 MAXIMO 系统年度供货长协购物车功能。功能包括"长协物资智能查询"和"购物车预选",将年度供货产品资源电商化,方便需求用户查找、匹配、拣选及下单。

通过该功能,用户可在系统中以物料组(品类)、关键字、供应商代码、合同号等分类、组合方式智能查询,同时方便了用户拣选比对,提升了体验感。经过一段时间的应用,由于找不到匹配的长协清单电子目录而提交的"一单一采"大大减少,使得"长协+订单"采购模式的优势更加凸显。

(许忠保 曾建才)

专家点评:

本案例中"长协+订单"的采办模式,集合了需求用量,提升了采购议价能力。VMI(供应商库存管理)即在客户和供应商之间形成一种战略合作性策略,以使双方都能在最低的成本基础上优化产品的可得性。VMI 的基本思想是以系统、集成的管理思想进行库存管理,使供应链系统能够获得同步化的运作,从而形成稳定的战略性的供应链核心竞争力。推进 VMI 模式的好处是:提高供货协同,缩短交货周期,减少库存资金占用。

需要注意的是,VMI 模式在供应商选择和有效管控运行方面,对合作双方都有一定的要求,比如需求方对需求量的预测准确性、需求量的波动性、库存资产的利用率等。

8. 零散物资"分阶段竞价竞量法"

在物资采购中，对于一些产品质量差异小、采购频次高、价格随市场有一定波动的非定额消耗类物资，如钢材、水泥、陶粒砂、抽油杆等，常用的采购方式有招标采购、询比价采购、竞争性谈判、电子竞价等。这些采购方式的核心方法较为简单，即价格比较。其实，单纯的价格比较并不能收到理想的效果，既增加了供应商协同竞价的风险，也无法有效解决后期稳定供应的问题。

某物资集团一季度需采购专用管 15 万吨。按照传统的做法，会将该项目划分为若干标包，如每 1 万吨划分为 1 个包，共 15 包；竞价时，将每个包依次挂出，由入围供应商竞价。这样的做法看似简洁，实则会带来很多问题：一是标包划分过多，导致项目竞争性下降，供应商会在竞价中逐渐形成"默契"，造成"分食"局面，无法形成有效竞争，致使成交价格上升；二是竞价完成后，需对供应商的供货阶段进行排布，以满足不同阶段的使用需求，排布不当则很容易导致有些供应商在某阶段无法及时供应。

针对类似情况，物资集团探索了一种新的采购方法，将之命名为"分阶段竞价竞量法"，并运用于实际工作当中，收到了良好效果。

"分阶段竞价竞量法"的有效实施分为两个阶段。

第一个阶段通过商务谈判形式实现。

物资集团 2018 年度 154800 吨甲基叔丁基醚（MTBE）采购项目，首批交货时间十分紧张，要求两个月内分批次完成交货，而需求单位存储规模较小，只有稳定供应才能保证生产装置的正常运行。

为在保供的同时又能形成充分竞争，物资集团采用"分阶段竞价竞量法"与入围供应商谈判。

谈判方式：根据交货期，将本批物资划分为若干阶段，各受邀供应商进行两轮报价报量，即在预供货阶段填入供货量及价格。谈判小组以"最终报价低者先得，供应保障能力强者多得"为原则，根据各申请人报价报量情况，推荐成交候选人及其对应的供应份额。经历了首轮报价报量、二轮报价报量比对后，最终，物资集团确定了每阶段的成交人。

第二个阶段通过电子竞价形式实现。

电子竞价，顾名思义，是利用电子商务平台进行的逆向竞拍，供应商在限时内不断出价，至交易时间截止时，报价最低者便为成交单位。

将第一阶段商务谈判的方法与电子竞价进行结合，形成了升级版的"分阶段竞价竞量法"。这个方法的实施，使竞争更充分，也更有利于保障供应。

基于多次商务谈判的实践，将"分阶段竞价竞量法"按电子竞价的方式进行模拟，仍以前面的案例来进行说明。

首先，需摸清一季度 15 万吨专用管的分阶段需求量，如每月的需求量分别为一月份上旬到货 1 万吨，一月份下旬到货 3 万吨，二月份到货 4 万吨，三月份到货 7 万吨。竞价挂单时，要将所有采购量按阶段分开并一次性挂出。

竞价时，入围供应商在对应阶段内填入自己所要竞拍的数量及价格。例如，供应商 A 因原材料紧张，近期无法供应，但从 3 月份起可大量交货，于是该供应商提交报价时将选择 4 阶段；又如，供应商 B 有现货，亟须清理库存，则该供应商提交报价时将重点选择 1、2 阶段。供应商在限时内，根据竞拍竞争情况及自身产能等，随时修改自己所投阶段量及对应价格，直至交易时间截止。

最终，各阶段会有若干个供应商成交。

通过分析"分阶段竞价竞量法"商谈实践及以上模拟结果，可以非常直观地看到以下几种情况。

（1）供货时间越往后的阶段，成交价可能降低。这是因为供应商有更充足的时间准备原材料、安排生成计划等，有利于其降低生产成本。

（2）供货时间越往前的阶段，成交供应商更多，且各家成交量较小。这是因为各供应商考虑到库存压力，现货储备一般较少。

（3）整体成交单位的分布更为合理。这是因为"分阶段竞价竞量法"强调同时性，即所有阶段同时公布，同时形成结果。这样，供应商便可以基于对整体形式的研判做出选择。在竞价时会将注意力集中在自己具有优势的供货阶段，竞争更为理性。

（闫浩 刘磊）

专家点评：

  采购额的增加可以提升采购方的吸引力和谈判优势。对于零散物资，理性的采购方式是捆绑集中，以更好实现采购供应双方的降本增效。捆绑集中的方式包括：一段时间内同一采购标的采购量的集中、多个组织同一采购标的采购量的集中、可由同一供应商提供的同一类采购品类的集中等。

  案例针对多次交付并持续一段时间的采购量进行了统一采购，同时对所有阶段的采购进行竞价竞量，在增加采购供应透明度的基础上，提高了采购和供应的计划性，并降低了供应风险。对于价格波动较大的采购标的，通常需要通过价格公式或市场公示价格等进行对价格的约束，以降低价格偏差风险。

9. 商储原油罐的框架采购

随着 2020 年初国际原油行情下跌，我国加大原油进口数量以增加原油的储备，各行业迅速建设原油储备罐区。

2020 年 5 月，某工程公司采购部按上级要求开展了商储原油储罐项目（7 个罐区共计 117 台储罐）所需非罐体钢板、劳动保护用型材、一般焊管、钢格栅等物资的框架协议公开招标采购工作。

因执行时间紧迫（项目建设周期为 1 年零 2 个月，即 2020 年 4 月至 2021 年 6 月），总承包方与施工单位均未完全确定，采购物资数量、规格型号、技术条件无从提供，招标采购工作具有一定难度。

为保证招标工作顺利开展，公司采购部主动出击，联系了拟定的两家总承包单位的设计专业负责人，咨询同等罐容积的材料规格、材质、标准等相关信息；请求相关部门及施工分公司给予帮助，公司设计人员提供同等罐容的设计图纸，储罐分公司根据以往同型号储罐施工积累的数据，报出材料的规格、数量等；因收集多方数据，各方数据与图纸对照都不一致，经过核对规格与数量、计算重量、对照图纸料表及查找执行标准，迅速、合理地编制出适用于本次招标采购各采购包段的《采购范围及分项报价明细表》；预估七个储罐项目四个采购包合计采购数量 3.2 万吨，预估采购金额为 1.44 亿元；为满足公开招标流程时间节点，排期 6 月初签订框架协议。

按照上级框架协议招标思路，公司采购部围绕"及时保供、降本增效、质量安全"三个招标工作中心点，充分考虑招标物资的技术要求和具体特点，为保证招标的充分竞争和公平、公正，科学制定了招标采购方案、评标方法。依据目前市场竞争度、物资特点，合理设置了框架协议招标采购的关键要素：（1）潜在投标商资格审查条件；（2）对原材料的产地要求；（3）评选入围供货商定标/淘汰原则；（4）评标过程中商务分计算方法；（5）项目地点不同运输费用的权重设置；（6）中标供货商份额分配；（7）框架执行期间的调价机制。采购部在各方的大力支持下，精心组织、精细谋划，于6月2日圆满完成框架协议招标采购工作，电子商务系统平台的框架合同形成工作及物资上线工作顺利完成，为后续各企业快速、有序执行商储原油储罐项目提供了有力保障。

由于抓紧抓实，此项工作取得了良好效果。

一是集合多个储罐项目的需求量，使得较多潜在投标商参与竞争，充分的竞争性和透明度收到成效，各包段采购节约率为2.4%~9.3%不等，比预估采购金额节约720万元。

二是节约了采购时间。由于锁定资源、缩短采购周期，采购方可以在收到需求后再下订单，将框架合同项下物资从下达订单到收到货物全流程缩短，为确保项目进度和提升采购工作效率奠定了基础。

三是通过整合需求，形成采购批量，将主要采购业务向少数优质供应商集中，从而形成相对稳定的供需关系，实现保质保量、保供降本、提高采购工作效率的目的。

（战秀梅）

专家点评：

案例企业结合商储原油罐项目的集中采购的特点，针对"及时保供、降本增效、质量安全"制定了详细招标方案并取得了良好效果。

需求集中就是对需求进行分析、整合并尽量通标化。在本案例中，采购部会同潜在供应商、内部客户，多方收集标准、数据，去伪存真，最终编制出《采购范围及分项报价明细表》。

随着工作的深入，采购职能对采购人员提出了越来越高的能力要求。

针对市场营销人员的专业化，采购人员不但应该掌握采购、营销、供应链管理等专业知识，对所负责的采购标的的标准、关键指标、加工制造工艺、替代品等也应熟悉掌握，并能紧跟市场和科技趋势。在一些欧洲化工公司，特别是德国公司，化学或化工博士从事化学原材料采购非常常见，而负责技术采购、项目采购的人员一般都具有一定的工程背景。

在当今社会供应链可持续发展的要求下，为了更好地进行风险管理和供应商管理，采购人员也应该具有一定的质量保证知识、环境、安全与职业健康管理知识，乃至公司治理的基本知识。

10. 信息化促采购提效的五大特点

某集团公司为防范供应链风险，提高供应链效率，于 2017 年提出打造全新的供应链管理体系，全面推行计划管理与库存管理，通过供应链管理优化，实现"提效率、降成本、控风险"的供应链管理目标。2018 年 10 月，新的 ERP-SAP 管理工具上线，实现了业财联动和数据联动，为采购管理中的计划管控、合同管控、自动结算、自动付款、供应商寻源、供应商考核等重要环节提供了强有力的系统支持，企业的采购效率大幅提升。

总结起来，新系统在应用中显示出五大特点。

一是风险预防严。通过流程和权限的梳理，在采购环节对不同采购品类和合同类型设置不同的审批流程，重要的战略物资及非标合同升级审批、规则明确、合同版本固定的一般通用类标准物资则下放审批层级。对于年度招标物资，在信息系统部署年度框架协议，计划下达后，业务人员参照框架直接下单，大大提高了工作效率。同时，通过系统推行自动结算、自动付款，减少了人为干预，上线后所有的付款均以合同为依据，并将合同中的付款条款进行结构化，编辑成计算机可识别的语言。

二是计划管控细。过去需求计划提报时，大多是要求紧急到货，没有考核采购计划是否按照标准提报。系统上线后，采购管理得到本质提升，解决了企业内部信息流通不畅的问题，促进了企业内部人员的有效沟通，提高了员工的合作意识与合作能力。

三是品类细化好。系统根据物料重要程度、采购金额多少、采买难易程度等将物料分为关键类、瓶颈类、杠杆类和交易类，根据不同品类的管理重点，在供应商管理、采购方式、定价方式等方面采取不同的管理方式，使采购具体的工作思路更清晰、方法更科学。采购部根据品类策略的应用，在具体管理中按照重要程度针对性地改善管理方法，形成了重要大宗物资年度战略合作模式、专用设备备品备件框架协议模式，并在通用设备备件的招标采购，单一来源设备备品备件寻找替代，辅助材料、杂品的整合、标准化并推行年度招标方式等方面进行了有效应用，极大提高了采购效率。

与此同时，在系统中将物料与合格的供应商进行绑定，明确哪类物资可以由哪家供应商来供应，规避人为偏好带来的采购风险，还可在系统中通过安全库存的设置，采购提前期、基本参数的设置，提高需求提报的合理性。

四是效率提升快。通过对标准化物料的梳理，采购部发现企业的4万条物料中有2万~3万条都属于辅助材料。采购部下属的辅材组通过先将所有线下物资全面推行线上管控，然后针对经常出现质量问题的劳保用品展开物料标准化的办法，提升了工作品质。以劳保鞋为例，通过梳理，由过去的几十种优化调整为耐酸碱、防砸、绝缘等几个品种，然后组织有资质的供应商进行了招标采购，通过信息化系统部署年度框架合同，计划下达后直接生成采购订单，节省了询比价、合同签订时间，招标价格得到系统控制，劳保的到货周期也由原来的30天优化到10天，供应商的退换货率下降到1%以下。

五是协同效率高。实施信息化后，业务人员电话量明显少了、供应商可以通过信息平台查收合同、结算单、订单，并预制发票、核对账务。业务人员通过信息系统与供应商协同，实现信息共享，供应商可以通过电脑或者手机端及时查收信息，交易双方的沟通成本明显下降。

（李彩红）

专家点评：

ERP是企业资源计划的简称，是指建立在信息技术基础上，以系统化的管理思想实现企业内部资源和外部资源的整合，为企业提供决策手段的管理平台。它可以把企业的人、财、物、产、供、销及相应的资金流、物流、信息流进行集成、共享和优化。

ERP系统中的采购过程管理，不但控制制订需求计划、跟踪订单、管理到货、付款等流程，也可以通过参数和数据确定合理的订货量，保持最佳的安全库存、供应商绩效等。

数字化对于采购管理的提升首先体现在制度和流程的标准化。通过标准化，不仅可以提高采购效率，也可以降低采购流程中的风险。但是数字化对采购管理的提升更在于基于数据和记录基础的决策、流程和资源分配的持续优化和改进，最终实现供应链生态协同。

虽然ERP有许多优点，但关键还在于企业的实际应用。本案例企业通过应用ERP，采购效率大大提高，仅劳保的到货周期就由原来的30天优化到10天，供应商的退换货率下降到1%以下，采购管理得到实质性的提升。

11. 智慧型供应链平台作用大

某公司计划于 2025 年底全面完成智慧型供应链平台的整合与搭建工作，实现供应链协同效率提高 20% 以上，供应链整体成本较当前降低 5% 以上的目标，全面提升供应链协同水平，增强企业的全球竞争力。

结合自身的特点，企业提出了智慧供应链建设的五大目标。

一是常规业务自动化。简化低附加值事务操作，加速数字化转型；由"机器人"技术取代人工操作，加速供应链运转效率，增强供应链风险识别。

二是供应链过程可视化。做到"5 个可视"：（1）采购过程可视——实现从需求至交付的全过程追溯，无论采购人员还是内部客户，均可查询需求处理状态；（2）物流信息可视——基于订单实时共享物流发货信息（汽运/船运/铁运）、物流异常情况预警及控制、到货时间预测及收货计划下达；（3）生产进度信息可视——实现关键设备生产节点进度信息查询、远程监造、进度延迟预警；（4）供应商绩效管理可视——提供前瞻性的供应商管理，供应商风险动态评估与绩效评价，结果评价与采购业务集成；（5）风控信息可视——实现采购风险预警和监控。

三是供应链协同数字化。通过同一平台实现数据实时交换共享，整合并利用数据流产生价值，打造本企业的生态协同体系。

四是大数据辅助决策化。打造涵盖采购绩效管理、业务监控及智能辅助决策，实现数字仪表展示，支持移动决策，覆盖采购业务全局，建立预警调节的大数据中心。

五是平台定位全球化。建立支持多语言、全球化统一的主数据管理与业务协作平台。

围绕五大目标,企业着手建设了云采平台,陆续推行了电子签核和电子招标制度,取得了良好的阶段性成果。

(1)云采购平台。

携手 A 公司,依托互联网电商平台优势和海量优秀供应商资源,实现国内第一个基于互联网模式打造的化工采购领域的生态体系。平台打破供应链网络边界,实现外部互联网与公司内部网络全面集成,为内外业务线上协同奠定基础。通过平台定制化,公司真正实现了采购业务一体化,即需求人员、采购人员、供应商通过统一的云采购平台进行线上业务协作,彻底实现了端到端间的信息共享与互通,消除了供应链断点。同时,平台借助互联网、物联网技术,实现了供应链物流状态信息可视化。以某原料采购运输为例,该原料为罐体铁路运输,运输距离长、形式特殊(热链专列)、质量指标波动大。过去,公司和供应商都无法及时获取列车的运输位置及轨迹,更无法实时掌握质量状态。通过云采平台与物联网技术的运用,实现了实时监控列车运行位置与轨迹,以及每个罐体的温度与压力参数。当发现异常状态时,系统会自动进行报警通知,从而帮助业务人员尽早进行异常处置,彻底解决了历史难题。

(2)电子签核。

以电子签核方式替代纸质合同盖章,公司、供应商双方只需要登录电子签核系统进行一键签署,即完成了整个盖章归档工作,不再需要快递纸质单据。依据每笔平均作业时间计算,公司的每笔订单作业时间由原来的 35 分钟缩减为 3 分钟,供应商则由 20 分钟缩成到 3 分钟,双方效率大大提升。

(3)电子招标。

公司采购招标平台于 2018 年底正式投入使用,实现了招投标全程电子化、全程共享、全程受控、全程安全,提高了作业效率,提升了透明度,实现了阳光采购。平台现已通过国家权威机构的三星级系统检测,具备独立招标及对外代理招标资质，每年可为公司节省招标服务费数百万元，单笔招标过程时间减少了62%。

（李波）

专家点评：

  智能供应链是企业数字化转型基础设施的重要组成部分。如案例中所描述，智能供应链可以将制度和流程标准化，在提高效率的同时，可以对全过程追溯并形成记录和数据，通过相关性分析和建立数学模型，优化决策、流程和资源分配，实现企业商业目标和供应链生态协同。

  智能供应链可以通过大数据、物联网、人工智能、区块链等数字化技术，观察和分析采购以及供应链各个环节及其相互作用，通过数据辅助决策，为企业、供应链和社会创造更多的价值。

12. 全流程智能化的优势与应用难点

某化工集团股份有限公司每年采购成本占销售额的 65% 以上，从 2011 年开始，集团以问题为导向，寻找突破口，逐步建成了以企业资源管理系统为主线，双向延伸至办公自动化系统和云采购系统的全流程智能化采购体系，从计划申报、采购寻源、合同签订、物资出入库、采购结算到货款支付，基本实现了采购全流程在线化、数字化和智能化，从而把"向采购要利润"的设想变为现实。

集团的数字化供应链管理体系建设，经历了筑点、连线和拓面 3 个阶段。在发展初期，解决单一的特定问题或实现某个专项功能，建设单个数字化子项目；随着子项目增加，进而构筑各独立系统之间的桥梁和通道，各系统之间实现交互和数据共享，一个个集成项目应运而生；随着新建项目数量持续增加以及各系统之间实现交互与联通，一张数字智能化供应链网络已然形成。随着新兴技术的不断引入和新建项目的落地，这幅数字智能化供应链全景图将越来越生动。

2018~2020 年，在数字智能化供应链集中建设期，集团先后 10 余次与 20 多家企业进行对标交流，云采购、主数据管理系统、无人值守称重系统、仓储条码管理系统、网上商城、电子签章、云采购与 ERP 集成……一个个项目难题不断被攻克。

以网上商城项目为例，集团与供应商签订协议价年度合同，对采购的低值易耗类物资在网上商城进行展示，集团各生产单位通过网上商城灵活选择所需物资，自主向供应商下订单。供应商依据订单发货，省去采购询价、议价、签订合同等一系列采购执行过程，采购周期从半月以上缩减到1周以内。网上商城项目场景式体验不仅满足了生产单位的多元化需求，提高了采购效率，而且降低了供应商的销售费用，间接降低了企业的采购成本。

尽管全流程智能化采购管理有诸多好处，但在实践过程中也遇到了不少问题。

一是项目决策困难。因数字智能化项目大多处于探索和尝试阶段，企业在立项决策时，对新建项目的安全性、法律风险和最终效益存在疑虑。项目参与者只有掌握了建成后的具体效益和能解决的实际问题等，并深入研究和分析项目可能的风险之后，才能全力说服企业立项。

二是来自供应商的阻力。供应商层次参差不齐，有的嫌麻烦，不配合，转型慢。项目参与者应分层、分级做好供应商思想工作，并进行供应商指导与培训，引导供应商参与到数字智能化供应链实施进程中。同时，要强制淘汰不符合转型和发展要求的供应商。

三是来自本企业使用者的阻力。企业部分人员养成的习惯不易打破，可以通过成立项目小组，召开专题研讨会和动员会，统一思想，解决项目实施存在的难点问题，推动项目进度。为此，要制作操作手册，对使用者进行现场或视频培训，解决问题，带动全员快速熟练使用新系统。

四是新项目不成熟，待优化问题较多。项目建设前，调研成功的案例虽然很多，企业立项时也经过了充分论证，但结合自身实际建设和应用时，依然存在一些问题。在实施过程中，应鼓励人员多使用，结合实际多提问题，逐步对项目进行优化和完善，推动系统逐渐走向成熟。

（王卫明）

专家点评：

本案例讲述了某集团数字化供应链管理体系的建设过程。

企业在信息化建设发展中可能存在以下几个方面的问题。

（1）缺乏统一建设规划。其具体表现为：信息部门完全跟随业务部门走，信息系统种类繁多、互不兼容，而且容易导致重复建设或建设项目生命周期不长等问题。所以一般来说，企业会统一成立信息化或数字化部门，进行统一规划，对内外部接口和数据层级链路进行标准化，同时加强信息安全，降低内部立项决策的维度，为外部供应商的电子信息交换提供便利。

（2）重建设，轻应用，轻数据。很多公司采购并实施了SAP等ERP系统，但实际上部分模块或功能长期处于闲置状态，特别是数据应用和数据分析，把资源管理系统仅仅当作一个流程控制的工具在使用。企业应向数据要真相，任何理性的改进措施只能建立在数据的基础上，并由数据反馈和证明。

（3）信息化人才匮乏。很多企业都面临着"懂业务的人不懂信息化，懂信息化的人又缺乏对业务的理解"这样的情况，需要通过信息部门和业务部门召开专门的沟通会，对业务部门进行信息化知识培训等方式尽量弥补。

13. 电子化招投标方式易用效优

某煤化工企业新建乙二醇项目，需对全厂管廊钢结构材料进行招标，初步设计阶段预估约 40000 吨，招标范围为钢结构及配件的加工制造，货到现场后由施工单位进行安装，详细图纸出具后需在 3 个月内完成生产。

负责此项目的某工程设计公司成立了专门的项目部。项目部经前期调研后得出，目前市场上规模较大的钢结构加工制造厂每月满负荷生产能力为 6000~7000 吨，但通常会同时执行 2~3 个项目。因此，项目部经反复论证，决定采用框架招标方式，将整个标包分为 7 个标段，产生 7 名中标人，共同执行钢结构供货，利用全流程电子招标投标方式实施。

经过各方努力，电子招投标得以顺利实施并收到良好效果。

一是大幅提高了开标效率。招标文件设定的资质条件为由钢结构行业协会颁发的钢结构制造企业一级资质，符合该资质的钢结构制造商有几十家，因此预计投标人数量较多。该项目共有 24 家企业购买招标文件，到开标时，共有 19 家企业在电子平台上按时提交了投标文件。

传统开标通常由招标人或招标机构在现场接收投标文件，进行验标、开标、唱标等工作。以一正七副的投标文件为例，清理、拆封、宣读大约需要 3~5 分钟。因此，传统方式下 19 家投标人的开标工作需要 60~100 分钟。而在电子招标平台，到达开标时间后用经过授权的 Ukey 对全部投标文件进行解密，整个开标过程仅 5 分钟即告完成。

二是大大提高了准确率。传统开标中，记录、评标汇总得分等工作都由人工完成，因此通常招标机构、招标人、评标委员会在工作过程中需要专门设置人员进行多次复核，以提高正确率，避免出现纰漏。尤其是对于本招标项目，投标人众多，且钢结构原材料市场价格透明，各投标报价很接近，在计算价格分、汇总得分等工作中，稍有不慎就会影响评标结果。然而通过电子招投标平台，相关工作均由事先在系统中设定好的程序、公式进行计算，工作人员仅需确保关键节点的设置，从而大大提高了工作的准确率。

三是明显降低了采购成本。相比传统招投标模式，电子化大大降低了招投标工作的人力成本、差旅成本、文件成本，而且投标人越多，成本降低越多。对于本次招标项目，投标人众多，效果尤其明显。俗话说，"羊毛出在羊身上"，招投标成本往往由投标人计入投标总价中。换言之，招投标成本的降低，也就意味着招标人采购成本的降低。招投标成本的具体变化包括以下三个方面。（1）人力成本：通过运用电子招标投标平台，以往的清标、会议组织等工作都已取消，节省了大量人力成本。（2）差旅成本：各投标人无须到达开标现场，只要能连接网络、登录电子平台即可参加投标，并见证开标，相较于传统模式大大降低了差旅成本。（3）文件成本：招标文件、澄清、投标文件、评标报告等均以电子版形式通过电子平台进行编辑、传递、分发，全程无须打印，节约了大量纸张，符合低碳、环保的理念。

但在实际操作中，也出现了一些问题。

（1）在投标人方面，本项目共24家企业购买招标文件，其中2家在开标前发来函件不参与投标，3家未提前声明无故弃标。后经沟通得知，其中1家是由于不熟悉电子招标投标平台，开标前未能及时将投标文件加密上传，导致无法参与投标。

（2）在评标专家方面，部分专家对于计算机操作不熟练，出现无法登陆平台、无法查看招投标文件等情况。招标机构通常会安排专门人员与专家进行单独沟通，手把手地给专家讲解如何操作，排除问题。但当评标委员会中多个成员出现问题时，招标机构需要逐个解决，会给评标工作带来一定困难。

目前，国内电子招标投标交易平台已经具备了成熟的全流程电子招标功能，涵盖公告、投标、开标、评标、定标等全过程，预计在不久的将来，电子招投标将成为新的业态。

（田若炫）

专家点评：

电子招投标是指通过信息技术，在网络上执行在线公告、投标、开标、评标和监督监察等业务操作，实现规范、安全、高效、低成本的招投标管理。

关于电子招标平台的优势，案例中进行了全面的阐述。特别是电子辅助评标，只要事先在系统中设定科学合理的程序和公式，对于多供应商参与的复杂计算汇总等案例，可以省去大量时间和人力。

本案例也对电子招标平台在实际使用中出现的问题进行了归纳和总结，对电子招标平台的使用者具有一定的借鉴意义。

14. 工程软件及服务的"打包"采办

某石油化工设计单位采购信息化软件数量较多,这些软件几乎都存在后续服务需求,包括继续使用授权许可、维护、扩展等。此前,相应软件和服务采办都是一单一报、一单一采。为此,该设计单位进行充分调研和数据分析,制定了以供应商为主线合包采办,签订长期协议,提升竞争性采办占比的采办策略。

该设计单位对现有软件和服务需求进行调研时,发现存在如下主要问题。

首先,已购软件的后续服务需求可分为零星技术服务或升级改造、长期维保服务两大类,这是后续进行优化的重点。

其次,信息化软件供应商众多,所供软件数量庞大。该设计单位共向73家供应商采购了约138个各种类型的软件。其中,软件数量最多的A供应商提供了19个软件,提供2个以上软件的供应商有16家,仅提供1个软件的供应商共有54家。

第三,软件属于专有资源,新购软件均为专利产品,生产商没有软件著作权证书,大多只能从专利所有者或其授权代理商处按单一来源方式采购,单一来源占比较高。采办人员要经过多轮谈判,难度较大,节资率较低。近两年,该设计单位与36家供应商签订了58份合同,仍然是按需一单一签,未能统筹规划采办。合同需要每年签订、重复签订的情况比较突出。

第四,对前期数据分析发现,近几年绝大部分软件后续服务的价格呈逐年上涨趋势,涨幅从1%~10%不等。

为解决上述问题，该设计单位从提高工作效率、减少工作量、节约资金等角度出发，制定了 3 项采办策略。

一是以重点供应商为核心，将同一供应商的信息化服务需求进行整合，采取合包采办的办法，减少合同数量，加强价格谈判力度，争取更多优惠。在采办新软件时，尽可能一并考虑后续的维护升级。

二是签订长期协议，具备条件的尽可能签订框架协议。对于长期需求的软件服务，签订 3~5 年长期服务固定总价合同；对于后续可能不再使用的软件服务，按类似于"1+1+1"的模式签订 3~5 年长期服务固定总价合同，一旦下年度不再续用，提前按约定终止合同。

三是严格审查并控制信息化系统建设和开发中的单一来源采办，尽可能提升竞争性采办占比，降低成本。

按照以上策略，该设计单位将近两年有需求且即将到期的软件服务，按照对应的供应商集中划分为 28 个采办包，其中 12 个为软件采办包，16 个为维护服务采办包。未来，该设计单位将按照上述策略采取集中一次报批、按计划和协议采办，相信今后几年同类采办合同数量将大幅减少，同时可将软件类服务每年涨价的成本控制到最低。

（黄志林）

专家点评：

该设计单位通过将信息化服务的需求整合，制定了长期软件服务协议的采购策略，提高了工程软件服务采购的效率，同时降低了软件服务采购总成本。

对于定制软件的采购，常常因需求分析不足而导致软件实际功能与需求部门设想的功能不匹配，项目需求不断追加。所以，定制软件的需求应由软件使用部门、信息化部门、与业务流程相关的接口部门根据实际业务流程和需要共同协商确认，量化说明需要软件呈现的结果和功能。

  有的供应商为了获得项目订单，投标时故意报低价，在实际履约过程中，要求追加或减少服务内容；有的供应商技术人员不稳定，频繁更换；有的供应商软件后期维护费用、版本升级费用或二次开发费用较高。因此，在选择供应商时，要从预算分配情况、分部分项的重要程度、风险评估水平进行多维度的综合评价，包括授权情况、知识产权管理水平、资质、历史案例、项目实施团队、项目质量保证体系及售后维护等。

15. SPM 系统高效衔接采购供应链

在化工工程设计和建设行业，工程总承包公司以设计为核心，应用知识、技术和经验，将专利技术通过"工程化"转化为工业装置等实体；在为工程项目建设服务的物资采购和供应工作中，完善的材料管理系统异常重要。某工程公司于 2005 年引入"SPM Marian 材料管理系统"（以下简称 SPM 系统）并全面推广使用，该系统成为其采购供应链中的一个重要环节。10 多年里，工程公司积累了大量的经验，完善了材料数据库，不仅培养了一批相关人才，还全面提升了供应链的管理水平。

EPC 管理已经是很多行业的常态，包括制造业、仓储、电商、家装……很重要的一点是得益于当前管理软件系统的不断发展和成熟。而早期的工程设计 EPR 项目没有相应的管理系统，实施中存在很多弊端，严重影响供应链上各环节的工作衔接，例如：设计人员需要统计图纸中的料表，提出请购单；采购工程师接到请购单后，重新将同一类设备或材料加以归纳并编制询价文件，还要根据不同的询价结果进行商务评审、编制合同；项目计划人员要将大量的请购信息、合同信息手工录入台账，并对记录数量及日期加以控制；现场仓储人员要根据到货情况制作材料接收记录，过程中会产生大量表格，耗费大量人力和时间，且容易出现错误。

为了适应 EPC 工程项目不断增多的趋势，通畅项目物资信息流转，提高工作效率，节约工作成本，在引入 SPM 系统的第二年，工程公司就编制了《设备材料编码手册》，涉及管道、电气、仪表、电信、暖通、给排水、消防、粉体工程、化验、建筑、结构、总图共 12 个专业；2013 年，结合鹰图 SPRD、SPM 软件及设计集成平台各专业软件应用，整合了公司级设备材料编码系统；2015 年，完成《设备材料编码手册》，材料控制与设计和采购衔接更加紧密，从源头上保证了到场设备材料与图纸的一致性和准确性；2019 年，融入物联网技术，搭建基于 SPM 系统的智能仓储管理平台，兼容扫码设备精准记录，提供自动化、实时化的材料信息。

具体来看，SPM 系统产生的主要效用有以下几个方面：

（1）SPM 系统的信息化工作模式，实现了设计、采购、施工、计划、费控、财务等各环节的数据资源共享，有效提高了材控、采购、项目现场仓储的工作效率，进一步降低了管理成本。精细化的材料管理，有效减少了现场材料的重复采购和浪费现象，尤其是项目后期"三查四定"库存材料得到了充分利用。

（2）SPM 系统数据具有实时性和完整性，包括在材料控制策划、材料统计、材料请购、采购状态追踪、现场接货、材料预留、材料发放、材料盘库等环节，并在材料裕量、材料分交、材料平衡与协调、材料报告等方面积累了比较成熟的经验和做法。

（3）SPM 系统实现了从图纸设计到材料安装全过程数据的实时及准确管理，即设计量、裕量、请购量、采购合同量、到货量、出库量、库存量、丢失损坏量、多领、少领、退库、变更量等所有数量可准确查询，并厘清了多、缺、丢、坏、退等责任主体。

现在，工程公司 SPM 系统已经运用到炉火纯青的程度，有力地支持了业务开展和工程设计，并提升了物资采购质量。

（张喆）

专家点评：

通过标准化材料设备及其编码，完善 SPM 材料主数据库，本案例工程公司将 SPM 系统作为数据源和材料管理平台，使材料控制与设计和采购紧密衔接，从源头上保证了材料的采购、交付与设计的一致性和准确性。可以看出，该材料管理系统对其采购和供应链管理起到了基础性作用。

SPM 系统可为工程项目管理公司或企业项目管理提供专业的材料管理和数据接口。对于企业的数字化转型，常常由于新上系统，需要多个系统之间数据互相调用和共享，解决系统之间的互联和互操作性。这也就意味着需要解决多协议和面向多种应用的体系结构的系统集成问题，即最优化综合统筹设计，将多个平台和应用搭建在一起，使所有部分和整体可以工作且达到预定目标。

16."系统当家"促高效采购

某企业集团为提高工作效率,决定构建系统当家工程,主要包括创建企业销售电商平台、搭建企业采购平台、开发企业物流平台、引入园区"一卡通"管理系统、建立客商管理系统及智能客服,以实现经营活动全流程的信息化、系统化、科学化。

该集团采取了"三步走"的战略。

第一步:2011年该集团率先搭建了电子商务平台——企业商城,开创了中国化工行业销售模式的先河,实现了100余种化工产品在线销售,年成交金额达百亿元,成为国内规模最大的化工产品在线交易平台。2017年电商实施"集合定价"销售模式,最大限度让利客户,考虑价格、生产商等综合因素后系统自动计算成交价,把销售交给"系统当家"。

第二步:2013年8月,集团自主研发了企业物流平台,平台采取"零门槛"准入,符合资质自主注册,实现货源自动发布、物流公司自主接单、车货自动匹配、运费自动结算,确保物流车货匹配的公平、公正、透明。2016年12月,集团上线园区物流"一卡通"管理系统,实现车辆自助取卡、自动排队叫号、自助计量等功能,把物流工作交给"系统当家"。

第三步:2016年6月,集团上线SRM系统,采购业务全部转到线上运行,提高了协同效率。2018年7月份,集团自主开发了采购平台——企业采购网,采购流程高效规范,供应商快速注册,"零门槛"入驻,实现商务专员审核发单、定标、付款排程全流程信息化管理,所有采购需求均在网上操作,包括大宗原料、金属材料、包装物、辅料、备品备件、外协等。采购工作不是业务员说了算，也不是哪个部门、哪个领导说了算，而是交给"系统当家"。

通过实施"三步走"，把采购工作交给"系统当家"后，集团的采购能力和水平得到了大幅提升。

（1）在供应商寻源管理方面，采购网采取供应商"零门槛"入驻方式，"天眼查"对接自动校验供方有效信息，公司名称正确、注册资金达到10万元、无失信记录则自动审核通过，而后即可参与报价。两年来，平台注册供应商通过数量由7000余家提高到20000多家，发生交易的合格供应商数量也由4800余家发展到8200多家，平均供方转化率达27%，实现了供应商的有效在线扩源。

（2）在专用物资采购方面，通过规范网采询价单信息，要求需求部门上传相关物资的图纸或图片，让参与报价的供应商都有直观的认识和报价参考，打破了专用物资只能由原厂家供货的局面，实现了专用物资采购的降本增效。目前有60余类物资打破独家供货局面，采购价格较前期平均降幅在30%左右。

（3）在重要物资采购方面，通过采购网寻源，在压缩机、离心机专用油品使用上积极试用国产品牌，以代替进口产品。通过与国内油品生产企业合作，试用油品已经接近或达到进口品牌的使用周期，设备运行稳定。替代成功后，仅压缩机、离心机专用油品一项，每年就可节约采购成本200万元以上。

过去，集团吊车外协前期一直采用线下操作的模式，外协单位总数量不超过10家，在吨位相同、价格一致的情况下，存在人情操作的可能。为杜绝此类嫌疑，2019年3月份，集团将吊车外协发单转至采购网由商务专员审核发单，比价确单；此工作开展后，参与客商数量增加了一倍，确单金额最高下降40%，充分凸显了采购网的优势。

将采购工作交给"系统当家"带来的不只是供应商的扩源、采购成本的降低,其透明化操作还能较好地打造一个"公平、公正、廉洁、透明"的采购环境。

(满玉飞)

专家点评:

本案例比较具体地介绍了某企业集团通过"系统当家"增加采购透明度、降低成本、提升采购效率的过程。

数字化采购是目前各行各业采购领域的大趋势,各企业应结合自身实际情况和发展方向,开发出适合自己的采购系统和运行策略。

17. 招采平台令采购化繁就简

某工程公司在 2019 年仅工程总承包板块就开展和运行了 16 个海内外 EPC 项目，合同总额近百亿元，采购合同总金额更是首次突破 40 亿元大关，仅新签的工程项目采购合同数量就过千，发运海外项目的物资计费吨约 5 万吨。而公司采购部从容不迫、忙而有序的一个重要支撑，就是 2018 年筹建的、如今正在发挥重要作用的招采平台。

在此之前，该公司和国内诸多工程公司一样，在 EPC 项目中的采购工作均为传统的线下采购。这种采购方式虽然由来已久且运用熟练，但存在诸多缺陷，特别是工程较集中、物资采购量大时，便会破绽百出，具体表现为：可供选择的供应商资源不够丰富，采购供应链管理工作较弱，无法实现对供应商的即时动态评价；由于全是线下采购，需要走供应商发掘、沟通、谈价、比价、议价、签订合同、催交检验、物流等漫长的流程，采购周期长，采购效率低；所有的审批流程均在线下进行，审批流程长，影响采购人员工作效率以及采购工作按时快速推进；采购行为较为分散，无法做到全部公开透明；难以建立专业化、标准化的采购作业流程和岗位人员约束激励机制，采购人员有廉政风险；所有采购内部过程文件、供应商报价文件均为纸质版，纸张消耗量大，不符合绿色节约的环保理念，等等。

为了解决上述弊端，工程公司痛下决心，果断决策部署，采购部旋即从 2018 年开始秣马厉兵，筹建公司招采平台。其主要思路是：通过与公司主数据系统、项目管理系统、企业门户系统、企业微信集成，将"基础数据—项目管理—采购寻源—采购合同"完整的业务链条彻底打通，保证采购业务全流程的无缝对接，实现企业运营的一体化管控，有效优化运营体系，提升管理效能。通过在该平台中建立历史价格库，发挥项目采购成本控制的分析功能，对于所有采购包的采购进度均可有效监管和把控，便于管控采购成本，有效地监控采购计划的实施和采购成本的变动情况，确保采购工作高质量、高效率、低成本执行。

经过紧张的建设和一段时期的运行，招采平台优势凸显，在采购升级中大放异彩。一是使采买作业流程专业化、标准化，简化了传统线下采购的审批签字流程，所有的审批均在线上完成，大大提高了采购效率，避免了人力浪费及交期延误。二是通过历史价格库、供应商考评得分等大数据，有效地降低了采购价格，同时提高了采购质量，降低了采购风险。三是将采买过程的分散性决策变为集中公开决策，提高了采购活动的规范性和透明度，形成了一个统一、公平、公开、公正的招标采购监督机制，有效防范了廉政风险。四是可以及时收集、丰富和优化供应商大数据库，尤其是实现了对供应商库的动态管理。通过对供应商进行考评打分，对问题供应商进行降级、清退处理；对于优秀供应商，在评标时则可以充分考虑其优势和业绩。这样有效保证了供应商库"水清鱼欢"，大大增强了可靠性和实用性，对项目报价和实施提供了强有力的支撑，从而让采买人员摆脱工作地点的束缚，可以在国内外随时通过平台开展相关工作，提高了工作效率。

目前，在该公司的招采平台上，正在实施的EPC项目达到9个，各项工作都在紧张、有序地推进中，而招采平台则在高效的运行中悄然进行着深度优化。

（娄承）

专家点评：

越来越多的行业龙头集团通过自身的B2B电子招采平台进行采购。电子招采平台可以实现企业内部的采购管理流程，是集供应商资源、历史数据和市场信息为一体的电子商务平台，涵盖战略采购和运营采购全流程，确保了采购工作的高质高效。

正如案例中所讲，电子招采平台可以实现采购流程的标准化和规范化，便于采购集中管理，并可以实时归档收集采购数据，有利于更好地实现供应商管理。

18. 从钢轨采购看电子招采平台作用

2017年5月2日上午8点28分,伴随着汽笛的长鸣声,满载化工品的火车专列从西北某化工企业园区缓缓出发,标志着该化工企业配套专用线正式开通运营。此列车承载着该企业采购部门打造信息化电子招采平台的奋战历程与成果。

该专用线钢轨的采购恰是信息化电子招采平台综合运用的结果,采购预算470.83万元,节约金额38万元。

在招采平台运用之前,该企业一直采用的是传统的采购模式,弊端多,矛盾大,严重影响和制约了企业的采购管理升级。一是采购业务不规范。采购体系不完善,导致出现很多不规范操作。二是采购数据不共享。每个步骤信息数据不互通,业务连接出现断层,组织与组织之间协同效率低。三是过程监管不到位。跨部门、跨区域监管难,对采购过程缺乏有效的控制和管理手段。四是手工低效且易出错。手工进行数据汇总和分析,效率低,且容易出现差错。五是决策大数据缺乏。由于依赖个人经验,对价格控制等缺乏有效决策依据及大数据分析能力。

鉴于这种情况,该化工企业在信息化建设上先后投入巨资进行采购管理升级,使线下采购活动全部在线上实现,实现采购全流程规范化、模块化、信息化、阳光化,成效十分显著。

一是从需求计划提报开始,就有MDM主数据系统为物料编码,使每个物料有独有的"身份证号码"伴其终生。

二是准备工作做好后,需求部门就可正式将需求计划导入招采平台(SAP系统作为数据支持后台)、供应商管理、专家抽取(专家库系统)、订单下达、到货验收全流程均电子化办公,采购部门与供应商全程不见面,通过平台沟通。

三是到货入库后由仓储系统管理,做到一物一库位。

四是给供应商结算时,按照合同和订单的款期按时付款,上线CE报账系统。

通过全面推行电子采购系统,采购时间由原来的30多天缩短至15天,节省了大量的人力和采购所需的间接资金投入,同时也避免了人直接参与采购中而难以杜绝的不公正性。这样,企业便可把更多的精力放在产品研发和质量上。

就以这条专用线钢轨采购为例,采购部门通过信息化电子招采平台进行反向竞价采购,供应商每竞标一次,降价1万元,在规定的竞价时间内,竞价频次达37次,该企业共节约采购成本38万元,节约比例约9%;而企业建设时期仅钢材一项的采购金额就会过亿,通过反向竞价模式大大节省了采购成本。

由此可见,电子招采平台是采购降本增效的最佳工具之一,在生产规模和销售规模稳定的情况下,采购环节节省的成本能够完全转化为企业的利润,因此降低采购成本是现代企业增强竞争力、提高利润率的有效手段。

(李德华)

专家点评:

电子招采平台可以实现采购流程的标准化和规范化,便于采购集中管理,并可以实时归档收集采购数据,有利于更好地实现供应商管理。

除了电子招标所具有的便捷性、保密性、高效率等特点,电子竞价依托于网络技术,通过增加供应商之间的竞争性来实现降低企业采购成本的目标,成为采购方的强大工具。采购方在电子竞价中成为竞价规则的制定者和结果的裁决者,改变了传统买卖博弈模式,以多次连续竞价的方式促使竞价程度加深。

电子竞价一般不适用于战略物资和瓶颈物资的采购。在杠杆物资采购中使用时，要注意对竞价模式的分析和选择，合理制定采购策略和竞价规则，并应进行供应商竞价培训，避免非理性竞价导致的交付和质量风险。

19. 通用物料采购的新电商模式

某集团公司为了满足新形势下物资供应需求,改变原有通用物料需求管理模式,在充分调研论证的基础上,建设了物资集采超市平台,既便利了集团单位的采购,又能增效降本。集团下属的物流公司被确定为集团"互联网+"集采超市平台项目的承建单位。

为推动作业效率,集团某分公司与物流公司共同梳理了通用料需求,形成了适合集团公司采购的23大类通用料需求清单,然后委托物流公司集中采办并签订了长期协议,同时上线至集团集采超市平台进行采办。

在通用料长协采办过程中,由分公司商务采办部牵头,制定科学的采办策略;由物流公司统一采用邀请招标的方式提供通用料产品,并以招标结果价格与分公司签订长期协议。

分公司参与并监督招标全流程,对采办质量、进度及交货期进行了有效把控。一是协调多部门单位采用多种方式对海量物资进行品类、品牌、价格的梳理核对,与物流公司共同完成近8000项通用料产品物资编码的确认梳理工作,整合分散的采购需求,充分发挥集中采办的优势,提高了采办效率。二是优先考虑产品质量好的生产厂家,弃用了52%的中间商,引入了66个生产厂家(其中12家为新增入库),厂家招标比例达63%。三是针对物流公司在招标过程中,近19%的采办包遇到因需求量少导致厂家不愿参与投标的情况,统一改为由厂家授权代理商与贸易商共同参与投标的方式。四是因通用料产品自身存在更新换代较快、替代程度较高的属性,商务采办部提出了对通用料产品发生变化的应对措施及管理办法，并以条款的形式写入合同。五是招标过程中与厂商谈判交货期，基本实现通用料"零库存"，降低了库存量。

在合同执行层面，推行采办管理创新，实施"协议采购 + 发货通知单"的采办方式。长期协议签订后，由分公司业务部门负责创建发货通知单，以执行该长期协议。通过采办流程优化，缩短了采办周期，提高了采办效率。

以往分散式采购供货周期长则一年半载，短则一两个月，大大制约了正常的生产经营，需求单位不得不"储粮过冬"，导致库存增加。如今，通过集采超市平台采办，非定制类通用物资可实现"7 天交货"，定制类通用物资从提出需求到物资配送至现场，只需 22 天。

通用类物资采取每天跟踪督促的供应商交货方式，落实"谁买谁用、货到立发"，每周分析、通报各单位消耗情况。根据统计，应用该平台后，物资到货使用率达 88.21%，基本实现通用料"零库存"。

虽然平台采购取得了良好成效，但集团上下并没有止步于此。未来，集团分公司还将在两个方面发力。一是建立起通用料长协管理的长效机制。通用料长协采办工作初步建立物料超市的供应链管理模式，通过可视化采办，实现阳光采办。二是加强需求前端管理，定期补充长协清单，落实贸易商退出机制，促使优胜劣汰，提升物资集中采购管控能力。

与此同时，他们还计划引入专业的电商平台［含 MRO（非生产原料性质的工业用品）电商平台］进行采办，凡通过考察的电商平台将直接认可其产品及价格，从而进一步打破固定清单及产品物资编码管理模式的限制，实现 B2B 与 B2C 共存，以及在工业品采购需求统筹、采购交易、采购服务等各环节的智能系统匹配。

（王跃辉　焦阳　黎育权）

专家点评：

工业产品通用物料采用电商采购模式是发展趋势，随着互联网、物联网、大数据等技术的广泛应用,谁先推行电商采购模式,谁就早受益。它的特点是:集合需求用量,提高议价能力,获得低成本让利的实惠;便于选择合适的供应商库存管理;尽可能选择本地供应商,降低物流成本;运用ERP等系统,提高需求计划的准确性;实现及时快速回款,直接提高供应商的合作效率;获得低成本、高质量的MRO;快速的物流配送网络,实现渠道集成;优化企业的仓储管理,提供新产品信息和产品应用方案;在整个供应链上企业的MRO供应的整体集成和优化,直接影响企业成本控制和利润增长。电商平台可以使供应商和采购商都实现"进入一个点,得到一大片""货比三家,一次搞定"的连锁效应,有效降低供应商的销售成本与采购商的采购成本。

案例总评

从本章案例可以看出，集中采购和数字化采购已经成为采购管理制度建设和流程建设的重要发展方向，广大采购人员对此也颇有心得。

纵观本章各案例，可以总结以下几点。

(1) 传统采购管理中存在的主要问题

与集中采购相对的传统采购，是指收到单独的采购申请后，通过"一单一询、一单一招、一单一签、一单一结"，较为机械、片面、分散、被动地完成采购活动。这样的模式下，采购人员对需求缺乏分析和掌握，供求关系趋于短视且竞争多于合作。

而没有实现数字化的采购管理，与企业内部其他流程无法通过链路传递和共享数据，存在效率较低、协同较差的弊端，也很难做到流程的标准化、规范化和透明化。

总之，传统的采购管理模式很难保证采购流程的标准化和专业化。鉴于传统采购的缺点与弊端，推行框架采购、集中采购、数字化采购等成为解决方案。

(2) 框架采购和集中采购

本章阐述框架采购和集中采购的案例选题广泛，涉及集团型企业项目采购，仪表设备和服务的框架采购，针对零散物资、长周期设备和工程软件及服务的集中采购,以及联合采购。集中采购有利于实现采购流程的标准化,提高采购效率,节约采购成本,并降低采购风险。

本章案例均阐述了对相关采购需求的集中和整合,多个案例强调了运用通标化等方法对需求进行分析、调查、研究和综合,通过内部协同实现从需求端驱动的采购成本节约。其中对供应商资源和供应商管理的集中也多有论述,特别是运用采购量杠杆实现的采购成本和管理成本的降低和节约。通过案例可以看出,集中采购有助于相对减少供应商数量,降低可持续风险,改进供应商可持续绩效。各企业都在有意识地推进集中采购,但各企业集中采购的组织进化阶段存在着很大的差异。

(3)数字化采购

数字化采购是企业数字化基础设施的重要组成部分。

本章相关案例分享了各企业从解决实际问题出发而进行的数字化转型实践过程,包括电子招投标系统、电子竞拍系统、企业网上商城、云采购平台、SRM系统、全流程智能化采购系统、材料管理系统等在采购中的应用。与集中采购相同,数字化采购也有利于实现采购流程的标准化,提高采购效率,节约采购成本并降低采购风险。

更重要的是,数字化采购使过程可追溯并形成记录和数据,企业进而可以通过数据分析,优化决策、流程和资源分配,实现企业商业目标和供应链生态协同。而对于深度数据分析,还需要在理论和实践上进一步探索。

总之,本章所选取的案例切合采购工作实际,均体现出一定的采购基本知识和实践经验,具有较强的实用价值和借鉴意义。

第七章
物资管理

物资管理，是指企业在生产和项目建设过程中，对所需物资的计划、采购、使用、储备等行为进行组织和控制。通过对物资进行有效管理，可以降低企业生产和项目建设成本，加速资金周转，进而促进企业及项目建设盈利，提升企业的市场竞争能力。

物资管理包括计划管理、采购管理、使用管理和储备管理等供应链管理的全部重要环节，是企业生产经营和项目建设正常运作的重要保证，是企业发展与壮大的重要基础。

物资管理的主要工作包括：物资编码、物资使用、物资储备定额和消耗定额、仓储自动化、物资配送、备品备件、质量验收、仓库管理、物流信息数字化管理、采购档案管理、供应商管理、制度建设等，并通过不断优化工作流程，加快物资周转、压缩库存资金，在最小库存量和最大供应量之间寻求动态平衡，以求得最大经济效益。

物资管理的两个主要目标：一是在现有的人力、财力、仓储能力的条件下，最大限度地满足使用需求；二是在保证物资供应的前提下，最大限度地降低费用、压缩资金占用。

本章典型案例：智能化推动物资管理精细化、物资配送新体系、入库质检的五分类四原则、应急物资保供、废旧物资处置、成品物资保护、标准化仓库建设、多管齐下降库存、物流仓储的智慧化管理、物资供应链一体化建设、信息化的采购档案管理等。

1. 以标准化仓库为起点促物资管理降本

某新型能源化工企业，随着其主要项目的建成投产，企业管理的重心逐渐由项目建设转入商业化运营。企业为提高经济效益和市场竞争力，加强了各方面的管理工作，尤其强化了物资管理工作，因为加强物资管理工作，对降低生产成本、加快资金周转、保障安全生产、提高企业效益具有重要价值和意义。

2017年，经过考察调研，企业选择了以建设标准化仓库为物资管理工作的落脚点，以"服务生产、保障供应"为宗旨，以"规范采购、纪律先行"为前提，以深入推行精细化管理为抓手，完善物资管理基础制度建设，在满足安全生产、服务检修的前提下，实现多措并举降低采购成本，合理控制库存资金，推进物资管理工作优化升级。

计划制订后，采购部门细化了标准化仓库建设的规划并迅速开始实施。

一是对总面积10万平方米的3个库区26个库房及其库存2000多个品种的物资，6S管理要求和标准化仓库建设要求，依物资大类进行了平面和立体库存的分区分库分类布置，并落实专人负责，限期完成倒库、清点、上架摆放和维护保养工作。

二是对有控湿控温要求的特殊备件和材料、精密仪器和材料、细长轴等库存物资，在特殊隔离区进行防护性摆放和吊放，做好防尘、防潮、防腐、防震、防弯曲变形的保护。做到安全标识、管理制度、工作流程、操作规范、库房平面和立体示意图上墙，货架和物资摆放的横/竖/左/右位置规范。

三是对各种在库物资做到四号定位、五五摆放。四号定位，即库号、货架号、层号、位号标识定位。五五摆放，即以"五"为基本计数单位进行物资摆放的一种管理方法。物资按不同品种、规格、形状，以五为基数进行堆垛，既便于盘点、发放，又整齐美观，可以提高工作效率，充分利用仓容积。

四是在货架的侧面张贴各种摆放标准和规范，时刻提醒库管员严格按照相关规范进行物资的摆放和保养，做到视觉美观，更重要的是通过这些基础管理工作，方便物资存取和盘点。

在标准化仓库的达标运行过程中，长期存在于物资采购和管理中的一些隐性问题开始显现。如采购计划不准确、不严肃，造成库存物资积压；相近材料的规格型号繁多，物资编码混乱、一码多材、一材多码；财务管理软件与仓储管理软件接口兼容不畅；使用部门、采购组、仓储组和验收组的职责重叠或者空缺，存在库存信息不能共享和推诿扯皮问题等。

物资管理部门经过分析发现，产生这些主要矛盾和问题的原因主要是由于缺少标准。没有标准的工作，谁也无法评定个人的工作绩效是否合格；没有标准的技术，就只能按照每个员工自己的理解、自己的经验来操作，从而形成了没有标准的主观管理及按照领导意图进行管理等惯性思维。

针对这些矛盾和问题，企业开始推行严格的标准化管理。按照管理标准、工作标准及技术标准三大类，将物资管理涉及的所有管理事项、工作事项、技术事项等进行归类，先后制定和完善了物资管理工作标准39项、物资管理岗位工作标准46项、物资管理技术标准380多项。现在，遇到问题时，大家可以先拿标准出来进行对照，之后马上就知道该如何做了。

标准化仓库建成投用后，物资需求计划大部分可以在线自动编码生成、上报、审批；物资招标采购按照职责和流程、节点，在全程有监控的情况下运行；采购物资的质量检查和验收信息，随着物流节点实时动态显示；物资入库和出口实行智能扫码监控，先进先出排队发料；在库物资储存信息、库存资金及周转次数自动更新；库存物资超过3个月、6个月、9个月、12个月等的储存信息，在移动终端自动更新和提示；需要按时维护保养的备件信息在移动终端自动提示；各类人员的工作绩效，按质按量自动排队；危化品库区内，新增设剧毒品专用库房，实行双人双锁、双人收发、双人接运、双人管理的管理模式；限额管理、定额管理、库存资金动态平衡，每月自动分析物资和资金动态，以保证合理库存。

物资管理的标准化，推动企业降本增效工作取得了显著效果。

（第五峰）

专家点评：

  企业标准化管理工作，是将所有涉及的管理事项、工作事项、技术事项等进行流程和节点的细化、量化和优化后，编写成相应的管理工作标准、岗位工作标准和技术标准，再按照这些标准去落实，从而使烦琐的工作简单化，这也正是标准化工作的魅力所在。本案例中把建设标准化仓库作为落脚点，进一步推动完善物资管理制度建设，在满足安全生产、服务检修、确保供应的前提下，多措并举降低采购成本和库存资金占用、促进降本增效的做法值得肯定和借鉴。

  当然，从数据上看，这家企业目前的库存资金仍然偏多，物资管理提效仍有潜力可挖。如果能够向着降本增效的目标，继续对物资管理涉及的管理事项、工作事项、技术事项等不断进行流程和节点的细化、量化和优化，采用新的管理技术和方法，假以时日，一定会收到更好的效果。

2. 智能化推动物资管理精细化

在工程项目实施过程中，经常会听到这样的问题：

设计单位又出设计变更单了，赶快查一查被变更的设计部分是否已经订货了？

谁能快速地告诉我，现在库房里有多少剩余物资？它们具体的规格、型号是什么？

现场急需的100个阀门是否已订货、发货、到货、入库、出库？

这批材料的付款申请是否符合采购合同的付款条件？是否符合公司财务规定的付款条件？

这批弯头没有办理入库手续，为什么被发到现场了？是谁同意发的？

本项目的剩余物资为什么这么多？这是什么原因造成的？

……

在常规的人工操作或使用普通的材料管理软件的工程物资管理环境下，面对如此具体近似苛刻的问题，即便是经验非常丰富的物资管理人员也很难快速地给出准确的答案。物资管理人员也因此常常处于不被理解的尴尬境地。

国内某工程公司多年来一直重视工程物资管理工作，并从梳理管理流程入手，建立了一套严格的规章制度，虽然在实施取得了一定的成效，但是效果一直不明显，粗放型管理的痕迹一直存在，重复订货等问题时有发生。

为了推行工程物资精细化管理，彻底解决工程物资管理中的老大难问题，该工程公司引进了INTERGRAPH公司的MARAIN材料控制系统，并自主开发了配套的材料综合管理控制系统（E-MCMS），开发了与财务软件金蝶（KIS）的接口以及与公司项目管理平台的接口，实现了EPC项目物资管理的材料编码、材料表、请购、采买、订单、催交、检验、运输、入库、仓管、领料、出库、财务报销核算的全过程协同管理。

MARIAN系统的运行基础是一个集成的ORACLE数据库，它包含从工程设计、物资采购、仓储管理、工程施工、财务结算等一系列完整的、精确的项目材料数据。在应用MARIAN系统时，相关人员利用这些数据，按照MARIAN系统设定的工作流程依次完成物资采购询价技术文件、请购单、订单、放行单、入库单、领料单和出库单，环环相扣，有条不紊地完成各项工作，实现了工程物资精准化管理。

下面是其具体工作流程。

（1）设计人员使用该系统规定的统一材料编码提出拟采购物资的材料表。

（2）材料控制人员依据材料表在该系统中创建请购单。

（3）采购人员依据请购单开展采买工作，并及时将订单信息录入该系统，生成物资放行单。

（4）物流人员收到物资到货信息后，组织物资验收，将到货的物资信息录入该系统，生成物资入库单。

（5）材料控制人员依据批准的物资需求计划和入库的物资清单生成物资领料单。

（6）物流人员依据物资领料单和施工班组当日的领料数量生成出库单。

（7）仓储管理人员按出库单发放物资。

通过一段时间的应用实践证明，该系统能够引导相关人员按设定的流程开展工作。如采购人员办理物资放行单后，物流人员才能开始入库操作，而材料控制人员生成物资领料单后，物流人员方能办理出库手续，责权分明，实现可追溯。

首先，利用该系统可以大大减少重复采购物资，充分利用库存物资，精准地发放物资，减少错发、漏发和多发，避免浪费。

其次，利用该系统可以打通物资管理的各个环节，各方有效协同，提高工作效率。

第三，利用该系统可以快速地形成各类报表，以为项目管理决策提供实时的数据信息。

该工程公司总结了该系统的应用经验，统计、分析了多年实施的所有工程项目的剩余物资量，计算了剩余物资的百分比（与投资总额相比、与采购总额相比），结果显示：在该系统应用后，剩余物资与投资总额的百分比由0.44%降低至0.14%，剩余物资与采购总额相比由1.11%降低至0.46%。例如：一个工程项目的物资采购总额为12亿元，可以节省的物资采购成本为12亿元×0.65%=780万元（没考虑剩余物资的出售金额），经济效益非常可观。

MARIAN系统是一个集成的全生命周期的物资管理系统，是一个真正的针对所有物资管理要素的物资管理工作平台，它能有效地解决积压库存的问题，降低物资采购成本，提高公司的利润，并能加快工程项目进度，管控项目风险，从而取得效率和效益的双丰收。

（梁维民）

专家点评：

智能化管理手段有利于提高管理效率，有利于推动物资管理精细化，有利于把有效的管理方法和管理程序规范化，减少人为失误，达到降本增效的目的。组合应用成熟的工程管理软件，还可以为同类项目提供先进、成熟的管理借鉴经验。使用全生命周期的物资管理系统，能真正地对所有物资管理要素在物资管理工作平台上实现全流程精准化管控，有效地解决工程物资管理中的老大难问题——库存积压的问题，降低物资采购成本，提高公司的利润，并能加快工程项目进度、管控项目风险，取得效率和效益的双丰收。

本案例中的这家公司对物资管理是比较重视的，他们从梳理管理流程入手，建立了一套严格的规章制度，并取得了一定的成效。同时他们的目光是锐利的，视野也是开阔的。在执行过程中，当发现仍然有粗放型管理的痕迹，如存在重复订货等问题时，果断引入了先进的MARIAN系统，对从物资管理的全过程进行有效控制，从而实现了物资管理的精细化。

　　这个案例给我们的启示：一要充分重视物资管理的重要性，打牢基础工作，完成好规定动作；二要将重视变为实际行动，进行持续改进；三要善于利用智能化技术，实现高效管理。当然，MARIAN系统也不是包治百病、一用就灵的万能妙药，没有一定的严细管理的基础，即便引入也会水土不服，难以发挥其应有作用。

3. 我亲历的采购档案管理升级

我所在的公司是一家大型能源化工企业，其规模大、发展速度快，因此采购任务重，特别是采购招投标头绪较多。2017 年，因为工作需要，我接手了采购招投标资料管理工作。接手之后，按照公司要求和规范，对采购档案进行了全面整理。在整理过程中我发现，过去的采购招投标档案管理有点混乱，在资料收集和整理档案中均有一些问题和漏洞，存在很大的安全隐患。

第一，对档案管理重视不够，尤其对招投标档案管理的重要性认识不足，加上之前办公地点多次搬迁等原因，一些招投标档案资料不全，保存下来的只有资料汇编、招标文件及中标单位的投标文件，而且有些还不完全是原件，归档文件中也没有未中标单位及未通过审核单位的投标文件，有些资料还在具体业务经办人手上，存在丢失和时间长了易遗忘的风险。

第二，档案管理工作程序不规范，由于招标工作程序复杂、业务经办人少工作量大，往往忽略归档文件的齐全性与及时性。招标项目档案的收集、归档、借阅等方面也没有统一的规定。

第三，由于资料室面积严重不足及设施受环境影响，采购招标项目档案资料存放凌乱，没有分类有序存放，查阅时极不方便。

第四，受委托的招标代理机构移交的归档材料及资料没有按照分区分类有序存放。

情况复杂，问题众多，我将这些情况整理后向上级领导进行了详细汇报，引起了领导的高度重视，并对以上问题制定了整改措施。

（1）落实责任，明确相关工作的管理责任人。公司根据《中华人民共和国招标投标法》《中华人民共和国招投标法实施条例》及《中华人民共和国档案法》等相关法律法规规定，明确每个项目的采购负责人、招投标资料的管理员，实行采购档案集中管理，设立采购招投标资料档案室，保证资料存放设施完备、维护得当。

（2）做好基础工作，确保资料完整。制定《档案管理办法》，对归档的时间、内容、分类、整理、立卷、保管、利用等做出明确规定，做到有章可循。业务负责人在业务办理完结后必须立即将相关材料整理归档，以免文件散失而造成归档不齐全以及文件查找困难。部门负责人要经常对归档资料进行抽查，发现问题应及时督促整改；严格按照归档要求及期限收集整理应归档资料，凡是归档资料不齐全或手续不完备的，应立即通知项目负责人迅速补充或完善，以确保归档资料的正确性和完整性。

（3）完整移交，确保档案及时归档。采购招投标资料的收集，应严格按照公司规定的目录进行收集归档，实行限时移交。采购招投标完成后一个月内，项目负责人必须将本项目相关的所有资料整理完毕并及时移交至部门资料管理员，由移交人和接收人双方审核文件无误后，存放至采购招投标资料室。

（4）加大硬件投入，保障档案规范管理。随着项目建成运营，公司新建了档案楼，完善了档案管理所需的硬件设备，设立了标准化档案室，配备了档案密集架及档案管理软件，从而保证了所有档案分门别类有序放置，并在建立纸质档案的同时，逐步建立完备了的电子档案。

不久后，公司的信息档案管理中心顺利通过了项目竣工验收。借助信息化技术，规范采购档案管理，公司的档案资源开发利用工作进入到新阶段，为公司实现数字化高效采购提供了有力保障。

（丁慧敏）

专家点评：

  采购招投标档案是记录招投标全过程的原始资料，如何对招投标档案进行规范化管理，确保采购招投标项目采购方案、招标投标文件，以及开标、评审、监督工作全过程留痕，是一个十分重要的环节。如果不能妥善保管这些过程文件，将导致不能依据采购方案、招投标资料等查证、核实项目建设招标投标的真实性和合法性。

　　面对采购档案管理存在的现实问题，本案例中这位工作人员不等不靠，通过认真分析，找出了存在的问题及其具体原因。随后公司领导认真听取了基层人员意见，果断采取了一系列针对性的工作措施，借助于信息化技术，完善管理制度和管理办法，取得了较好结果，促使企业采购档案管理工作迈入了数字化发展新阶段。

4. 构建企业物资配送新体系

某大型国有炼化企业有主要生产装置30余套、配套原油和成品油码头、储罐及公用工程设施等，占地面积约7平方千米。其物资配送范围包括所有生产装置，物资涵盖生产过程所需的多达上百种化工三剂，以及数以万计的动静设备及配件、电气仪表设备及材料、各类金属及非金属材料，工具、劳保用品、消防设备及器材、润滑油、应急保障等。经过多年实践，该企业的"企业物资配送流程及管理体系"最终形成。

该企业的具体做法有以下几点。

（1）引入外部服务商。针对石油炼化企业连续运转的特点，构建（5+2）×24小时的物资配送服务。生产所需的化工三剂和设备维修备件配送需求量较大，为降低企业内物流成本，利用市场竞争机制，将行业内有资质、业绩佳、口碑好的服务商引入，并充分考虑服务商的利益，建立起合作双赢的配送服务模式。

（2）建立配送管理体系。通过建立并不断完善的物资配送管理制度，结合现场实际需求及区域综合情况，绘制全厂装置布局、风险区域、物资配送点、润滑油加注点、废旧物资回收点、现场料棚、消防通道、重载地坪等配送回收路线图，建立并不断完善配送回收基本制度、工作流程图、作业指导书、作业技术风控措施、应急处置方案、人员培训及考核管理办法等，以此作为石油炼化生产企业物资配送作业的流程及管理核心。

（3）采取智能化的配送手段。设计开发并实施了企业"物资电子配送信息系统",提高企业仓储物流配送信息化的水平,增强配送团队的快速反应能力,提高企业资源的合理高效利用能力,降低企业物资配送成本。电子签收系统涵盖仓储直达现场物资签收(包含到货通知,现场交接)、配送签收(包含物资配送申请,物资配送,润滑油加注)、零担物资接运签收(行车任务,物资接发运)、仓储物资到货台账信息管理四大部分。最终形成了"规范便捷、个性需求、难点突破、过程追溯、绿色环保"的独有特色。

(4)回收退库物资和废料,提高资源再利用率,为企业降本增效、增收节支。积极回收可利旧物资,变无用为有用、化害为利,同时实现现场清洁化。利用配送回程车和完善的配送回收物资退库程序,在利旧方面,为企业取得了可观的经济效益,也使配送服务商从花钱单位转变成为企业降本增效的单位。

(5)人员机具车辆的配置。物流配送服务商的进入,为企业提供专业人员和车辆的配送整体解决方案,并取代企业自有车队,减少企业固定资产费用投入和员工相关的开支及管理风险,以减少开支,把有限的财力、人力资源集中用于核心业务,以改善赢利状况。

经多年实践和生产运营,通过构建24小时的集中配送服务模式,引入外部服务商的竞争机制,不但满足了企业正常生产物资配送需要,还降低了物流配送方面的开支和物流风险。回收退库物资和废料提高资源再利用率,使企业绿色运营,实现了降本增效、降低物流配送成本的双赢服务合作模式。电子配送系统的应用,快速提升了企业内部的物流管理及配送效率,为企业节约成本、降本增效发挥了积极作用。

(谷全海 赵钰 李妍 黄涛 杨利君 况军)

专家点评:

大型石油炼化生产企业具有24小时连续性生产,并伴有高温、高压、高爆、高危的危险,生产装置运转所需的设备维修备件、生产原料及助剂的消耗较大,生产区域点多面广等特点。如何保障企业生产物资、应急保障物资等配送需求,不出现物资断供事故,安全、及时、高效地将物资配送至现场的同时如何降本增效,就成了企业物资配送重要的关注点。

因此,构建"企业物资配送流程及管理体系"就成为企业在物资管理中必须关注的重点,也是企业建设可持续发展供应链管理体系中的重要一环。如何引进外部服务商的竞争机制,将企业内部的物资配送服务模式进行深度优化,形成生产企业和供应商合作双赢的战略合作模式;通过电子配送系统的应用构建高效、绿色的供应链等是这家企业物资配送的重要亮点。该企业通过流程的优化和管理体系的建立与实施,大大提高了物资配送效率,为迎接大数据协同时代的到来奠定了坚实基础。

5. 物流仓储的智慧化管理

某集团下属 W 公司马苏项目积极遵照集团工程项目精细化管理要求，全面推广应用集团材料管理系统，并在物流及仓储的智慧化管理方面进行了大胆探索、积极实践，成功完成了基于 RFID 技术的智慧仓储的全部工程化应用，大大提升了工程材料的数字化、网络化、智能化管控水平。

为便于管理，W 公司项目组对马苏项目现场仓库区域逾 12000 平方米室外库区、1000 平方米室内库区进行了网络覆盖，共完成了约 5000 米单模光纤敷设、30 余个无线 AP 部署，累计完成了约 15000 平方米库区的电力敷设，并建立了现场与 W 公司本部的跨国数据传输通道。同时，开辟了 900 平方米包含可视化看板、货架标签、货物二维码标签的全境智能仓储区域。

通过智慧仓储体系的应用，在项目物流管理环节，通过粘贴 RFID 标签和打印二维码，使每件包装级别的物资都拥有唯一的身份 ID，保障了供应链环节中物资信息的独立性和准确性；在仓储管理环节，通过部署 RFID 门禁系统，使货物得以自动、实时、快速、准确入库。同时，项目组全面推广移动终端使用，为仓储人员配备了 10 台 RFID 移动终端，较大程度减少了材料管理中的人力和时间成本；在施工环节，项目组坚持按管线发料，坚决将材料精细化实施到管道材料施工的最小单元，并与源头设计数据一一对应，实现了项目材料的管理闭环。

智慧仓储的全面应用，尤其是 RFID 新技术的引入，使项目材料的物流、仓储、施工管理水平获得显著提高，使近 96000 计费吨的项目材料从设计到采购、从出厂到施工能够高效流转。据统计，纳入智慧仓储管理范围的材料逾45万余件，运用手持机、标签打印机等硬件设备进行管理的管道材料突破33万件，项目现场日均货物吞吐量累计高达700余计费吨，仓储作业效率提升30%，不仅减少了仓储作业失误率，更为施工快速有序推进创造了有利条件。

智慧仓库作为W公司在马苏项目现场材料管理信息化应用方向的创新技术，经过整个项目周期的试运行，提升了以下管理能效：（1）项目的仓储信息能够及时、准确、快速地从物流段收集、校验与呈递，实现了货品信息的实时管理；（2）增加了货物进出仓库的能力，提高了入库和出库效率；（3）全面采集货品特征信息，提高了货品查询的准确性；（4）借助RFID设备对库存信息进行实时收集，提高了仓储管理效率；（5）通过为仓库基层人员绑定操作设备的方式，有效杜绝了人为错误，并可实时监控材料流转状态；（6）可随时生成决策报表，使仓储信息能更为精准地供管理者审查。

该技术创新以供应链末端的仓储管理环节为基础，搭建完善的信息逆反馈机制，通过对供应链信息的实时把握和对到场物资的精准操作，形成对上游专业的数据反哺，同时对W公司的材料控制流程形成利导之势，使决策者与管理者能远程实时调取工程项目任一阶段的供应链运行情况和材料控制情况。

马苏项目在物流及仓储的智慧化管理方面的成功经验，为W公司推进经营、生产、研发、管理等领域的数字化转型、提升公司全面精细化管理水平探索了新路。

（王志）

专家点评：

借助信息化手段大力推进经营、生产、研发、管理等领域的数字化转型，有效提升企业全面精细化管理水平，是降本增效的有效途径。

本案例成功实践了基于RFID技术的智慧仓储在项目建设的全部工程化

应用,提升了工程材料的数字化、网络化、智能化管控水平,建立了施工现场与公司本部的跨国数据传输通道,开辟了可视化看板、货架标签、货物二维码标签的全境智能仓储,并通过粘贴RFID标签和打印二维码,使每件包装级别的物资都拥有唯一的身份ID,保障了供应链环节中物资信息的独立性和准确性。

在仓储管理环节,通过部署RFID门禁系统,使货物得以自动、实时、快速、准确入库。全面推广移动终端使用,为仓储人员配备RFID移动终端,较大程度减少了材料管理中的人力和时间成本。在施工环节,坚持按管线发料,坚决将材料精细化实施到管道材料施工的最小单元,并与源头的设计数据一一对应,实现了项目材料的管理闭环。通过这些措施的实行,仓储作业效率提升了30%,实现了货品信息从物流段及时、准确与快速的收集、校验与呈递的实时管理,有效杜绝了人为错误,并可随时生成决策报表。技术创新以供应链上的仓储管理环节为基础,搭建了完善的信息逆反馈机制,通过对供应链信息的实时把握和对到场物资的精准操作,形成了对上游专业的数据反哺,对公司的材料控制流程亦形成了利导之势,使决策者与管理者能够远程实时调取查看工程项目任一阶段的供应链运行情况和材料控制情况。

智慧化管理起步于仓储管理,在当前环境下,企业更应积极探索5G网络、物联网、人工智能、大数据等高新技术环境下的新型供应链模式,以智慧仓库带动智慧供应链,以智慧供应链打造智慧工地乃至智慧工程,继而打造覆盖管理信息化、生产数字化、服务智能化等全领域的数字化服务解决方案,为创建精品工程打下坚实基础。

6. 推行物资供应链一体化

某集团公司采办体制机制改革后，A 分公司对仓储物流进行集中统一管理，实现了采购到货的统一验收、统一配送。所有的采购物资集中到货至湛江、海南两个物流基地仓库，经统一验收、按需分拣后配送至海陆的近 20 个生产油气田装置进行仓储及使用。

2018 年，A 分公司执行的采购订单超过 4000 单，两基地仓库全年接收和验收货物 4328 批次，验收货物 50796 项近 1000 万件。供货的各类供应商超过百家。由于供应商并不了解 A 分公司内部对采购货物接收、验收、备料装箱、配送运输等的程序和要求，再加上其自身管理水平存在差异，导致经常出现不同订单/不同装置单位采购货物混装、送货单与实际货物无法对应、包装唛头信息不全不准确等情况。

货物处理量大、各家供货商送货标准不统一，造成了仓库验收人员、备料人员花费大量时间在核对实物/单据、拆箱分拣、二次包装、重新补充包装唛头等工作上。整个供货物流过程效率低、验收难度大、配送出错率高，同时二次包装也造成了包装资源浪费，成本增加。

2019 年，A 分公司为解决该物流环节的问题、提升物流管理质量和效率，提出了物资供应链一体化的管理理念，强调供应商供货的源头管理，规范标准，提升供货物流全流程的效益，以达到共赢目的。

于是 A 分公司制定送货标准，统一标准送货单格式，要求供应商做到不同订单货物不能混装、不同装置单位（收货单位）不能混装的"二分装"，要求订单与送货单一一对应、送货项目与订单项目一一对应、送货项目与包装箱一一对应的"三对应";统一唛头要求,清晰标注包装货物信息并与送货单对应;统一两物流基地的收货联系人,确保沟通顺畅、高效。另外,通过在采购合同中以通用条款的形式固化送货标准、基地仓库收货把关以及针对性约谈送货标准执行不到位的供货商,将规范标准做法推行实施。

新办法推行后,供货商在送货包装时已按A分公司规范标准打包、装箱并送货,订单、送货单及包装箱信息"三对应",唛头信息齐全标准,极大提高了后续接收、验收环节的工作效率;"二分装"的要求,亦使得后续分拣、配送环节减少了重新分装的繁杂,也减少了配送出错率,最终使得供应链各环节一体化管理、高效协同,从而大大提高了供货物流全过程的效率,降低了物流整体成本。

据A分公司统计,新办法实施后,公司采购到货验收时效有了明显提升——每项到货平均验收时效从2018年的2.1天下降到2019年的1.68天,配送时效(验收完成至配送装船时间)提升了约3天,配送出错事件更是大幅减少,整体起到了提质增效的作用。

(许忠保 周邦干 梁金生)

专家点评:

推行物资供应链一体化,实质上是从采购源头对订货单元进行标准化,也就是从采购需求计划提出、采买文件生成、采购合同中以通用条款的形式固化送货标准等环节,对包装和物流单元,都明确提出订单与送货单一一对应、送货项目与订单项目一一对应、送货项目与包装箱一一对应的"三对应"标准、唛头信息格式规范齐全标准的标准化要求,从源头对供应商供货进行管理,以提升供货物流及分拣配送全流程的效率和效益,这是由物流标准化带来效率提升的典型案例,很有启发意义。

类似项目，可以应用数字化技术及采用智能扫码分拣等方法，减少差错，进一步提升物流效率。

7. 多管齐下降库存

某工业园区由一家大型企业主导，历经十余年不断建设，规模不断扩大，产品逐年增多，期间由于项目建设与日常运营同步，因为设计变更、预留取消等多种原因，导致库存逐年递增。这令采购部及企业领导十分头痛，于是企业下决心要逐步解决库存问题。

一是源头严控。库存产生的主要原因之一是需求的不准确，需求部门重复或错误提报需求计划，会导致重复采购或错误采购。为解决这个问题，企业着手建设了"材料管理平台"，整体思路为：将设计单位提供的BOM（物料清单）首先上传到平台，由项目部进行料表审核、编码校验、放量管理和版本比较后请施工单位提报计划，再交采购部进行物资采购。要点是企业需求部门提报的总数量不能超出上传的数量，以便从源头控制错误提报、重复提报。材料管理平台项目前期只针对型材及管阀件进行管控。从管控的效果看，项目整体错误提报比例明显下降。采购部对A、B、C、D四类物资在使用平台前后的错误率情况进行了比对，下降幅度从6.9%~0.6%，2.2%~0.1%不等，降幅惊人。后续要将所有的材料品类逐步纳入材料管控平台下。

二是推动寄售。为了提高库存周转率、降低公司自有库存、提高快速响应能力、满足生产运维及工程项目所需物资需求，对通用性好、采购频次高、需求量大的材料类（含电仪材料）物资及通用设备备品配件推动寄售。本着双赢共进的原则，企业与相关供应商经友好协商，达成一致，目前已达成几十个寄售品类，据统计，2019年累计使用寄售库存上亿元。

三是清理呆滞库存。对于已经产生的呆滞库存，则基于物资代用、物资回购等流程制度，通过多种途径降低库存消耗。如推动相近规格代用，主动消化库存；在框架议协中加上回购条款，推动供应商将呆滞库存回购；对于长期不使用的，物资状态较差的物资则及时进行报废处置，降低库存管理成本。

未来，基于当前工业4.0的推动及网络大数据的广泛应用，企业将通过与供应商进行库存共享，充分实现资源配置和供应链效率的最大化。同时，通过网络将动态库存信息实时共享使用，实现提升需求交货及时率、供应商库存周转率的共赢战略，同步降低供需双方的库存成本。

（宋强）

专家点评：

企业经营中的物资库存管理，是重要的基础工作，应不断完善管理制度。降低库存和控制库存管理成本，是一项长期持续的工作。安全库存的控制相当重要，库存不足，可能会影响交货期，甚至影响正常生产进行；库存量过多，则会积压原材料、半成品等，相当于库存物资占用了资金。对通用性好、采购频次高、需求量大的材料类（含电仪材料）物资，通用设备备品配件等物资，借助电商平台，实现工业品网上采购，按需寄达，可以有效降低库存，是物资管理发展的趋势。应用数字化技术，建设"材料管理平台"，共享库存信息，提高供应链效率的管理方法，值得推广。

对生产运行企业的库存管控，要从需求计划准确率、消耗定额、库存定额、库存物资占用资金额和资金周转率等方面进行管控。对于已经产生的呆滞库存，要及时开展库存物资调剂、物资代用、物资回购等多种途径降低库存，主动消化库存。不同品类的物资要保证一个合理的、动态更新的库存水平，从而实现最大程度的降本增效。

对项目建设的库存管控，要从设计变更、采购策略、库存回购、需求计划准确率和及时性等方面进行管控。在项目建设进行过程中,要对库存物资进行实时动态管控,以满足项目的需求变化;在项目建设后期,要及时推动对剩余物资进行资源化利用或采取其他途径进行处置的相关工作。

8. 优化库存从塑料瓶开始

在总部从事采购工作 7 个年头后，我被外派到广东公司综合管理部任职，开始一边负责属地采购工作，一边负责仓库工作。以前认为仓库只是一个物资到达用户前最后一千米的中转站，但自己真正管理起来才发现仓库各种细节工作纷繁复杂，其中一个令人头疼的问题就是仓库货架总是不够用，新到的物资只能放到过道或者仓库外，每当看到精密设备、仪表露天放置时，我都十分心疼。于是我下定决心一定要解决库存高企、库位不足的问题。通常讲的降库存三板斧"代用、回购、报废"治标不治本，并不能从根本解决库存问题，而这次我结合公司"降本增效"的主题，并联合使用部门一起，开始了如何才能真正遏制住库存这个"打不死的老怪"的尝试。

第一步：统计数据。

在统计了仓库各品类物资占用库位的数据后，我惊讶地发现，仅塑料瓶一项就占用了 23.5 个大货架库位，也就是说这种采购金额不到千分之一的物资，却常年占用了 10% 大货架的空间。

塑料瓶属于包装物，用于物料分装、物料取样寄样，要求能够正常接料、储存即可，那么我们为什么会需要这么多塑料瓶库存呢？看来降低库存可以先从它入手。

第二步：寻找原因。

采购部组织三个使用部门一起，共同讨论降低塑料瓶库存方案，并试图寻找库存高企背后的原因。简单地说，塑料瓶库存高的根源，一方面是塑料瓶规格多，另一方面是每个规格备库量多。

首先，目前广东公司在用的塑料瓶物料号有24个，每个物料号根据分装量不同、形状不同、材料不同各有各的用途，但大家坐下来讨论发现，不同规格的塑料瓶是完全可以共用的，并且合并同类项之后，减少了使用部门日常管理物料的复杂度，于是大家一致决定把24个物料号最终缩减至10个物料号。

在讨论到每个规格是否有必要备货这么多时，使用部门表示塑料瓶虽小，可一旦短缺便会影响装置运行。由于各供应商交货期不同，导致到货周期不确定，所以不得不多备库存以防万一。但如果能够固定货源，供应商保证按期交货，就可以少备甚至不备库存。

第三步：着手改善。

塑料瓶标准化后，不仅塑料瓶物料号缩减为10个，同时也为框架采购打下基础。最终，塑料瓶的供应商由4个缩减为1个，且通过谈判锁定了货源交货期和质量；同时以量换价，采购金额降低了20%。

不仅如此，在上线阿里电商后，使用部门自主下单，取消了安全库存，从而真正实现的"零库存"。

第四步：未完待续。

塑料瓶的库存改善只是优化库存工作的开始，其象征意义更多于实际意义。实际上，设备备件、工具、劳保用品等很多品类的库存，仍有很大的优化改进空间。扪心自问，我们真的需要这么多库存，还是我们之前确实疏于管理呢？

对此项工作我有两点感受。其一，用数据说话。发现工作中的问题，不要抱怨它、掩盖它，而是要着手去统计它，改善它。你统计什么，就会清楚什么；你改善什么，就会收获什么。例如我们经常吐槽供应商交货不及时，依据就是我们要有各家供应商到货及时率的统计数据。其二，降本增效是一个跨部门的工作，而采购作为公司低成本运行的主要承担者，应责无旁贷地协同各部门一起去改进产品设计、优化物料选型等工作，从源头为降本增效寻找可能。

（张甜）

专家点评：

  面对库存高企这个"打不死的老怪"，企业采取了卓有成效的做法。首先是用统计数据说话，发现"塑料瓶"这个典型问题；其次是与使用部门一起分析，找出塑料瓶规格多、每个规格备库量多的原因；第三是采用标准化方法，优化塑料瓶的规格型号（从24个缩减为10个）；第四是调整采购策略，"聚量换价"，在电商平台上集中框架协议采购，从而实现保供、降本及"零库存"。

  企业从看似小小的"塑料瓶"这个典型的高库存问题入手，举一反三，找到了优化库存物资品种、规格型号、数量及库存周期等存量结构等有效方法，这种做法值得总结和推广。从库存高企反推采购策略和物资管理工作，用数据说话的做法能够及时发现工作中存在的问题，并进行精准改善。随着库存管理数字化技术的发展，供应链库存实现信息共享，这些"打不死的老怪"将会原形毕露，无处藏身。

9. 应急物资要能应急

从事企业物资采购和供应工作,保供是最重要和最基本的要求,应急物资管理是重要的一环。那么面对企业大检修、不可预知或突发事件时,物资供应部门该如何应对以化解危机呢?

以下结合两个案例来进行探讨。

案例1:大检修物资供应未雨绸缪。

大检修是对物资供应准备工作是否充分的考验。2017年某企业进行四年一次的例行大检修,检修范围是分布在方圆十千米的十几个下辖生产厂的100多套装置,检修周期为45天。最终大检修物资保供任务圆满完成,不仅计划物资部分,追加的超过30%需求计划部分也通过应急保供措施按期完成。物资供应部门收到了来自生产厂、车间等表扬信和感谢信34封,并获得公司级检修先进单位。

检修工作千头万绪,很多追加计划是在打开设备、扒开保温层后才发现的,还有一些未考虑到的因素。物资供应部门要主动多做一些方案,以备应急之需。也就是说,既要有常规计划,也要有应急方案。秘诀是:已知的不出纰漏做到确保,未知的做好预案解决应急。

如为了配合本次大检修,物资供应部门从以下7个方面开展了工作。

一是"兵马未动,粮草先行"。采购部门了解货物制造周期,主动出击,提醒需求单位提早报需求,长周期进口关键物资、特种材料物资提前一年半到两年发出通知提醒,其他物资按周期长短通知提醒。

二是加强过程控制。接到需求计划后,从采购方案、谈判、签约、质量控制、进度控制直至货物交付等各环节,全部纳入采购部门的过程控制管理。在全部集中批次的检修计划完成订货后,为避免遗漏,物资供应部门每月组织采购专业科室与各需求单位逐厂对接,确保每笔需求物资有效落实,直至货物到达、检验、销号。

三是异常状况处理。在过程控制中如发现遗漏或新追加物资未签约、进度不掌握、关键重要物资不放心等状况,及时采取措施,必要时进行现场见证、催交催运等,以达到采购科室、计划调度、用户三方清晰的目的。

四是提前储备部分材料应对突发情况。在分析年度耗材的基础上,采购部门主动储备部分钢材、管件等物资,已备临时追加。

五是获取外部资源支持。召集主力供应商开检修准备会,选取各专业最优秀的2~3家供应商,做好货物储备及各种规格配件、毛坯等原材料准备。

六是成立物资供应部门现场服务组。服务组分赴各检修主战场,重点解决临时追加计划的落实。

七是建立单独的过程控制信息平台。对四年一次的大检修,像单个基建项目一样进行单独台账管理,信息共享,助推管理效率提升。

案例2:"利奇马"台风让应急保供措手不及。

2019年8月来自南海的台风带来了大雨,对内陆地区某企业产生了较大影响。来不及排放的雨水顶出了污油,带来了由其扩散而将影响环境的风险,此时紧急需要平时不怎么用的吸油毡。供应部门接到电话通知后立即一刻不停地进行多方联系。由于当地无库存,便紧急从河北、山东的企业采购和借用了两车货物,于接到通知的当天下午18时运抵,最终没有造成大的影响和损失。

这个速度不可谓不快,但有三点教训值得吸取:首先是没有事先分析出潜在的风险,其次是没有做好适当的物资储备,最后是对资源渠道掌握不够。

通过上述两个案例可见,应对突发事件要考虑一切可能,付出一些成本是值得的，千万不要抱有侥幸心理。除了做好应对自然灾害的准备，化工行业还要做好应对着火、爆炸、毒气泄漏等灾害的抢险物资准备。

综上，有以下四点建议。

一是需求来自各种灾害事故专业管理部门对风险的充分评估，因此物资供应部门要主动组织安全、环保、消防等专业部门分析、汇总需求，形成应急抢险物资目录，作为特殊储备应急时使用、应急后补充。应急储备场所应标识鲜明，储备物资处于完好备用状态。

二是对点多面广的企业，采取集中储备和分散储备相结合的方式，根据情况调配使用。

三是将物资储备目录和管理联系人纳入应急抢险预案，实现最大范围的信息共享。

四是建立供应商资源清单，建立必要的联动机制随时掌握资源信息。

（张宏伟）

专家点评：

保障物资供应，是企业物资采供部门最重要和最基本的职责要求，当企业大检修、发生不可预知或突发事件时，物资供应部门必须及时应对，迅速化解危机，其中应急物资管理是重要的一环。

"有备无患、常备不懈"是应急物资保供部门的基本工作状态，抱有侥幸心理应付工作的想法要不得。该案例总结出的教训——"没有事先分析出潜在的风险，没有做好适当的物资储备，对应急物资资源渠道掌握不够"——较为深刻，值得举一反三，引以为戒。应急物资管理的主管单位虽然是物资采供部门，但实质上应急物资采购管理是多部门多专业共同参与和分别负责的事情，做好应急物资保供，需要企业建立和完善有效联动的应急管理机制，明确专业分工和职责。主管部门要主动作为，尤其是安全、环保、消防等专业部门，对风险的识别和评估要及时，建立工作流程和节点考核细则，定期演练应急预案的可行性，及时总结阶段工作，限时修补存在问题，共享储备信息，明确储备物资明细、储备定额、储备地点（企业集团可能需要多点存放）和维护保养责任人，令应急物资真正能应急。同时，要有能够与关键供应商建立起保证应急需求的机制，临时抱佛脚往往难有效果。

随着化工企业退城搬迁入园，在化工园区内，规划布局应急物资储备点，让专业人做专业事，应急物资保供的效果将会更好。

10. 大检修，废旧物资"不落地"

　　石化企业废旧物资种类繁多、材质各异，部分废旧物资存在污染环境问题，甚至会带来安全隐患，处置时间急迫且难度很大。以装置大检修为例，废旧物资处置的方式主要是将其先转运回库集中保管，事后倒查归属部门再追踪鉴定、报废、征集回收商和招标等程序，导致滞库时间较长。

　　某大型石化企业在如何处置装置大检修拆卸下来已无原使用价值、废弃、陈旧等设施设备等废旧物资的方面想了很多办法。根据以往处置经验，以程序合法合规为基础，以提高废旧物资的处置效益、降低处置成本为目标，经反复讨论验证，提出了废旧物资现场"不落地"绿色处置方案。这种绿色处置的做法，不仅节约了仓储资源、减少了倒运费用，还提前完成了残值回收，降本增效显著。

　　下面是该企业废旧物资"不落地"的绿色处置方案具体落实过程。

　　首先，回收商资格确认。2018年，该企业结合生产装置大检修计划，在全国范围内收集回收商名单，特别提出公司入网服务商优先的原则。根据公司供应商准入管理实施细则，由需求部门或职能管理部门根据业务需要推荐符合企业要求的优秀服务商加入供应商库。职能管理部门收集回收商的资质，需求部门、技术部门进行资质初审，初审合格的回收商再报给专业组复审，确保通过的回收商具有一定的实力和信誉。

　　其次，拿出处置预案。提前进行现场对接，桌面推演检修期间拆卸的废旧物资存在的安全、环保等问题，并拿出相应预案。2018年通过半年时间的准备和摸索，该公司编制了大检修现场"不落地"处置方案，并不断细化完善。

第三，严格履行鉴定、报废程序。依据物资报废与处置管理制度、办法、细则，由需求部门提出物资报废鉴定申请，物资鉴定小组对相关物资进行技术鉴定，明确处置方案并出具鉴定报告。职能部门按管理审批权限逐层逐级向上报备、报批；审批设定金额超限的资产类报废物资，依据报批结果移交第三方进行价值评估，实施进场交易。

第四，按属性、材质分门别类提报商务部门招标。为提高废旧物资现场不落地处置效率，招采部门提前与需求部门、职能管理部门开展专项探讨，对废旧物资的特点、市场价格波动情况等进行分析之后，按属性、材质将废旧物资分为危险废物、普通废旧物资两大类16小类，采用招投标、拍卖等竞争性方式，选择10家以上的库内供应商进行招标并签订合同。

第五，提前规划超限物资进出路线，提前完成临时增员招聘，提前规划零散废旧物资堆放区域，提前对接大型废旧物资不落地装车的无缝衔接，提前办理危险废物跨省转移及处置等。根据公司HSE（健康、安全、环境）管理制度，提前组织回收商进厂教育，接受培训、考试、办理入场证等，为大检修废旧物资"不落地"处置提前做好时间上、空间上、专业上的准备。

第六，实施回收商预付款制。为规避回收商付款不及时而影响大检修进度或是延期付款造成公司经济损失等，提前通知各中标回收商进场前预付50%的合同预估款。期间，根据提货量不断追加货款，先款后货、款到放行。

该公司的废旧物资处置，在成本核算及残值回收方面，较好地体现了为企业增加收益的目的；在环保方面，有效减少了废旧物资回库管理风险；在空间上，为企业装置大检修腾出了空间，从源头上消除了安全隐患。

（谷全海 王燕 黄涛）

专家点评：

石化企业装置大检修废旧物资"不落地"处置案例，与过去倒运回库再处理的做法相比，一是不仅节约了仓储资源、减少了倒运费用，还提前完成了残值回收，降本增效显著；二是大检修"不落地"绿色处置的做法，从环保方面有效减少了废旧物资回库管理风险。

本案例企业的工作有以下两个值得推广的亮点。

（1）按照废旧物资属性、材质分为危险废物、普通废旧物资两大类16小类物资，采用招投标、拍卖等竞争性方式选择了10家以上的回收服务商，这既符合招标程序，合法合规又充分竞争，还得到了相对合适的价格。

（2）大检修开始前，成立了专门的工作小组，细化完善和编制报批了大检修现场"不落地"处置方案，提前规划超限物资进出路线，提前完成临时增员招聘，提前规划零散废旧物资堆放区域，提前对接大型废旧物资不落地装车的无缝衔接，提前办理危险废物跨省转移及处置手续等前期工作。

需要注意的是，废旧物资属于国有资产，报废处置有严格的鉴定、审批程序，按照价值不同有着不同的处置权限，在大检修进行过程中随时处置，需要获得相应授权和批准。同时，废旧物资品类繁多，分类和判废标准要明确，相关人员的责任要落实，随着可回收利用技术及再制造技术的发展，有些废旧物资很有可能是放错了位置的资源，这点也应引起足够的重视。

11. 设备的成品保护马虎不得

某大型化工联合企业，扩建了一套 40 万吨的 PVC 生产装置。该生产线采用的是 VCM 悬浮聚合生产工艺，就是将液态 VCM 在搅拌作用下分散成液滴悬浮在溶有分散剂的水相介质中，每一个液滴相当于一个小本体聚合体系，溶于 VCM 单体中的引发剂在聚合温度（45℃~65℃）下分解成自由基，从而引发 VCM 聚合，聚合在该装置的核心设备聚合釜中完成。这一过程是强放热反应，随着聚合的进行，聚合速率和放热速率的增加，放出的热必须及时撤出，使传热速率与放热速率达到均衡。有时由于撤热不及时或聚合釜内壁不光滑，使正在聚合的 PVC 呈糊状，粘在聚合釜内壁上，从而影响生产的正常进行。因此聚合釜内壁要求进行抛光处理，并选用耐氯离子点腐蚀较强的超低碳不锈钢。

装置扩建时为逐渐打破国外垄断，扶持国内加工制造业，决定将 3 台聚合釜外壳采用国内制造，内装搅拌器、内冷挡板仍随其余部件一同从国外引进。于是 3 台聚合釜委托给了国内老牌的化工设备制造专业厂家。

聚合釜外壳制作完成，经检验合格运输到现场等待安装。但两周后打开包装时发现有两台聚合釜内壁有明显的红铁锈，其中的一台还特别严重。企业于是决定停止安装，并与制造厂一起查找原因并进行整改。经多次讨论，查对水压试验用水的分析报告及设备包装、运输、现场存放等环节，大家一致认为问题可能出在设备包装环节上。

企业在订货时，并没有对设备包装及成品保护提出特别要求，只是按常规做法进行。但就是这些常规做法也没有做到位，设备水压试验后残存在聚合釜内壁的水并没有擦干净，想当然地认为试压用水氯离子含量等并不超标，不会对设备造成腐蚀，忽略了设备制造厂与设备安装现场均处在重化工生产区域内，且双方相邻企业都有氯碱厂的问题。

当时，我国的排放标准执行的都不是很严格，空气中的氯等腐蚀性物质时常超标，而此时正是 5、6 月份，设备制造地、安装地昼夜温差均较大，空气中水含量也较大，这样含有腐蚀性介质的空气形成露滴附着在聚合釜内表面，对其腐蚀氧化形成了大片的"红锈"。现场进行人工抛光合格后，充入氮气进行保护直到投用，这才没对生产造成损失。

此事发生后，引起用户的高度重视，对后续进入安装现场的设备在包装、运输及现场待安装时期的保护提出了明确的要求。（1）所有设备水压试验完成后要立即进行吹扫，有条件的还要进行干燥。（2）对内壁进行抛光的设备，特别是不锈钢设备，水压完成后一定要吹扫、干燥且进行充氮气保护。（3）设备法兰面要涂抹黄油防锈，还要加盖木板防止碰伤。内装搅拌器等内构件，要进行加固运输，防止安装过程中错位、扭伤、碰伤。（4）对要经长途运输且暂时不能安装的设备，水压试验后进行吹扫、干燥并充氮气保护。（5）对在重化工区域或沿海地区长期存放的设备要进行吹扫、干燥并充氮气保护。

（刘明志）

专家点评：

设备的成品保护是设备从订货到安装投用过程中的一个十分重要的环节，因设备成品保护不当而造成设备失效的例子很多，因此案例中的企业能够迅速采取措施解决问题，并从中吸取教训，及时制定出后续到现场的设备的成品保护措施是非常必要的，也是完全正确且切实可行的。

首先对金属设备而言，暴露在空气中，只要有水的存在，就会对金属表面产生氧化腐蚀。

其次，对于抛光的不锈钢设备，由于抛光而破坏其表面的一层氧化膜，有水存在时，同样更易对其表面产生腐蚀。

第三，无论是设备的制造地还是安装地，只要是处在重化工区，空气中就必然会存在这种或那种的腐蚀介质，当其溶于空气中的水中时，就会加剧对设备的腐蚀。而在设备水压试验完成后对其进行吹扫、干燥、充氮气保护，就从根本上隔绝了腐蚀介质与金属表面的接触，最终达到防腐的目的。

这些行之有效的经验，值得同类企业学习和借鉴，以避免犯常识性错误。

12. 物资入库质检的"五分类四原则"

质量检验作为物资供应链采购环节的末端，是对采购流程工作的验证。近三年来，南方某大型石化企业采购生产物资年均数万项数亿元，包括设备及配件、化工原料及"三剂"等生产物资。该企业物资采购入库质检工作制定了"五分类四原则"，同时建立了一套成熟且完善的工作流程。结合物资种类、轻重缓急，在不降低物资入库质量标准的前提下，大大降低了人力成本，为项目建设、生产装置安装运行发挥了保驾护航作用。

该企业物资入库质检工作主要由仓储管理部门统一负责，专设质检岗位，同时借助第三方单位进行检验和开展试验，需求部门的技术管理人员将主要精力投身于项目建设和生产上。对于关键设备及配件、贵重物资，需求部门的技术管理人员仍需参与联合质检。

2017年该企业二期项目投产以来，采购物资入库质检工作量陡增。质检工程师责任重大，要求既要懂设备，又要懂工艺；不但要确保采购的实物合格，还要审核大量的随货资料。为了让质检工程师将更多精力放在关键设备、重要物资的质量把关上，仓储管理部门根据十余年的物资入库质检经验，建立了质检工作"五分类四原则"的物资入库流程。

"五分类"入库检验有如下几点。

第一，对于动设备物资，根据技术条款及企业标准，判定物资是否满足需求所提各项关键技术指标。

第二，对于静设备物资，依据国际、国内或行业通用标准，结合更严苛的技术条款，抽检关键技术参数，委托第三方按企业制定的《检验大纲》进行检验或试验。

第三，对于电气及仪表类物资，主要识别规格、型号等属性。供货标准以高代低、型号以新代旧的情况需要进行特别甄别。通过贸易商采购的物资，识别其是否为原厂生产尤其重要。

第四，对于化工原料及"三剂"等生产物资，首先参考技术协议，其次要参考行业推荐标准，从而减少采购、需求部门及供应商之间的技术澄清；并注意生产批次、日期与化验报告一一对应。

第五，对于贵重及进口物资，要进行100%的数量、质量验收，按国家有关法律、法规严格执行。

在"五分类"的基础上，他们还制定了以下四项基本工作原则。

第一，质检工程师自身需要不断提高业务水平，以适应石化行业技术的不断升级和革新；同时加强保管员的培训，不断提高业务素质。

第二，对于标准及技术协议的硬性规定、关键技术参数及指标，坚持原则不动摇；在物资质量安全可控的前提下，综合判断是否予以放行。

第三，找出需求部门与采购实物的技术差异性问题，交由采购和需求部门协调及决策。

第四，最大限度提高各方的工作效率，加强协调沟通，定期将积累的问题反馈到各相关部门。

总体来讲，在建立"五分类四原则"的物资入库质检流程及调整检验大纲之后，物资外委检验试验费用整体降低23%左右，该企业质检人员（含助理）在增上二期1000万吨炼油之后仍保持原有岗位人员；工作效率提升，每单到货质检完成时间由原来的平均2~3天缩短至现在的1~2天。

（谷全海　黄涛）

专家点评：

采购物资检验工作虽位于采购业务链的末端，但在采购业务链中不可小觑，因为检验的标准、方法、工具及技能等，直接影响到所采购物资的性能、采购成效以及与供应商未来的合作关系。同时，检验结果既能预防不符合要求的物资入库或现场使用，又可以印证采购工作质量的好坏和供应商选择的优劣。检验工作不仅可以提升采购工作质量，而且有力地保障了石化企业安全生产运行与项目建设稳步推进。

经分析本案例，值得学习和借鉴的方面有三点：一是设立独立的质检岗位、借助第三方检验和试验单位，让专业的人做专业的事；二是针对不同属性的采购物资，制定对应的检验要求，确保每一类物资及时检验、入库；三是随着新技术、新产品、新规则的不断迭代，持续提升检验人员的专业技能和综合素养。

本案例总结了采购到货物资分类检验的程序、标准和原则，具有广泛的代表性和指导性。

在日常的物资检验工作中，首先要求石化企业必须明确到货物资检验职能的归口管理部门是独立的检验部门，还是采购部门或是需求单位；其次，要建立适合本企业的产品质量管理体系，以及各产品类别的检验标准、流程和管理细则；第三，提前筹划检验工作，将检验工作前置，强化生产过程关键控制点的检测和出厂前检验，收集、整理检验资料并归档管理；第四，检验工作须有效衔接采购前端，同时为入、出库及结算工作做好铺垫，形成过程控制有效、管理工作闭环的运行体系，通过持续的改进与提升，可有效控制物资检验过程中存在的风险，实现物资检验工作高质量发展；第五，持续提升检验人员的职业素养和专业技能，定期对检验人员、技术人员、采购人员进行轮岗，通过不同角色的转化，帮助各岗位员工实现职业规划。

总体来看，这个案例总结全面且实践性强，希望各石化企业在物资采购中，高度重视到货物资检验工作，严格执行物资检验管理标准，以实事求是的态度做好物资数量清点、质量检验等工作，同时也要避免过度检验带来的风险。只有确保物资渠道安全可靠、产品质量过硬，才能为企业安全生产提供强有力的物资保障。

13. 复合板吸收塔催交有办法

小王是某工程公司的一名工程师，从事催交工作近 8 年，曾完成过公司多个重大 EPC 项目的采购催交工作。2019，公司承接了某硫回收系统环保治理 EPC 总承包项目，小王负责此项目主要设备的催交工作。

由于此项目是老厂改造项目，在 2019 年 10 月份项目组确定需增加一台复合板吸收塔（含烟囱，Φ3200/1300×70000mm）。2019 年 12 月 18 日，此设备采购的招标工作完成，某设备制造厂中标，合同交货期为 2020 年 5 月 15 日，以此推算，其制造工期不足 5 个月，中间还隔了一个春节。按照以往经验，前期图纸消化、编制主材采购计划需要 15 天，复合板的采购需要 3 个月左右的时间，塔器的制造需要 3 个月以上，故此合同正常执行至少需要 6~7 个月。此台设备属于项目的关键设备，同时也属于全厂的大件设备，牵涉整个项目的大件吊装计划。

在此背景下，小王本着重要事项重点关注的原则，及时对合同的难点和关键点进行了认真分析，列出了项目执行的四大关键控制点，即：（1）老厂改造受场地限制，进入现场的车辆有限高和限长的要求，设备是否可以分四段发货，现场立式组对，而在这些工作中，现场部门、供应商、设计部门之间的沟通协调量会比较大；（2）设计图纸是否能够提供及时，因它决定了后期主材采购订货的时间节点；（3）主材能否尽早到达工厂进行制造非常关键；（4）工厂能否通过优化制造工序及增加人力、加班加点等来缩短制造时间。

小王按项目现场要求的到货时间进行计划倒排，确定了以上几个关键节点的完成时间，并同时提升了催交等级及升级了跟踪计划。这些工作确定后，小王对内协调项目设计人员尽快提供备料图、设备制造蓝图，对外则督促供应商尽快完成主材的订货工作。

2020年1月10日，塔器制造厂与供应商签订了主材订购合同。在与制造厂对接初版的制造进度计划时，厂里提出，如果复合板能提前在2月底前到达，他们则承诺保证按合同既定工期交货。

针对这个情况，小王意识到帮助制造厂就是帮助自己，便立即将工作重点延伸到工厂主材的催交工作之中。当了解到复合板的货源来自华东某钢厂时，他立即通过公司总部与钢厂高层进行沟通，协调钢厂尽早交货。经过多方努力，2020年3月15日，主材全部到达制造厂，设备进入了全面制造阶段。

由于正处疫情期间，制造厂边进行材料到货自检边根据人员到岗情况调整生产制造计划，解决出现的问题，排除潜在的影响因素，全力赶进度。5月31日，在制造厂的全力配合下，四段塔体同时开工。受疫情影响，虽然工程公司未能派人驻厂监造，但组建了由项目经理、现场经理、制造厂项目负责人、采购经理等人员参加的微信群，并通过这个群进行及时网络沟通。

5月中旬，小王又到厂进行了访厂催交，落实最后的运输方案和发货顺序，评估剩余工作量，对接剩余工序，倒排工期，确定每日的工作量，细化人员安排，并同时请示上级派出第三方检验人员提前驻厂开展检验工作，确定了第一段5月31日发货、第二段6月2日发货、剩余两段6月4日全部发货完毕的发货计划。制造厂则在最后阶段倒班作业进行冲刺，保证24小时不停工。

功夫不负有心人，在多方协调及大家的通力合作下，设备如期出厂。2020年6月10日现场完成了第一段和第二段的吊装组对工作。看着项目现场传来的捷报，小王一直悬着的心终于放下了，继续投入到了下一阶段的工作中。

（王玲）

专家评价：

本案例的小王是一名称职的采购员，其催交工作有章有法，从设备的订货到出厂，每个环节的工作都做得细致入微，值得我们学习。

本案例给我们以下三个启示。

（1）设备的催交工作与设计的关系处理。小王意识到要想保证交货期不拖延，最重要的就是要及早拿到设计图纸。设计图纸有两种，一种是设计白图，它只能用于主材和主要零配件的订货；一种是设计蓝图，它主要用于设备的详细制造和设备的加工工艺的图纸转换。小王主动与设计部门联系提前拿到了白图，从而为供应商主材订货提供了方便。

（2）小王主动参与供应商的制造进度计划安排。这是保证设备有序制造的前提。设备加工工艺计划是制造过程的大纲，只有抓住大纲的关键，排好各部件、材料的到货时间统筹，催交人员才能关注到每一个关键点，才能有的放矢地开展催交工作。

（3）小王的更可贵之处在于主动为供应商催交主材。要保证工期，主材到货是关键，他的"帮助制造厂就是帮助自己"的理念值得提倡，这也体现了供需双方合作的价值。小王利用网络信息平台协调调度各个制造环节，也极大提高了供应商的积极性，为设备的及时交货奠定了坚实的基础。

14. 货物催交需采供双方互为支持

每个工业建设项目都是一个系统工程，从立项到完成均需要经历复杂的过程。要保证项目的整体进度，供应商的供货进度十分关键。在总包情况下，总包方的采购催交人员是保证项目各个节点顺利完成的重要角色。催交人员与成百上千的供应商打交道，自然会有各种各样的故事。

2018年7月，某工程公司与某化建公司共同承接了云南的一个化工改造项目，工程公司负责项目设计，化建公司负责采购和施工。我此前曾负责该项目的主体装置采购工作，故此应邀在该改造项目中担任采购顾问。

该项目工期只有不到半年时间，但要采购不少长周期设备。在此过程中，大部分长周期设备需按照合同规定和计划按时交货，但是本项目的关键设备供应商之一的江苏某设备制造公司，在合作中遇到了问题。项目组通过电话沟通时发现，该公司对项目采购反应不及时，且反馈的信息有诸多不实之处。如果这家公司不能及时交货，必将延误整个工期，给业主造成损失，而业主则将会对设计和施工单位进行处罚。

由于与这家公司是首次合作，项目组经协商决定，由化建公司派出催交人员去这家公司进行考察和催交。这家公司的负责人带着催交人员在工厂里转了一圈，指着几台设备半成品说："这几台设备就是你们的，都做得差不多了。离交货还有一个多月的时间，到期交货肯定没问题。"催交人员拍了几张半成品的设备照片回去复命，结论是："我考察了这家公司，他们生产正常，按时交货应该不会有什么问题。"

但是，工程公司通过其他渠道了解到，这家公司负责制造设备的一个核心外购件——进口减速机，此时并没有被该公司下采购订单。如果再不及时下订单，合同设备将肯定无法按时交付。

于是我和项目设计经理立即赶赴这家公司再次进行考察。通过考察，发现存在三个较严重的问题。第一，设计经理通过图纸比对及现场测量发现，化建公司的那位催交人员之前汇报的照片并不是我们所订购货物的半成品。第二，这家公司虽然已经签订了减速机的采购合同，但没有支付货款。当我们要求该公司出具相关外购件合同及付款证明时，他们以商业机密为由不予配合，之后虽然提供了合同文本，但拿不出付款证明。第三，该公司资金流出现了问题。

事情到了这个地步，这家公司的董事长不得不出面进行解释：最根本的原因是他们的资金出了问题，周转吃力。他们希望采购方支付一些进度款以缓解资金压力，并诉苦说经常遇到发货后拿不到钱的情况。

鉴于此，我与项目设计经理耐心进行了解释，并明确告知对方：尽快付款的前提是及时交货。之后双方共同协商制订了详细的制造进度计划，并安排专业人员驻场监造。最终在几方的共同努力下，设备按时交货，保证了该项目的整体进度。

事后总结，在催交时采购方必须注意以下四个方面。

（1）供货商的选择。对于不熟悉的关键设备的供货商，必须要进行前期考察，这样有利于建立相互信任的基础，并在合作中能有效消除不必要的误会。

（2）重点关键设备需要专业人员驻厂催交。起初这家公司回复不及时并且没有告知考察人员相关实情，就在于该项目之前没有安排专业人员进行实时跟踪。

（3）了解供货商的生产进展。采购人员应多渠道了解供货商的实际生产进度，例如通过其他渠道侧面了解信息等，以避免发生延期交货风险。

（4）处理供货商资金链问题。在某些特殊时期及某些社会大环境背景下，供货商很容易出现资金短缺的情况。采购方要具体问题具体处理，并由项目决策层一起判断决策。如果供货商确实资金短暂困难，那么在确保专款专用的情况下可适当调整付款方式，以推进所采购设备的生产进程。

这家公司规模并不小，而我们项目的订单在该企业的订单中比重也不是很大，因此可以判断这个问题出现的主要原因有可能是供货商担心己方垫资后不能及时收回。最终采购方在沟通过程中给了他们承诺和信心，从而使所采购设备的生产得以正常进行。

（杨宇宁）

专家点评：

　　在本案中，由供应商资金短缺问题引发出了很多其他问题，但采购方抓住了采购管理的要害，及时采取措施，解决了问题。总结经验教训，有一定的借鉴意义。

　　从案例看有这样几个问题：一是第一次使用这个供应商；二是采购催交人员工作经验不足，没有探到制造厂实情；三是供应商生产计划不健全，资金存在不足，从而影响了外购件的采购，险些造成交货期延误。

　　那么如何解决以上问题呢？首先，工程采购应按照工程项目进行物资分类，建立供应商网络，对供应商应有个提前了解，临时动议采购容易造成后续工作被动，不利于工程建设的有序开展。其次，对于第一次使用的供应商，在合同签订后应重点进行关注，并应配备有采购工作经验的催交人员负责催交工作。合同签订完成后就万事大吉的思想要不得。另外，选择三方监造也是明智之举。第三，设备订货后，按照供货范围，对其是由供应商本厂制造还是需外购要心中有数。如需外购，采购方应参与其外购厂商相关的技术、商务活动，以满足所需设备的整体采购。对于外购件的资金支付也应实时把握动态，以避免此项工作上的盲目和被动。

15. 物流运输疏于监管酿损失

2018年5月，某化工公司通过某运输公司配送站向广东某客户发运20吨L产品，在厂内装车完毕后，运货司机因故未能及时出发（延误一天），途中因车辆故障延误运输导致客户一度停产。同年6月份，还是这名司机因上次延误送货受到处罚后，情绪不满，再次未及时进行货物运输，导致延误，原计划20日发货，24日到货，但到了23日，司机仍未驶离河北，于是24日客户再次停产。

此次事故对该化工公司造成了很大影响，具体有以下两点。

一是行业信誉问题。众所周知，一个企业要想做大做强，最重要的就是信誉。本次事件中由于司机对车辆检查不到位，从而发生了一系列问题，最终直接导致客户两次停产。化工公司作为供货方，最应该避免的就是运输延误问题。运输环节在整个运转链条中是最后一步，俗称是马拉松比赛的"最后10米"，这个环节出了问题，不仅化工公司要负经济责任，而且在同行和客户心中也会影响企业信誉。

二是配货管理和运输监管问题。在车辆管理中，不仅司机要进行车辆检查，也应有监管人员协助检查工作，并对司机操作的规范性进行监督，遇到不符合标准的做法要及时出手纠正，对运输这项任务应真正负起责任。从司机个人角度看，如果没有第一次的运输延误，就不会受到处罚，但司机不仅没有从延误处罚中吸取教训，反而闹情绪，从而导致发生了后续的恶劣事件。司机即便不闹情绪，如果他不具备良好的专业素质，不能及时准确掌握自己的车辆状况,只凭经验判断,用"笨法子"来查看和调试各部件,也是靠不住的。运输车辆,尤其是大型车辆,更应该进行制度化的规范细致检查,从根本上避免在行驶中发生故障。

经过分析,得出以下结论:(1)公司对所合作运输公司配货站的监管不力,司机对车辆检修不到位;(2)司机个人责任心不强,集体荣誉认识不深刻,对待工作情绪化;(3)配货站对任务时效性观念淡漠,致使因货物装车后延误一天而发生了后续事件。

为从根本上解决此类问题,这家化工企业提出了以下三条整改措施。

一是要加强所合作运输公司配送站的协同管理,在每次做运输前,应对车辆进行详细的检查,以确保安全运输。

二是要加强车辆运输的跟踪管理,及时了解车辆行驶路线和实时位置,以确保所运货物按时抵达。

三是要与运输公司签署运输协议,按照安全运输教材对相关司机进行系统培训,以确保货物能够安全及时运达。

(张博凯)

专家点评:

物流管理是采购管理的重要组成部分。在本案例中我们可以看到,问题出现的根本原因便在于物流管理方面的不完善:一是化工公司不是最终送货方(运输公司为最终送货方),因此客户无法追究运输公司的责任,从而造成送货的二度延误;二是化工公司与物流公司没有构建有效的物流协同管理机制,从而导致出现物流方面的漏洞。

另外,客户也应该加强对供货方的管理。从案例看,由河北到广东路途比较长,因此,首先,应建议供货方寻找运输能力强、有信誉、有一定规模的物流企业,并与之建立合作关系;其次,应与供货方、物流企业共同建立物流信息平台，互相加强沟通，随时掌握物流动态；最后，要做好生产原料供应预案，根据产品销售情况制定原料储备定额，以保证生产顺畅运行。

16. 超限大件设备运输

设备超大、超重是大型石化装备的特点之一,在企业工程建设及项目改造中,这些超限大件设备的运输十分令人头痛。

某企业炼油改扩建工程是"九五"期间企业总部四大改造的重点工程之一,加氢裂化装置和渣油加氢装置是所需的主要装置,而炼油改扩建工程即包括140万吨/年加氢裂化装置和150万吨/年渣油加氢(VRDS)装置的改造。该重点工程改造后,企业将成为国内为数不多的国外原油加工基地。

这两台改造装置具有4个特点和改造难点。一是吨位重,总吨位约3040吨,包括920吨设备1台、760吨设备1台、680吨设备2台。二是体积大,其设计图纸最大外形尺寸为长42.05米,宽7.5米,高6.04米。三是造价高,总造价约1.8亿元人民币。四是运输路线复杂。第一条路线:日本某供应商——青岛某码头——潍坊某码头——企业炼油改扩建工地;第二条路线:齐齐哈尔富拉尔基(一重)——大连某基地码头——潍坊某码头——企业炼油改扩建工地。这么大的设备以前既没有供应商可以生产制造,也没有运输过和就位起吊过。

针对这项艰巨任务,企业总部迅速召开了"三建五改二配套"的情况通报会,要求尽快组成实施机构,落实4台超限设备的制造和运输问题。同时,要求企业各部门要特事特办,关死后门,倒排工期,立即进入状态。

会后,企业物资供应部门立即按要求成立了改扩建办公室,下设含大件运输组在内的5个采购专项小组。大件运输组成立后,迅速开始了工作。

一是为了尽可能地减少运输次数,降低费用,便于海上、公路运输,组织力量先后对国内 9 个运输单位进行了运输机具、能力等的详尽考察。

二是重新分析论证设备运输中的细节问题，分别对设备制作、运输路线勘察、靠岸码头选定，船、车运输能力，装、卸船能力，沿途桥梁加固，设备现场吊装就位等方面全面进行可行性考察并制定方案。

三是根据调研情况制定了重大设备制造和运输方案。(1) 设备由分体制造改成整体制造，减少现场组对焊缝费用，保证设备质量。(2) 重新选定运输路线，陆路全程由原来设定的 285 千米缩短为 108 千米，这条路线需加固的重点桥梁和涵洞较少，由此总的运输和加固费用大大降低。同时充分考虑了设备交货周期，以避免发生二次费用。

四是实施设备运输招标，筛选确定国内运输能力最强的 5 家单位参与招标，标的额采用总包干模式。各报价单位需制定详细可操作的方案（除设备制作费用）。采取中标单位为主、未中标单位为辅的形式，按水路、陆路协同换驳、转运至目的地。经过招标比价，设备运输总费用为 4876 万元，比原预算节省了 6000 多万元。

由于措施得力，计划周密，经过历时一年半的艰苦工作，4 台设备全部按时、保质、安全顺利运抵炼油改扩建工地指定位置，其中最大的反应器一次顺利吊装就位成功。另外还为供应商的整体制造开了先河。

这个成功的案例为企业后续生产、工程建设所需的大型设备制造和运输起到了良好的示范作用。之后该企业在乙烯改造、加氢裂化焦炭塔大型锻环制造、乙烯冷箱整体制造等方面，都很好地借鉴了这些办法并取得了良好效果。

（郑巍）

专家评价：

超限设备运输是一项比较复杂的工作，其牵扯面广，每一个环节都必须完善到位。本案例中，超限设备运输组织周密，顺利完成了千吨级设备由大连至寿光码头海运、120千米陆运至目的地的任务。通过此案例可以看出，采购超限设备应注意以下几个方面的问题。

（1）注意超限设备的设计问题。超限设备运输与设计单位密不可分。超限设备是装置工艺设计的主要设备，设计人员应根据区域布置对设备形位尺寸进行设定，同时要考虑制造厂到施工现场的海陆及道路桥梁的通过能力。采购人员与设计人员应共同进行实地测量，并按照运输最大通过能力和工艺条件设计设备的直径与高度尺寸。

（2）注意超限设备的制造和运输组织问题。超限设备尺寸确定下来后，相关工作即可展开。一是选择超限设备制造商，并与之进行技术商务谈判，签订商务合同。可以考虑整体制造和分段现场组焊制造两种制造方法。超限设备制造也要考虑制造商的装车问题，以及是否具备大吨位的一次行吊吊装能力。二是依据合同的设计尺寸选择具备运输的公司，考查陆路、海陆联运的能力，车辆承载能力、装车能力、海陆吊装能力等，通过技术、商务谈判签订合同。三是整体运输要考虑与地方公路部门的工作协调问题，对桥梁、涵洞、高空清障等进行提前探路。

（3）注意超限设备运输次序问题。一是由制造厂装车运至海运码头，应根据具体情况由海吊装船和滚装上船，并实施设备与船体加固。二是海上实施水上运输，应考虑由海到河转换时，要确定船的形式，便于航行和卸船。三是卸船应考虑具体情况——滚装卸船和吊装卸船。四是陆路运输，应注意设备与车的加固，陆路、桥梁、涵洞一次通过（5千米/小时）等问题。五是按照施工现场设备基础指定位置，自行卸车和吊装卸车，应保证设备裙座刻度与基础模板刻度一致。设备制造模板应提前运到现场做基础，以保证设备裙座与模板一个图纸，同时下料制造，从而避免设备起吊无法正确安装的问题出现。

案例总评

构建企业物资配送流程及管理体系，是企业在物资管理中必须关注的重点，也是企业建设可持续发展供应链管理体系中的重要一环。在此环节中，安全、及时、高效地将物资配送至需求现场，引入外部服务商竞争机制是个不错的选择。让专业的人干专业的事情，效率更高。

用统计数据说话，解剖"塑料瓶"，探寻这个典型问题的根源，采用标准化方法，与使用部门一起优化库存结构，减少规格型号、数量及库存周期等，通过多部门协作降低库存，从源头上为降本增效寻找可能。

有备无患，常备不懈，才能确保应急物资的供应，这都是用无数损失的教训总结出来的经验。制定应急预案是一种非常好的办法，但也需要通过近似实战的演练不断发现问题，不断完善。但无论如何，责任心和积极主动的工作，是确保应急物资保障的基础。

库存资金占用，就好像一个"打不死的老怪"，是物资管理长期作战的对象之一，但也是促进降本增效的抓手。而物资管理标准化，应用数字化技术建设物资管理平台，共享库存信息，是提高供应链运营效率、降低库存的有效手段。

废旧物资的报废处置，有严格的鉴定、审批程序。按照其价值不同有不同的处置权限，只有在授权范围内，把废旧物资处置和再制造结合起来，才能实现经济效益的最大化。需要提醒的是，废旧物资处理过程中要阳光透明，回收资金要规范入账也至关重要。

虽说产品（物资）质量是生产出来的，不是检验出来的，但是设置必要的检验和验收节点，亦能够发现和补救偶然的瑕疵。实行第三方监造和专业机构检验验收，可以取得良好的质量验收性价比。

设备（备件）在使用、检修、运输和储存过程中的有效保护，是保持设备（备件）性能和安全使用的必备条件。除了要采取一般的保护措施外，控湿控温、充氮保护、镜面保护、防变形保护等特殊要求，对化工机电仪设备（备件）有时还是技术含量相当高的特殊待遇。防尘、防潮、防腐、防盐雾、防震、防弯曲变形保护等措施落实到位，也是最好的节约成本的方法。

采购档案规范化管理，是对采购方案、招标投标文件及开标、评审、监督工作全过程留痕的重要环节。借助信息化技术，完善管理制度和管理办法，促进档案资源的开发利用，可以为高效采购提供有力支持。

案例是曾经发生过的事情，但可以为未来的新挑战提供借鉴。降本增效是项跨部门的工作，对于物资管理部门来说，围绕提高效率、降低成本、增加效益的目标，需要积极、主动工作的职业精神，需要不等不靠、不断地发现问题解决问题的工作态度。通过结合企业实际，既要执行已有制度流程的规定动作，也要敢于和善于做创新发展的自选动作，在不断学习、不断的实践中证明供应链管理的价值。随着科学发展和技术进步，企业转型升级，化工新产品不断涌现，化工生产安稳长满优运行，石化产业模式和企业组织形式也在变化，化工园区产业生态集群，技术耦合集成的资源综合利用一体化项目建设和运营，新技术新方法的不断应用，对物资采供和物资管理的具体业务，包括物资需求计划、物资编码、物资使用、物资储备定额和消耗定额、仓储自动化、物资配送、备品备件、质量验收、仓库管理、物流信息数字化管理、采购档案管理、供应商管理、制度建设等都提出了新要求，新挑战，本章这些案例的经验和教训，相信对读者会有所启发并值得借鉴。

第八章
国际采购

国际采购是指超越国界的在一个或几个市场中购买产品、货物或者服务的过程。国际采购的其中一种形式是全球采购，全球采购是指利用全球的资源，在全世界范围内去寻找优质供应商，寻找质量最好、价格合理的产品。

国际采购主要有五大特点：全球范围内采购、风险性较大较强、采购价格相对较低、客户条件苛刻、渠道相对稳定。

国际采购的主要模式有传统的采购模式以及运用电子商务采购模式。特别是运用电子商务采购模式，为采购提供了一个全天候超时空的采购环境，并且降低了采购费用，简化了采购过程，大大降低了企业库存，使采购交易双方形成战略伙伴关系。

国际采购主要有8个采购程序：(1)通过市场调查、讨论和其他方式（包括立法），来确定产品/服务的规格和标准以及需要的数量和质量；(2)通过可行的各种途径，包括贸易指南、贸易协会、贸易展览会和网络空间（互联网），来寻求最合适的供应商；(3)制订谈判计划，包括产品的规格、国际/国内标准的一致性、价格、可用性、销售条款、承运人、保险、进出口单据、发货日期等方面内容；(4)签订合同时，要依据卖方供应链网络确定交货日期、交货地点、货物数量，并与卖方的开证行处理好资金安排；(5)管理供应链，即物流管理；(6)在整个运输过程中在线跟踪调查货物；(7)提货并对产品进行全方位评估；(8)制定产品的后续策略，不断对产品进行评估，以便为以后的订单做准备或做必要的调整。

本章典型案例：疫情下的紧急全球采购、国外EPC项目跨国采购、国际公开招标实践、国际集中采购平台模式、特殊物资的跨国采购、国际采购物流管理等。

1. 国际化采购的全流程应对

随着中国企业"走出去"战略的实施，国内工程公司境外 EPC 总承包项目物资采购业务逐渐增加，采购风险亦随之凸现。某知名工程公司针对俄罗斯、沙特和新加坡等国项目在建设过程中遇到的采购各环节的主要困难和问题进行了全面分析，总结出国际采购全流程的应对措施。

（1）项目投标报价阶段。实际问题：国际供应商对预询价的响应度和报价的准确度普遍较低，同时凭借以往投标报价价格积累的大宗材料价格数据库还不完善，有些项目投标大宗材料价格还依靠向国外供应商询价。应对措施：依托所属集团公司与国外供应商签订服务合作承诺协议，从而提高供应商报价的积极性，同时增加报价的竞争力。

（2）订货阶段。实际问题：对供应商的选择往往有很大的局限性，业主在投标阶段和询价阶段要限定厂家甚至指定独家供货，而同时国内供应商普遍又不被认可，从而造成竞争不充分，导致采购成本增加。应对措施：在投标阶段认真分析指定供应商的报价，考虑风险系数，加大优质中国供应商的推荐力度及质量监控力度，逐步改变业主观念，带动中国供应商一起"走出去"。

（3）合同执行阶段。实际问题：对供应商控制力度有限，供应商资料返回效率较低；项目后期设计变更和零星增补较多，保供压力大，同时供应商以各种理由索赔较多。应对措施：专人高强度高频次催交，同时在采购合同中将厂家资料返回率与付款衔接；对一些规模较大的项目，在项目执行前期通过招标或询比价争取与当地供货商签订一揽子框架协议，避免后期一单一采造成采购成本增加；加强对合同条款的审查，收集合同执行过程中的沟通文件，加强对技术附件及过程资料的审核，以防有漏项及技术偏离。

（4）物流管理方面。实际问题：货物属地散、区域广、起运地多、路途长、运输环节多，物流风险较大。应对措施：做好供应商、物流商之间的协同工作，通过清关服务公司加强与海关的沟通联系，做实免税申请及退税工作。

（5）"中国制造"方面。面对业主单位不信任"中国制造"的现实问题，对国内供应商持续开展采购合同履行风险排查，尽可能地找到实力强、国际化程度高、产品质量好且具有最优性价比的供应商，以与国际工程配套。一方面要践行"保供降本"职责，另一方面要大力推进工程物资的国产化工作。

（陈世进）

专家点评：

　　此内容短小精悍，虽然没有具体采购案例的分享，但高度概括了国际采购各环节存在的主要的问题以及应对措施，阐述清晰明了，浅显易懂。

　　读者可以将这些措施尝试运用到自己企业的实际采购案例中去。同时本文最后也点到了推进工程物资国产化的重要性，对读者有一定启示和引导作用。

2. 国际采购的物流管控要素

国际物资采购情况较国内物资采购更为复杂，其环节多，可变因素更多。在物流过程控制方面，从采购合同谈判开始，就必须明确国外采购的标的是有实体的物资，不包括知识产权、专利、特许使用费。在合同内亦必须明确物资的交货地、包装形式、发运时间等，以便于物流控制。

某工程公司国际采购物资数量较大，结合国际采购中物流管控的经验，其归纳出以下管控要素。

（1）应当尽量采购项目所在国的货物，以降低运输成本和规避海关壁垒。

（2）对货物的包装要求必须满足国际多式联运（长途海运）的要求，从而进行防水、防锈、防碰撞包装。应根据货物的不同，采取泡沫塑料薄膜和防水布全面包裹等方式预防雨水、海水的侵蚀。需防腐的密闭空间要充氮密封，以保证空气不能进入；不能密闭的设备内壁及可能生锈的部件，需进行涂油防锈。根据货物的大小及形状，采取木质包装、钢架防护包装等防碰撞措施，以保证货物在国际多式联运中因频繁装卸而可能产生的货物损坏。同时要求供应商提供出口所必需的单证和技术资料。对于进行初步预制的罐板坡口及管口，需加保护套和涂可焊接防腐漆。

（3）进出口货物要理顺进出口有关方，明确货物的所属，理顺各方关系，以免造成海关认定违规。危险品（放射性）及进口国有特殊限制的物品，需掌握进口国的许可情况，做好物流过程中的防护措施。须在事前做好策划，获得许可后方可实施。严禁未获许可违法夹带。

（4）在货物出厂前，要求生产商做好产品商检及产地证明文件，对唛头及技术资料等有双语要求的随机文件，需详细校核数据及文字的准确性，以免因数据不符或文字错误而滞留海关产生额外费用。

（5）不论是供应商送货还是物流商产装，相关人员均需根据合同要求及货物的实际形状，现场检查货物的外包装及出口所需的单证资料，不符合要求的必须进行及时整改。

（6）及时掌握供应商的发货信息，通知物流商及时做好海运订舱、订船、铁路订车皮等工作，保证货物流转过程的无缝衔接，从而提高效率，降低物流成本。

（7）货物在途运输过程中，时刻跟踪运输信息，掌握货物动态。

（8）货物在口岸的装卸作业需重点关注，因为以往散货在这里的装卸作业中较易造成损伤。

（9）项目所在国的运输过程要进行监控，主要是对海关、商检、码头接货的外包装检查（木质包装的 IPPC 标识是否清晰）及卸船装车、封车等过程的监控。

（10）做好进出口货物交接过程中的影像资料制作、保存及传递工作，以为各项责任的落实提供证据。

（11）出口货物的过程资料（单证等）应及时返回，以保证出口货物的及时退税。

（12）应综合考虑国际政治因素及突发事件对国际物流的影响。

只有未雨绸缪，才能有效规避风险，实现高质量采购。

（苏伯林）

专家点评：

管理供应链即物流管理是全球采购的一个重要环节，包括下列活动：

从供应商经营场所以集装箱运货至进口商的ICD（内陆港口）或港口（要以交货日期为准）；在进口商ICD或港口、经营场所清关；把集装箱装到船上运至目的港，而后通过集装箱轮船运输；港口卸货清关，在港口或ICD或买方经营场所支付进口关税。就支付协议和贷款规定与开证行保持联络。

此文是企业结合日常国际采购的多种案例，归纳总结出了在物流管理的每个环节的一些重点管控要素，值得读者在实际操作时借鉴和参考。

3. 国际炼油项目采购

某工程公司承接了某国的一个炼油项目，该炼油项目采购服务的范围为全流程采购，含设备材料的采买、催交、检验、国际工程物流、现场仓库管理及现场开车配合服务等。该项目设备制造周期长，其主要关键设备货物需要国际采购。另外，业主参与项目管理工作程度较深。

双方在合同谈判期间，就对设备分级制定名单、关键设备采买卖、属地采购等方面进行了明确的约定。

（1）设备分级制定名单。项目采购名单划分为以下4类：A类为工艺包商指定的品牌；B类为进口品牌；C类遵循品牌，但不限产地；D类完全为"中国制造"。

（2）关键设备采买。本项目关键设备如压缩机、制氢炉、高速泵等要求设定欧美供货商，其供货周期长，需提前签署关键设备的采购订单。

（3）属地采购。本项目开车所需的化学品、润滑油、消防设备等产品，委托当地供货商进行供货。

根据项目情况，工程公司制定了规范详细的催交、检验、物流、现场服务等的实施方案。

一是催交方案。

（1）设计条件催交。基于台账式管理，及时组织厂商技术人员与专业设计人员对接，成功保障30%、60%、90%模型审查深度所需的设计条件、设计资料及制造条件。

（2）设备制造催交。设备制造期间，高频度催交，并协调制造外围条件的关闭，确保设备制造不下线。

（3）单证催交。国际工程物流单证流转的速度决定货物流转速度，因此指定专人就单证准备、单证流转、货款支付等环节进行跟催，确保每单货物的单证流、货物流、资金流同步。

二是检验方案。

关键和重要设备委托第三方监理公司实施质量监造，借助国际检验机构的优势有效解决标准理解和沟通的问题。另严格出厂检验和验收。

三是工程物流方案。

（1）货物流。货物在工厂完成包装后，运抵上海港口进行集港（装箱），在港口实施包装修复、打尺计量等工作。大件设备在港口采取船（车）船直取。根据设备材料的包装特点，选择不同的装仓位置和绑扎方式。

（2）单证流。单证工作贯穿于工程物流的各个环节，没有单证，就无法实现目的港清关等一系列活动。在准备相关单证的过程中须仔细结合设备情况和信用证的要求，做到单单相符、单证一致、单货相符，顺利实现交单议付。

（3）货物跟踪。船舶起航（飞机起飞）后，利用提单号（运单号）、船名、集装箱号等信息在第三方软件或航空公司货运跟踪系统中查询跟踪货物位置进展。

四是现场接货管理方案。

（1）卸货掏箱。本项目单批次到货量大，除需要准备充足的运输资源外，还需要有足够的卸货场地以及集装箱堆放与卸货掏箱场地。

（2）货物清点。设备材料运抵现场后，通过箱单、唛头逐车逐件核对包装件，确保实际发运的每个包装件都运抵现场，同时也作为与物流承包商货物交接的依据。

（3）开箱检验。本项目的到货款支付与开箱检验结果关联，货物运抵现场后，及时组织业主及各方及时完成开箱检验。

五是供货商的现场服务方案。

主要包括现场安装（开车）指导、操作培训、现场检维修等。

由于方案周密，规范合理，项目组团结一致，最终在没有任何经验可借鉴的情况下，项目组克服诸多困难，按计划完成了项目采买、催交、检验，组织完成国际工程物流、开车物资配合等相关工作，为项目投产奠定了基础。同时，也积累了在国外执行炼化项目的经验，对后续拓展和执行类似项目建立了有力基础。

（李晓明 陈远见）

专家点评：

本文用一个实际案例分享了国际采购的全流程，含设备材料的采买、催交、检验、国际工程物流、现场仓库管理及现场开车配合服务等各个环节。

本项目执行前期困难较多，但最终按计划完成项目采买、催交、检验、组织完成国际工程物流、开车物资配合等相关工作，为项目的投产奠定了基础。

通过此案例所分享的国际采购流程中的经验和教训，对广大企业在进行类似国际石油化工项目的采购工作方面有一定的借鉴意义。

4. 因地制宜的境外项目采购组织

化工工程建设项目采购工作有其特殊之处，由于每个 EPC 项目的规模、合同条款、业主、设计要求、项目环境、当地政府情况、运输条件等因素不同，不同项目对采购组织管理的要求也不同。因此，工程项目实施方要清醒地认识和应对项目实施过程中不断出现的新变化、新需求，以项目合同及项目要求为核心，围绕采购合同的实施，梳理分析需要解决的问题，有针对性地做好采购组织管理工作，这样才能在错综复杂的项目环境下克服各种困难完成物资供应任务。

某国的一个 EPC 项目就是考验中国某工程公司采购组织能力的经典案例。

公司上级集团作为这个 EPC 项目的总承包方，分别委托该工程公司和另外一家单位共同完成。该项目的采购组织机构为两级，一级为集团层面的采购部，主要职责为与业主的对接和内部的协调管理，对项目采购实施过程中的难点和问题进行统一处理；二级为工程公司和另一家单位层面组建的采购部，主要职责为采购工作的具体实施。

该项目在实施过程中遇到了如下一些困难。

一是采购程序和手续复杂。业主参与和影响的环节较一般项目深入且存在不确定因素。例如，不少工作均需通知业主或得到业主批准后，才能开展下一步工作，包括：该国货源/供货商调查、采购工作计划编制、供货商审批、请购文件编制、询价文件发出、技术/商务评审、授标、各类该国认证证书的办理和审核、报关清关、大件运输、现场入场、现场共检、入场报验等。

二是采购成本影响因素多，受外部条件影响大。由于该项目供货商的选择受专利商的约束大，项目的整体供货商名单可选择性小，且欧美制造商的设备较多，其最终价格不仅与设备型号、规格、质量和质保期限有关，也随订货数量、交货方式、付款条件及服务、获得该国许可认证要求的内容不同而变化。同时，还受到国际市场需求和币值汇率变化等因素的影响。

三是物流清关环节多变且复杂。该国是一个完全内陆国家，工业和商业基础薄弱，项目所在地在该国最西部的某市，交通不便，其海运、内陆河道运输、公路运输的效率严重受季节气候、海关转关清关、政府政策的影响。

上述困难涉及采购实施的多个重要环节，同时，EPC总承包合同中业主还对设备的统一性、一致性、备品备件等提出了详细的要求。为了提高整个项目采购的规模效益及工作效率，合理利用采购供货商资源，控制采购综合成本，确保产品质量及交货进度，在项目领导的总体组织策划下，决定项目采用甲企业供应物资。涉及130个采购包的采购工作，按照设计专业、采购量占到约50%的项目采购量这一要求，进行统一（集中）实施，包括设备材料，货物运输、通关及清关、认证服务等。

在采购实施过程中，通过项目程序规定，对各级采购部的分工职责、采购范围、工作流程、项目相关专业的交接等事项进行了全面规范。

从项目整体角度看，统一（集中）采购有效减少了采购工作包的总体数量，减少了询价次数，增强了议价能力。在供货商资源非常有限的情况下，不但降低了综合采购成本，在合同执行过程中，还降低了与业主的对接、催交、检验、运输的整体人力成本，提高了管理效率。最终，项目的统一（集中）采购工作顺利开展，并达到预期目标。

（许皓）

专家点评：

此案例用一个具体的境外某EPC项目的例子阐述和分析了如何构建因

地制宜的境外项目采购组织，以及在采购实施过程中所遇到的三个主要困难，并提出了有力的应对措施。

此案例的一个亮点的是讲述项目所在国的物流清关环节的特性，以该国的物流特性举例，给了读者一个启发，即如何在前期考察供应商所在国家的物流独特性是一个很重要的因素。

在国际采购中，物流管理是八大程序之一，不同国家的不同物流特性，比如港口位置，海运、内陆河道运输、公路运输的效率，季节气候的影响，海关转关清关，政府政策等，都会对完成整个国际采购有重要影响。

5. DCS 系统国际采购的四项创新

2018年,广东某大型炼化一体化项目正式投产运行。该项目是按照千万吨/年炼油和百万吨/年乙烯规模建设的,其采购工作涉及27套主装置、181个单元的仪表采购,尤其是集散控制系统(DCS)、安全仪表系统(SIS),分别采用国际公开招标的方式确定框架协议供应商进行采购。

通过框架协议进行国际公开招标,选到了世界一流的产品供应商,为建设精品工程打下了基础。DCS采购在招标内容、合同形式、框架协议执行、订单及交货等方面进行了创新,是国内石化行业的开创性之举。该项目采购合同执行情况良好,3年内共签署各类订单98份,节约资金5000万元,采购团队攻坚克难,出色完成了保供任务。他们的具体创新做法主要有以下几个方面。

一是采购策略创新。采购团队按照仪表分散且量大的特点制定采办策略,即按框架协议进行全系列产品列表价招标采购,从而减少采购批次,缩短采购周期,并以批量采购获得价格优势,既降低采购成本,又满足了现场进度要求。

二是招标文件编制创新。DCS与SIS涵盖第三方供货产品多、界面复杂,且市场竞争激烈,为最大限度规避由于低价中标带来的质量风险、涨价风险和执行困难,他们在招标文件编制时将因界面不清导致缺漏项报价、不平衡报价及容易引起歧义的地方反复酝酌,逐一界定清晰。

例如,招标文件规定,在框架协议执行过程中,可能会出现产品的升级、换代、调整、变更，如有任何替代原投标方案的产品，该项的单价均不能发生变化，以规避供应商随意涨价的风险。同时规定，开标时提交调价声明的，需按调价后的投标总价对每一组成部件的单价和清单列表价进行相应调整，并提供调整后的《投标分项报价明细表》，否则招标人将对所有部件按照统一的调价比例进行调整。开标时，某投标人提交了调价声明，但未附上调整后的分项报价表，招标评委会按招标文件规定以统一比例下调所有部件的价格作为签订合同的单价，包括所有第三方产品和服务费、培训费等。

三是框架协议执行创新。为确保项目顺利执行，让中标人高层做出承诺，保质保量供货，进行工程、现场验收及开车服务、培训，绝不能发生将工程分包或转包等情况；并成立专门的执行团队，项目经理及工程、技术、商务等核心人员中途不予更换，保证圆满地完成项目任务。

在框架协议规定中，供应商免费提供投标报价中存在的缺漏项。但由于供应商的各项单价接近成本价，供应商以执行合同困难为由，不想核减缺漏项，采购人员严格执行框架协议，逐项进行核减。另外对于供应商提出的新要求，例如更换品牌等，采购人员应与技术人员密切配合，将不合理要求拒之门外。

四是订单及交货创新。项目收尾阶段增补的需求多，并且密集、零散、紧急，为满足现场进度，双方友好合作，先通过邮件确认供货范围和报价，之后供应商立即排产、备货、发货，后续统一补签正式订单合同。

受设计进度、合资等因素影响，需提前开车的公用工程单元设计图纸出具较晚，而现场要求到货早。在这种情况下，采购人员及时通知供应商分批发货，不同单元散件互相借用。定位器、接线箱等第三方产品较多，很可能拖期，采购人员采取各种手段多次催交，以确保按时交货。

由于进口采购美元合同散件逐项报关手续烦琐，与现场急需到货的矛盾日益加深。采购团队经多次谈判，锁定了美元转化人民币的价格调整公式，最大程度降低了采购成本，减少了清关、报关和商检程序。

（杨晓莉）

专家点评：

  采购战略、谈判计划、签订合同、订单及交货是传统采购的四大步骤，该案例以国际采购 DCS 系统为例，为我们提供了企业如何优化和创新这四大步骤，使之完全适应国际采购的全球性及复杂性。

  此案例的核心词是"框架协议的国际招标"。集中采购的国际招标模式是企业在全球采购中通常会使用的一种模式，而框架协议的优化、创新和标准化，使得国内外供应商对投标文件有了统一的、充分的认识，能够更准确地进行投标，这是企业在最终评估招标结果时的一个非常重要的因素，能够做到公平、公正、透明的授标。

  同时，订单及交货往往也是国际采购最后阶段的一个难点和痛点，也是关系到如何进行国际供应链物流管理的重要步骤。此案例的订单及交货的创新也给了读者一个启发，使其知道在实际操作中并不一定要墨守成规，需要在坚持原则的前提下，敢于创新，根据每个供应商、购买物资、所属国家等的不同性，通过有效沟通，制定最适合的订单及交货流程和物流管理方案，顺利完成国际采购任务，并与供应商携手共赢。

6. 专利技术服务采购六个关键环节

2018年，广东某大型石化企业随着其产品结构调整及质量升级压力增加，新建项目计划需引进一套先进的专利技术。这套专利技术对企业发展有着至关重要的影响，其技术优劣直接决定着企业工艺路线及后续的盈利能力，因此对于它的采购要具有一定的科学性和前瞻性。企业当前面临的市场环境和经营形势不甚乐观，需在短时间内选定专利技术，以提高自身加工路线的灵活性和产品价值，从而增强市场竞争力。

企业对此十分重视，专门成立了由采购部、设计部、技术部、生产部人员共同组成的采购小组，积极稳妥地开展了专利技术选择工作。

采购小组经过研究，设立了专利技术服务采购过程的六个关键环节，并严格进行把控。

（1）确定潜在投标人。经过前期调研和技术交流后权衡比较，采购小组邀请了几家国外知名的专利商提交技术方案，力图尽快锁定潜在投标人。

（2）开展技术方案谈判。按照"以终为始"的原则，采购小组排出整个采购过程环节和所需的时间，找出关键路径，重点开展技术方案谈判。通过两轮技术谈判，全面了解每家专利商的专利技术特点，从而确定技术标准和要求。

（3）提前开展商务交流。采购小组与专利商针对合同文本关键条款如支付、性能保证、赔偿、适用法律等问题提前进行沟通交流，以便专利商更快地接受采购方的合同文本。

（4）合理制定定标原则。按照以技术为主线，保证装置安全、稳定、长周期运行为主的技术经济原则，采购小组采用了综合评价法，将技术、价格、商务的权重分别确定为60%、30%、10%，凸显技术重要性。

（5）全面进行价格分析。专利技术合同费用组成通常分为专利费、工艺包费、技术服务费、培训费四项。专利技术配套专有设备和专有催化剂，以保证性能考核指标。专有设备和专有催化剂的供货合同不是与专利技术合同一并签署的，而是随着设计的深入单独进行签署。但项目总投资与专利技术配套的专有设备和专有催化剂的投入息息相关，为了在专有设备和专有催化剂采购的商务谈判占主动权，节省项目总投资，采购小组在评审总价中加入"专有设备和专有催化剂"的价格，以防范专有设备和专有催化剂价格高、不可控的风险。

当前中美贸易摩擦对企业进口业务影响较大，故将涉及美国原产地的设备和催化剂，按加征进口额外关税后计算货到现场价格，计入评审总价。另外，在专利技术合同中以备忘录形式与中标专利商锁定专有设备和专有催化剂的价格及调整公式，作为日后采购的依据。

（6）商务合同达成一致。专利技术转让属于知识产权范畴的特殊服务，合同文本复杂，涉及工艺改进、知识产权、保密、支付、税赋、性能保证、赔偿、转让、适用法律等条款，专业面广且具有一定深度。采购小组借助内外部资源，用最短时间与专利商就合同文本达成一致，且争取到对新建项目有利的条款，例如提高违约责任上限和赔偿责任上限等。

采购小组齐心协力，创新思维，敢于突破常规，最终顺利完成了本次专利技术选择工作。

（杨晓莉）

专家点评：

专利技术的采购属于服务类采购，与通常实体物资的采购相比有它的特殊性。

另外，关于专利技术服务的采购，可以用两步法的采购策略：第一步，在确定技术标准和要求时，在充分的技术交流和考察调研基础上，要对专利技术的有效性、可获得性、技术先进性指标值、产品或者服务的独特性、质量指标及检验方法、工业应用的风险可控性、产业联动性、供应链可靠性、潜在的市场竞争力、人力资源要求、运行成本优势等方面，进行定性定量的综合评估，明确采购的目的和具体要求，解决想要什么的问题，为制定定标原则提供依据；第二步，在选定专利技术提供商时，要对专利技术的合规合法性、专利技术权限的权责一致性、潜在供应商的特长和不足、第三方权益和侵权责任、原产地证明、专有设备、备品备件和专有催化剂的价格约定、合同期限和自动验收条款、资料交付标准和时间节点及对应的付款条件、性能考核不达标的整改要求、合同未尽事宜与发生歧义时的协商解决机制等，按照平等、诚信、真实、自愿的原则，进行法律合规性审查和风险评估，为采购执行过程中设置充分竞争的条件，从而为筛选出合格供应商提供可靠依据。

7. 全球化应急采购

2011年，某企业收购了境外一家大型化工企业B公司，并使其逐步发展成为起着欧洲业务"桥头堡"作用的公司。2020年1月24日，正值农历除夕，公司外派B公司的中国同事正一起聚餐，共度春节。大家席间才得知昨日国内疫情的情况。而防疫物资，特别是口罩，已一罩难求。大家敏锐地感觉到，国内医疗物资必将处于紧张供应状态。于是，采购部人员立即联系国际业务部及其他海外公司，全球联动寻找资源，一场与时间赛跑的战役正式打响。

1月26日，B公司采购部人员接到国内采购需求。

1月27日，周一，立即联系当地供应商，在欧洲范围内寻找货源。

1月28日，采购集结到25000只口罩，当天安排提货发空运，31日这批物资运抵中国。

1月29日，采购再次寻源到10000只口罩、10750套防护服，共计17托盘，3.5吨物资，计划2月3日飞中国上海。不只是总部采购部人员真切感到紧张的氛围，B公司采购部人员也真实感受到紧迫性。大家实时关注航班动态，生怕出现什么纰漏。

然而，意外还是发生了。2月2号早上8:30左右，在没有收到机场任何通知的情况下，原定3号飞上海的航班突然推迟到了9号，由于存在时差，当地此时正是凌晨两点。接到消息的B公司采购部人员立即响应，了解情况，与国内人员一起研究对策。原来，受疫情影响，迪拜机场紧急取消了很多飞往中国的航班，机场内挤满了三十多个国家的救援物资，等着一一安排。走不出去，怎么办？时间就是生命，大家动员各方力量，如政府、企业、个人等等，最终这批物资分两批次，改乘2月6日、7日航班飞往北京。

疫情中发生的采购故事，使企业再次感觉到搭建敏捷应急组织的重要性。

敏捷性应急组织包括应急中心、信息组、需求组、物流组以及风险—机遇组。应急中心的职责是设立目标、组建团队、定职责；信息组要保障24小时随时处理信息并上传下达；需求组能紧跟客户，提供技术要求及准备合同细节；物流组可能会成为应急的瓶颈，尤其跨区域运输，要结合各地优势选择最佳路径，信息共享；风险—机遇组随时关注动态、变化，提供新情况。由于各组往往会陷于具体工作应对具体困难，无法快速行动，此时风险—机遇组就要提供及时、准确的建议，帮助应急中心决策，快速指挥各小组统一行动。

仍以疫情为例，2020年2月份，整个欧洲已难以寻到防疫物资货源，其价格也不是一天一个价，而是前一个电话刚询完价格，再打过去价格又涨了，且稍一犹豫，货就被买走了。同时出现了私人手上囤货，个人账号打钱发货的情况。这对公司采购来讲风险很大。

由于有了应急组织，企业采购实现了对"产品流、信息流、资金流"的三流集成，打通了系统内外部的沟通环节，并保障了采购效率。所以，在整个疫情期间，企业均能较为主动地从容应对。

事后，公司对此进行了总结。

一是平时就要积累物流实力，比如大型物流合作伙伴，有必要与之搭建长期的战略合作。同时，也不限于传统的大型物流合作，应该分层级、分等级，如同细胞的毛细血管，有必要也与小型物流建立紧密合作，打通最后一千米。

二是培育具有本土"价值"的供应商，应成为新的战略重点。这次疫情，考验了各国的综合国力，也加重了贸易保护主义。对于企业来讲，全球化采购不可避免，风险也不可避免。因此，在物流方面，我们既要放眼世界，更要立足国内，寻找更多的具有本土"价值"的供应商，这样既便于彼此业务交流、降低物流风险，也能与国内物流供应商一起开拓国际市场，共同探寻全新的全球化发展新路径。

(黄中)

专家点评:

这是一个非常好的应急模式下的全球化国际采购的典型案例。紧急从国外供应商采购满足中国本土的紧急需求,是一个典型并特殊的全球采购流程,此案例给广大读者分享了在突发情况下,如何应对市场资源短缺、空运物流的不确定因素、特殊的预付款方式等一系列全球采购问题。

要做好应急模式下的全球采购,需要做好以下四个方面的工作:(1)及时有效地建立紧急采购团队,制定紧急采购流程;(2)与企业其他相关部门紧密通力合作,比如财务部、物流部、法律部等;(3)平时积累和加强分层、分级的物流实力;(4)培育具有本土"价值"的供应商,成为新的战略重点。

8. 铑金属催化剂采购

铑金属催化剂是引进专利丁辛醇装置的核心催化剂，其性能要求高，对铑金属及杂质含量有严格要求。某大型炼化项目丁辛醇装置需要采购铑金属催化剂，控制预算近 500 万美元，该装置专利商强制指定了两家供应商。在该种催化剂中，铑金属的价格占到全价的 90% 以上，因此如何采购铑金属便成为关键。

对铑金属市场情况的调研显示，世界铑金属市场规模小、产量集中——南非的铑产量占全球铑总产量的 80% 左右，国际市场铑的交易价格基础为 JM 伦敦开盘价，铑金属每天的市场采购量如高于 5 千克，就会造成价格的大幅度波动。预计 2017 年铑金属市场总体处于近 5 年来价格的低谷，当年采购有利。

负责采购的项目组了解到，专利商指定的两家供应商都是国际知名的贵金属催化剂生产公司，具有成熟的制造能力和稳定的应用业绩，国内丁辛醇专利装置均在使用这两家供应商的产品。而且按照合同规定，如果不使用专利商指定的两家供应商的产品，将影响装置的性能验收。

综合考虑，项目组同意以竞争性采购方式向专利商指定的两家供应商进行催化剂采购，且为便于工作界面划分及出于对运输安全、报关因素、付款程序的考虑，同意铑金属由催化剂供货商代购，采用定量限价采购方案，分若干个月采购，月采购量 20 千克，预留 1 个月作为调整期，同时以启动采购日前 2 个月铑金属市场均价的 110% 作为项目组采购参考的最高限价，把握价格低谷做好采购准备，并确定精确采购量。

铑金属采购程序复杂，采购过程十分曲折。虽然自 2016 年就提前启动采购，但两家供应商均十分强势，在采购各环节与采购项目组配合度差，进展十分缓慢，且中标人与其国外公司沟通时存在时差等问题，直到 2017 年 3 月底才完成合同签订。

期间，采购项目组人员一直在跟进铑金属市场走势，发现自 2016 年 7 月份以来铑金属价格便呈小幅上涨趋势。

鉴于合同规定及采购实际情况，铑金属采购周期仅有 2 个月左右时间，采购人员结合具体报价流程和采购订单确认时限，制定了铑金属采购预付款支付、采购流程调整方案，以压缩铑金属采购周期，争取时间。

按照约定，预付单价以合同生效日作为铑金属采购启动日，按照该日期前 60 天的铑金属市场价格均价的 110% 作为计算基数，分批次预付铑金属费用。如果铑金属采购预付总额超过实际采购费用总额，超出部分从催化剂加工费用中扣除。铑金属日采购量不超过 5 千克，每日的采购订单，买方需在收到卖方在规定时间提供的报价后 15 分钟内完成订单签字确认。

每一批次采购完成后，由卖方出具铑金属所有权声明，同时将原件邮寄给买方。

在合同执行过程中，采购人员收到供应商的预付款发票后立即启动预付款审批，并提前做好每日下单及内部汇报准备工作，以最快的速度争取在铑金属采购黄金时间完成采购。

2017 年 4 月 18 日，卖方确认收到第一笔铑金属预付款，当日启动铑金属采购程序。卖方连续 4 次报价均高于最高限价，4 月 25 日，采购项目组人员将此情况及最高限价调整方案通报项目组，项目组果断决策同意。采购人员当日下午即根据决策按照调整的最高限价确认下单，并在 31 天内完成了所有铑金属采购。

铑金属国际市场价格呈不断上涨趋势，到 2020 年 3 月，铑金属价格最高已涨至约 11500 美元/盎司，比项目组 2017 年的采购价格高出了 10 倍有余，项目组购买的铑金属给项目最终业主带来了约 2.3 亿元的增值。

（邓丽琴）

专家点评：

本案例给大家分享了一个典型的特殊物资的国际采购流程，从采购的三大步骤来看，有一般采购案例的共性，又有其特殊性。

第一步骤：P2S（Plan to Strategy）——从采购需求到采购战略的制定。全球铑金属催化剂的供应商并不多，属于卖方市场，故企业采用的采购战略是在分析全球铑金属市场情况的大数据下，重点集中在两家知名度以及质量信誉优的供应商作为竞争方这样的采购战略。

第二步骤：S2C（Sourcing to Contract）——从寻求资源到谈判合同的制定。由于是卖方市场，企业在合同谈判的过程中采用了最高限价以及日采购量等特殊的谈判技巧，以保证企业的采购利益最大化。

第三步骤：P2P（Purchasing to Pay）——从订单制定到付款。此案例也采用了预付单价以及三次预付等的特殊付款方式来保证买卖双方双赢的合作模式。

综上所述，本案例分享了国际采购的通常困难以及特定困难的解决思路，在日常国际采购工程中值得借鉴。

本案例在传统的采购流程中运用了国际采购一体化采购平台的模式，集中企业的采购优势，合理运用谈判及付款技巧，最终使企业和供应商实现共赢且成为长期战略合作伙伴，值得学习。

9. 注意国际招标中的"原产地"规则

2017年初，某国有炼化企业全部使用国有资金投资建设一座催化剂生产工厂，需要采购一批 X 射线荧光光谱仪，主要用于快速分析催化裂化催化剂生产过程中多种产品的化学组成，其采购合同估算金额超过 300 万元。

经过市场调研，因技术问题，国内产品无法满足此次采购要求，只有三家国外制造商生产的产品能够满足要求并在国内有相应的经销商，另经销商在国内仓库中均有现货。因此，该炼化企业决定委托某招标代理机构采用国内招标的方式进行招标。

招标代理机构接到委托后，发现该种产品虽在国内有满足要求的现货，但均由国外制造商在关外或境外生产制造，不应采用国内招标，而应采用国际招标的方式。

于是他们提出了如下建议。

首先，该项目应采用招标的方式进行采购。由于项目全部使用国有资产投资建设，且采购合同估算价也达到了必须招标的金额标准，属于依法必招项目，应采用招标的方式采购。

其次，该项目不应采用国内招标，而应采用国际招标的方式。根据《机电产品国际招标投标实施办法》（商务部 2014 年第 1 号令，以下简称 1 号令）第六条规定，通过招标方式采购原产地为中国关境外的机电产品，属于下列情形的必须进行国际招标——"（二）全部或者部分使用国有资金投资项目中进行国际采购的机电产品"——必须通过国际招标方式采购的，任何单位和个人不得将前款项目化整为零或者以国内招标等其他任何方式规避国际招标。该项目拟采购产品虽然在中国关境内有现货，但是其原产地在中国关境外，根据上述规定，必须通过国际招标方式采购。

还有，1号令第九十三条规定：招标人对依法必须进行招标的项目不招标或化整为零以及以其他任何方式规避国际招标的，由相应主管部门责令限期改正，可以处项目合同金额0.5%以上1%以下的罚款；对全部或者部分使用国有资金的项目，可以通告项目主管机构暂停项目执行或者暂停资金拨付；对单位直接负责的主管人员和其他直接责任人员依法给予处分。

第三，要准确把握招标法律法规要求，正确选择招标方式方法。与国内招标相比，国际招标是在全球范围内邀请潜在投标人参加投标，其行政监督部门是国家商务部，招投标活动除了要遵守《中华人民共和国招标投标法》《中华人民共和国招标投标法实施条例》等法律、行政法规，还要遵守1号令的相关规定。在采购属于依法必招的原产地为关境外的进口机电产品时，即使拟采购的产品已经完成清报关手续进入关境内，根据1号令的规定，不应采用国内招标，而应采用国际招标的方式，否则属于以国内招标规避国际招标的行为，影响招标采购的合规性。

根据招标代理机构的建议，最终该炼化企业的荧光光谱仪国际招标工作合规法合法地顺利完成。

（要飞）

专家点评：

自《中华人民共和国招标投标法》颁布实施以来，作为规范工程项目采购业务的主要法律依据，对执行的刚性要求是毋庸置疑的，也是采购工作人员必须遵守的基本准则。但是，同其他任何法律一样，法律的规定是极为复杂的，所以在执行过程中要认真研究、不断学习，并结合实际，逐渐积累经验，务必避免因对法律理解不透或理解错误，造成在工作中出现违反法律的情况，否则轻者造成采购结果无效，重者造成对项目进展的重大影响。

在本案例中，采购方忽视了所采购的X射线荧光光谱仪原产地这一重要因素，想当然地以为既然有国内供应商，又有国内仓库又有现货，就应该适用于《中华人民共和国招标投标法》的要求，便直接在国内进行了招标采购。但是根据1号令规定，很显然，该产品属于国际招标的范畴。幸亏遇到了负责任而又业务精湛的招标代理机构，及时提出了必须采用国际招标的要求，才没有酿成大错，保证了该项采购工作的顺利完成。

需要特别指出的是，对于招标采购过程中是否违规、对供应商是否违法等情况的判断处理，均应根据国务院对实施招标投标活动行政监督的职责分工，由相应的部门做出鉴别和处理，任何企业都无权擅自处分或处理。

10. 境外炼油项目的国际工程物流

某公司负责执行某国一个炼油项目的国际工程物流业务，委托某物流公司作为国际货物运输代理企业实施本项目的工程物流，工作范围涵盖工程物流流程中涉及的陆地运输、仓储、订舱、装箱、报关、报检、保险、海运、清关等服务内容。

接受任务后，公司对物流全过程等进行了精心严密的策划。

一是运输方案。本项目采用集港后统一运输的方式。集港中心选择上海港。项目采用定仓的远洋运输模式，散杂货物分 9 个批次运输至该国港口。第三国的设备以 CIF 卡拉奇为主要贸易方式。国内大件设备供货采取工厂交货，交付界面为车板交货或舱底交货。上海港采用车船直取或船船直取的方式将大件设备直接装在远洋运输船舶上。其他类设备材料均由制造商按照车板交货的方式交货至上海港。

进度需求着急的物资或是小件物资，通过空运或航空快递的方式发运；项目建设阶段时效需求非常着急的小件物资采取"飞人带货"的方式发运。

二是进出口退税、免税。（1）中国出口退税。国内设备采购货值为含税价。本项目出口报关在上海口岸完成，整个退税工作在公司注册地西安办理，充分体现异地报关、属地退税的便捷。（2）该国进口减免税。基于中国与该国的自贸协定及项目合同分交原则，业主只需提前在海关办理减免税备案和审批，就可享受由中国进口到该国的货物的关税减免。

三是原产地证、检验检疫、保险。（1）原产地证。中国与该国原产地证具有最惠国待遇，其发证只能由出入境检验检疫机构签发。其中国产或制造的成分不低于 40%。申报原产地证的申报日期不得早于发票日期，被申请的货物的内外包装或说明上不得出现其他国家或地区制造的字样或标记。（2）检验检疫。随着海关总署关于法检目录的更新，本炼油项目的所有设备材料都不属于法检范围，无须进行报检。但如有木质包装物的设备，需按规定取得熏蒸证明。（3）报关、清关。本项目的报关和清关委托代理实施，即报关行在收、发货人的委托授权下以收、发货人的名义开展报关和清关工作。从出口及报关进度上能按装置报关出口的，则按装置品名报关出口；能按整机设备报关出口的，则按整机设备品名报关出口。（4）运输保险。本项目保险由主险加附加险构成，保险条款采用标准的"协会货物条款"，即ICC A条款。基本险和附加险的承保责任起讫时间采用仓至仓条款。根据该国国家银行的要求，本项目的保单转由该国当地保险公司出具。

四是国际工程物流。（1）海关协调。本项目进口清关所需的关税、消费税、预提税等由业主缴纳。海关有时会质疑业主主张的税费。海关有时也会针对进口的电气设备材料提出PSQCA认证要求。（2）运输计划。当地民众非常重视大型传统节假日的活动。活动期间，所有工作效率都会降低。当地的清关及物流运输都将很大程度受到制约。（3）货物跟踪。船舶起航（飞机起飞）后，利用提单号（运单号）、船名、集装箱号等信息在第三方软件或航空公司货运跟踪系统查询跟踪货物位置进展。

据统计，本项目最终海运、空运共计186批次；海运散杂货量累计68000FT（运费吨）；累计集装箱数260个；国际快件累计56次；"飞人带货"累计重量约4吨。由于计划周密、工作措施落实到位、工程公司与物流公司配合默契，从而顺利完成了这项国际工程物流任务。

（李晓明）

专家点评：

众所周知，供应链物流管理是完成国际采购项目中重要的环节之一，在本章其他案例也有所提到。本案例通过某公司的一个境外项目的工程物流的策划和实施，简单介绍如何实施境外炼化工程项目的工程物流的具体实施方案，以期对同类项目提供参考。

国际采购的物流管理不仅仅是通常意义上的进出口通关以及运输，此案例与大家分享了物流环节中的其他必不可少的因素，比如进出口退税、免税、原产地证、检验检疫、保险、国际工程物流管理等，具有实际参考价值。

11. 高低压闪蒸罐超限运输

国内某工程公司负责承建一个境外化肥项目,由于该项目所需的高低压闪蒸罐设备超限,如果通过陆路运输需途径100余座桥涵,最小桥梁限重仅8吨,所以陆运不行。如果走水运,驳船运输也要通过多座跨河天桥,最低限高桥梁限高仅6.5米。当超高货物通过桥梁时,可通过调节压舱水把驳船干舷降低到离水平面0.3米,货物顶部到桥梁的底部需预留0.3米的安全距离,也就是说驳船甲板面到货物顶部的高度要控制在5.9米以内。

根据当时项目现场临时码头及吊机条件,超限重大件驳船运输只能采用滚卸上岸方式,为此需在大件卸船前在驳船上放置钢梁和水泥墩支撑或者直接放在液压平板车上。受此所限,设备高度不得高于5.1米。

高低压闪蒸罐尺寸为42.4米×6.6米×6.3米,重量为146.68吨。项目考虑过设计缩小直径、切除接管现场焊接、设备旋转降低高度等众多方案,但因工艺要求和现场施工条件所限均予以排除,最终只能确认按照设计高度运输。设备极限旋转最低高度为6.361米,而按照水路运输桥梁限高,设备高度不能超过5.1米,两者相差1.261米,这给项目物流团队提出了重大挑战。

经过前期对桥梁考察,对水文参数进行记录及分析,最终确定在旱季采用驳船甲板直接装载、现场临时码头顶升滚卸操作方案,即引用液压千斤顶顶升技术,将重大件直接放置在驳船上,以调节压舱水降低至最低高度通过限制桥梁,待重大件运抵现场临时码头后,采用千斤顶逐步顶升设备,达到一定高度,再来使用液压平板轴线车滚卸上岸。项目物流团队提前协调设计人员和制造商在鞍座制造时预留千斤顶顶升位置；协调驻厂监制催交人员，交货时间采用倒计时，交货日报等方式，实时掌控交货进度，实地测量设备高度，并全程跟踪设备出厂运输至码头装驳船；协调物流代理提前寻船订舱，提前完成出口报关手续，上海港监装确保到驳船海船无缝衔接；协调当地物流代理获取水文资料，提前 2 年每月两次实地测量桥梁净空高，确定旱季通过桥梁的最佳时机。通过项目物流团队的努力，设备最终顺利通过限高桥梁，安全运抵项目现场，为项目的成功奠定了坚实的基础。

后续在另一个境外项目汽化炉合成气冷却器（461 吨，44.5 米 ×6.37 米 ×5.52 米）的运输中，同样遇到驳船通行限高 7 米铁路桥的问题。虽然设备重量增加了近 3 倍，现场码头条件更为复杂，国内供货变成"印度制造"。但是有了之前化肥项目的成功经验，项目物流团队克服重重困难，提前策划协调鞍座制造及交货时间；提前完成河道清淤并修建水泥码头，修建跨越河堤和水库的大件运输道路；提前采用液压轴线车多次测试运输道路排除障碍；继续采用千斤顶顶升滚卸方案，并增加了自卸至装置区的操作等，最终圆满完成了运输任务，同时节省了现场卸货成本。项目物流团队在海外项目方面续写了新的篇章，也创造了大件驳船运输顶升滚卸记录。

（黄斌）

专家点评：

本案例是一个国际采购流程中物流管理的大件运输案例，结合境外两个项目中的大件运输情况，针对工程物流中重大件通行限高桥梁的实际案例进行分析，重点描述物流策划、限高桥梁通行、现场码头顶升及滚卸等实际操作流程及注意事项，为后续类似海外 EPC 项目超限重大件内河运输排障提供了有价值的经验借鉴。

12. 引进技术这样集采

2018年4月，国内三家炼化企业均计划为本单位进口某种工艺技术两套。根据上级单位批示，某贸易公司作为这三家炼化企业的贸易窗口开展采购工作。接到任务后，贸易公司经过认真研究并与三家炼化企业沟通，最终决定对它们进行"捆绑式"集中采购。

为确保采购工作公平、公正、公开进行，贸易公司采用国际公开招标方式开展采购工作。招标公告在中国国际招标网上发布后，吸引了一些国际知名专利商主动前来报名。但是，最终由于两次挂网购买招标文件的潜在投标人均不足三家，经三家炼化企业研究并报上级单位批准，由招标采购转为谈判采购。联合谈判小组由三家炼化企业和贸易公司代表共同组成。

在采购工作正式开始之前，贸易公司与这三家炼化企业对情况进行了全面深入的分析。

一是三家炼化企业的项目工期非常紧张，对于工艺包的交付时间要求非常严格。因此，需要贸易公司抓紧制定采购方案并迅速实施。

二是工艺包招标与物资招标相比，其技术要求更为复杂严苛，所以评标标准如何设置对招标人和招标机构都是挑战。如设置不合理或不科学，将直接导致中标技术无法真正满足项目实际要求，对整个项目将造成巨大损失。

三是经前期市场调研，已知的潜在专利商均为国际知名专利商，它们对于国际招标程序和技术进口、技术转让等方面的相关法律法规十分熟悉。因此，要求贸易公司对采购过程中每一个细节的处理都必须十分谨慎。

鉴于以上情况，贸易公司与三家炼化企业多次沟通并研究制定了详细的采购方案。一方面在招标文件编制时，在充分了解招标人需求的基础上，对于招标人关注的文件交付进度、性能考核指标、价格等在招标文件中均设置了相应的关键项和打分项。另一方面，作为招标机构，贸易公司严格按照国家法律法规、三空炼化企业的上级集团招标管理办法和进口物资管理办法开展招标工作。对于招标人提出的不合理要求及时予以纠正，以降低异议和投诉的风险。

由于准备充分，谈判小组与国外相关专利商共进行了 7 轮谈判，最终完成了合同签署。

此次采购是该贸易公司首次采用集中采购方式引进大型工艺技术，是对上级单位倡导的"采购全生命周期成本最低"理论的有益探索。通过本次集中采购，三家炼化企业不仅获得了国际一流技术，同时其成本较单独采购均有大幅降低。

（赵桥津）

专家点评：

在全球采购模式下，集中采购的趋势非常明显。许多全球制造商想方设法提高采购批量，以充分发挥其价格谈判的能力。实现这一目标通常有三个途径：一是集中一个公司不同事业部或不同地区的某些特定类型元器件的采购数量；二是通过一家供应商采购；三是尽可能使各产品的元器件标准化，以实现标准化器件更高的采购批量，但这一做法会受到新产品设计阶段元器件选择的限制。此案例的集中采购是结合运用了上述第一个和第二个途径来达成最终目标的。

此案例运用的第一个途径是把三家炼化企业的需求进行捆绑，并运用了全球采购国际电子招标的模式，请第三方作为买方进行统一招标，这样提高了招标的效率和采购的需求量，吸引供应商的投标以及得到更优惠的报价。但同时困难点也是显而易见的：需要考虑三家炼化企业的可能存在的不同的技术、不同交货期等并进行最大程度的优化和整合。

  此案例运用的第二个途径是由于投标人太少,转为与一家国外专利商进行七轮的谈判,最终通过一家供应商采购。此途径的难点是没有其他竞争对手做参考,那就需要通过充分的前期市场调研、过硬的谈判技巧、三家企业的通力合作,才能获得最终的双赢以及实施利益最大化的采购目标。

13. 境外项目大型设备采购方案的地缘因素

在某工程公司于某国承接的某项目中有四台大型设备（低压闪蒸塔、高压闪蒸塔、CO_2 汽提塔、CO_2 吸收塔）。上述设备为专利商工艺关键设备，专利商对技术要求和制造商名单都有严格要求。

四台设备均为复合板材料设备，其中最大复合板厚度达 82+4mm（CO_2 吸收塔），最大筒体内径达 6600mm（低压闪蒸塔），最大设备长度达 57600mm（高低压闪蒸塔），最大设备吊装重量达 560 吨（CO_2 吸收塔），要求制造工厂需具备相应的 U2 资质和厚板卷板能力、足够大的探伤热处理设施以及吊装能力。

上述设备按照 ASME SECTION Ⅷ DIV.1/DIV.2 设计、制造和检验标准，需要 U 钢印或 U2 钢印，要求热处理后对设备主体焊缝进行 RT 检测。根据专利商的要求，上述设备不能在现场组装，也不能分段需整体运输到现场。

对于上述大型设备，制造商基于 FOB 方式（即船上交货）交货，由工程公司委托物流公司全程负责报关、海运、清关和内陆运输，将设备运抵项目现场。这四台大型设备属于重量和尺寸的超限设备，从装船码头运抵项目现场，其全程的物流费用占设备采购费用的比例达到 50%。如果选择中国制造商，可以享受 13% 的退税额度。但是工程所在国外产地的产品需缴纳超过 10% 的进口税费（包括进口关税和进口增值税等）。

工程公司进行了通盘考量。如果考虑境外工程项目的地缘特点，大型设备的采购应优先考虑属地化供应。但是，我国工程公司承接的境外工程项目所在国家，工业体系大多并不完善，这决定了大型设备的属地化不一定可行。四台大型设备属于项目的关键非标设备，专利商对设备制造商名单有严格要求，将设备制造商的档次和水平限制在相同的平台之上。因此，在采购过程中，采购成本的评估成为最关键的评价指标。

四台大型设备的物流成本占采购购置费的比例约为50%，出口退税率约为13%，进口税费比例超过10%。也就是说需要对设备购置费用、设备物流费用以及进出口税费等进行综合评价，以选择最优的报价方案。尤其是当物流成本、出口退税率、进口税率等费用占据极大比例时，对设备全程采购费用的评价显得尤为重要。

考虑到专利商要求、重要性等级和制造技术要求的限制，上述设备最终未选择在工程所在地及其附近国家制造。但是，关于该工程公司在境外工程项目大型设备采购方案的选择问题上，该案例提供了以下启发。

一是境外工程项目大型设备采购方案选择应优先考察使用属地化资源的可行性。所谓使用属地化资源，是指在满足项目合同的基础上，应充分考虑利用项目所在国本地和所在国附近国家的制造商和资源。当使用属地化资源可行时，应将使用属地化资源和其他国家产地货源的制造商报价放在一起，对其报价进行全程采购费用的综合评价。

二是对境外工程项目大型设备采购方案的综合评价应将设备购置费、物流成本、进出口税费等因素均作为报价方案的评价指标，综合评价大型设备的报价方案，选择全程采购费用最优的方案。

三是超限超重大件货物与普通货物在物流计费吨的测量方面差别非常大，在条件允许的情况下，应尽可能在设计和制造环节采取措施，降低超限超重大件货物的物流费用。措施包括：将大型设备进行分段运输，既可以降低物流成本，还可以减少物流操作的风险并增加安全性；在工程现场制造或组装，或考虑工程现场附近制造或组装。

（雷文辉）

专家点评：

在境外项目的采购过程中，地缘因素是选择供应商时绝对不可忽视因素之一。一般情况，在项目报价时，甚至报价前，就应该结合招标文件或市场开发的要求，包括技术要求、当地法律要求、政策规定、物流条件、当地制造能力和水平、各种税率等，对未来可能影响供应商选择的各种因素进行仔细调研，以免因为决策失误给项目运行造成困难，增加采购成本。

在本案例中，采购方做了相对充足的准备，对工艺包要求、项目所在地的制造能力、进口政策、物流条件等进行了充分的调研。尤其是对于大型设备在进行海运时，尽管设备重量可能不是非常大，但由于整体运输占据船舱空间太大，导致物流费用的极大增加进行了详细的分析。而如果采用分段交货，则有可能大大降低物流费用。尽管因为技术因素未能实现采用分段交货现场组焊的方式，但是在物流策划时考虑到这个因素是非常必要的。

14. 境外 TSP 项目货物海损索赔

2017 年 12 月，某集团所属公司（以下简称货主 A 公司）委托其货运代理 C 公司向非洲某国发运转窑、玻璃钢容器、搅拌器等货物。经联系，C 公司选择了一艘散货轮运载该批货物。

该批货物因货物类型多且件杂，同时部分设备体积大、分量重，无法封闭包装。根据装船的货物情况，船公司针对裸露货物、包装等开出了不清洁提单（Unclean B/L）。货物装运后，货主 A 公司在该国的保险公司对本次发运货物按货值的 110% 做了一切险投保。

2018 年 1 月 5 日，货主 A 公司收到货代 C 公司的海损声明，并提出散货轮在泰国某港停靠，检查货损情况并加固货物绑扎。1 月 11 日，货主 A 公司收到了货代 C 公司发来的货损定损员出具的货损报告，报告中对包装和货物情况做了勘查鉴定。

在收到相关货损信息时，货主 A 公司第一时间通知了保险公司，并告知目的港委托货代做好接货准备。2018 年 2 月末，经过近 60 天的航行，散货轮到达目的港。在上船检查的过程中，货主 A 公司代表、保险公司理赔员发现货物的包装基本受到损坏，且受损情况比较严重。经与港方、船长和保险公司做了初步的情况通报后，各方同意货物全部卸到港口后再共同做详细勘查。

2018 年 2 月 27 日，相关各方共同对每件货物做了详细勘查，其中搅拌器包装严重受损变形，高压电缆包装损坏、电缆保护绝缘层破损，燃烧器阀组撬装损坏严重。

货物卸载完毕后，船长以提单不清洁和货损不大为由要求离港，并让船公司的船东互保协会代为处理。鉴于双方意见差异很大，且船东如在无任何承诺保证的情况下离港，会给后续索赔工作造成被动。于是货主 A 公司紧急与保险公司和当地货代商议后，向当地法院申请扣押了该散货轮。之后散货轮在其船东互保协会向法院提交了银行保函后驶离港口。

在随后的保险理赔过程中，法庭指定的定损员以提单不清洁、货物未完全灭失、货物价值问题等为由，迟迟不出具让货主 A 公司能接受的货损报告。货主 A 公司首先从装置设备性能的保证和设备的配套等方面提出了设备的更换方案，从运输、费用、质量、时间方面提出货主的维修方案，同时提供不同国家货源的价格证明索赔金额的合理性、提供不同国家的服务合同费率证明中国人工时费率的合理性，向定损员展示中国这些年发展的照片和视频，进一步说服定损员，证明己方的索赔报告内容是正确的。

通过不断沟通协调，在一定程度上改变了定损员对中国落后的认识和偏见。最终，保险公司赔付了 90% 的货损金额，比定损员最初同意的赔偿金额翻了一倍。最终，通过各方的努力和配合，这起海损索赔事件得到圆满解决。

事后，货主 A 公司进行了如下分析。

一是货代 C 公司是专业的货运代理公司，作为货主 A 公司的分包商应需严格监督散货船的相关作业（货物交接检验、装货、绑扎等），有责任对提单中的不清洁批注应进行核实确认。货代 C 公司应要求海运货物承运人按时完好地将货物运抵目的地。在此运输过程中如发生问题，其需要承担相应的责任。通过与货代 C 公司的良好沟通，最终才促其对保险未补偿部分做了相应补偿。

二是货主 A 公司向保险公司索赔以及保险公司理赔时，双方应遵循保险的经济补偿原则，即：（1）经济补偿以实际损失为限，需要与保险定损员共同确定货损；（2）经济补偿以保险金额为限，作为货主需要提供因货损发生的费用证明，尤其是不是全损的货物。支撑索赔的文件（采取措施的原因、发票等）需要据实提供。

海洋运输作为海外项目建设的关键一环，在实施"走出去"战略中显得尤为重要。为了海外项目的顺利实施以及维护企业的合法权益，做好海运货损索赔预案至关重要。

（周军）

专家点评：

索赔管理，是工程项目中的一项重要管理工作。无论是在项目执行期间，还是在物流过程中，都会发生索赔和反索赔，有时索赔甚至可能会影响到项目的盈亏。索赔成败的关键，一是要在合同中有相对完善的索赔条款，二是要在项目执行期间或者物流过程中注意收集和保存好所有的资料，尤其是与各方来往的资料。

在本案例中，货主A公司首先注重对货运代理的选择，即选择了比较专业的货代C公司；其次是坚定维护自己的权益，用相对专业的知识和经验通过索赔获得了比较理想的结果；三是提供了"支撑索赔的文件（采取措施的原因、发票等）"，即过程资料。货主A公司经过此次索赔，不仅注意到作为实现"走出去"战略过程中海运的重要性，更难能可贵的是，提出了要有索赔预案的建议，值得肯定。

需要指出的是，当收到船公司的不清洁提单时，货主A公司是否应及时采取一些预防货损措施，这一问题值得探讨。

15. 境外项目物资采购商务谈判

某建设公司承接了某国一个化肥项目，由于是境外项目，人地两生，因此公司非常慎重，通过深入分析该国所在地区营业时间特殊、经济落后、物资匮乏，不确定性因素较多，供货周期长等物资供给的特点，为项目物资采购合同商务谈判做了充分准备，最终圆满完成合同前期工作，为签订合同及之后的项目建设铺平了道路。

物资采购合同商务谈判有下面五个要点。

一是选择合适的谈判对象并充分了解对方。选择一个合适的谈判对象是进行一场有水平、有质量谈判的前提条件。一般情况下，对于中小规模的采购，供应商的选择就是谈判对象的选择。在货比三家、价比三家的基础上一定要进行"人比三家"，对谈判对象的综合信息，包括信用度、宗教信仰、民族、合作历史、履约能力、资金实力、经营状况、市场占位等，都要进行比较和考量。对于大宗型的采购，在确定供应商后会进入多轮实质性谈判环节，其业务代表、业务主管、经理、副经理、总经理甚至董事长都可能是你的谈判对象。但由于每个人的权限都不一样，因此在第一次谈判的过程中，就要对谈判对象的水平和权限进行摸底和判断，以避免和没有决定权的人进行谈判而浪费时间。

例如：2017年5月，公司项目经理部决定采购10个可移动办公室。经过了解市场及询价、比价环节后，最后项目部选择了一家价格较低的供应商进行合同谈判并签订了采购合同，合同约定：支付一定比例的预付款后合同生效，达到约定进度节点后支付一定比例的进度款，货到验收合格后支付尾款；供货周期一个月。在合同履约过程当中，经项目经理部考察发现标的物生产进度严重滞后，且没有达到约定进度节点时，供应商以无资金购买原材料为由要求提前支付进度款。交货当天，在标的物抵运至施工现场后，供应商再次提出违背合同条款的要求：先付尾款再卸货，否则不同意卸车且会让司机再运回去。这个事件的发生最终导致供货周期滞后了一个月。

二是获得对方的充分信任。信任是谈判的基础。在谈判过程中，获得对方的充分信任是谈判成功的必要条件之一。当地人的防范意识非常强，一般情况下不会轻易相信别人，但是一旦建立起信任关系，就非常信任你。那么如何获取对方的充分信任，从而建立良好的信任机制呢？有三个关键点，即谈判前应做好充分准备，心中有数，有的放矢；先做朋友，后谈生意；用同理心和对方沟通。

三是控制谈判的局面。在谈判过程中，要主动争取成为谈判趋势的主导者、节奏的把握者和局面的控制者。一个谈判高手并不需要针锋相对地把对方逼到悬崖边上，而是要通过有理有节的说辞加上恰当的谈判技巧引导对方，从而使谈判的局面向有利于自己的一边倾斜。

四是保持冷静和克制。在谈判过程中，当面对对方利益分歧时，对方并非都能够给出符合自己预期的答案，甚至还会提出一些不合理的要求，在这种情况下，应对的最好办法是保持冷静和克制。冷静和克制是一个谈判者必备的心理素质。

五是恰当使用技巧。当双方谈判进行到一定程度，特别是双方就谈判事项基本达成一致意见但是某一个或某几个问题没有谈妥的情况下，可以给对方不留痕迹地"透漏"一些信息，从而让对方的心理活动增加，促使其快速做出同意我方条件的决定。

例如：2018年10月，公司项目部决定购买用于某厂房屋面、墙面的岩棉夹芯板。经过前期市场调查、询价、比价等环节，项目部最终决定同一家具有价格优势并且之前有过合作的供应商进行合作。双方就标的物采购事宜共进行了五场谈判，前两场为技术谈判，后三场为商务谈判，其中最后一场谈判为己方主场。在前两场商务谈判的中，双方已经将标的物单价、付款方式、供货周期、运输、违约、索赔等基本事项谈妥并形成了签字版会议纪要。

但是，在第四场谈判中（对方主场），双方就增值税问题存在分歧并形成僵持。项目部人员判断供应商具有强烈的成交欲望，以次日有一个供货商同己方有一个重要会议为由，提出今天必须返回公司，改天再约谈该事项。回项目部的后第三天，对方打来电话邀约项目部人员继续谈判，项目部人员不失时机地邀请对方来自己的施工现场进行谈判并参观目前的施工进展情况。几天后，对方如约而至，在项目部己方主场开始了第五场谈判，双方开门见山就谈判的分歧点继续展开谈判，对方在两个回合后就爽快了同意了项目部给出的增值税税率。随后，在当天双方就签订了采购合同。

（郭江明）

专家点评：

商务谈判作为商务活动中的一项重要内容，历来为商务人员所重视，很多企业设置有严格的谈判流程，各种各样的谈判培训班也充斥于网络，但归根结底，关于谈判，不外乎"知己知彼，百战不殆"，如果再加上一些技巧，往往还能收到更好的效果。

在本案例中，该公司项目部基本上遵从的就是这样的路数，应该说效果不错。尤其是在谈判之前还做了一些功课，研究了谈判对象的"信用度、宗教信仰、民族、合作历史、履约能力、资金实力、经营状况、市场占位等"，并在谈判过程中意识到相互信任的重要性，更值得肯定。

但是，从供应链的角度理解，这种谈判能够给双方带来的利益实际上很少，更多的是讨价还价，而讨价还价不是谈判。真正的谈判目的是达到双赢，通过共同采取行动来降低成本使双方受益，而讨价还价就好像跷跷板，一方获利大了另一方获利就小。因此，谈判可以作为商务活动中一项迫不得已的手段，但不能作为唯一手段。

16. 物资采购策略与总成本控制

某化工企业需要购买造粒设备，用于产成品的结晶造粒环节。因该设备价值高、影响大，使用部门选择设备品牌时非常慎重，于是便与采购部门一起对进口设备和国产设备做了详细的市场调查，并对其质量、性能、成本三个方面进行了优劣势分析。

从造粒质量分析，进口品牌造粒设备优点比较突出：采用预结晶工艺造粒，颗粒度均匀、表面光滑、形状大小一致性好，造粒一次性合格率高，造粒速度快效率高且颗粒坚固、不易板结或破碎；而国产造粒设备采用直接冷却造粒，没有预结晶工艺，会导致颗粒表面略显粗糙，有产生粉末的风险，在夏季高温状况下堆放，产品有可能会出现结块的现象，从而会造成客户投诉甚至退换货的情况发生。

从设备性能分析，进口造粒设备质量可靠、精度高、性能稳定、设备故障率低，很适用于大批量连续作业，且使用维护成本较低；国产造粒设备质量可靠性相对差一些，设备故障率相对较高，从而使得使用成本增加。

从设备成本分析，进口造粒设备的采购价格普遍是国内造粒设备采购价格的3倍以上，而且交货期很长，普遍在8个月以上，运输成本高，若出现设备故障，维修不方便，维修配件价格较贵；而国产设备采购价格便宜，交货期可以缩短至3个月，且售后维修方便、服务好，维修成本较低。

究竟是购买国产设备，还是用3倍的价格购买一台进口设备呢？采购部门建议：不能仅从采购成本考虑，而要从设备的全生命周期的角度进行考虑。

比如，从生产成本考虑，设备故障导致的异常停车费用是非常昂贵的，尤其是连续生产作业的化工企业，单独设备故障可能会导致整条生产线的停车，成品产出率降低将导致单位产品成本上升，停车待工成本上升，临时开停车还易造成能耗成本上升，原料损耗上升等损失，比设备维修成本要高很多。若出现多次设备故障，相关损失更将会成倍增加。

从质量成本考虑，客户投诉将导致客户满意度降低、公司信誉损失、潜在订单损失和客户维护成本增加，而由产品质量问题引起的退换货也将增加设备的使用成本。

由此，采购部门建议购买质量可靠、性能稳定、设备故障率低的进口造粒设备。

确定了采购方向后，采购部设想从多个步骤制定该设备采购成本控制策略，以实现总体成本最低。

第一步，在采购寻源环节，通过市场调查，在相关大型设备行业内最顶尖的、与我国之间有最惠国待遇的某国找到几家优质生产商。通过与这几家生产商（供应商）反复多轮的技术交流洽谈，汲取各家所长，结合企业实际需求获得最优的技术方案。

第二步，利用这几家同类型供应商之间的竞争关系，通过竞争性比价和谈判，获得供应商更低的总体报价方案。

第三步，获得总体报价后，采购部门又在运输和报关等商务条款进行沟通确认，最终在总价不变的情况下，获得目标供应商交货条款及付款延后条款，降低风险同时降低了物流成本。

第四步，在目标供应商报价方案无法再降的情况下，采购部门协同使用部门通过VE项目策略，将部分非核心配件转移到其国内合作厂商生产，从而降低供应商总体生产成本，进而实现供应商报价降低，并在安装调试及售后服务环节获得其国内合作厂商的支持，改善进口设备维修困难的问题。

第五步，通过对其国内合作厂商考察评估，协助其国内合作厂商在质量控制和生产工艺方面做了较大幅度的改善,从而确保设备质量达到进口标准。

第六步,通过与供应商技术沟通交流,确认合适的 HS code(海关编码),实现零关税报关,进一步降低采购成本。

此次成功的跨国物资采购,最主要关键点是采购部门在启动阶段便已介入到该项目中,与使用部门协同作战,共同制定总的采购方案,携手实施采购成本节降策略,通过 VE(价值分析)和本地化采购等采购方法,最终实现了采购总体成本的大幅度降低。

(闫廷章)

专家点评:

优秀的采购战略最为重要,是决定整个采购流程是否最终成功的第一步,同时总成本(TCO,Total Cost Ownership)的分析在制定合理的采购战略时亦是至关重要的因素。

此案例的另外一个亮点是,虽然是采购进口设备,但同时将部分非核心配件转移到其国内合作厂商生产,从而达到与供应商的双赢以及为企业带来最佳 TCO 的采购方案。

案例总评

国际采购不再是新鲜事物，国内企业在全球进行元器件和产成品的采购，也已经有数年经验，比如国际工程项目的国际采购。降低成本已成为大多数公司近年来的首要任务，这使低成本国家的供应商变得非常具有吸引力。

本章共 16 个国际采购案例，对于国际采购的八个基本程序都有涉及，让广大读者从实际案例的分享中具体了解每个步骤的关键点，遇到的困难、挑战以及应对措施，在日常工作中有一定的启发和借鉴作用。全球化采购使国际制造商以及我国企业的供应、采购战略发生了显著变化，具体内容表现在以下四个方面。

第一，集中采购趋势非常明显。许多国际制造商想方设法提高采购批量，以充分发挥其价格谈判的能力。实现这一目标通常有三个途径：（1）集中某一家供应商不同事业部或不同地区供应商的某些特定类型物资的采购数量；（2）通过一家供应商采购；（3）尽可能使各产品的物资标准化，以实现标准化器件更高的采购批量。但这一做法受到新产品设计阶段元器件选择的限制。例如本章的"铑金属催化剂采购"案例、"引进技术这样集采"案例、"疫情下的全球化采购"案例等，都体现了集中采购趋势的优势。

第二，整合供应商以获得成本优势。现在，许多国际制造商将供应资源集中起来，只与少数几家供应商打交道。通常，为维持采购成本的优势，采购企业对采购条件要求非常苛刻，其提出的"总成本模式"便反映了这一变化。例如本章的"物资采购战略与总成本控制"案例、"国际炼油项目采购"案例都体现了整合供应商以及对总成本的模式要求以获得成本优势。

第三，与供应商互动，国际制造商迅速采用基于网络平台的采购流程，如在线询价和在线拍卖变得越来越普遍。在线国际采购给采购带来的主要利益是：由于供应商彼此竞争，采购企业能够快速了解和评估供应商，从而加速采购流程并成本节约巨大。

第四，设立国际采购中心。随着采购量的大幅增长，大型企业都会成立采购中心或采购平台，其优势和好处是显而易见的：（1）有效地进行整个采购流程以及后续的物流管理运作，大大提高了运作效率；（2）进行跨部门、跨区域、跨项目的采购物资需求量的整合，跨越中间商直接进行全球集中采购，从而降低总成本；（3）在遇到采购瓶颈需要管理层介入支持时，集中采购中心能使管理层更有效、更快速、更直接地做出相应的人员调整和战略方向的决定。例如本章的"引进技术这样集采"案例、"疫情下的全球化采购"案例、"因地制宜的海外项目采购组织"案例等，都分享了集中采购中心的实际操作经验。

第五，优化协调物流管理。如何进一步优化国际采购的物流管理是做好国际采购的一个重要环节，其中国际运输方案、原产国出口海关政策及进口国进口海关政策、原产地、物资国内配送、退税等因素成为大家讨论的热门话题。本章多个案例都有涉及此话题，不同的实际案例给大家提供了不同实际操作经验的参考，例如"高低压闪蒸罐超限运输"案例、"境外项目大型设备采购方案的地缘因素"案例、"国际采购的物流管理要素"案例等都具有参考价值。

上述采购趋势和方法在国内已然出现，那些为全球提供产品的大型制造商多少已经遇到这些问题。随着中国作为"全球工厂"地位的巩固，所有国内制造商不论规模大小都必须快速对这些采购新趋势做出反应。

如今，中国的供应市场迅速与全球经济接轨，而十年前这似乎还难以想象。"打开国门，走出去"的战略使中国供应商在受益的同时也面临参与全球化竞争的风险,充分理解全球化采购的影响并积极制定有效的应对战略方能把握机遇。那么中国供应商有哪些应对战略呢?

供应商应通过对比与其他供应资源在价格和质量的差别来预测采购如何集中。它们必须不断改进,理解国际买家的价值观,从而成为许可供应商。接下来,如果国际买家提出要求,供应商则需准备投资扩大和升级产能以支持独家采购,也可以与买家共同投资。

当面临主要买家要求不断改进工作的压力时,许多供应商不愿配合。它们可能会因缺少设计资源、设备、信息系统、员工技能或培训能力,难以实施买家所要求的改进。然而,它们忘记了,主要买家通常拥有大量能为其所用的资源。在买家进行供应商开发项目时,积极参与是个有百利而无一害的好主意。除了正式项目之外,许多买家还能临时增派资源支持供应商的改进工作。

如果面对"总成本"采购方式,供应商的思维必须实现从低"离厂价格"到低"货到买家价格"的转变。理解买家如何决定总成本至关重要。总成本通常至少包括三项基本要素,即运货成本、供应绩效成本和库存占用成本。较低的运货成本是指能提供低成本运输费用和方便卸货的包装。较低的供应绩效成本是指及时交货和保持低交货次品率。最后,较频繁的小批量运货比大批运货要好。

由于越来越多的全球买家开始采用在线询价和在线拍卖,并利用网络选择与评估潜在供应商,中国供应商应考虑建设一个美观实用的电子平台,这包括一个内容翔实、功能齐全的网站,呈现买家关心的各种信息,以及一个实用可靠的电子邮箱,以便于能通过宽带连接实现互动,如填写在线询价单和参与电子拍卖等。然而,目前中国供应商网站的内容通常很不完整,公司规模、产品情况和质量情况等基本信息很难找到。另外,电子邮箱很多不能正常使用。没有能力使用网络的供应商很可能很快将被淘汰出局,因为一些领先的供应商已经开始使用这些工具。

在采购涌向低成本国家的浪潮中,许多中国供应商获得了前所未有的机遇。就目前趋势来看，机会的确很多，增长空间也很广阔。然而，随着中国制造行业与全球经济更紧密地相连，明智的供应商必须不断提高自身能力，方能立于不败之地。

最后，希望我们中国的企业在"走出去"战略的指导下，成为优秀的国际买家和国际卖家，不仅能够在全球范围内进行适合的国际采购，同时也能让"中国制造"更广泛地走向全世界！

第九章
采购总结

采购总结指的是在某一个项目的采购或某一个采购过程完成后，对这项工作的回顾和提炼，并对今后的工作提出切实可行的建议。目的是为了吸取经验教训，持续提高采购工作的水平和能力，为企业创造更好的效益。

采购总结的内容应包括采购工作的背景、采购过程的策划、市场情况的应对、供应商的选择和确定、采购计划的制订与执行、采购工作程序文件制定、要达到的目标及实现情况、对供应商的评价、工作建议等，对于工程项目采购，还要包括采购的组织机构、岗位设置、质量保证措施、合同管理、档案（资料）管理、应急采购预案及其执行情况、物流情况、仓储管理、剩余物资处理等。

全面、客观、深入的不断总结可以将经验知识化，并凝固于采购工作流程之中，成为未来采购工作的指导。正如棋手复盘，通过分析每一盘棋的得失，不断积累成功的经验和应吸取的教训，才能百炼成钢，跻身高手之列。

本章典型案例：生产类、服务类物资采购的经典实践，工程项目采购，催化剂、聚合反应器、紧固件采购及评价等。

1. 催化剂运行成本评价方法

近年来，随着炼化技术的不断进步，作为炼油化工技术发展和产品更新换代的重要技术支撑——催化剂，在提高炼化企业产品质量、降低生产成本、保障装置安稳长满优运转以及提高经济效益等方面起着举足轻重的作用。催化剂采购以其金额大、价格波动频繁、技术含量高、风险高及装置适应性强等特点，一直是炼化企业采购关注的焦点。

华南地区某大型炼化企业在长期生产采购的实践中，探索出一套以"催化剂运行成本"对各供应商的投标报价进行综合考量的评价方式，进而选出性价比最优的报价方案，取得了良好效果。这套评价方式尤其适用于进口供应商和国内供应商同台竞争的情况。

"经过市场调研，这次我们准备推荐 8 家供应商，分别是……"技术工程师李工和采购主管小王正在电话沟通加氢催化剂采购的供应商名单。"4 家国外供应商，4 家国内供应商，这怎么比较？！从价格上来说，国内供应商的报价无论如何也比国外的低很多啊！"小王惊讶道。

"我们推荐 8 家供应商就是为了保证竞争性啊！的确，如果单从价格上来说，结果显而易见！"李工接着说道，"有些进口催化剂虽然采购价格贵，但运行周期长，处理量也高啊，这些因素在采购过程中是否可以综合考虑呢？"

李工的话听上去很有道理，采购像加氢催化剂这样技术含量高、对装置生产影响大的重要物资不能光看眼前的价格。为了选出性价比最佳的产品，小王提出了一套以催化剂运行成本为评价因素的评审策略。

第一步，对技术部推荐的 8 家供应商开展资格预审，对他们的企业资质、财务状况、业绩、加工能力、制造周期、售后服务等方面进行评审，最终圈定 6 家公司进入短名单。

第二步，技术人员与入围的 6 家供应商分别进行技术交流，使他们充分了解己方的技术要求，避免供应商在投标期间提出诸多疑问，或出现理解不一致的情况，导致报价存在偏差；发标前与各家锁定技术附件。

第三步，编制招标文件，明确定标原则为"按经评审的新鲜原料平均吨处理费用最低原则，选取价格最低的一家中标"。各家报出催化剂价格的同时，也要报出使用这些催化剂能处理的新鲜原料的量，以此计算出处理每吨新鲜原料所用催化剂的价格，作为评审排序的依据。为了防止有些供应商虚报新鲜原料处理量，招标文件中还特别明确了未达到约定处理量的赔偿条款，主要是取消该供应商参与本装置下一周期催化剂采购竞标的资格，并降低该供应商在企业采购系统的评价等级。

第四步，评审及推荐中标人，根据既定的定标原则，计算各家的评标价格以及各家的新鲜原料吨处理费用，推选费用最低的一家进行授标。

在技术部门的协助下，采购小王按照上述流程完成了本次催化剂采购定标工作。经过一个周期的运行检验，李工告诉小王：这次采购的加氢催化剂运行效果不错，达到了约定的运行周期，计划近期启动下一周期的催化剂采购。

（范喆）

专家点评：

催化剂作为炼油和石油化工生产企业最重要的物资之一，由于其技术要求高、对生产企业稳定运行影响大、对产品性能优劣有着决定性的作用、占企业采购成本比例较高等因素，历来为生产企业采购所重视。但是，正因为有复杂因素的影响，催化剂的采购就不能单单用价格作为确定供应商的依据，而应该从催化剂的性能、使用寿命、采购方便性、供应商稳定性等多方面来衡量，一方面要保证在催化剂全生命周内成本较低，亦即案例中所说催化剂运行成本较低，另一方面要确保催化剂的稳定供应，要知道对生产企业来说，催化剂中断供应是不可想象的，甚至可以说是致命的。因此，对于催化剂采购，要采用综合评价的方式进行。应该说，本案例在这方面进行了有益的探索，也积累了一定的经验。

首先，在供应商的初选阶段，采购部门没有盲目、随便地确定供应商范围，而是与技术部门进行充分沟通，接受技术部门的推荐，尤其是当技术人员来自生产一线时，其推荐的供应商可能更加可靠。

其次，采购部门从催化剂运行成本出发，制定采购原则。

第三，对于技术部门推荐的供应商，采购部门组织进行了评审。这一点非常重要，不能盲目相信供应商的自我介绍，要像案例中所说的那样，对供应商的资质、财务状况、业绩、加工能力、制造周期、售后服务、以往用户的评价、在采购周期内企业生产负荷等方面进行评审，如果属于采购部门不了解或者没有合作过的供应商，还应进行实地考察。

第四，鉴于催化剂技术含量高的原因，一定要明确技术要求，一方面可避免出现供应商因为理解不一而造成报价偏差过大的情况，另一方面可避免实际供货时出现催化剂性能不满足实际需求的情况。确认技术要求，可以在技术部门明确提出的同时，通过与不同供应商的交流来相互印证，有时候会有意想不到的收获。

第五，招标文件中一定要明确中标原则，杜绝定标的随意性，这既是法律上的要求，也是避免出现纠纷的基础。

第六，催化剂的性能需要在实际生产中验证，因此，对于最终确定合作的供应商对性能的承诺，在合同中要有相应奖惩条款，这在本案例中也有所体现。

此外，对于工艺包指定的催化剂，是否采用这种采购方式，要视与专利商合同条款的情况确定,不能一概而论。

本案例的不足之处是,新鲜原料平均吨处理费用最低与催化剂的价格最低不一定是同一家供应商。应该有权重比例的设置,最后根据综合计分作为推荐供应商的依据。

2. 聚合反应器的国产化采购

华东某石化企业 2018 年启动了 30 万吨/年聚丙烯项目，聚丙烯装置的专利技术及工艺包由德国某技术公司提供。该工艺中有两台连续搅拌釜式丙烯聚合反应器。这两台聚合反应器在整个装置中居于核心地位，有"心脏"之誉。此前，此类聚合反应器的制造企业主要为国外的 3 家公司，国内暂无进入视野的制造企业。

根据上级集团关于"三化"的要求（标准化、简易化、国产化）以及"首台首套"国内制造的要求，石化企业组成项目组遍访全国，分别对国内 A、B、C、D、E 等 5 家公司进行了调研和技术交流。通过调研交流发现，D 公司、E 公司有类似设备业绩，且对本设备制造的关键工艺已经研究 3 年以上，其制造方案合理。综合来看，这两家公司既有类似设备的制造经验，也有大型进口设备国产化的经验，并对此类搅拌反应器有一定的研究，基本具备聚合反应器国产化的设计制造能力。

项目组经报请石化企业批准、上级集团核准，确定以竞争性谈判方式向 D 公司、E 公司进行议标。

2019 年 9 月项目组发出竞争性谈判文件，经过三轮议标、澄清等工作，于 2019 年 10 月开启最终谈判文件，确定 E 公司为中标人。随即按照合同约定，企业与 E 企业签订了 2 台聚合反应器制造合同。与反应器配套的搅拌机供货商为德国某企业。

由于此类聚合反应器是内置底插式螺带搅拌桨的反应器，其直径大，制造的核心在于保证搅拌桨在壳体内顺利运转，既不能碰壁又要满足间隙要求。由于本次分成两个包分别采购，因此在后期合同执行中聚合反应器制造商与搅拌器制造商之间的配合十分重要。

鉴于搅拌机供货商为德国企业，而且是第一次与国内聚合反应器制造商合作，因此它们之间的配合需要业主方专业到位的协调。从聚合反应器荷载及封头压力容器计算交由搅拌机制造商复核，聚合反应器制造过程中发现问题与搅拌机制造商沟通，将反应器底部封头模板返给搅拌机制造商以及后期聚合反应器与搅拌机到货后现场组装总体协调等问题，不仅考验中外两家制造商的密切配合，也对业主方的追踪、督促、协调提出了更高的要求。

在推动中外两家制造商密切合作的同时，项目组把重点放在了严控制设备质量上，并将质量控制及关键节点作为重要内容列入技术协议及合同的之中。

聚合反应器质量控制的关键点主要有：（1）锻件、钢板、焊接材料的各项性能，检查内容是锻件、钢板、焊接材料的各项性能；（2）最终热处理，检查内容是进炉前设备的状态；（3）水压试验，检查内容是设备的组装精度及密封性；（4）抛光，检查内容是粗糙度；（5）出厂验收，检查内容是设备外观、尺寸及内件安装配合。

项目组参考了国内某项目监造过程中影响质量的因素，最多的是人为因素，其次是工艺方法，而后是材料因素、设备因素、环境因素和检测因素。

为此，项目组采取了以下措施。（1）通过委派第三方监造的形式予以监督。买方根据订货技术文件和制造方的工艺质量控制文件编制监造大纲，监造方根据编制监造大纲开展监造工作。（2）在制造过程中，买方或委派的监造方根据需要查阅全部的制造过程文件，制造方应予以提供协助。（3）在见证点或停止点前，买方接到制造商通知后，及时派人到达制造现场。买方或监造方代表买方行使对制造过程的监造，监造质量控制节点并另编《监造大纲》。（4）监造有文件见证、现场见证和停工待检几种形式，即 R 点、W 点和 H 点。每次监造内容完成后，买方代表和监造方代表均须在见证表格上履行签字手续。

（5）出厂前的验收。买方在接到制造厂出厂通知后，及时派代表前往进行出厂检验，主要针对设备外观、尺寸及内件安装配合的状态进行检验。

最终，项目组不负众望，一方面主动沟通和协调中外两家制造商全力合作，一方面全过程介入设备制造的质量管理之中，从而为圆满完成聚合反应器的采购奠定了坚实的基础。

（王英龙）

专家点评：

随着"中国制造"水平和能力的不断提高，不少企业已经开始改变过去依赖进口的关键设备的状况，实行国产化采购，这是一个好苗头。但不可否认的是，尽管"中国制造"已经开始迈向中高端，但在质量控制、国际化经验、资料整理等方面确实还有亟待提高之处。在本案例中，企业正是基于此种认识，在采购初期就广发英雄帖，开展多方调研，对国内该种设备的制造能力进行了充分摸底，以做到心中有数。随后在对优选后的供应商进行议价谈判中，不是盲目地唯价格是论，而是在保证每家参与竞争的供应商对技术、质量、交货等因素有充分理解的基础上，慎重做出选择。在设备制造过程中，清醒地认识到国内供应商初次制造这种关键设备的风险，采用第三方监造的方式来保证质量，也是一种恰当的质量控制手段。同时，作为采购方，并未放弃自己的责任，而是主动协调国内制造商与关键部件国外制造商之间的关系，随时跟踪，及时解决可能出现的问题，为关键设备的国产化采购探索出一条新路。

"中国制造"是优质资源，利用好这项资源，将会对国内企业的发展有着举足轻重的作用。

3. 选择供应商的新老模式之差

某公司计划在本年度装置大修时对一台火炬进行改造性检修。该火炬是整个装置系统配套放空的安全、环保设施,投运已十多年。由于它用时较长,目前在运行过程中存在较多问题,一是腐蚀和损坏严重,火炬筒体支架多处脱焊、点火枪开裂变形,高压发生器总电源箱腐蚀失效;二是存在设计缺陷,高压发生器、热电偶接线盒位置设置不合理,检查维护不便,故障率高,火检温度显示异常。

负责火炬运行的公司分厂随即制定了检修方案,根据参检单位对火炬现状和运行情况的了解程度,建议由一直参与维护的外协单位完成检修。供应部门接到检维修申请单后,组织分厂、装备管理技术部门组成专项工作组认真审核检修方案。方案中对参检单位需提供的备件、检修内容及检修步骤的要求十分明确,依据检修方案编制的招标文件规范、具体,具备公开招标的条件。经专项工作组审核讨论,在认可招标文件基本内容的同时,增加了扩大供应商寻源面的内容,以确保在保证质量的前提下同时达到降本效果。

在开标过程中,对于无本公司合作业绩的参检单位,先由评标组审核投标单位的资质与业绩,再由技术部门与之沟通,了解拟参检单位的技术水平、双方合作的协调配合程度。最终在技术及合作能力均满足项目要求的前提下,结合商务报价决定最终的参检单位。

该项目在公司官网公布至开标截止时间,获得了新的参检单位的投标,其资质与业绩均符合项目要求,且价格与长期合作单位存在较大的差异。

专项工作组根据投标情况对比了采用新老模式选择参检单位的利弊得失。

采用老参检单位的优点是:(1)生产部门因接触面窄,无须花费时间去了解市场行情;(2)因双方合作时间长,原参检单位对现场条件熟悉,亦能对该项目提供一些合理建议,可减轻生产部门及技术部门的前期工作量;(3)检修过程中,如发生意外情况,双方更便于沟通。

不足之处是:(1)一直使用老的参检单位,长期局限在一个或几个固定的参检单位,这会导致价格异常,也必然会造成检修成本的上升,不符合时下降本增效的企业管理要求;(2)由于参检单位提前参与检修方案的讨论,可能会产生过度维护,也会造成检修成本的上升;(3)过分依赖老的参检单位,日常运行过程中如发生突发情况,易出现参检单位因业务忙无法派出技术人员或备件不全的情况。

如果采用公开招标确定新的参检单位,不仅可以增强老模式的优点,其若干不足之处也能得到了弥补和解决。

基于上述分析,依据招标的实际情况,公司最终选择了新的参检单位。目前,该火炬的改造性维护已经完成,其整个施工过程、施工方提供的备件、技术支撑、协调配合及检修时间节点均满足项目的要求,达到了预期效果,火炬点火正常、显示正常。

对此项目的事后总结如下:

(1)采取新模式,不仅直接降本达到60%,而且为后期采购火炬备件提供了新的供应商的选择;

(2)通过引入新的参检单位,解决了受制于老的参检单位的问题,也节省了检修成本,同时提高了人员的技术水平,检修方案更加符合本企业装备的要求;

(3)由于此项目的成功实施,对生产、技术、供应部门均起到推动作用,为后期企业的降本增效、技术提升提供了范例;

（4）火炬运行如果出现突发故障，有了应急备选单位。

（冯玉华）

专家点评：

  本案例对如何开展与供应商的长期合作提供了一个经典范例。正如案例中所分析的那样，与某些供应商长期合作有利也有弊，但如何趋利避害，应该是采购部门时刻保持关注的课题。本案例中与业主长期合作的供应商之所以会比新的供应商价格高出许多，肯定有以为业主不敢随便更换供应商的思想作祟。因此，即使开展与某些供应商的长期合作，也要实行动态管理，不要给它们造成错觉，以为长期合作是无条件的。同时，作为采购部门，也不能因为与某些供应商长期合作，就放弃对市场的分析研究，过分依赖供应商的信息，导致对这些供应商价格偏离市场实际的失察，而要随时做到心中有数，能够及时发现供应商的问题并进行纠正。

  具体到本次采购，对于引进的新供应商，要防止其为了打进市场采取低价策略而在以后的项目中"原形毕露"的情况，要观其后效；而对于老供应商，也要让其说明价格差异巨大的原因，以促使其不断进步，增加与业主长期合作的诚信。当然，采购部门前期进行了准确的需求分析也是本次采购的成功的重要因素之一。

4. 采购流程中的九条"军规"

常规的采购流程涉及预算、请购、询价、比价、订单或合同、验收、入库、发票和付款等 9 个步骤。结合本企业的实际，某企业采购部门将按照从预算到付款的次序，对这些步骤的合规管理进行分析。

（1）采购预算是采购部门制作资金计划的依据，也是采购降本、管理合同进度的工具。采购的使命是把采购价格控制在预算以内。目前我所在部门预算的来源有两种：①生产物资预算是否准确，主动权在采购人员手上，老的采购人员甚至能精准无误的把握预算，日常供应商也会无条件配合；②工程预算随着项目进度愈发差异大，主动权在技术人员手上，站在进度角度制约采购人员，不按合同执行的情况屡屡发生，供应商抱怨连天。而将上年采购预算削减作为本年预算的办法，优点是给采购压力，快速降本；缺点是公司缺乏增值理念，过度依赖低成本竞争，从而导致采购人员工作被动。

（2）请购是采购对使用部门输入的控制点。请购环节分为计划内请购和计划外请购两种情况。从内控的角度来看，计划内请购是最符合管理要求的，这时要考虑简化审批流程。对于计划外请购，一般称为"应急采购"。拿着进度和到货时间来让采购权衡，往往没有任何审批的手续，会成为企业内部的一大风险。

（3）询价环节是违规的重灾区。如果没有非常完善的询价工具和监控机制，会有三种典型的违规情况发生：①采购员一人控制整个询价环节，将目标价格泄露给某个供应商，失去公平性；②公司内部人员在询价期间打听各供应商报价情况，之后给某个供应商报信；③供应商之间相互串标，哄抬价格。最好的控制办法是把询价的主导权全部交给采购部门，并要求公司其他人员不得参与招标。这样一方面采购部门被给予充分信任；另一方面如果出了问题，责任都是采购部门的，责任清楚，便于追究。

（4）比价是内控的重点。在完成询价之后，采购人员要填写采购立项审批单，体现中标价格并按照流程逐级审批。对于审批者，要知道比价表的两个要点：①中标价格合理。一般在 ±10% 以内还算合理，如果过低或者过高，要考虑是否有误或者供应商是否在同一平台；②订单金额越大，参与比价的供应商数量应越多。例如，规定 5 万元以上的订单要有至少三家供应商比价；1 万元到 5 万元的订单要有至少两家，以避免单一来源或者定点采购。

（5）订单或合同是采购过程的法律控制点。对于签署长期（框架）协议的供应商，采购人员只需要下发订单即可；对于首次采购的物资，采购人员首先需要跟供应商签署合同，签字盖章生效后再执行。这将会涉及三个控制点。①合同和订单的模板。法务应提供所有的合同和订单的模板。特别是对强势供应商的采购合同，法务要对合同进行风险识别，辅助采购人员签署合同。②分级审批订单的金额越大，一旦供应商违约，公司承担的风险和损失也就越大，这就需要对不同金额设置审批权，实现风险与效率兼顾。③必要时需要财务对付款条件进行风险识别，在招投标过程中把握风险点，辅助下游合同的签署。

（6）验收是供应商完成订单的依据。验收的控制点有两个。①专职负责验收或者多部门联合验收。对于直材，质检是专职人员负责来料检验的，一般不会有合规问题；对于间材（乙方认价），往往来料没有人检查，导致使用部门获得评价权，容易指定供应商。这就需要采购人员深入到使用现场验证使用部门的反馈是否属实，从而控制合规性；对于设备，采购可以要求工艺和生产联合验收，双方都签字才能生效，以确保合规。②验收时间要与合同规定相符。有些使用部门并不知道供应商对验收时间的要求，如到货后一个月内采购方需完成验收，否则默认为验收合格。这就需要在到货后，采购人员提醒使用部门尽快验收，如遇问题尽快反馈，否则一旦时间错过，公司有遭受损失的风险。所有的验收数据也应对公留存，以避免事后履约过程中出现法律纠纷。

（7）入库是采购与仓库的工作交接点。采购物资都需要入库，这个环节有时不需要采购人员亲自到场。有的材料先行购买，后补入库单据，仓库只需在系统中点验，即"走空"。"走空"在很多公司都发生过。由于没有正常验收环节，供应商可以直接送到使用部门，这实际产生了违规操作。供应商因与公司一些人熟悉，直接将材料送到使用现场，质检人员不知情，采购人员不知情。如果该物料丢失，责任无法划分。针对这种问题，应有合规管理办法：①物资必须送至仓库，按流程在系统中操作；仓库必须每天做来料盘点，确保账物相符；②废物留存，财务检查。一进一出，两头控制，杜绝"走空"；③自行送货的供应商，质检人员与采购人员皆对其材料不负责，事先要在合同中加入此条款。

（8）要确保发票准确无误。在一些国际化大公司，供应商的发票直接送到财务，而不是采购人员收到发票后请款。这样做可以避免采购人员既控制价格又控制付款，因权力过大产生违规问题。但是一般的公司财务没有能力跟供应商对账，这就需要采购人员来收发票。既然由采购人员来做，就需要有三个控制点。①发票内容要准确。如果等到付款日才发现发票有问题，供应商只能到税务局作废再重新开具发票，会耽误账期。②发票提交要及时。有的采购人员忙起来会忘记请款，导致发票过了有效期，供应商必然会投诉。③避免个别采购人员权力过大。按时付款率作为衡量采购业绩的重要指标一定要落实到位，这也关系到企业的诚信。

（9）付款是一个采购业务的终点。采购人员需要参与三件事：①需要知道是否会按时付款，以避免供应商因为付款出问题而涨价或者停止供货，当公司的现金流不足时，需要协助财务与供应商协商延迟付款事宜；②年底或年初，需要支持财务与供应商的对账工作；③在价格变化和税率变化时，需要与供应商签订补充协议并与财务及时沟通报备，并按照补充协议执行。

采购是企业经营中的一个核心环节，是企业降低成本、获取利润的重要来源。由于受各种因素的影响，采购的各个环节中都存在各种不同的风险，如果对这些风险认识不足、控制不力，企业采购过程也就最容易产生各种问题。提高对企业物资采购风险的认识，加强对风险的控制与管理，可以为提高企业产品质量和经济效益提供有力保证。

（冯舒雅）

专家点评：

  采购是一项流程性工作，每一个环节的效率，都会对采购工作产生极大的影响，每一个环节的风险，都会贯穿于采购工作的整个过程。因此，针对采购工作的每一个环节，都应该有严格的管理制度和工作流程。在本案例中，就对采购流程中的每一个环节进行了分析，从信息和资料的输入、工作过程、其中的风险，直到该环节的结束，都进行了详细的阐述，相信会对同类型企业的采购人员有极大的借鉴作用。同时，本案例还提出在整个采购工作中通过避免"暗箱操作"预防职务失责的建议，也是极为必要。

  可能不同的企业有不同的内控要求，在本例中的一些做法也值得商榷。比如在询价阶段，"最好的控制办法是把询价的主导权全部交给采购部门，并要求公司其他人员不得参与招标"。不错，这样确实会将责任划分得非常明确，但是这种过于集中的招标办法或许会是导致出现不良现象的源头，因此需要在提高效率和保证清正廉洁方面寻找一个平衡点。再比如，"到货后，采购人员提醒使用部门尽快验收"，到货验收一般应该是采购部门的工作，至少要由采购部门组织开展，等等。

5. 服务项目采购引入充分竞争

某炼油厂每年约产生清罐污油数万吨,由于原油来源多样,清罐污油中携带大量泥沙、油泥及水,其中水和沉淀物达到40%以上,影响焦化装置回炼,成为生产中亟待解决的热点难题。为此,炼油厂计划立项清罐污油处理项目,并制定了项目目标:解决原油罐清罐污油固含量高、脱水难的问题,将清罐污油进行油、水、固三相高效分离,实现污油回炼、污水达标排放、含油危废减量的目标,以降低环保处置成本,提高企业效益。

2018年12月,炼油厂组成了技术团队,对该类项目潜在服务商进行调研。经过对多家有同类装置的炼油厂的调研和走访,技术团队找到一家拥有技术和成功解决同类难题业绩的服务商——B公司。

在技术团队经多番调研仍遍寻不着符合要求的服务商的情况下,炼油厂的采购团队与B公司展开了艰苦的谈判。但是,经过半年多的谈判,B公司提出的处理吨污油的单价仍居高不下。在这种情况下,炼油厂清罐污油处理服务项目的采购效益并不明显。因此,最终的谈判结果未能获得炼油厂决策层认可。

为解决竞争不足、采购成本居高不下的问题,炼油厂采购部进一步进行了广泛讨论和充分评估,认为国内应该还能发掘出有技术、有成功应用业绩的服务商,只是由于信息来源渠道的局限,无处获得其他符合相关要求的服务商信息而已。

经报决策层批准,炼油厂启动了该服务项目采购公开招标程序,并按照新的思路编制招标书。这个招标书充分考虑了存在处理工艺不同的可能性,调整了原采购条款中水、电、蒸汽、污水处理等公用工程费用的承担条款，以保证竞争的公平性。同时确定采用综合评标法，在设定评标标准时，充分考虑技术的先进性和成熟的应用经验，不单纯追求成本的最低。

该项目招标公告在公共招标平台发布后，迅速吸引了多家潜在服务商的关注。发售期结束后，共有11家单位购买了招标书，至投标时间截止时，共有7家单位提交了投标书，竞争性充分。

经过评标，最终B公司仍然凭借技术的先进性和成熟的经验优势获得了评标委员会的认可，被推荐为第一中标候选人。虽然在价格方面B公司不是合格投标单位中最低的，但也比最初以单一来源方式报出的价格优惠了四成左右，同时，项目运行期间的成本风险更多地要由B公司承担。

通过公开招标采购，炼油厂不仅实现了降低环保成本、获得经济效益的目的，也获得了更多潜在供应商资源，为企业后续生产经营活动提供了多种可能的选择；而B公司也因为接到这样一单"大活"而获得了应有的收益，双方最终都实现了各自的目标。

（曾平）

专家点评：

招标采购作为一种公开、透明、有效的采购方式，在采购实践中被广泛采用，尤其是在本案例中供应资源有限的情况下，通过公开招标，可以吸引更多的供应商参与投标，既能达到寻源的目的，同时又保证了适度的竞争性，为今后同类型服务项目的采购获得了资源，积累了经验。

如果更深一步地探讨，那么为什么B公司在通过竞争后提供的价格比单一来源采购的价格要低四成，而且还提供了更好的服务？固然竞争是其中最主要的原因，但这是因为本案例中的炼油厂是第一次就该项业务与B公司发生业务关系，双方互不了解，更遑论有基本的信任，所以出于规避风险的考虑，B公司在单一来源谈判时报价较高是可以理解的。至于到了竞争阶段B公司将价格大幅度下浮，缘于该项目是B公司的主要业务，肯定要尽可能多地占领市场，同时如此多的服务商来投标，无形中也是给招标企业的一种信任背书，相当于降低了B公司可能要冒的风险。但随着业务的进行，如果双方能够建立起相互信任的关系，鉴于B公司在业绩、技术、能力等方面的优势，双方建立起长期的甚至战略合作关系，也不失为一个选项，炼油厂应该可以继续降低项目运行成本。

6. 工程项目物资采购的五项对策

某大型煤化工新建项目，总投资 150 多亿元，建设工期 36 个月，由于工期紧张，项目采用 EPC（工程总承包）和 E+P+C（设计、采购、施工分别由不同分包单位承包）相结合的建设模式，并边设计、边施工、边采购。

整个项目按计划建设完成，建设时间少于同行业同类项目并一次性开车成功。但其光鲜业绩的后面依然存在一些问题和不足，具体到项目建设中表现在以下几个方面。

第一，设计进度整体滞后，设计质量较差，存在投资不准确，设计变更较多，影响项目采购、施工质量和进度，造成现场返工和费用增加。

第二，施工承包商管理人员水平参差不齐，管理能力普遍薄弱，大型工程项目建设经验不足，部分承包商频繁更换主要项目管理人员，导致现场管理不够严格、组织不力，出现施工质量事故、进度滞后等情况，施工过程出现大量设计变更及工程签证，施工费用增加。

第三，EPC 总包项目，承包商现场管理能力不足，技术人员配备不完整，与分包单位管理界面不清，加之设计进度、质量控制不严，导致施工进度、质量较差。

鉴于以上存在的问题及不足，此类项目建设中应要求建设单位提升项目管理水平，加强项目管理；在项目建设中合理规划建设模式、设置组织管理机构、完善管理机制、建立科学完整的管理制度流程，重视项目各个环节的管理，加强团队协作。

对于工程项目采购工作存在的问题与不足，则需要从以下几个方面进行改进和提升。

第一，建立合理、完善的采购制度和采购流程，规范采购的各个环节，按采购内容及建设模式划分采购类别，根据项目特性制定采购方案。

第二，加强与设计单位沟通，做好采购计划管理与风险防控，重点项目要做采购紧急预案，采购计划和采购过程出现变化能及时应对并保证采购工作正常进行。

第三，根据采购方案、采购计划，做好市场调研和供应商寻源、考察，掌握市场价格情况，收集潜在合格供应商，分级、分类建立供应商清单，确保供应商充足、优质，采购过程有合理的参考价格或价格构成依据。

第四，根据采购类别，合理设置评审方式、内容及分值，对项目管理、设计、监理、造价咨询等应增加业绩、人员配置等分值比例，价格应合理，不建议低价中标。

第五，慎重合理选用 EPC 总承包模式，采购准备工作一定要充分，严格要求在基础设计完成后实施，应符合技术明确、价格可控、主要设备及材料清单完整等条件，同时采购文件对重要内容要约定清楚，尤其对投标人业绩要求、分包商选择、项目管理机构配置等进行明确规定，确保投标单位、项目管理团队、施工分包商经验、能力满足项目要求。

（冯强）

专家点评：

一般情况下，在大型或超大型工程建设项目中，同时采用 EPC 和 E+P+C 建设模式是可能的，比如主要装置的建设采用 EPC 模式，公用工程采用 E+P+C 模式。本案例中的项目一次性投资 150 多亿元，通过采用混合模式取得了成功便是佐证。但是，采用混合模式对建设单位绝对是一个挑战。从采购业务来说，既要拥有管理EPC总承包单位的能力，同时还要有自行实施采购的能力，难度可想而知。

当然，最终项目得以一次性开车成功，该单位的采购人员必定付出了无数的心血和汗水，积累了宝贵的管理混合建设模式的经验，比如重视建立科学完善的采购管理制度和流程、制定紧急采购预案、对供应商实行分类管理等。

需要澄清的是，第一，EPC模式要求的是设计、采购、施工深度交叉，与边设计、边采购、边施工是完全不同的两种概念；第二，在制定完采购方案、采购计划后才开始市场调研、供应商寻源，已经有所滞后，会影响采购进度；第三，为加快项目建设进度，有的项目可能会在基础设计尚未完成时就开始采购，这并非完全不可行。当然，这对设计单位和建设单位的技术和管理能力都有较高的要求。

7. 紧固件采购合零为整

紧固件是用作设备紧固连接的一类机械零件,广泛应用于石油化工等行业,其特点是品种规格繁多,性能用途各异,而且标准化、系列化、通用化程度也极高。由于紧固件的生产门槛较低,市场上此类产品的质量参差不齐。紧固件虽小,但作用很大,与各生产装置的安全运行息息相关,所以紧固件的采购需要从商务、技术、价格三方面综合考虑,才能最终选择最优性价比的供应商。也正是紧固件本身的特点,造成其采购合同涉及规格过于庞杂,同时还会存在特殊规格无法涵盖等问题。

那么这一问题该如何解决呢?某采购工程师提出了合零为整采用报吨位单价的方式。

某石化公司在某炼油项目紧固件采购框架协议招标中,前期根据设计文件,为尽可能满足项目需要,紧固件采购合同涉及报价的项目(规格)达到4685项。由于报价规格过多,出现不平衡报价的概率就大。2018年,该石化公司在大检修中发现,虽然紧固件的规格已达到数千个,但仍有很多规格特殊的紧固件,在报价清单中并未涵盖,影响了合同的执行。

为避免不平衡报价及规格涵盖不全的问题,在2019年3月某石化项目工艺管道用紧固件框架协议招标之前,采购工程师通过认真思考与分析,将以往的"分别单项报价变更为报吨位单价",最后再通过紧固件行业公认的"重量计算公式及相关材质的价格比例"折算出常用规格(4685项)的执行单价。同时,未列入合同清单中的特殊规格也可以通过折算的方式计算出价格。这样,几乎可以覆盖所有的紧固件规格，大大便利了合同执行。

通过报吨位单价的方式，该项目最终将报价行项目报价由 4685 项缩减为 6 项。6 项均为常用材质，在合同中也充分考虑了钢材价格波动对合同执行的影响因素，设定了调价机制。为了精益求精，还将这 6 项分项报价再进行价格比较计算偏离得分，再结合报价总价计算最终得分，从而确定中标人。

通过实践发现，紧固件采用报吨位单价的方式，不仅方便了供应商投标报价及评委评标，还有效避免了不平衡报价的出现，也几乎涵盖了所有规格，有利于合同的良好执行。

新的招标结果出来后，采购人员将其与前期紧固件采购合同进行了对比分析，结论合理。

在 2019 年 6 月某炼化公司进行的紧固件框架协议招标中，该采购工程师同样也采用了报 6 项（吨位）单价的方式，其招标结果（6 项吨位单价及折算后各规格执行单价）与前期紧固件采购合同及工艺管道用紧固件框架协议进行了对比分析，结论同样合理。

2020 年 1 月某石油公司在紧固件采购项目招标中，该采购工程师再次建议总公司采用报 6 项（吨位）单价的方式，与前述协议对比分析，结果不出预料，依然合理。

（郑友谊）

专家点评：

在日常采购中，紧固件是一类标准清晰且容易被轻视的产品，其价格虽低，但在各行各业中应用广泛，与各产业发展紧密连接，因此紧固件采购质量的好坏直接影响着企业装置的安全运营。

通过对案例的整体评估和分析，本案例中可借鉴的内容有：一是重视采购前期策划工作，依据紧固件执行标准及企业使用产品特性，化繁为简，并总结整理出满足招采条件的需求计划，为后续招标采购工作夯实基础。二是招标环节将总价得分与分项价格偏离得分相结合，规避了不平衡报价。三是建立了吨位报价与单项物料之间的映射关系，解决了规格涵盖不全的问题。同时设定了产品调价机制，以便合同长期良好执行。

此案例选择的切入点较好，采取的方法和措施得当，解决了该公司在紧固件采购中的难点与痛点，结果符合预期，且在实际应用中也取得了良好的效果。在采购过程中，仍需把握好以下几个要点。

（1）强化采购前期准备工作。在开展采购工作前，采购部门要提前与设计单位、使用单位、供应商深入对接，了解产品应用环境及需求特性，对需求计划进行分级、分类管理，做到采购工作提前一步，把采购工作延伸到供应链源头。

（2）严格筛选合格供应商并对供应商进行动态管理。对于生产门槛低、质量参差不齐、市场管理混乱的产品，强化供应商的分级分类管理尤为重要。首先，了解供应商生产能力、管理水平及研发潜力；其次，了解供应商供货业绩、合同履约能力；第三，依据产品目录对供应商进行分级管理；第四，对供应商供货质量、周期、售后服务及价格进行动态管理。

（3）建立产品价格分析模型，解析影响价格的主要因素，建立产品调价机制，对价格进行动态管理。

（4）推广框架协议采购。在确定框架协议供应商时，既要考虑供应商供货量是否饱和，又要引入良性竞争机制，以便充分调动供应商合作的积极性。同时，也降低了紧急采购的风险。

（5）强化质量管控。关注产品实际使用效果，寻找采购环节存在的不足之处，持续优化并提升采购工作质量，全方位、全业务链把控采购质量和产品质量，实现采购工作的闭环管理。

8. 卖方买方角色互换

某企业是一家生产真空泵压缩机组的通用设备机械制造企业。自创办以来，一方面作为供应商经常参加一些生产企业、招标公司、EPC总承包工程公司组织的招投标活动，此时它是作为乙方即卖方的角色出现；另一方面，企业也经常组织自己的二级供应商对生产中需要的大宗钢材、阀门、管件进行招议标，此时它是作为甲方即买方的角色出场。卖与买两个角色的不停变化，促使该企业与供应商密切协作，采购性价比高的原材料；生产合格的、高质量、高性价比的真空设备供应给客户、EPC工程公司等，从而形成良性循环，实现三方乃至四方等多方共赢。

企业深刻体会到，在经营活动中，只有把卖方和买方的角色做好有机转换，才能使供应链上的每一家单位都成为受益者，大家共同发展和壮大。

企业在参加生产企业、EPC总承包商、工程公司组织的招标活动中，首先要根据招标文件的要求以及用户的工艺条件，做好选型、配置、材质等确定工作，必要时工作人员还要到客户现场与客户进行认真细致的交流，了解客户的需求，并对现场的操作条件、使用环境做详细的勘察，只有这样，企业才感到踏实，力争使自己提供的设备最大满足客户和业主的需求。

为了节约时间和制造成本，企业大力推动与需求设备参数、配置基本相似，批量采购、需求量大的生产企业、EPC总承包商、工程公司等签订框架协议合同。早下订单、早安排生产并给予合理的优惠价格，保证按期按时、保质、保量、优先交货。

企业在对待自己的供应商方面，不断提升管理水平与合作层次。近几年来企业推行了合格供应商管理制度，从原与企业有业务合作的众多供应商中筛选出产品质量好、价格合理，供货期能够保证，售后服务及时的原材料供应商实施重点采购。从而在质量、供货期、价格、服务等方面都能够有所保证。由于这些供应商的支持与合作，使企业给自己的客户供应的设备在质量、交期、价格、服务等方面都具有较大的优势和竞争力。

在物流配送方面，由于目前生产的成套真空泵压缩机组均属于大型设备，企业为保证发往客户现场的设备安全及时到达，与某省最大的物流运输公司签订了长期合作框架协议。通过长期合作，物流运输公司对企业的设备运输特性、装卸车注意事项均熟悉掌握，从而保证了设备运输的安全及时性。

通过换位思考，取长补短，该企业的管理水平、产品质量、服务能力在双角色的考验之下，得以迅速的适应和提升。

（孙兆顺）

专家点评：

角色互换而能换位思考，不是说到就能做到的，甲乙方的角色只要一变，就很容易变脸。在案例中，企业一方面采购性价比高的原材料，生产合格、高质量、高性价比的设备供应给客户，形成良性循环；另一方面，筛选产品质量好、价格合理，供货期有保证，售后服务及时的原材料供应商进行深度合作，实施重点采购。从而在质量、供货期、价格、服务等方面都取得了一定的优势和竞争力。

其实，采供之间应是竞合关系，不能是此消彼长。作为采方一味强势要求压价，作为供方时只想着如何提高利润，这些都是要不得的做法。现在一些跨国公司已经将供应商从后台请到前台，坐到了桌子的同一边共同研究问题，而不是坐在对面听问题。更有优秀的公司在项目前期就同供应商进行深度交流,充分体现出协同共生关系。采供双方如果能够向这个方面努力,最终一定能够收获双赢的硕果。

---

9. 注意成套设备的外协件

某项目在执行过程中，A公司中标了该项目一成套装置采购包。在采购合同签订后，某工程公司安排项目人员至A公司进行了合同交底。经过交流，项目人员发现A公司存在两个方面的问题和漏洞。项目人员一面向本公司进行了汇报，一面按照要求对A公司的工作进行全方位跟踪，未雨绸缪，有效保证了工期。

一是A公司当时的设计任务非常繁重，设计和资料交付存在着很大的延误风险。在工程公司的督促和协调下，A公司按时完成了设计工作并提交了资料。经过工程公司的宣贯，A公司的随机资料也按照工程公司要求的内容和格式装订成册，未出现如其他公司那样散乱交付资料的情况，从而解决了资料交付老大难的事情。

二是A公司的外协件存在采购滞后风险。一些成套设备厂商出于逐利原因，很多外协件只有等到确实快需要发货的时候，才会实质性地采购并付款。在这种情况下，成套厂商也经常按照自己的判断处理生产和交货事宜。如果项目工期因为各种原因出现了调整，成套厂商往往会更加停滞观望，按照自己的判断推进生产和交付进度。如果项目采购人员没有足够的精力去关注和督促，产品交货期往往就会出现延误。开始时，A公司还能够按照要求的进度进行生产，后来因为项目的交货期出现了调整，A公司就开始按照自己的判断安排进度。项目人员及时发现了些问题并反复催促，A公司外协的设备填充物才没有出现严重的延误。

根据上述情况，工程公司再次进行合同交底，把以往项目中遇到的成套设备存在的问题与A公司进行了沟通，例如外协件品牌不满足合同要求的事情、电气元器件连接尺寸不匹配的事情等，取得良好效果，A公司在交货的过程中没有出现过这些问题。

项目结束后，工程公司对于成套设备企业外协件采购问题进行了专题总结。

（1）成套设备涉及的专业比较多，成套设备厂商不仅要完成自身设备及材料的供货，还有大量的外协件采购工作，有时还要完成大量的设计工作，而且与现场施工单位也存在着工作交叉。成套设备的采购是项目采购工作的一个难点。

（2）做好成套设备采购工作，前提是编制好招标文件和采购合同。在招标文件和采购合同中明确供货范围，明确交货要求和违约罚则等合同要素，这样货物按时交付就有了依据和坚实的基础。但是为确保货物在保证质量的前提下按时交付，这样还远远不够，采购人员还要加强合同催交和监造，其中项目人员至设备厂商进行合同交底是一种非常有效的催交方式。

（3）成套设备厂商内部的协调工作量较大，涉及设计、生产、物资供应和包装运输等多部门，各企业的管理水平有高有低，在选择中标企业的时候，除了要尽量选择管理水平高的企业外，合同签订后的合同交底工作也非常重要。合同签订后，项目人员至成套设备厂商与该企业的主管领导、项目管理人员、设计人员、生产管理人员、外协件采购人员进行合同执行情况交流，介绍项目的现场工期情况和宣贯采购合同的工期要求、资料交付要求、外协件品牌要求、设备及材料的防锈涂漆要求、发货顺序要求等内容。

（4）面对面的商务合同交底，目的是规避成套设备厂商在自己企业内部的管理盲区，消除后续交付至现场的货物及资料存在的质量隐患，调动成套设备厂商相关人员的责任心和积极性，获取其相关领导在合同执行过程中的工作支持等。

（王国营）

专家点评：

对于工程公司来讲，成套设备或者包设备的采购向来都是一个难点。

其难点在于，一是供应商与采购方需要更多的沟通内容和交流环节，相应就需要更多的人力投入和时间；二是供应商不仅要有制造能力，还要具备一定的设计能力，而这方面往往是供应商的弱项，有的供应商甚至还需要将设计外包；三是成套设备需要大量的配套厂商，而这些厂商往往会游离于采购方的控制能力之外，如果由于疏忽而怠于管理，就会影响成套设备的交货甚至质量。

在本案例中，采购方清醒地及早意识到了这一点，根据丰富的经验采取了一系列措施，有效解决了这一问题，从而保证了成套设备保质、按期到货，满足了工程项目的需要，值得称道。

需要注意的是，采购方在招标文件中就应该要求供应商提交生产本次标的物时的生产负荷，同时提交其配套的厂商名单，以便在必要时采购方对供应商的生产计划和上游配套厂商进行干预，最终保证成套设备的按期保质到货。

案例总评

本章的案例均为对某一个采购过程完成后的总结，包括生产资料采购、工程项目采购、原材料采购等。每个案例都反映出采购从业者对采购工作的热爱和专业，反映出他们为所在企业负责的精神。

在催化剂采购案例中，采购人员没有仅仅局限于自己的业务范围内，以完成采购过程为自己工作的结束，而是主动为企业着想，通过与生产、技术等部门协商，确定以运行成本最低为供应商选择的依据，因为催化剂价格最低，并不一定会使整个运行成本最低。

在聚合反应器采购案例中，立足于对"中国制造"的清醒认识和信任，对石化装置的核心设备大胆实施国产化，不仅为企业降低了成本，也是对中国供应商的一种培育。中国供应商的制造能力已举世公认，欠缺的只是制造关键设备的经验，假以时日，一定会成长和壮大。而对于使用企业来说，国产化设备的应用，则可以从价格、服务、沟通、催交、检验等各方面节约成本。同时，从严的要求，也是对国内供应商的一种有效促进。

在服务项目采购案例中，由于服务采购为企业的新业务，采购人员需要对此类服务的供应商进行寻源和开发，一时间面临着无从下手的窘境。此时，公开招标的优势便显现出来。通过公开招标，潜在的供应商纷纷现身，最终获得了满意的结果。但需要提醒的是，公开招标仅仅是采购方式的一种，而不是唯一的一种,每一种方式都有其适用的环境,任何时候都不存在能够解决一切问题的灵丹妙药。当企业的这项新业务逐渐成为常规业务时,要选择更适合的方式实施采购。

在其他各个案例中,采购人员都对自己积累的经验倾囊呈献,值得读者在工作中加以借鉴。

第十章
实战论道

1. 采供双赢：愿望与现实

论道嘉宾：

李晓恒： 陕西延长石油物资集团有限责任公司总经理
钱兆刚： 万华化学集团物资装备部总经理
孙松泉： 中石化炼化工程（集团）股份有限公司运营管理部副总经理
罗文章： 内蒙古伊泰集团有限公司招采中心总经理
刘欢庆： 河南心连心化学工业集团股份有限公司总经理助理
王　健： 大明重工有限公司总经理
万创奇： 卧龙控股董事、卧龙电气南阳防爆集团董事长
吴建新： 神通阀门股份有限公司董事长

李晓恒： 延长石油物资集团主要负责延长石油集团及下属单位的物资集中采购和国际国内贸易业务工作，肩负着"内部集采保供应降成本，外部贸易做规模创效益"的重大责任。对于物资集团来讲，物资集团与供应商的关系将由传统的相互博弈向协作双赢、共创共生的生态关系发展。物资集团以延长石油集中采购供应为基础，一方面通过加强供应商的资质审核、现场考察、履约评价、失信管理，优胜劣汰，逐步培育延长石油稳定可靠的主力供应商群体；另一方面在合格供应商的上游供应链开展物资贸易，融入供需双方供应链，互为供应商，最终实现协同共赢发展。

孙松泉： 在以往的采供双方合作过程中，双方的关系往往是一种博弈关系，在合作过程中沟通有限、互信有限。采购方考虑的是如何通过压低供应商的价格来获取效益，而供应商考虑的是如何通过隐瞒成本尽可能提高价格获取效益，双方互相提防，从而大大提高了交易成本。随着供应链理论的发展，采供双方以往的交易方式受到了极大冲击，有经验的采购方和供应商已经意识到必须做出改变，都希望通过充分合作降低成本、分享利益。

但是，由于供应链管理理念在国内尚未被全面接受，采供双方开展深度合作也仅仅是处于相互试探阶段，因此，双方实现从优化供应链中挖掘效益还需要走很长的路，当然前景是非常可期的。首先，采供双方要有基本相同的企业价值观，并建立起一致的目标，比如不能一方要国际化，另一方却要深耕国内市场；其次，相互之间要尽快建立起可靠的信任度，减少由于缺乏信任而投入的非必要成本；三是要加强沟通，而有效沟通的基础是要适度透明。最终通过共同为客户创造价值来赢得效益。

钱兆刚： 2011年以前，万华筛选供应商的策略是倾向于大面积撒网，只要是能合作的企业我们基本上梳理了一遍，当时供应商数量达到5000家左右。2011年以后，随着万华一批更大规模新项目的建设，如万华MDI一体化项目、宁波万华工业园1.5万吨/年HDI项目等，暴露出传统采购模式周期长、信息共享不足、供应商质量不稳定、价格管控不足等弊端。因此，我们逐渐开始在采购招标时对供应商进行长名单梳理，从长名单中将适合万华特点的企业严格筛选整理成2000个左右的短名单。再对短名单中的供应商进行信息互动，排除没有时间或意向的企业。总之，万华一直秉持不断了解市场、不断补充供应商信息资源，从不排除任何一家优秀的供应商。

刘欢庆： 在国内做采购，多数是充当"救火员"，不是协调交期，就是处理质量纠纷，总之不是在处理问题就是在处理问题的路上。有时和业务人员聊起这些话题，大家总是抱怨供应商的各种不配合，问起其不配合的原因何在，答：没管好！再问：应该如何管？再答：出通报、罚款、退货……

其实供应商管理没那么复杂，关键不是"管"而是"养"。管和养虽一字之别，却差之千里。管是一种支配与被支配的状态，被管的一方有可能不听从你的管理；养是一种耐心抚育、不断给予指导、希望对方成才的状态。要做好供应商管理，就只需从"管"转变为"养"，多数"救火"问题也就迎刃而解了。

例如在日常阀门采购中，材质问题、密封问题、交期问题都是采购中经常遇到的问题，我们可以对比一下两种方式的差异性。

管：出具质量不合格反馈单，要求供应商限期进行整改或调换，并拿出质量控制/交期控制办法，上报领导，流程结束。大家更多的是机械式地走流程，对于问题是否会重复出现以及供应商是否真正整改并不是很关心，所以问题并没有真正被解决。

养：收集同类型供应商出现过的问题，进行统计分析，并结合供应商就具体问题进行讨论，查找问题到底是出现在了哪个环节，并判断供应商是否有能力进行独立整改，如欠缺资源，那就派遣相关的体系管理人员、技术人员等深入供应商现场去帮助其整改提升。这样既解决了自己的痛点，供应商也在双方的合作中得到了成长，更为之后双赢的合作奠定了基础。

在现在的大环境下，企业不再是单独就能做强和做大，而是需要上下游协同发展，这其中供应商更是企业发展过程中最不可或缺的"核心资源"。所以在供应商管理方面，我们需要调整一下心态和位置，赋予供应商更多的辅导和支持，才能各取所需，实现真正意义上的双赢。

罗文章： 新时代供应链竞争日趋激烈，要实现采供双方的愿望和双赢战略，就需要企业内部、企业与企业之间对关联事项进行有效链接，把优质供应商集成到企业的供应链里，使其成为企业的有机延伸，从而使总成本最优。

为达到采购预期目标，业主要持续强化供应商动态管理，特别是供应商入库、优质供应商名单制定至关重要。在供应商方面，首先应加强自身内功修炼，树立良好的品牌与口碑，打造过硬的产品质量、售后服务以及持续的提升创新研发能力，这是立身之本；其次应加强精细化管理，探索有效管理经验并融入企业生产经营过程中；再次要珍惜业主提供的平台，提升员工技能及团队管理水平，为业主提供专业、优质的服务。

在业主方面，首先需建立供应商入库及优质供应商选择的标准和流程，打破壁垒，让更多优质供应商参与竞争；其次要为供应商创造良好的工作环境和便利的工作条件，与之共同进步、共同成长；再次要形成供应商动态管理机制，与供应商建立长期、稳定、共赢的良好合作关系。企业应站在供应链的视角来提升管理，如何将供应商与业主的单一的合作关系转变为长期合作共赢关系，需整合资源、嫁接资源，充分发挥各自在供应链中的优势。

王　健： 大明重工在服务虹港石化PTA项目中，4台关键的双相钢超限塔器按照时间节点高质量顺利交货，离不开虹港石化、英威达、南京三方监理和大明重工四方的共同努力。

大明重工从无到有，从角落的制造车间到拥有专业化的工厂，从零资格到拥有压力容器 A1、A2 设计和制造证书，ASME U、U2、S、R 证书，DNV 等资质及认证，拥有资深的设计、焊接、质检等专人技术团队，技术、品质管控、项目管理能力越来越强，正在被行业内越来越多的著名业主、工程公司、设计院所认可。

特别是在赢得阿科玛、科莱恩、安德里茨、维美德、雅苒、东洋工程、德希尼布、福陆工程、wood 工程、空气化工、法液空等国际知名企业认可时，经历了十分苛刻的审核和准入认证，认证过程中得到了认证机构和客户、业主的大力支持。

这些外资客户对制造厂在质量管理、进度管理、项目管理、生产管理等方面都有着非常严苛的要求。大明重工在营销部、技术部、项目部、质保部都有非常有经验的外籍员工加入，加上大明重工本身拥有的国际化团队，保证最终能出色服务好外资客户群体。

万创奇：卧龙集团作为全球主要的电机及驱动解决方案制造商，一直坚持石化无小事、客户无小事的原则，持续为包括中石化、中石油、中海油等在内的国内外能源客户提供优质的产品和服务，核心是必须以客户为中心，以雄厚实力为基础，以先进技术为支撑，以为客户创造可持续、高质量的价值为永恒追求，这在中国石油化工集团有限公司的年度框架招标项目中有着集中体现。

以 2020 年度的中石化框架招标为例，专门成立以我为组长的中石化框架招标项目领导小组，经营班子成员分别负责专项工作，组织商务、技术、资料、后勤等各项工作周密开展，招标准备要求高、难度大、时间紧、工作量非常繁重，通过精心组织、周密安排、全员努力，2020 年度的框架招标卧龙以高分夺得七个包第一、一个包第二中标的优异成绩。通过多次领导招标准备并成功中标，我总结了五个必须，即必须保持技术领先，必须拥有雄厚实力，必须具备充足业绩，必须全面周到服务，必须价格适当有效。

严苛的标准、超高的要求，代表的是客户永不止步的追求，也是供应商提升自身水平的动力。我想强调是，只有持续为客户创造价值，才能为企业生存创造空间。实力决定一起，质量决定一切。

吴建新： 改革开放后人民生活水平不断提高，经济快速发展，各种层次的需求都在猛增，在这种背景下，催生出了一批又一批的供应商。但这些供应商产品质量参差不齐，成本的销售价格也相差很大。由于供应商多、可选择性大，很多客户就不断更换供应商。但对于想长远发展的客户来说，不断更换供应商就会带来一系列问题，产品质量难以持续保证。更换后的供应商产品表面上价格便宜，但考虑到供应商产品出了质量问题后对生产的影响，实际后期投入的人力和财力成本比产品价格实际要高很多，只不过不在同一周期体现罢了。

所以要实现长期的采供双赢，客户就要把供应商当成自己的车间去建设，要把自己优秀的文化理念、管理手段、质量控制方法带给供应商，让其也不断进步。只有把供应商当成自己人，它们才有安全感，才愿意和你长期合作，才有更多的热情去做投入。然后它的产品才能不断进步，最终才能支持客户的不断发展，才能跟得上客户不断进步，最终实现采供双赢、共同发展。

2. 招投标：让我欢喜让我忧

论道嘉宾：

郝晓斌： 陕西延长石油物资集团有限责任公司副总经理
华令苏： 惠生工程（中国）有限公司质量安全总监
程养军： 陕西延长中煤榆林能源化工有限公司副总经济师
吴建新： 神通阀门股份有限公司董事长
宋金虎： 上海蓝滨石化设备有限责任公司总经理助理

郝晓斌： 于招标采购的全过程来说，评标是关系整个项目成败的关键环节，其重要性毋庸置疑。无论招标人在制作招标文件时从科学合理角度考虑得多么周到，抑或是投标人花多少个日夜精心编制好一本满意的投标文件，但因评标专家的专业限制和部分专家政策法规素养不够，使得没有对"投标文件"作出正确的判断，这是常有之事。这不但直接使招标人和投标人的利益受损，而且对国家大力推行的招投标制度也造成了一定的不利影响。

例如空分装置，涉及电气仪表、机械设备、安全技术等数十个专业，评标专家来自不同部门，专家扎实的专业知识也许仅局限于他所在的行业或所学的专业，评标时仅能对自身专业做出精准的判断，但作为一个成套设备，它是一个不可分割的整体，任何一部分的优劣都可能影响到成套设备的整体性能，而评标时我们又很难做到把涉及所有专业的专家各请一名现场评审。由于标的物技术复杂和专家专业单一，很可能导致评审工作流于形式或妄加评判，导致招标人通过招标工具选择"最优供应商"失去了真正的意义。

为了公平、公正地为招标人选择信誉好、技术力量强的供应商。在此，建议在评审涉及专业多、技术复杂的成套设备或者货物时，招标人委派代表参与现场评标，场外可由相关技术人员组成一个评标技术支持团队，将所有投标方的相关技术意见提供其委派的代表作为参考，委派代表可参考其意见进行独立评审。这样一来，最大限度地解决了"标的物的技术复杂性"和"专家专业单一性"的矛盾，同时招标人在评审时公平、公正地履行其职责，与评标专家共同维护好招标人和投标人的权益。

华令苏： 采购招标是采购过程中非常重要的阶段，采方通过招标选取自己中意的供方。在策划招标方案时，采方可以采用公开招标，也可采用邀请招标；可以采用综合评分法，也可采用低价中标法。长期以来，低价中标法一致被"诟病"，其实，这是一种误解，在"同质低价"原则下，低价中标不失为一种合理的定标方式，就像我们在菜市场买菜一样，在两堆同等质量的蔬菜面前，大多数人会选择价格低的，这是人之常情。选择低价中标法的原则是，在提供同等服务或产品质量的供方中，选择报价最低的，而不是一味地追求低价，不管质量是否在一个档次上。采方在策划招标方案时，如果选择低价中标法，那么就应选择邀请招标方式，依据采购技术要求，在合格供方名录中选择 3~5 家同档次的供方。在招标过程中，分别与投标人进行技术交流，形成统一的技术附件，投标人依据统一的技术附件报价，价低者中标。

程养军： 业主都希望花最少的钱买最好的东西。国家招标投标法有一个原则，那就是"公开、公平、公正"的原则。我认为这一原则是从三个方面讲的：首先业主必须公开，其次评委会评标必须公平，最后招标投诉处理必须公正。那么投标人哪儿去了？因此我们在制定公司招标管理办法的时候，又加了一个"诚实信用"的原则，这是专门针对投标人的，投标人如果没有诚信，将会给招标、签约、履约带来很大隐患，甚至造成不可挽回的影响。

从招标投标法和实施条例来讲，给业主的权力还是比较大的，一是组织制定招标文件（含技术要求），二是组织澄清答疑，三是组织开标评标，四是组织定标和签约。同时，招投标法和实施条例也对业主有很多政策性限制，比如业主不允许指定或限定品牌，不允许干预或影响评标等，不一而足。那么业主在制定产品的技术规格书时，就必须格外小心，不能踩法律的底线。需要强调的是业主必须公开所有制定规则的程序和结果，只有这样，即使业主个别员工有自己的想法，如果把整个程序放到公开的场合，那就可以避免很多问题。

"公开"是招标的第一要义，也是社会主义市场经济的必然要求。

其次是评标，必须强调公平。业主不能干预甚至影响评委，评委不能随意甚至任性，整个评标必须在法律的基础上和招标文件的框架下，必须保证其独立和公正的法律地位。

再次是定标。招标投标法强调国有企业必须依法定标。目前实行的是按次序定标，修改意见是把定标的权力也交给业主，重要的物资可以确定排序前三名中的质量最好者，更多的一般大宗物资选择排序前三名中的价格最低者。

最后是签约。价格能不能谈？我的意见是可以。参照国际招标的做法，合同主要条款可以有多种选择，每种选择对应不同的价格。

当然，履约也非常重要，一个缺乏诚信的承包人对市场而言其破坏性是巨大的，应该坚决予以清除。

吴建新： 产品使用业绩是招标方了解供应商产品成熟度的一个重要手段，客户对业绩提出要求本无可厚非，但提出过于苛刻的业绩要求也会带来很多问题。

第一，由于中国企业资金充足、学习能力强，很多企业装备起点就高，再加上产学研一次性引进了雄厚技术，部分创新型企业生产的产品两三年就可能达到行业领先水平。同时，由于智能制造技术的快速发展，产品性能主要靠加工设备来提升，对有经验的老师傅的依赖越来越小。以上类型的新兴企业有技术、有创新、产品性能也很好，但就是缺少使用业绩。如果招标方对业绩提出过高的要求，就会直接导致这部分企业不能参与投标，没有第一次就没有第二次，那这部分创新型企业就永远没有进入这个行业的机会。长远看，这是不利用整个行业发展的。

第二，对于高新技术引进，西方国家本来就设置了重重关卡，尤其在2020年疫情期间更多的进口产品进不来，所以我们国家大力提倡"中国创造"而不仅是"中国制造"。这也就需要更多的创新型科技企业加入机械行业中，从而创造出更多的优质产品，真正做到以国代进。

综上两方面原因，希望国有企业在制定招标规则时能够综合考虑，既能够保证产品性能，又利于行业发展。同时行业协会也可以出面协调，配合制定出台相关鼓励措施，让首台套尽快使用。只有按自然规律进行新陈代谢，让更多优质企业加入供应商中，各个行业才能健康发展。

宋金虎： 国家实施招标投标法以来，企业的工程项目建设、设备采购均要求通过招标形式进行采购。在招投标中，低价就能中标，造成大家不比质量、不比交货期及后续服务，只比价格低，往往采取最低价中标的方式选择供应商。因低价中标导致产品质量不过关、不按期交货、售后服务差，甚至酿成安全事故的案例并不少见。由于部分企业专业力量不足，没有借助工程造价专业力量，在招投标参与程度、招标文件编制、合同审核把关过程中，形成不了有效的主导约束供应商。还有一部分业主在招标前就内定供应商，无论是招标方、投标方、招标代理机构都心照不宣，内定的投标方借机抬高价格的现象比比皆是。从而导致招投标文件成了摆设，招投标过程也成了走过场的徒有形式。

3. 质量控制：不能演义三国杀

论道嘉宾：

张　平： 中石化齐鲁石化分公司物装部原党委书记
华夲苏： 惠生工程（中国）有限公司质量安全总监
蒋长虹： 大明国际控股有限公司总裁
卢伟昌： 山东天工石化设备工程监理有限公司总经理
罗文章： 内蒙古伊泰集团有限公司招采中心总经理
吴建新： 神通阀门股份有限公司董事长
宋金虎： 上海蓝滨石化设备有限责任公司总经理助理

张　平： 采购工作的关键点就是质量控制。按照三段式采购管理（计划、采购、过程控制）划分，它属于采购过程控制部分，具有非常重要的位置。质量控制往往在执行时会遇到许多问题。我觉得应该本着按照合同和技术协议等要求进行友好协商，对问题应进行仔细的分析，采取科学方法和手段判定质量问题，并且找到解决问题的突破口。应当注意避免在遇到质量问题时互相推诿，站在各自的立场争执不下。

质量问题千差万别，无论责任方是谁，买卖双方都应本着诚实守信的原则。主动查找各自的缺点，承担相应的责任。"店大不欺客，客大不压主。"只要讲诚信，总能找到解决问题的办法。

华令苏： 工程物资质量是影响工程质量的重要因素，因此，项目业主或工程公司（物资需方）都应在工程物资采购合同中明确物资质量要求和验收标准。在接收工程物资时，物资需方应严格按合同要求检验工程物资，确认物资质量，对于重要工程物资，物资需方要安排检验人员驻厂监造，严格按审批的产品制造检验试验计划（ITP）验收质量控制点。我们常说，质量是"做"出来的，不是"检"出来的，无论是进场检验、出厂检验，还是过程监造，都是事后的质量控制措施，而影响产品质量的人、机、料、法、环五要素，必须通过事前的有效策划、事中的有效控制才能处于受控状态，只有五要素处于受控状态，才能保证产品质量。

基于以上控制原则，物资需方在控制物资质量时，不仅要关注事后的物资检验过程，更要关注物资供应商的事前策划过程和事中的控制过程，审查物资供应商的质量管理体系是否有效运行，确认影响五要素的各个过程是否处于受控状态。因此，只有有效的人员培训程序，才能保证影响产品质量的所有人员的能力是与之匹配的；只有有效的生产设备管理程序和检测设备管理程序，才能保证在用的生产设备和检测设备是合格的；只有有效的原材料采购管理程序，才能保证使用的原材料是合格的；只有有效的制造工艺管理程序，才能保证制造工艺是正确的；只有有效的生产环境管理程序，才能保证生产环境是适合的。匹配的人员能力、合格的生产设备和检测设备、合格的原材料、正确的制造工艺和符合的生产环境才能保证合格的产品。

罗文章： 要确保装备制造质量，监理必不可少。目前，国内设备监理发展存在以下问题：一是设备监理发展历史较短，其相关政策、体系建设还在不断完善；二是监理公司产业化程度低、盈利点单一、人才流动性大，从而造成监理驻厂率不高；三是监理公司管理效率低，技术手段更新慢，监理过程资料无法完整保存；四是监理公司与业主、生产企业沟通不畅，导致它们对监理工作给予的支持不足。

新技术的发展和推行是为了满足万物互联，各种设施通过高速网络互联以达成高效协同，工业生产的自动化和云端化是不可阻挡的趋势。应用新技术建立开放性的监理平台，业主单位、生产单位、监理单位利用此平台打破信息传递壁垒，实现设备制造过程中质量、进度等关键控制节点，通过终端设备将工厂制造过程数据及检验数据进行同步保存、同步传递，对于影响产品制造的进度、质量，可以应及时预警业主及监理人员。

新技术的运用，不仅能够有效解决监理发展过程中所遇到的难题，同时也提高了业主采购设备的质量管控水平。

宋金虎： 目前国家对石化产品的设备采用制造资格许可制度，压力容器制造按照相关标准的要求，应建立压力容器制造质量保证体系。质量保证体系文件包括：质保手册、程序文件、记录报告，并符合法规标准和质量方针、质量目标要求。整个制造过程控制包括：（1）工艺质量控制，包括工艺准备和工装设计等环节；（2）采购和材料质量控制，由采购工程师和采购员按图样及技术文件要求选择合格的供应商进行采购，并对采购订货进行控制；（3）焊接质量控制，由焊接工程师负责编制焊接材料的请购单和采购技术条件，并对入厂的焊材检验及保管、贮存、发放以及焊接设备进行管理和控制；（4）无损检测质量控制，由无损检测工程师编制无损检测通用工艺，签发无损检测报告等；（5）热处理质量控制，由热处理工程师负责编制热处理工艺卡，审核热处理曲线、签发热处理报告；（6）制造质量检验控制，由质保经理组织图纸会审，签发工艺检验流转卡、焊接工艺评定、焊工资格审核、无损探伤人员资格审核等主要技术文件；（7）计量质量控制，由计量工程师负责计量器具的采购、管理、定期校验等环节的控制，并保管和提供有相应检验资质单位出具的合格计量器具的检定报告；（8）理化检验控制系统，建立独立的理化实验室，配备相应的设备仪器。

卢伟昌： 天工监理公司以石油化工用设备制造监理为主要业务，成立以来，按照实现业主的"质量、工期"最终目标及实现业主和制造厂"双赢"目标来开展各项监理工作。

一是公司建立并保持"专家技术委员会"，根据拟开发的监理业务和当前的监理项目，有针对性地开展前期技术准备，主要工作内容包括监造大纲编制、监理师培训、监造技术交底等，为监理师监理工作的开展提供技术保障和支持。

二是监理师驻厂后按照天工监理公司监理导则、监理规范开展监理工作，首先就是要认真进行工厂评价、审查制造厂技术文件和生产进度计划、编制监理细则。

三是监理师在执行设备监造过程中，对于质量方面，按照监理细则开展产品质量的监造工作，发现问题除了口头要求制造厂及时整改外，还要善于使用《监理工作联系单》和《监理工程师通知》通知制造厂整改，并将有关信息通知委托方知情。对于工期问题，要时刻关注制造厂的生产资源投入和实际进度与计划进度是否偏离。对于偏离的要提醒制造厂调整生产投入，将前期生产拖后的工期赶回来。对于投入不够不能保证工期的或偏离后不能弥补回来的，要及时向委托方汇报，监督制造厂调整工期报委托方审批。

四是为了控制监理师的工作行为，定期对执行项目的监理师工作进行巡查，监督监理师履行好监理职责。

五是为了控制监造产品质量，对产品放行进行公司层面的审核把关。监理师将监造产品按照公司规定的内容向公司汇报申请并经过审核确认所有监造要素合格后，才能开具"产品检验放行单"，以杜绝因监理师个体差异而造成的失误。

六是公司常年有计划地开展业务培训，除正常的继续工程教育外，还进行经验教训学习。通过培训，提高监理工作技能和履职能力，掌握监理工作规律，以更好地完成监理任务。

七是公司建设了监造管理信息平台，通过网络平台系统，实现对各监造点监造工作行为的实时控制、监造结果的时限审核确认以及信息查询。该平台系统强化了各监造项目监造信息的规范性和及时性，加强了本公司对各地监理师日常工作行为的指导和监管。

由于采取了一系列有效的措施，保证了监理高标准、服务高质量，为用户挽回了许多损失，赢得了用户的信任。在监理中发现的问题，既有供方原因，也有采方原因。总结起来一句话，工作细致、专业，互相信任，是有效避免损失的关键。

吴建新： 由于国内的买方市场会在较长时间内长期存在，客户永远是上帝，同时供应商之间的竞争也很激烈，所以很多供应商对客户的要求唯命是从，不敢提一点反对意见。这其实是不对的，对客户和供应商都没有好处。可以三个方面来进行举例分析。

产品更新换代很快，客户的认知跟不上制造业的发展。比如这几年阀门行业中的蝶阀发展很快，完全可以替代传统的闸阀，但由于设计选型的传统惯性思维，认为密封性能还是闸阀可靠，所以很多客户和设计院还是选择了闸阀。其实随着加工设备的进步，蝶阀密封面依靠三坐标磨削加工，完全可以做到零泄漏；同时，蝶阀在体积、重量上都比闸阀小很多，材料成本还低很多；另外，蝶阀的90度启闭又比闸阀快很多，可以做成快速切断阀，所以整体功能表现也比闸阀全面。

在材质的选用方面，供应商应该最有经验，而客户的考虑往往比较片面。比如耐海水阀门，很多客户都要求用奥氏体不锈钢，这是不对的，奥氏体不锈钢不能抵抗氯离子的孔蚀。像我们公司专业做海水阀门，根据 30 年的生产经验，我们一般会推荐选用双相钢。如果客户对价格看得很重，我们会直接选用特种耐蚀橡胶，即使软密封也比奥氏体不锈钢的硬密封使用寿命长。

客户盲目加大安全系数。很多水处理阀门实际工作压力 0.4MPa，但客户为了保险，把公称压力提高到 PN16。这样一来，制造商做密封设计时就必须按 1.6MPa 压力级计算，其结果就是密封比压选得非常大，阀板的阀座间摩擦力非常大，不但驱动扭矩加大，成本变高，密封副的寿命也大大降低。所以我们生产厂家认为按标准留足安全系数是最合理的，而不是安全系数一味地越大越好。

蒋长虹： 2020 年 6 月 16 日，大明国际为盛虹集团下属虹港石化（连云港）总投资超 38 亿元 PTA 项目提供的 4 台关键双相钢塔器顺利发货。此次配套的主要为高加工难度的双相不锈钢产品，我们克服了封头冷成型易开裂和焊接等技术难题，其中通过焊接工艺改进提升效率 3~4 倍，通过多种途径提高加工效率，实现了提前交付。双相不锈钢具有优异的抗应力腐蚀的能力，不过面对溴介质的应力腐蚀，对焊接接头的要求也非常之高。我们通过冲击试验验证耐腐蚀性，并联合权威的焊接研究所进行攻关，在焊接工艺、材料方面多方选择、试验，并最终落实方案，严格执行工艺纪律。为了避免车间其他铁屑污染，双相钢焊接场所还专门进行了防护，从细节入手，保证了焊接质量。抓质量是我们的第一要务，也是企业发展不可突破的铁律，更是我们决胜市场的法宝。

4. 安稳长满优：我心永恒

论道嘉宾：

刘昌耀： 中国石化联合会供应链工作委员会顾问
娄　承： 中国天辰工程公司采买部副部长
刘欢庆： 河南心连心化学工业集团股份有限公司总经理助理
张　平： 中石化齐鲁石化分公司物装部原党委书记
宋金虎： 上海蓝滨石化设备有限责任公司总经理助理
王　健： 大明重工有限公司总经理

刘昌耀： 随着科学发展和技术进步，大型石化、煤油气资源综合利用一体化项目陆续开工建设，这些项目的特点是，工艺技术聚集耦合紧密，单台设备工作条件苛刻，各装置上下游产品互为资源，资金投资大回报高，全装置安稳长满优运行是必然要求，安全是前提，设备是基础。在这些装置设备采购的技术条件要求中，必须把能够安全稳定长周期连续运行作为最起码的要求，贯穿于项目建设全过程，充分体现在竞争因素选择和评价指标值赋分上，从设计、选型和采购源头，就为项目未来的盈利运行打好基础。

刘欢庆： 在项目采购过程中，有时会出现这样一种现象：甲方按照合同约定按时进行付款，但乙方却在不停抱怨并不断流失。猛一看似乎不符合常理，甲方都按时付款了，乙方为什么还会流失呢？

例如甲乙双方签订了一份变压器采购合同，合同订购两种规格型号50台变压器，要求5月30日前交付，无预付款，到货验收合格后先付合同额的60%，通电运行或货到现场一年后付合同额的35%，质保金5%。乙方于6月15日制造完毕，并通知甲方准备发货。由于甲方采购人员担心耽误项目建设需要，提前半年对该批次变压器进行了招标采购，所以当采购人员通知项目人员准备收货时，项目人员以无场地存放为由拒绝收货。该批变压器到了10月10日之后才根据项目安装进度通知乙方发货，随后甲方按照合同付款节点"准时"进行了付款。

通过此案例可以看出，原本投标时乙方就是根据甲方的交货时间和付款条件等去测算自己的生产成本和资金成本的，由于甲方的延迟收货，导致乙方无形中多支付了近4个月的仓储成本和资金使用成本，这多出的4个月，很可能就会让乙方由盈利变为亏损，所以甲方这种"隐形"的失信行为最终导致了乙方的流失。

为避免类似情况的出现，甲方在项目采购中，应注意以下几点：一是应和项目建设人员深入沟通，充分、准确地了解计划的需求进度和安装节点；二是应根据需求认真做好采购策划，通过提前跟供应商了解加工周期，在留取适当的采购提前量时，避免提前超过2个月进行采购；三是在合同中进行约定，如果因甲方原因无法按时收货时，可以约定提前到乙方现场进行验收，并支付到货款或给予相应的补偿；四是加强甲乙双方的信息沟通和对等，避免因信息不对称或故意隐瞒信息，导致对方的误解或不信任。

张　平： 企业的发展目的是要创造效益，企业的效益要靠各种生产形式来形成。石油化工企业生产稳定运行的基础是石油化工装置建设的质量。在生产和建设中物资采购的设备、材料质量无不影响着装置的长周期运行。采购工作在有些企业往往不太被重视。"设备啥时间到，材料硬度有问题，阀门打压不合格"等，采购人员总是抬不起头来。供应商也会被点名。作为采购部门和采购人员应该理解工程上不去、生产开车不稳定的难处。这就如在战场上一样，前方打得正激烈，可我们没按时把弹药送上去，或者说把有问题的弹药送了上去，这就可能贻误战机。在战场上后勤保障出问题的后果可想而知。

所以，采购部门要从自身查找问题。供应商选好了吗？质量把关了吗？合同签到位了吗？物流顺畅了吗？采购部门和人员的业务能力、职业道德水平的高低决定着采购工作的效率高低。我们不能怨天尤人，要加强自身素质提高，努力创新，以积极向上的工作态度投入到工作中去。

娄　承： 近年来，随着境外 EPC 项目越来越多，为了满足项目的需求，EPC 总承包商必须及时收集和掌握满足项目要求的供货商（分包商）资源，找到质量、费用和交货周期都能满足项目需求的国内外供货商。相对国内 EPC 项目，要重视和提前梳理项目长名单中的供货商状态，判断是否满足项目需要，避免供货商不参与投标、已被收购或兼并、实际供货产品项目不适用的情况发生，后期还应积极与业主进行沟通，说服业主接受后续推荐的新供货商。

同时在境外 EPC 项目的实施过程中，由于文化上的差异以及距离和时差等因素，造成采购管理的难度大幅度增加，因此相对国内 EPC 项目，在实施过程中要更加重视采购策划工作，围绕 EPC 合同中关于采购工作流程的要求，对于供货商的要求，一定要转变和融合到项目采购工作程序和项目采购合同当中，同时对各种可预计的问题或难点编制应对预案，这样才有助于在项目采购实施过程中采供双方的采购合同的执行，做到对采购合同执行过程中发生的问题及时预警和处理。

宋金虎：生产企业的采购管理十分重要，首先要确定合格供方的评定准则及合格供方的评定方法，以公开方式选择合格供应商，并对合格供应商进行有效管理。坚持"质量第一"原则，在确保产品质量、交货期的前提下，追求性价比最优和采购总成本最低、售后服务优良的供应商。在采购管理上分为公开采购、上网采购、集中采购。采购方式有公开招标、邀请招标、竞争性谈判、单一来源采购。采购的产品分为外购件、外协件、外包项目、A 类物资（重要物资）、B 类物资（一般物资）、C 类物资（辅助物资）。

这些环节非常复杂，要求都很专业，不能丝毫松懈，企业必须在制度管理、人才配备、工作流程等方面下大力气。

王　健：实现与客户长期稳定的合作，以优质服务赢得客户满意，是大明追求的目标。我们特别将质量控制、交期保障、物流运输这三个方面作为项目服务的重点，在人力、设备、场地等资源方面给予倾斜，以确保业主项目的进度不受影响。

以与盛虹集团的合作为例，盛虹集团是国内非常知名的化工炼油业主，最近几年一直在中国民营企业排在前 30 名，销售额近 2000 亿元，大明重工自 2018 年初开始与盛虹集团建立合作，已经与盛虹集团下属 3 个公司展开合作，从 2018 年的斯尔邦丙烯腈项目到 2019 年的虹港 PTA 项目，再到 2020 年盛虹炼化数十台大型压力容器的制作项目，经过 3 年的合作，双方建立了非常牢固的伙伴关系，奠定了非常坚实的信任基础，也见证了大明与业主在供应链合作上踏实前行的步伐。

5. 深度协同：共建繁荣新生态

论道嘉宾：

孙松泉： 中石化炼化工程（集团）股份有限公司运营管理部副总经理
钱兆刚： 万华化学集团物资装备部总经理
郝晓斌： 陕西延长石油物资集团有限责任公司副总经理
刘昌耀： 中国石化联合会供应链工作委员会顾问
鄢志勇： 东方电气集团东方电机有限公司党委常委、副总经理
万创奇： 卧龙控股董事、卧龙电气南阳防爆集团董事长
娄　承： 中国天辰工程公司采买部副部长

孙松泉： 我们在对国际工程公司 20 世纪 80 年代实现"走出去"的研究过程中发现，工程公司与本国供应商联合在国际市场参与竞争是最有效的一种方式。当前中国工程公司也面临着实现"走出去"的迫切需要，充分利用好中国的供应商资源是一条可获得快速发展的有效途径。一方面，"中国制造"仍然拥有一定的成本优势，许多供应商也有"走出去"的强烈愿望，但苦于对国际市场不够了解，缺乏与国际业主对接的途径和方法。另一方面，中国工程公司已经积累了一定的国际化经验，与国际业主也建立起了一定的沟通渠道，但由于在国际市场上的影响力有限（仅以石化行业为例），国际供应商与中国工程公司合作的愿望并不强烈，从而大大影响中国工程公司在国际市场上的竞争力。

为此，中国的采供双方应该携手合作，一是要建立起相互信任的沟通渠道，保证信息畅通，工程公司应及时向供应商提供国际市场的项目信息，供应商应及时向工程公司提供市场价格信息、新产品信息；二是工程公司在投标报价、项目前期就要向国际业主推荐中国供应商，并尽可能邀请国际业主对中国供应商进行实地考察，中国供应商应积极配合。

郝晓斌： 国企采购，因为我们使用的是国有资金，必须严格执行国家相关法律规定，而我们采购的目的是为了生产盈利，必须要适应市场变化，实现采购的高效运作。所以，物资集团作为延长石油的集中采购单位，如何合规高效地采购，是我们当前需要研究的重要课题，也是当下的首要任务。目前，国家层面从优化招投标采购到营商环境专项整治推出了一系列制度规定，公平竞争的市场秩序不断向好。同时，中国物流与采购联合会出台了国有企业采购操作、采购管理两个规范，中招协发布了非招标方式采购文件示范文本，为我们合规高效采购提供了进一步的支撑。接下来，我们企业要依据规定、规范，在内控制度的设置上，从采购的分类管理、采购方式的选择等方面进一步优化创新，特别是对于频繁采购的生产运营类物资，要灵活创新采购方式和组织形式，确保采购工作与市场和生产需求实现正相关，全面规范企业的采购行为，提高采购效率，不断促进企业合规高效采购，同时推进企业采购向国际化、专业化迈进。我们也非常愿意与有能力、有见识的供应商建立密切的合作关系，共创互促，共赢发展。

钱兆刚： 以战略供应商为主、框架供应商为辅、一般供应商作为补充渠道，万华实现了由削减利润到降低成本、由物资价格最低到全生命周期成本最低、由采供博弈到互利共赢的转变。

目前，我们正在积极探索和推行框架协议采购办法。一是可以有效降低项目建设采购成本，减少项目运行中备件库存量和资金占用量。二是通过有序竞争，将采购物资集中于少数优秀供应商，改变传统采购方式下动荡的竞争关系，保障供应链的安全稳定。三是将多次分散采购集合为框架协议下的一揽子采购，从而减少了烦琐重复的采购工作量，提高了供应商响应速度和服务效率。四是框架协议采购在掌握物资需求的基础上，实现按计划均衡组织供货，提前锁定一定时期资源，实行定期结算，在资源紧张、短缺时可保证获得所需物资，快捷解决企业临时和紧急需求，既保证了供应稳定性又规避了由市场波动带来的风险。这些办法的实施都需要供应商配合，非常希望能够在共创的基础上实现双赢和多赢。

刘昌耀： 石化行业高质量的发展，需要高质量的产品支撑；高质量的产品，需要高质量的供应链保障。诚信是基础，诚信合作才能共赢。建设供应资源库、专家库和电子采购平台（俗称两库一平台），是企业采购的重要基础工程。

为构建石化行业诚信体系、筛选和激励优秀供应商更好地为石化企业服务、有效降低全行业采购的社会成本，近几年来，中国石化联合会供应链工作委员会持续开展"中国石油和化工行业合格供应商库"和专家库的建设工作。

评价推荐合格供应商活动，采取企业自愿、业主推荐、诚信为本、专家评审原则；合格供应商申报及评价工作不收取任何费用。供应商库申报涉及的物资范围涵盖石化专用设备、通用设备、动力设备等13个大类420个细分类别。

评价坚持从第三方角度，公正、公开、公平、优选的原则，多维度评价，尤其是引入第三方征信和评价，以账期设定和资金占有率为风险控制，建立对供应商的征信和评价机制。为采购方选择寻源提供方便。截至目前，已评价了1300余家石化装备和材料合格供应商，为石化企业实现精准采购发挥了重要作用，得到了业内企业的普遍认可。

鄢志勇：《韩非子》有曰：纵者，合众弱以攻一强；横者，事一强以攻众弱也。早在战国时期，秦国一批谋略家纵横捭阖、远交近攻，打造出"超级战车"所向披靡。而如今，商场如战场，在各行各业中出现了许多国际巨头，打造出了众多"超级战车"，比如苹果，它依靠上下游的深度合作，建立起了强大的供应链系统，成为电子消费产品的巨人。

所以，未来的竞争不仅是企业与企业之间的竞争，更是供应链与供应链之间的竞争。供应链创造出的规模效益、供应链集成的技术创新、供应链的稳定性和抗风险能力，以及供应链网络和物流的延展性，将会成为一个企业的核心竞争力。

构建新型的供应链关系，需要"互惠共享、高度信任、深度融合"。需加深与上下游企业的技术合作，可让技术型供应商以其在某个领域的专业技术参与产品的前端研发和设计，以形成创新优势互补。应通过战略合作，将你赢我输的甲方乙方关系转变为共赢的战略伙伴关系。还要重视对供方的培养，与愿景目标一致、愿意与企业长期合作、共担风险的供方，建立牢固关系，实现采供双赢。

万创奇：2020年海内外疫情带来的危机给世界经济带来了百年不遇的巨大冲击，也给各行各业的经营带来了许多困难。在此经历中，我深刻体会到了企业竞争实质是供需链体系竞争这个论断的深刻含义。原本正常的供应商断供了，如果没有可靠的供需链保证，企业马上就会面临危险。卧龙作为全球化布局的企业，在行业内最早全面复工复产，结合其中的经验，我就采供如何合作、深度协同、全面互信，构建高效的供应链创新平台这几个方面谈点看法。

第一，创造价值是提高供需链竞争力的大原则。为客户创造价值是企业生存的前置条件，无论世界怎么变，但万变不离其宗，这个宗就是"创造价值"，整个供需链、上下游客户都必须坚持以客户为中心，供需也互为客户关系的，都必须持续为对方创造价值、增加价值，这是供需链协同、互信的基础，提高供应链竞争力的核心，这也是卧龙时刻不敢忘的初心。

第二，全球化布局是提高供需链竞争力的关键。供需链的核心能力是调配、整合生产工具、技术、资金、成本等资源的能力，用相对领先的成本，整合一流、可靠、高性价比资源组合为客户服务，供应链竞争优势也就成功了，在全球化地球村的时代，我们必须用新的全球化视野来谋划、布局，统筹整合全球的供需资源，这是系统提高供应链竞争力的关键，也是卧龙力推全球化布局的目的。

第三，全产业链、全周期服务是提高供需链竞争力的必须。企业竞争的结果最终会体现到服务的质量评价上，服务及时性、全面性、质量好坏是客户的判断标准，客户期望的是别让我想、别让我等、别让我烦，最好一站式全部解决，因此，专业、系统集成式、多品牌、多产品的全产业链、全周期服务是提高供应链质量的必须，可以为客户提供更高品质、更高效率、更低成本的产品和服务，这是创造价值、增加价值的要点，所以，卧龙一直在持续完善整个产品链条，拓宽服务领域，增强为客户创造价值的能力。

独木难成林，各行各业的供需链都需要在为双方创造价值的基础上深度协同、互信互助、信息共享、责任共担，以打造整个供需产业链的聚合平台，使新需求、新技术、新生态密切结合，形成新的生产力、新的竞争力，这对我们共同推动石化及各个产业快速、健康、绿色可持续、高质量发展，有着十分重大的战略意义。

娄　承： 工程总承包公司的采购供应链与制造型企业的供应链有诸多不同，所采购的物资是以工程项目为核心，类别多、金额大、管理难度高、专业性强、互通性差、业主整体要求高，同时也要保证项目物资能够顺利到达现场、完成安装工作，另除采买工作以外，还有大量的催交、检验、运输等工作。

当前随着网络技术的发展、信息化水平的不断提高，尤其是当前国家政策力推"互联网＋制造"，将来工程项目的模块化设计、工厂化预制、模块化安装、数字化交付等是大趋势，因此采购管理的信息化、数字化水平的高低将直接影响采购管理的整体水平，要解决这些问题，就必须要将采购工作信息流、材料信息流贯通采购的各个环节。

客观地讲，上述工作的开展对供货商的协同性、配合度以及相应的信息化能力的要求，较之前有更高的标准。因此采供双方对于未来的数字化工作模式，都必须要提前开始摸索和学习，互通有无、相互支持，这样才能在未来激烈的市场竞争中各占一席之地，达成双赢，否则都有被市场淘汰的可能。

后记

感受百花的芬芳

2015年春天,我们组织来自全国各地的采购专家一行七八人,一同到上海走访企业。通过与大型生产企业、知名供应商进行深度交流,我们深刻感受到采购工作在企业中的重要性。采购计划、供应商寻源、招投标、应急采购、物资管理,等等,有许多许多的故事。在往返企业的路途中,在充满希望的春天的气息里,我们就采购的话题进行了热烈讨论。当时,大家就萌生了一种把采供之间的真实故事记录下来的想法。

这是发生在春天的故事。

由于当时仅限于讨论,并没有形成清晰明确的思路和目标。兴奋了一段时间之后,大家又各自投入繁忙的工作之中,此事慢慢就冷了下来。

之后,由于工作关系,我们开始频繁组织与采购相关的活动,从采购大会到供应链大会,从率队到名企对标到优选行业合格供应商,帮助企业进行供应商寻源,甚至还计划做特殊物资的集中框架采购……几年时间,我们接触到了更多企业,了解到了更多企业采购方面的需求和做法,听到和看到了更多感人至深的采购故事。

于是,那个起源于春天的想法又渐渐萌动,把这些故事收集记录下来的思绪越来越浓,思路也越来越清晰。

终于，在2019年金色五月古城西安举办的千人采购大会上，采购专家与企业家们经反复交流后决定，要把想法变为现实，编写一部反映企业采购工作的案例集，就叫《企业采购实战智慧》。

在目前的图书市场上，关于企业采购案例类的图书并不多，而且存在一些问题。这些问题主要有三个方面：一是案例陈旧，引用的大都是国外十年甚至更早些年的例子，可借鉴性不强；二是理论性过强，缺少企业一线的实战内容；三是观点偏颇，把采供双方放在对立面上，强调博弈竞争而不是竞合共生。

这就更加促使我们下定决心要把案例组织好，把图书编写好，从而为生产企业、各类服务商和供应商提供真实且触手可及的参照和实用有益的借鉴。

2020年早春，一场突如其来的疫情促使我们换挡加速。

当初的设想是，利用这段无法出差的时间启动案例组织和编写工作。开始发通知时，计划征集50个左右的案例，每个案例统一加上专家点评，出一本小册子。

出乎意料的是，企业对此反应非常热烈。

中石油、中石化、中海油、中国中化、中国化工、中国化学、神华集团等央企，延长石油、万华化学、兖矿集团、心连心集团、鲁西集团、伊泰集团、索普集团、河北诚信、北元化工、内蒙君正等地方大型企业集团，沈鼓集团、杭氧集团、东方电机、佐敦涂料、海虹老人、淄博真空等知名供名商纷纷组织投稿。特别是几大央企的工程公司如寰球工程、天辰工程、炼化工程集团以及惠生工程等，组织撰写了一批高质量的国内外采购的典型案例。最终，企业提交的案例居然多达近200个。

我们深深地被这些企业的热情所打动，也被企业作者的真诚所感染。面对如此丰富的案例，经编委会专家集体商量决定，鉴于这些案例深度不同但都有一定实用价值的情况，尽可能大比例地将它们呈现出来，为采购工作处于不同层次和阶段的企业提供参考。同时决定，为了便于企业借鉴和学习，在每个案例后面都加上专家点评意见,在每章后面加上专家的总评意见。

经专家筛选,最终选出了 160 个案例,覆盖了从采购计划到采购执行再到采购总结的企业采购全过程。

这是一项紧张、繁重、高强度的工作,160 个案例就要 160 个点评,不仅数量大,而且要求高,既要画龙点睛,又不能画蛇添足。好在编委都是一线的采购专家,他们的专业能力足以胜任。在案例修改和点评中,专家们在工作之余抽出时间,或黎明即起,或挑灯夜战,互帮互助,不断切磋,确保了点评质量和交稿时间。

在 9 章、160 个案例及点评工作基本完成之际,大家似乎觉得意犹未尽,还有些话不吐不快。于是,我们又临时增加了"实战论道",作为本书的第 10 章。一批专家和企业家,就 5 个采购中的热点问题展开了热烈的讨论……

与此同时,根据专家建议,我们开始组织网络直播活动,把最典型的企业采购实战案例向全社会推广,与更多的同行分享。

在本书即将杀青交付出版社之际,我们由衷地表达诚挚的谢意:

感谢本书编委。本书编委由名企采购专家、名校著名教授出任,他们为本书的编辑出版做了大量卓有成效的工作。本书前言由宋华撰写;第 1~9 章分别由华令苏、钱兆刚、徐诚、刘凯、罗文章、张平、刘昌耀、陆琼林、孙松泉负责修改和点评;刘明志除参与第 5 章的点评外,还做了许多相关工作;辛春林对部分点评进行了理论提炼;李铁对全书进行审核把关并执笔后记。编委们高超的专业水准和坚韧的敬业精神令人钦佩。

感谢中国石油和化学工业联合会会长李寿生先生为本书作序。

感谢中国中化集团有限公司董事长宁高宁、万华化学集团有限公司总裁寇光武、机械工业经济管理研究院院长徐东华、沈阳鼓风机集团股份有限公司董事长戴继双、巴斯夫亚太区资深采购总监张维琦、著名供应链管理专家姜宏锋等为本书作推荐并撰写了推荐语。

感谢中国石油和化学工业联合会的指导,以及中国石油和化学工业联合会供应链工作委员会、中国化工经济技术发展中心对此项工作的大力支持。

最后,还要感谢我们的组织团队——穆阳、姜波、肖宁、丛东旭、陈立娟、刘旭东、归晓谦、索荣等为本书所做的贡献。

纵观全书,160个案例,如同大自然中盛开的百花,姹紫嫣红、五彩缤纷、竞相怒放、清新怡人。

翻开本书,相信您会立即感受到扑面而来的清爽和芬芳。

编 者

2020 年 8 月